£8

LATIN
OF THE ITALIAN HUMANISTS

LATIN WRITINGS
OF
THE ITALIAN HUMANISTS

SELECTIONS BY

FLORENCE ALDEN GRAGG
PROFESSOR OF LATIN, SMITH COLLEGE

College Classical Series
CARATZAS BROTHERS, PUBLISHERS
NEW ROCHELLE, NEW YORK

1981

Exact reprint of the original edition. Published by,

Caratzas Brothers, Publishers
481 Main Street (Box 210)
New Rochelle, New York 10802
U.S.A.

PREFACE

This book is intended for use by college students who are interested in the history of classical scholarship and by those whose study of Italian history leads them to desire a nearer acquaintance with the great scholars of the Renaissance. It does not pretend to be a source book. If the reader gains from it some feeling for the personality of the writers, some familiarity with the typical forms in which they chose to express themselves, and a fresh realization of the quickening force of the love of classical antiquity in the lives of scholars and statesmen, priests and soldiers, its aim will have been accomplished.

The great mass of material has made the consulting of manuscripts out of the question. In the rare cases where there is an authoritative critical edition that text has been followed; otherwise I have depended on such early editions as have been accessible and I have ventured on some half dozen emendations of untranslatable passages. The material for the biographical notes has been gathered from many sources, but I am especially indebted to J. E. Sandys's *A History of Classical Scholarship* and to J. A. Symonds's *The Revival of Learning*.

To the many scholars who have been generous with advice and information I offer here my warm thanks. I hope that they will find a reasonable number of their favorite passages, although lack of space has crowded out some that will be sadly missed. The inclusion of Muretus among the Italians needs, I trust, no apology. Scientific treatises and most of the strictly philosophical writings lie outside my field.

No one who has tried to make a book of selections can think he has pleased all competent judges. Nor will he have satisfied himself, since he can hardly have escaped the tormenting suspicion that, in the endless process of cutting down and leaving out, all the best passages have managed to elude him. There remains the hope that his book may be of use till its imperfections spur some reader to make a better one.

F. A. GRAGG.

INTRODUCTION

The phenomenon known as the Renaissance was more than the re-birth of Greek and Latin letters; it was the rebirth of the individual, the awakening of man to his right to freedom of thought, and of this the study of the ancient classics was at once the cause and the result. Foreshadowed by Dante and championed by Petrarch the new gospel spread through Italy with incredible speed. Petrarch's greatness lies in his perception that the letter of the new learning was not enough. Had he not seen this, the true Renaissance would have been delayed and warped. While he spurred men by his example to rescue and understand the remains of Latin civilization and gave that impulse to Greek studies which brought to Italy the precious manuscripts that might so easily have been lost forever in the fall of Constantinople, he also insisted on the larger spiritual and intellectual heritage be-queathed by Greece and Rome, and his true successors are not the encyclopedic scholars like Filelfo, but Niccolò dei Niccoli, a living ex-ample to the youth of Florence of the dignity and beauty to be found in the classics, Vittorino making the past serve the future in his school at Mantua, Landino urging the scholar's usefulness to the state.

It is not necessary to outline here the progress of the Renaissance. How men spent their lives and fortunes to discover manuscripts; how wandering teachers spread the learning that was fostered by princes like the Medici and Nicholas V and Alfonso till it centered in Florence in philosophy, in Rome in archæology, in Naples in poetry, and every city had its accomplished scholars and enlightened patrons; how the great libraries of the Vatican and San Marco, of the Medici and the Dukes of Urbino were gathered; how the Humanists were sought as chancellors, orators, secretaries, ambassadors, honored like kings, and coveted by foreign powers; and finally how the gay and brilliant court of Leo perverted the learning it idolized and the center of letters shifted to northern Italy and passed from there beyond the Alps; all this has been told repeatedly. The evil results, too, of this intoxicat-ing freedom have often been pointed out and they are plain to see. Yet we must not forget that the liberty of thought that made Poggio a scoffing cynic made Valla a fearless critic; the freedom of speech that disgraced the invectives of Poggio and the satires of Filelfo ennobled the language of Pico della Mirandola; the learning that Bembo made a holiday accomplishment became for Sadoleto the vehicle of tolerance and piety; the beauty that was sensuous in Beccadelli was pure and radiant in Navgero; and the selfish exaltation of the individual in Filelfo became in Aldus a generous enthusiasm for the enlightenment of mankind.

But, though no one denies the importance of the Humanists in the history of civilization, it has been the fashion to regard their writings as worn-out tools, which did, indeed, serve their purpose, but may now be cast aside and left to litter the libraries of Europe. Some of the charges we must admit. The Latinity often leaves much to be desired; the servile imitation of classic models leads to rhetorical panegyric and empty commonplace; mere erudition and neatness of phrase are exalted out of all proportion. It was perhaps a mistake that they chose to use the ancient language. We need not be too apprehensive that Italian literature suffered thereby (Dante, Petrarch, Politian, Castiglione, Bembo show that the vernacular was not lightly rejected by those who knew how to use it), but it is true that the welcome given to mere academic exercises written in elegant Latin encouraged countless writers to mistake words, if only they were Latin words, for ideas. Yet these works cannot safely be neglected. In the first place their Latinity, faulty though it often is, has a certain interest. It is instructive to watch it develop as year after year adds to the knowledge and facility of its students and to see how the tongue that had become to Italians strange, if not alien, regains its lost graces. Secondly, among the mass of indifferent compositions there are some that deserve to live as literature; and finally it is in these works that we learn to know the great scholars of the time. And there are many who are worth our knowing. We shall find, it is true, dissolute priests, selfish pedants, shameless slanderers and flatterers (though even these are not without interest), but we shall find also noble philosophers, polished gentlemen, generous patrons, loyal friends, devoted teachers, pure-hearted poets; we shall find wit and charm and sincerity. It is pleasant to stand with Poggio at sunset on the Capitol, to explore the valley of the Sorgue with Petrarch, to clamber over the shores of Garda with Bonfadio and Flaminio, to see the streets of Florence through Politian's eyes, to find a friend and fellow student in every corner of Italy.

AUTHORS REPRESENTED IN THIS BOOK

DANTE ALIGHIERI (b. 1265 at Florence—d. 1321 at Ravenna.) If Dante's poetic genius had not made the Divine Comedy unique among the great epics of the world, he would still be a distinguished figure as the forerunner of the Renaissance. His clear conception of the right of the individual to give expression to his convictions and aspirations and to refuse to be bound by tradition in thought or language, as well as his profound learning, unmatched among the laymen of his time, earns him that title. Of his Latin works the *De Vulgari Eloquentia* shows him as a critic of style and the champion of the right of a modern language to serious study; the *Eclogae* defend his choice of Italian for his epic; the *De Monarchia*, in its conviction that the Roman people are the destined rulers of the world, anticipates the admiration for classical antiquity of the Humanists; and his Latin letters, though retaining a certain mediæval tone, combine a frank expression of his sentiments with a wealth of figurative rhetoric that shows the poet and stylist.

FRANCESCO PETRARCA (b. 1304, of Florentine parents in exile at Arezzo—d. 1374 at Arquà). Petrarch was educated at Montpellier and Bologna, traveled in France and Germany, and lived in many cities of Italy, but we think of him most often at Avignon, for there he met the lady who inspired his Italian lyrics and near by, in the lovely valley of the Sorgue, he spent the greater part of sixteen years (1337-1353) in study and reflection. As an Italian lyric poet he is *primus inter pares*, but as the father of an intellectual movement, "the Columbus of a new spiritual hemisphere,"[1] he is unique in literary history. His early enthusiasm for Cicero and Vergil broadened into a passionate admiration for all antiquity, but these authors remained for him "gli occhi de la lingua nostra";[2] in his search for manuscripts of Cicero he found the correspondence with Atticus, Quintus, and Brutus, and it was on the flyleaf of his Vergil, "loco, qui saepe sub oculis meis redit,"

[1] J. A. Symonds, *The Renaissance in Italy* (1908), p. 86.
[2] *Trionfo della Fama*, III. 21.

that he recorded the brief history of his love for Laura and her death.[1] In Latin literature he read widely with an independent and critical spirit; he eagerly collected manuscripts, coins, and inscriptions; and we may well believe that it was his devotion to ancient Rome rather than to Rienzi that fired him with enthusiasm for that weak and visionary "tribune of the people." He knew no Greek, but urged its study upon others. His Latin epic, the *Africa*, for which he was crowned on the Capitol, cannot bear comparison with his Italian poetry, but his voluminous prose works, especially the essays on moral philosophy and the letters, deserve to be more generally known. Written in a Latin by no means free from errors but nearly always fresh and vigorous, they present a picture of the author's life and character, his enthusiasm for literature and for nature, his thirst for fame (the source alike of his weakness and of his strength), and of the social and political conditions of the time that rarely fails to charm.

GIOVANNI BOCCACCIO (b. 1313 at Certaldo near Florence—d. there 1375). In the history of Italian literature Boccaccio is the teller of tales of the *Decameron*, the lover of Fiammetta, and the first public lecturer on Dante in Florence. In the history of the Renaissance he is the devoted friend and pupil of Petrarch[2] and the first Italian scholar to learn Greek. One of the most lovable of the Humanists, he is not the most acute and, though he became learned, he was an enthusiastic and painstaking rather than a critical lover of antiquity. His Latin style is far less flexible and natural, as it is less correct, than Petrarch's and his Latin works are chiefly compilations of facts. They are, however, important as the ancestors of our classical dictionaries, and the last chapters of the *De Genealogia Deorum* deserve to be read for their autobiographical material and for the author's defence of poetry.

COLUCCIO SALUTATI (b. 1330 at Florence—d. there 1406). Salutati, who was Chancellor of Florence from 1375 till his death, was the first to make Latin letters an ornament to statecraft and a weapon more to be feared than a troop of horse.[3] His style, even in his pri-

---

[1] See p. 44. [2] See p. 45 for his letter on Petrarch's death.
[3] "Galeacius Mediolanensium princeps . . . crebro auditus est dicere non tam sibi mille Florentinorum equites quam Coluccii scripta nocere."—Pii Secundi, *Europae Commentarii*, ch. 54.

vate letters, is characterized by sententiousness and formal rhetoric and he appears more concerned with form than with feeling, but he strove for elegance, which he often attained, and his official documents became the models for every state in Italy. He was eager in collecting manuscripts and keen in criticism. He used his learning and his public office to attract to Florence Greek scholars, especially Chrysoloras, and to encourage younger men, notably Poggio and Bruni.[1] He was honored with a public funeral in the cathedral of Florence.

ENEA SILVIO PICCOLOMINI, PIUS II (b. 1405 at Corsignano near Siena—d. 1464 at Ancona) began life as the eldest of eighteen children of poor though noble parents and ended it on the papal throne. By the arts of a cosmopolitan scholar, diplomat, and not too scrupulous politician he gained one office after another. He was secretary to Felix V, secretary and poet laureate to Frederick III of Germany, bishop of Siena and cardinal under Martin V, and in 1458, by skilful lobbying, he got himself elected pope. His accession was welcomed with high hopes by the Humanists, but he did little for the advancement of learning. Henceforth his eloquence and statesmanship were devoted to uniting Europe against the Turk and he was engaged in organizing a great expedition at Ancona, when he died. His Latin works range from the frivolous tales and comedies of the youthful student to the impassioned oratory of the crusader. Of his many historical writings the most interesting are the *Commentarii*, an entertaining account of his own travels.

LEONARDO BRUNI (b. 1369 at Arezzo—d. 1444 at Florence), called Aretino from his birthplace, owed his rise in life to the example of Petrarch, the patronage of Salutati, and the teaching of Chrysoloras. He was papal secretary from 1405 to 1415 and Chancellor of Florence from 1427 till his death. Famous for his Latin style and for his mastery of Greek, he translated numerous Greek authors, notably Plato, Aristotle, Demosthenes, and Xenophon. His most ambitious work was the *Historiæ Florentinæ*, which did for Florence what no writer had as yet done for any other Italian city.[2] The *Dialogus de Tribus Vatibus Florentinis* is a lively criticism and appreciation of

---

[1] For their sentiments toward him, see pp. 89 and 126.
[2] Cf. the verses by Pius II, p. 88.

Dante, Petrarch, and Boccaccio. He was buried in Santa Croce and his tomb, one of the masterpieces of Renaissance sculpture, bears the epitaph composed by his fellow townsman, Marsuppini, who succeeded him as Chancellor: Postquam Leonardus e vita migravit, Historia luget, Eloquentia muta est, fertur Musas tum Graecas tum Latinas lacrimas tenere non potuisse.

POGGIO BRACCIOLINI (b. 1380 at Terranuova near Arezzo—d. 1459 at Florence) was the most successful of all the Humanists in finding manuscripts. His office as papal secretary, which he held for fifty years, gave him abundant opportunity to search the monasteries of Italy, France, Germany, and Switzerland, and among his discoveries were Quintilian, Valerius Flaccus, Lucretius, Manilius, Silius Italicus, Frontinus, the Silvae of Statius, and thirteen orations of Cicero.[1] As Chancellor of Florence he continued Bruni's *History* down to 1355. He was regarded by his contemporaries as a marvel of versatility and he uses Latin with great fluency and vigor, though not always with elegance. His interest in antiquities is shown in the *De Varietate Fortunae*, which opens with a déscription of the ruins of Rome. His great learning, however, seems to have inspired him with few lofty ideals. He is our first conspicuous example of cynical scepticism resulting from intellectual liberty and of the vituperative pamphleteer. His *Facetiæ* introduce the papal secretaries (and even the pope himself) amusing themselves in their "lie-factory" with the most contemptuous abuse of the obscurer clergy and of the church. His feuds with Filelfo and Valla (one in defense of the Medici, the other in defense of his own Latinity) were carried on in *Invectives* full of the filth which was not only permitted but expected in such compositions. It is pleasanter to turn to his letters, which give a graphic account of his experiences and show that he could be affectionate and loyal.

FLAVIO BIONDO (b. 1388 at Forlì—d. 1463 at Rome) served four popes, Eugenius IV to Pius II, as apostolic secretary and used to the full his opportunities to acquaint himself with the antiquities of Rome and Italy. He is no stylist, but the most learned archæologist of his day, and he laid the foundation for later scholars. His *Roma Triumphans* describes the religious, military, and constitutional antiquities of Rome; the *Roma Instaurata* aims at reconstruction of the

[1] Cf. pp. 138 f.

monuments;[1] and the *Italia Illustrata* treats of the topography and antiquities of all Italy. The *Historiæ ab Inclinatione Romani Imperii* is unfinished.

LORENZO VALLA (b. 1407, probably at Rome—d. there 1457). In Valla liberty of thought led to fearless attack on the church and made him the father of historical criticism. After lecturing in various cities he attached himself (about 1435) to the court of Naples and under the protection of Alfonso began to publish his denunciations of ecclesiastical doctrines, of which the most famous is that on the "Donation of Constantine." He was summoned to Rome by Nicholas V, who made him papal *scriptor* and professor of Rhetoric, caring less for his orthodoxy than for his ability to translate Thucydides, Herodotus, and Demosthenes for his great library, and he was made papal secretary by Calixtus III. He won an enormous reputation by his *De Elegantiis Linguæ Latinæ*, in which he discussed minutely grammar, style, and literary criticism with a view to purifying the Latin of his day. The *De Libero Arbitrio* shows his subtle reasoning combined with lofty ideals. In spite, however, of his independence as a scholar he was not above vanity and resentment and he carried on abusive quarrels with Poggio and Fazio, who had presumed to pick flaws in his Latin.

FRANCESCO FILELFO (b. 1398 at Tolentino—d. 1481 at Florence) is our best example of the wandering scholar. He learned Latin at Padua and Greek at Constantinople, where he lived seven years as secretary of the Venetian legation and married the daughter of John Chrysoloras. After displaying his vast learning to large audiences at Padua, Venice, Bologna, Florence, and Siena, he settled in 1440 at the court of Milan, where he remained except for short periods the rest of his life. At the age of seventy-seven he accepted a professorship at Rome, but he soon quarreled with the pope as he had before with the Medici. His last journey was to Florence, where he died shortly after he had been called to the chair of Greek. He is the most repulsive figure whom we must call a Humanist. Vain, resentful, fawning, greedy, impudent, and foul-mouthed he disgraced the learning he boasted. His style is uninteresting, his letters full of complaints and of unpleasant side-lights on his character, and his *Satirae*, although read with

[1] Cf. Vitale's epigram, p. 324.

pleasure by a pope, prove that no indecency was too vile to be applauded, if it was thought to be the work of a scholar. Yet his learning won him almost royal honors and the modern student cannot forget that he brought back from Constantinople the works of nearly forty Greek authors.

BARTOLOMMEO PLATINA (b. 1421 at Piedena near Cremona—d. 1481 at Rome). Platina, whose real name was *dei Sacchi*, is better known by the name he adapted from that of his birthplace. He early turned from the life of a soldier to that of a scholar and was appointed one of the *Abbreviatores* by Pius II. On the suppression of that college by Paul II his violent and threatening language cause his imprisonment and he was released after four months only to be again imprisoned and tortured together with other members of the Roman Academy, which was obnoxious to the pope. Under Sixtus IV, however, he was made librarian of the Vatican and again became a prominent member of the revived Academy. At the splendid memorial service in his honor Pomponius Laetus pronounced the funeral eulogy and other members delivered Latin verses both in the cathedral and at the banquet which followed. His *Lives of the Popes* are written with great elegance and vigor and are unfailingly interesting, although sometimes, as in the case of Paul II, colored by personal feeling to the point of misrepresentation.

CHRISTOFORO LANDINO (b. 1424 at Florence—d. there 1504), a prominent member of the Medicean circle and the tutor of Lorenzo, passed his long life peacefully in annotating the classics (especially Vergil and Horace), lecturing, and writing. He held the chair of Rhetoric and Poetry from 1457 till his death and was as eminent an authority on Dante and Petrarch as on the ancient authors. His most famous work, the *Disputationes Camaldulenses*, modeled on Cicero's *Tusculans*, introduces the author conversing with Lorenzo and Giuliano dei Medici, Alberti, Ficino, and others of the Platonic Academy in the hills above Florence. Lorenzo is represented as advocating a life of action against Alberti, who defends the life of contemplation and, at the end, becomes the mouthpiece of Landino's Vergilian erudition.

FRANCESCO OTTAVIO (b. 1447 at Fano—d. 1490 at Corneto) was a scholar, poet, and member of the Roman Academy. He taught for some years at Viterbo, but was not so popular with his pupils as among his friends at Rome, and finally retired to Corneto, where he lived a quiet and uneventful life.

ANGELO AMBROGINI (b. 1454 at Monte Pulciano—d. 1494 at Florence), known as *Poliziano* from his birthplace, was Filelfo's equal as a scholar and his superior as a writer. He was the first to write Greek with elegance; his Latin, both prose and verse, marked the highest level yet reached;[1] and his Italian poetry made him the first Humanist since Boccaccio to attain equal distinction in the vernacular and the ancient languages. His precocious genius early won him admittance to the circle of Lorenzo, whose children he tutored, and, although his character in other ways was far from perfect, he never wavered in his devotion to his friend and patron. He held the chair of Greek and Latin Literature, and scholars from all Europe, among them Linacre and Reuchlin, flocked to hear the ugly little man, who held his audience spellbound by the beauty of his voice and the power of his intellect. His *Silvae*, composed as introductions to his lectures on ancient poetry, show his extraordinary facility and his shorter poems the polished individuality of his style. He did much for the texts of Latin authors and in his *Miscellanea*, which was received with enthusiasm all over Europe, he discussed a great variety of literary subjects.[2]

GIOVANNI PICO DELLA MIRANDOLA (b. 1463 at Mirandola—d. 1494 at Florence), because of his rank, wealth, beauty, and genius the paragon and idol of Florence, early abandoned society for scholarship and from his studies at Bologna and Paris became absorbed in philosophy. He mastered Hebrew as well as Greek and Latin and devoted his brief life to an attempt to reconcile all knowledge and all religion through the Cabbala. His great work was never written, but the *De Dignitate Hominis* breathes the devout and lofty spirit that sets him high above most of his contemporaries.[3]

GIOVANNI GIOVIANO PONTANO (b. 1426 at Cerreto—d. 1503 at Naples), the tutor, adviser, military secretary, and chancellor of Alfonso,

[1] Cf. however Giraldi, pp. 343 f.
[2] For further details, see Paolo Giovio, p. 347.
[3] For an appreciation of his work and character, see p. 254; and for his epitaph, p. 276.

became the leading spirit of the Academy at Naples.[1] His didactic poem, *Urania*, made his reputation among his contemporaries, but it is his lighter poems, elegies and lyrics full of warmth of color and exuberance of sentiment, that have kept his fame alive. Those addressed to his wife and children show that even family affection was not for him without romance. His prose dialogues reveal the serious thinker and are often interesting attempts to deal with problems of the day.

TITO VESPASIANO STROZZI (b. 1442 at Ferrara—d. 1505 at Racano) was the son of a Florentine exile who had taken refuge with the house of Este and had been made commander of the ducal forces. Tito himself served Ferrara as soldier and statesman. He was President of the Council of Twelve and filled the office with distinction, although the necessary severity of his measures made him unpopular. He found time, however, for poetry and his graceful verses have something of the charm of Ovid. Poetry came naturally to his family: three of his brothers were literary, his son followed in his father's footsteps,[2] and his sister's son was Boiardo.

BATTISTA SPAGNOLO, MANTUANUS (b. 1448 at Mantua—d. there 1516), entered the Carmelite monastery at Mantua about 1466, rose to be general of his order in 1513, and was beatified December 17, 1885, by Pope Leo XIII. He wrote many poems, both sacred and profane, among which his *Eclogues* attained an extraordinary vogue. Erasmus called him "Christianus Maro," Scaliger complained that many actually preferred him to Vergil, and for two hundred years his pastorals (which are pastorals only in form) were used as school books in England and on the continent and imitated as models of Latin style.[3]

ALDO MANUZIO, better known as ALDUS MANUTIUS (b. 1449 at Sermoneta near Velletri—d. 1515 at Venice), the greatest of printers, owed his start to Pico della Mirandola and his nephew, Alberto Pio, who aided him with advice and money. His press, founded at Venice in 1494 and later merged with that of his father-in-law, Andrea Toresano, was established primarily to print Greek authors and in 1500 he formed for the same purpose the New Academy, whose members

---

[1] See Giraldi, p. 341.   [2] See below, pp. 273 ff.
[3] See Giraldi, p. 342, for a different estimate.

assumed Greek names, spoke Greek, and aimed to publish one Greek classic each month.[1] In the next fifteen years he issued nearly all the important Greek authors as well as many Latin authors, including the famous "pocket series," for which the type was adapted from Petrarch's script. The Greek type was a copy of the writing of Musurus. In spite of the sound scholarship and excellent craftsmanship that went into these volumes the prices were extraordinarily low—often less than fifty cents. He printed Italian books also, and not only his countrymen but foreigners like Erasmus and Linacre found in Aldus the most generous of friends and publishers.

GIOVANNI COTTA (b. 1479 at Legnago near Verona—d. 1510 at Viterbo) wrote poems in the manner of Catullus and Tibullus which his friends ranked as equal to his models. He accompanied his patron, the famous Venetian general Bartolommeo d'Alviano, on his campaigns and after the defeat at Agnadello in 1509 lost most of his manuscripts. He died while on a mission to Julius II.

ERCOLE STROZZI (b. 1481 at Ferrara—d. there 1508) was the son and pupil of Tito Vespasiano Strozzi and his father's colleague in the Council of Twelve. He was prominent at court, where he served as a sort of *arbiter elegantiae,* and many of his poems celebrate Lucrezia Borgia, the second wife of Alfonso d'Este, whose beauty and charm had taken all Ferrara captive. He was found murdered in the streets of the city, rumor said by assassins hired by a great noble who was in love with his wife. His funeral oration, pronounced by Calcagnini, praises his Greek, Latin, and Italian style and shows us a figure at once noble and lovable.

JACOPO SANNAZARO (b. 1458 at Naples—d. there 1530), one of the most distinguished members of the Neapolitan Academy, where he was known as Actius Sincerus, wrote lyrics full of enthusiasm for the beautiful scenery about him and in his delightful *Piscatory Eclogues* succeeded in giving an original turn to a hackneyed form. The grace and natural charm of these poems is in striking contrast to the artificial and imitative character of his epic, *De Partu Virginis,* on which he labored twenty years. He accompanied Alfonso on his campaigns against the papal forces and his witty and virulent epi-

---

[1] For the *privilegium* granted him, see p. 266.

grams on the Borgias made him famous all over Italy. In Italian literature he is known as the author of the *Arcadia*.[1]

PIETRO BEMBO (b. 1470 at Florence—d. 1547 at Rome), the son of a noble and cultured Venetian, received an elaborate education at Florence, Messina, and Padua. He spent some time at Ferrara, where he formed the famous friendship with Lucrezia Borgia which lasted all her life. From Ferrara he went to Urbino and then to Rome, where Leo X made him papal secretary in 1512. In 1529 he was appointed historiographer of Venice and librarian of San Marco to succeed Navagero. In 1520 he had retired to Padua, where he welcomed many distinguished guests and occupied himself with collecting a magnificent library and museum, till Paul III made him cardinal. His Latin works are characterized by perfection of form and lack of feeling. He is the perfect example of the elegant and witty scholar, who regarded his learning as an accomplishment to be used for pleasure and advancement, and he is the typical Humanist of Leo's court.[2]

JACOPO SADOLETO (b. 1477 at Modena—d. 1547 at Rome), the most eminent churchman of his time, united nobility of character with learning and diplomatic ability. From the time when Leo X made him papal secretary he was in continual demand as ambassador by successive popes and was sent on many delicate missions, especially to Francis I, who did his best to attach him to his own court. He was made cardinal in 1536 by Paul III, but his warmest interest was in his diocese of Carpentras, of which he had been bishop since 1517. Here he retired at every opportunity and he spared no efforts to improve the material and intellectual as well as the spiritual condition of his people.[3] The ambition of his life was to win back the Protestants by conciliation and his own religious views were so broad that they got him into trouble more than once. His hexameter poem on the discovery of the Laocoon is polished and correct, but frigid. He wrote an epic on Marcus Curtius, many philosophical and religious commentaries, and an essay, *De Liberis Recte Instituendis*, but his most interesting writings are his letters, which present a picture of the true *sapiens*, modest, tolerant, and unselfish, using his learning and

---

[1] For his epitaph by Bembo, see p. 300. Cf. also the epigram by Zanchi, p. 379.
[2] For a comparison of Bembo and Sadoleto, see Giraldi, p. 340.
[3] Cf. pp. 308 ff.

his influence to further his ideals rather than his worldly advancement.

GIANO VITALE, who was born at Palermo during the last half of the fifteenth century, is known for his short poems, many of them in honor of contemporary writers.

BALDASSARE CASTIGLIONE (b. 1478 at Casatico near Mantua—d. 1529 at Toledo) was educated at Milan under Merula and Chalcondyles. He lived the life of a courtier, diplomat, scholar, and poet at the court of Urbino and later in Rome as the representative of the Duke of Mantua at Leo's court. He had been sent to England from Urbino as ambassador to Henry VII and he went to Spain as ambassador to Charles V from Clement VII. He was received by the emperor with distinguished honors, but his mission was unsuccessful; the news of the sack of Rome was a blow from which he never recovered and he died brokenhearted, "uno de los mejores caballeros del mundo."[1] He is most famous for his *Cortegiano* (published by Aldus, 1528), in which he describes the perfect courtier, but his Latin poems have some of the charm of his Italian works. His portrait by Raphael and the references to the painter in his poems are pleasant reminders of the friendship between them.[2]

ANDREA NAVAGERO (b. 1483 at Venice—d. 1529 at Blois), patrician of Venice, historian of that city and librarian of San Marco, divided his time between scholarship and diplomacy. In his villa on Lake Garda he revised many texts for his friend Aldus[3] and composed pastorals and lyrics of an almost Greek perfection and simplicity.[4] His friends find no praise too extravagant for him either as a man or as a poet and we almost come to believe that the nymphs built him a tomb and Pan broke his pipes at his death.[5] His fastidious taste caused him to burn his works and only those already sent to friends have survived. He was sent to Spain as Venetian ambassador to Charles V and he was on a mission to Francis I when he died of fever at Blois, one of the most lamented of the Humanists.

---

[1] Charles V. quoted by J. Cartwright, *Baldassare Castiglione* II. 418. See p. 305 for Sadoleto's estimate of him.
[2] See pp. 327 and 331.
[3] Among them Vergil, Horace, Lucretius, Terence, and Ovid.
[4] "Antiquae simplicitatis aemulatio," Paolo Giovio, p. 348.
[5] Cf. Zanchi, p. 379.

LILIO GREGORIO GIRALDI (b. 1479 at Ferrara—d. there 1552) after wandering about Italy in search of a livelihood, came to Rome with his pupil and patron, Cardinal Rangone. His hopes of preferment, however, were disappointed and in the sack of the city in 1527 he lost his goods and his patron. He took refuge for a time at Mirandola, but on the death of the Count he returned poor and ill to Ferrara to die. His two essays, *De Poetis Suorum Temporum* and *De Poetarum Historia*, established his reputation as a literary critic and, although his learning did little for him in a material way, it was so comprehensive that a contemporary did not hesitate to call him the Varro of his time.

PAOLO GIOVIO (b. 1483 at Como—d. 1552 at Florence), Bishop of Nocera, was eminent as historian and biographer. His *Comprehensive History*, his *Vitae* of famous men, and the *Elogia*, short sketches to accompany his collection of portraits, all show the brilliant and unscrupulous scholar who used a golden or a silver pen as his subject found favor with him or the reverse.

BENEDETTO ACCOLTI (b. 1497 at Florence—d. there 1549) was the nephew of the "unico Aretino" celebrated by Ariosto.[1] After enjoying the favor of Leo X and Clement VII, who made him apostolic secretary and Cardinal of Ravenna, he incurred the displeasure of Paul III, who imprisoned him and obliged him to pay large sums for his release. He was a poet of remarkable grace and charm.

GEROLAMO FRACASTORO (b. 1483 at Verona—d. near there 1553) was physician as well as poet, a fact which explains the choice of subject for his long poem, *De Syphilide*, in which unpromising material was treated so skilfully that it won the admiration of such a poet as Sannazaro. At nineteen he was professor of Logic at Padua and was later called to the university founded by Alviano at Pordenone, but he soon retired to the country near Verona, where he practised medicine for any who would come to him and wrote delightful poems to his friends. His professional reputation continued to win him laurels: Paul III made him his honorary physician and sent him in that capacity to the Council of Trent.

MARCO ANTONIO FLAMINIO (b. 1498 at Serravalle—d. 1550 at Rome), when a boy of sixteen, went to Rome to seek his fortune, carrying with him his own and his father's Latin verses. His personal

[1] O. F. XLVI. 10: "il gran lume Aretin, l'unico Accolti."

charm and his genius won him the friendship of Castiglione and Sannazaro and the protection of various cardinals, especially of Alessandro
Farnese, and these friendships lasted through his life. Like Fracastoro and Navagero, he passed much of his time in his villa near
Lake Garda, writing lyrics and sacred hymns which are unsurpassed
for purity of tone and spontaneity of feeling. He is one of the most
winning figures of his generation.

BASILIO ZANCHI (b. 1501 at Bergamo—d. there 1558) was christened
Pietro, but took the name Basilius on becoming canon of the Lateran.
Devoted to sacred studies he yet found time to compile lexica of
classical authors and to compose eight books of poems of elegance and
charm. He died in prison, but the reason for his imprisonment is
not known.

GIOVANNI PIERO VALERIANO (b. 1477 at Belluno—d. 1558 at Padua)
after early struggles with poverty was educated at Venice by a rich
uncle and later appears at Rome, where he enjoyed the favor of Bembo,
Leo X, and Clement VII. He was made professor of Eloquence and
canon of Belluno and, after refusing repeated offers of further preferment, became tutor to Hippolytus and Alexander dei Medici, whose
fortunes he followed till the death of Alexander in 1557. His other
writings are overshadowed in interest by his famous account of the
hardships suffered by men of letters during the sack of Rome.

GABRIELE FAERNA (b. at Cremona—d. 1561 at Rome) spent most of
his life at Rome, where his nobility of character and scholarship won
the affectionate regard of all who knew him. He edited some of
Cicero's speeches and Terence, but his best known work is his version
of a hundred fables of Æsop, written at the request of Paul IV and
published before those of Phaedrus were discovered.

JACOPO BONFADIO (b. near Gazano—d. 1559 at Genoa). After
years of somewhat aimless wandering, which included a brief stay at
Rome and four years at Padua, Bonfadio accepted the chair of Philosophy at Genoa. Here he committed a crime for which the legal
penalty was the stake, changed in his case to beheading. His chief
work was the *Annales Genuenses* written, like his poems, in fluent and
polished Latin.

PAOLO MANUZIO (b. 1512 at Venice—d. 1574 at Rome), the youngest
son of Aldus, carried on his father's business and specialized in editions of Cicero. His reputation for learning brought him offers of

professorial chairs at Venice and Padua and he was urged to transfer his press to Bologna and Ferrara. In 1561, at the invitation of Pius IV, he established a branch house in Rome, but returned to Venice when Pius V forbade the publication there of any works not exclusively religious. He continued his father's generous policy toward foreign scholars and published some of the works of Henry Stephanus. His own writings included commentaries on Cicero and treatises on political antiquities. His life was a model of serenity, industry, and courage in spite of illness, failing sight, and domestic and business worries.

GIOVANNI BATTISTA AMALTEO (b. 1525 at Oderzo—d. 1572 at Rome) was a man of affairs as well as letters. In 1554 he went to England in the train of the Venetian ambassador; he was later secretary to Pius IV, and in 1567 we find him at Milan in the service of Cardinal Borromeo. Others of his family made a name as poets, but he surpasses the rest in perfection of form.

BERNARDINO PARTHENIO (b. at Spilimbergo—d. 1589 at Venice), after holding professorships at his native city (where he founded a short-lived Academy for the study of Greek, Latin, and Hebrew), Ancona, and Vicenza, held the chair of Greek Eloquence at Venice from about 1560 till his death. His works, beside his three books of poems, are chiefly commentaries and essays on poetry, especially on Horace.

MARCO ANTONIO MURETO (b. 1526 near Limoges—d. 1585 at Rome) had already made a name in Paris as scholar and poet, when he was forced to flee for his life on a charge of heresy and immorality. After many hairbreadth escapes he made his way into Italy, where he was welcomed at Venice, Padua, and Ferrara and finally appointed to a professorship at Rome, which he held for twenty years. In 1576 he took orders. He prepared for the Aldine press Catullus, Horace, Tibullus, and other poets, and his *Variæ Lectiones* are further proof of his learning, though his plagiarizing of Lambinus led to a quarrel with that scholar, which has left a stain on Muretus's character. His orations, many of them introductions to his lectures, are masterpieces of Ciceronian eloquence by a Latinist who refused to be bound by "Ciceronianism."

ADAMO FUMANI (b. at Verona—d. there 1587), canon of the cathedral at Verona, wrote a long didactic poem called *Logice* and numerous shorter poems full of piety and sincerity.

CONTENTS

Contents

xxviii   *Contents*

Contents

LATIN WRITINGS
OF THE ITALIAN HUMANISTS

LATIN WRITINGS OF THE ITALIAN HUMANISTS

SELECTIONS

DANTE ALIGHIERI (1265–1321)

Universis Et Singulis Italiae Regibus Et Senatoribus Almae Urbis Nec Non Ducibus, Marchionibus, Comitibus, Atque Populis Humilis Italus Dantes Allagherius Florentinus Et Exsul Immeritus Orat Pacem.

Ecce nunc tempus acceptabile, quo signa surgunt consolationis et pacis! Nam dies nova splendescit ab ortu Auroram demonstrans, quae iam tenebras diuturnae calamitatis attenuat, iamque aurae orientales crebrescunt, rutilat caelum in labiis suis et auspicia gentium blanda serenitate confortat. Et nos gaudium exspectatum videbimus, qui diu pernoctavimus in deserto, quoniam Titan exorietur pacificus et iustitia sine sole quasi ut heliotropium hebetata, cum primum iubar ille vibraverit, revirescet. Saturabuntur omnes qui esuriunt et sitiunt in lumine radiorum eius et confundentur qui diligunt iniquitatem a facie coruscantis. Arrexit namque aures misericordes leo fortis de tribu Iuda atque ululatum universalis captivitatis miserans Moysen alium suscitavit, qui de gravaminibus Aegyptiorum populum suum eripiet ad terram lacte ac melle manantem perducens.

Laetare iam nunc, miseranda Italia etiam Saracenis, quae statim invidiosa per orbem videberis, quia sponsus tuus, mundi solacium et gloria plebis tuae, clementissimus Henricus, divus et Augustus et Caesar, ad nuptias properat. Exsicca lacrimas et maeroris vestigia dele, pulcherrima, nam prope est qui liberabit te de carcere impiorum, qui percutiens malignantes in ore gladii perdet eos et vineam suam aliis locabit agricolis, qui fructum iustitiae reddant in tempore messis.

Sed an non miserebitur cuiquam? Immo ignoscet omnibus misericordiam implorantibus, cum sit Caesar et maiestas eius de fonte defluat pietatis. Huius iudicium omnem severitatem abhorret et semper citra medium plectens ultra medium praemiando se figit. Anne propterea nequam hominum applaudet audacias et initis praesumptionum pocula propinabit? Absit! quoniam Augustus est.   Et si Augustus, nonne relapsorum facinora vindicabit et usque in Thessaliam persequetur, Thessaliam, inquam, finalis deletionis?

Pone, sanguis Longobardorum, coadductam barbariem; et si quid de Troianorum Latinorumque semine superest, illi cede, ne, cum sublimis aquila fulguris instar descendens affuerit, abiectos videat pullos eius et prolis propriae locum corvulis occupatum.   Eia! facite, Scandinaviae suboles, ut, cuius merito trepidatis adventum, quantum ex vobis est praesentiam sentiatis. Nec seducat alludens cupiditas more Sirenum nescio qua dulcedine vigiliam rationis mortificans.   "Praeoccupetis faciem eius in confessione subiectionis et psalterio paenitentiae iubiletis;" considerantes quia potestati resistens Dei ordinationi resistit et qui divinae ordinationi repugnat, voluntati omnipotentiae coaequali recalcitrat; et durum est contra stimulum calcitrare.

Vos autem, qui lugetis oppressi, animum sublevate, quoniam prope est vestra salus.   Assumite rastrum bonae humilitatis atque, glaebis exustae animositatis occatis, agellum sternite mentis vestrae, ne forte caelestis imber sementem vestram ante iactum praeveniens in vacuum de altissimo cadat; neve resiliat gratia Dei ex vobis tamquam ros cotidianus ex lapide, sed, velut fecunda vallis, concipite ac viride germinate, viride, dico, fructiferum verae pacis.   Qua quidem viriditate vestra terra vernante, novus agricola Romanorum consilii sui boves ad aratrum affectuosius et confidentius coniugabit.   Parcite, parcite iam et nunc, o carissimi, qui mecum iniuriam passi estis, ut Hectoreus pastor vos oves de ovili suo cognoscat, cui etsi animadversio temporalis divinitus est indulta, tamen, ut eius bonitatem redoleat, a quo velut a puncto difurcatur Petri Caesarisque potestas, voluptuose familiam suam corrigit sed ei voluptuosius misereretur.

Itaque, si culpa vetus non obest, quae plerumque supinatur ut coluber et vertitur in se ipsam, hinc utrique potest is advertere pacem unicuique praeparari et insperatae laetitiae iam primitias degustare.   Evigilate igitur omnes et assurgite regi vestro, incolae Latiales, non solum sibi ad imperium sed, ut liberi, ad regimen reservati.

Nec tantum ut assurgatis exhortor sed ut illius obstupescatis aspectum, vos, qui bibitis fluenta eius eiusque maria navigatis; qui calcatis arenas litorum et Alpium summitates, quae sunt suae; qui publicis quibuscumque gaudetis et res privatas vinculo suae legis, non aliter, possidetis. Nolite, velut ignari, decipere vosmetipsos tamquam somniantes in cordibus et dicentes, "Dominum non habemus." Hortus enim eius et lacus est quod caelum circuit. Nam Dei est mare et ipse fecit illud et aridam fundaverunt manus eius; et Deum Romanum principem praedestinasse relucet in miris effectibus; et verbo Verbi confirmasse posterius profitetur Ecclesia.

Nempe si a creatura mundi invisibilia Dei per ea quae facta sunt intellecta conspiciuntur et si ex notioribus nobis innotiora; simpliciter interest humanae apprehensioni, ut per motum caeli motorem intellegamus et eius velle, facile praedestinatio haec etiam leviter intuentibus innotescet. Nam si a prima scintillula huius ignis revolvamus praeterita, ex quo scilicet Argis hospitalitas est a Phrygibus denegata, et usque ad Octaviani triumphos mundi gesta revisere vacet, nonnulla eorum videbimus humanae virtutis omnino culmina transcendisse et Deum per homines tamquam per caelos novos aliquid operatum fuisse. Non etenim semper nos agimus; quin interdum utensilia Dei sumus ac voluntates humanae, quibus inest ex natura libertas, etiam inferioris affectus immunes quandoque aguntur et obnoxiae voluntati aeternae saepe illi ancillantur ignare.

Et si haec, quae uti principia sunt ad probandum quod quaeritur, non sufficiunt, quis non ab illata conclusione per talia praecedentia mecum opinari cogetur, pace videlicet annorum duodecim orbem totaliter amplexata, quae sui syllogizantis faciem, Dei filium, sicuti opere patrato ostendit? Et hic, cum ad revelationem spiritus homo factus evangelizaret in terris, quasi dirimens duo regna sibi et Caesari universa distribuens, alterutri duxit, reddi quae sua sunt.

Quod si pertinax animus poscit ulterius nondum annuens veritati, verba Christi examinet etiam iam ligati; cui cum potestatem suam Pilatus obiceret, lux nostra de sursum esse asseruit, quod ille iactabat, qui Caesaris ibi auctoritate vicaria gerebat officium. Non igitur ambuletis, sicut et gentes ambulant, in vanitate sensus tenebris obscurati sed aperite oculos mentis vestrae ac videte, quoniam regem nobis caeli et terrae dominus ordinavit. Hic est quem Petrus, Dei vicarius, honorificare nos monet, quem Clemens, nunc Petri successor, luce apostolicae benedictionis illuminat, ut, ubi radius spiritualis non sufficit, ibi splendor minoris luminaris illustret.—*Ep. 5.*

DANTES ALLAGHERIUS AMICO FLORENTINO

In litteris vestris et reverentia debita et affectione receptis quam repatriatio mea curae sit vobis ex animo grata mente ac diligenti animadversione concepi et inde tanto me districtius obligastis quanto rarius exsules invenire amicos contingit. Ad illarum vero significata responsio etsi non erit qualem forsan pusillanimitas appeteret aliquorum, ut sub examine vestri consilii ante iudicium ventiletur, affectuose deposco.

Ecce igitur quod per litteras vestri meique nepotis nec non aliorum quamplurium amicorum significatum est mihi per ordinamentum nuper factum Florentiae super absolutione bannitorum: Quod si solvere vellem certam pecuniae quantitatem vellemque pati notam oblationis, et absolvi possem et redire ad praesens. In quo quidem duo ridenda et male praeconsiliata sunt, pater; dico male praeconsiliata per illos qui talia expresserunt, nam vestrae litterae discretius et consultius clausulatae nihil de talibus continebant.

Estne ista revocatio gloriosa, qua Dantes Allagherii revocatur ad patriam per trilustrium fere perpessus exsilium? Hocne meruit innocentia manifesta quibuslibet? Hoc sudor et labor continuatus in studio? Absit a viro philosophiae domestico temeraria terreni cordis humilitas, ut more cuiusdam Cioli et aliorum infamium quasi vinctus ipse se patiatur offerri! Absit a viro praedicante iustitiam, ut perpessus iniurias iniuriam inferentibus velut benemerentibus pecuniam suam solvat!

Non est haec via redeundi ad patriam, pater mi; sed si alia per vos aut deinde per alios invenitur, quae famae Dantisque honori non deroget, illam non lentis passibus acceptabo. Quod si per nullam talem Florentia introitur, numquam Florentiam introibo. Quid ni? Nonne solis astrorumque specula ubique conspiciam? Nonne dulcissimas veritates potero speculari ubique sub caelo, ni prius inglorium, immo ignominiosum, populo Florentino, civitati me reddam? Quippe nec panis deficiet.—*Ep. 9.*

MAGNIFICO ATQUE VICTORIOSO DOMINO, DOMINO CANI GRANDI DE SCALA SACRATISSIMI CAESAREI PRINCIPATUS IN URBE VERONA ET DIVITATE VICENTIA VICARIO GENERALI, DEVOTISSIMUS SUUS DANTES ALLAGHERIUS, FLORENTINUS NATIONE NON MORIBUS, VITAM ORAT PER TEMPORA DIUTURNA FELICEM ET GLORIOSI NOMINIS PERPETUUM INCREMENTUM.

Inclita vestrae magnificentiae laus, quam fama vigil volitando disseminat, sic distrahit in diversa diversos, ut hos in spem suae prosperitatis attollat, hos exterminii deiciat in terrorem. Hoc quidem praeconium facta modernorum exsuperans, tamquam veri exsistentia latius arbitrabar aliquando superfluum. Verum ne diuturna me nimis incertitudo suspenderet, velut Austri regina Hierusalem petiit, velut Pallas petiit Helicona, Veronam petii fidis oculis discursurus audita. Ibique magnalia vestra vidi, vidi beneficia simul et tetigi; et quem ad modum prius dictorum suspicabar excessum, sic posterius ipsa facta excessiva cognovi. Quo factum, ut ex auditu solo cum quadam animi subiectione benevolus prius exstiterim; sed ex visu primordii et devotissimus et amicus.

Nec reor, amici nomen assumens, ut nonnulli forsitan obiectarent, reatum praesumptionis incurrere, cum non minus dispares connectantur quam pares amicitiae sacramento. Nam si delectabiles et utiles amicitias inspicere libeat, illis persaepius inspicienti patebit praeeminentes inferioribus coniugari personis. Et si ad veram ac per se amicitiam torqueatur intuitus, nonne illustrium summorumque principum plerumque viros fortuna obscuros, honestate praeclaros amicos fuisse constabit? Quid ni? cum etiam Dei et hominis amicitia nequaquam impediatur excessu. Quod si cuiquam quod asseritur videretur indignum, spiritum sanctum audiat amicitiae suae participes quosdam homines profitentem. Nam in Sapientia de sapientia legitur quoniam infinitus thesaurus est hominibus, quo qui usi sunt participes facti sunt amicitae Dei. Sed habet imperitia vulgi sine discretione iudicium et, quem ad modum solem pedalis magnitudinis arbitratur, sic circa mores et circa unam vel alteram rem credulitate decipitur. Nos autem, quibus optimum quod est in nobis noscere datum est, gregum vestigia sectari non decet; quin immo suis erroribus obviare tenemur. Nam intellectu et ratione vigentes, divina quadam libertate dotati nullis consuetudinibus adstringuntur. Nec mirum, cum non ipsi legibus sed ipsis leges potius dirigantur. Liquet igitur, quod superius dixi, me scilicet esse devotissimum et amicum, nullatenus esse praesumptum.

Praeferens ergo amicitiam vestram quasi thesaurum carissimum providentia diligenti et accurata sollicitudine illam servare desidero. Itaque, cum in dogmatibus moralis negotii amicitiam adaequari et salvari analogo doceatur, ad retribuendum pro collatis beneficiis analogiam sequi mihi votivum est. Et propter hoc munuscula mea saepe multum conspexi et ad invicem segregavi nec non segregata percensui dignius gratiusque vobis inquirens. Neque ipsi praeeminentiae vestrae congruum comperi magis quam Comoediae sublimem canticam, quae decoratur titulo Paradisi; et illam sub praesenti epistula tamquam sub epigrammate proprio dedicatam vobis adscribo, vobis offero, vobis denique recommendo.

Illud quoque praeterire silentio simpliciter inardescens non sinit affectus, quod in hac donatione plus domino quam dono honoris et famae conferri videri potest. Quin immo cum eius titulo iam praesagium de gloria vestri nominis amplianda satis attentis videar expressisse; quod de proposito. Sed tenellus gratiae vestrae, quam sitio vitam parvipendens, a primordio metam praefixam urgebo ulterius. Itaque, formula consummata epistulae, ad introductionem oblati operis aliquid sub lectoris officio compendiose aggrediar. * * *—*Ep. 10.*

DE VULGARI ELOQUENTIA

Cum neminem ante nos de vulgaris eloquentiae doctrina quicquam inveniamus tractasse atque talem scilicet eloquentiam penitus omnibus necessariam videamus (cum ad eam non tantum viri sed etiam mulieres et parvuli nitantur in quantum natura permittit), volentes discretionem aliqualiter lucidare illorum, qui

tamquam caeci ambulant per plateas plerumque anteriora posteriora putantes, verbo aspirante de caelis locutioni vulgarium
gentium prodesse tentabimus, non solum aquam nostri ingenii
ad tantum poculum haurientes sed accipiendo vel compilando ab
aliis potiora miscentes, ut exinde potionare possimus dulcissimum
hydromellum. Sed quia unamquamque doctrinam oportet non
probare sed suum aperire subiectum, ut sciatur quid sit, super
quod illa versatur, dicimus celeriter expedientes quod vulgarem
locutionem appellamus eam, qua infantes adsuefiunt ab assisten-
tibus, cum primitus distinguere voces incipiunt: vel, quod brevius
dici potest, vulgarem locutionem asserimus, quam sine omni
regula nutricem imitantes accipimus. Est et inde alia locutio
secundaria nobis, quam Romani grammaticam vocaverunt.
Hanc quidem secundariam Graeci habent et alii, sed non omnes.
Ad habitum vero huius pauci perveniunt, quia non nisi per spatium
temporis et studii assiduitatem regulamur et doctrinamur in illa.
Harum quoque duarum nobilior est vulgaris, tum quia prima
fuit humano generi usitata, tum quia totus orbis ipsa perfruitur,
licet in diversas prolationes et vocabula sit divisa, tum quia
naturalis est nobis, cum illa potius artificialis exsistat; et de hac
nobiliore nostra est intentio pertractare.—*I. 1.*

Quoniam permultis ac diversis idiomatibus negotium exercita-
tur humanum, ita quod multi multis non aliter intelleguntur per
verba quam sine verbis, de idiomate illo venari nos decet, quo
vir sine matre, vir sine lacte, qui neque pupillarem aetatem nec
vidit adultam, creditur usus. In hoc, sicut etiam in multis aliis,
Petramala civitas amplissima est et patria maiori parti filiorum
Adam. Nam quicumque tam obscenae rationis est, ut locum
suae nationis deliciosissimum credat esse sub sole, huic etiam
prae cunctis proprium vulgare licebit, id est maternam locutionem,
praeponere et per consequens credere ipsum fuisse illud, quod fuit
Adae. Nos autem, cui mundus est patria, velut piscibus aequor,
quamquam Sarnum biberimus ante dentes et Florentiam adeo
diligamus, ut, quia dileximus, exsilium patiamur iniuste, ratione
magis quam sensu scapulas nostri iudicii podiamus. Et quamvis
ad voluptatem nostram sive nostrae sensualitatis quietem in
terris amoenior locus quam Florentia non exsistat, revolventes et

poetarum et aliorum scriptorum volumina, quibus mundus universaliter et membratim describitur, ratiocinantesque in nobis situationes varias mundi locorum et eorum habitudinem ad utrumque polum et circulum aequatorem, multas esse perpendimus firmiterque censemus et magis nobiles et magis deliciosas et regiones et urbes quam Tusciam et Florentiam, unde sum oriundus et civis, et plerasque nationes et gentes delectabiliore atque utiliore sermone uti quam Latinos. Redeuntes igitur ad propositum dicimus certam formam locutionis a Deo cum anima prima concreatam fuisse; dico autem formam et quantum ad rerum vocabula et quantum ad vocabulorum constructionem et quantum ad constructionis prolationem, qua quidem forma omnis lingua loquentium uteretur, nisi culpa praesumptionis humanae dissipata fuisset, ut inferius ostendetur. Hac forma locutionis locutus est Adam, hac forma locuti sunt omnes posteri eius usque ad aedificationem turris Babel, quae turris confusionis interpretatur, hanc formam locutionis hereditati sunt filii Heber, qui ab eo dicti sunt Hebraei. Iis solis post confusionem remansit, ut Redemptor noster, qui ex illis oriturus erat secundum humanitatem, non lingua confusionis sed gratiae frueretur. Fuit ergo Hebraicum idioma id, quod primi loquentis labia fabricaverunt. —*I. 6.*

Postquam venati saltus et pascua sumus Italiae, nec pantheram, quam sequimur, adinvenimus, ut ipsam reperire possimus, rationabilius investigemus de illa, ut sollerti studio redolentem ubique nec usquam residentem nostris penitus irretiamus tendiculis. Resumentes igitur venabula nostra dicimus quod in omni genere rerum unum oportet esse, quo generis illius omnia comparentur et ponderentur, ut illinc aliorum omnium mensuram accipiamus. Sicut in numero cuncta mensurantur uno et plura vel pauciora dicuntur secundum quod distant ab uno vel ei propinquant, et sic in coloribus omnes albo mensurantur; nam visibiles magis dicuntur et minus secundum quod accedunt vel recedunt. Et quem ad modum de iis dicimus, quae quantitatem et qualitatem ostendunt, de praedicamentorum quolibet et de substantia posse dici putamus, scilicet quod unumquodque mensurabile sit in genere illo secundum id quod simplicissimum est in ipso genere.

Quapropter in actionibus nostris, quantumcumque dividantur in species, hoc signum inveniri oportet, quo et ipsae mensurentur. Primum, in quantum simpliciter ut homines agimus, virtutem habemus, ut generaliter illas intellegamus, nam secundum ipsam bonum et malum hominem iudicamus; in quantum ut homines cives agimus, habemus legem, secundum quam dicitur civis bonus et malus; in quantum ut homines Latini agimus, quaedam habemus simplicissima signa, id est morum et habituum et locutionis, quibus Latinae actiones ponderantur et mensurantur. Quae quidem nobilissima sunt earum, quae Latinorum sunt, actionum, haec nullius civitatis Italiae propria sunt sed in omnibus communia sunt. Inter quae nunc potest discerni vulgare, quod superius venabamur, quod in qualibet redolet civitate nec cubat in ulla. Potest tamen magis in una quam in alia redolere, sicut simplicissima substantiarum, quae Deus est, qui in homine magis redolet quam in bruto, in animali quam in planta, in hac quam in minera, in hac quam in igne, in igne quam in terra. Et simplicissima quantitas, quod est unum, in impari numero redolet magis quam in pari; et simplicissimus color, qui albus est, magis in citrino quam in viridi redolet. Itaque adepti quod quaerebamus, dicimus illustre, cardinale, aulicum, et curiale vulgare in Latio, quod omnis Latiae civitatis est et nullius esse videtur, et quo municipalia vulgaria omnia Latinorum mensurantur, ponderantur, et comparantur.—*I. 16.*

FRANCESCO PETRARCA (1304–1374)

Franciscus Petrarca Posteritati Salutem

Fuerit tibi forsan de me aliquid auditum (quamquam et hoc dubium sit, an exiguum et obscurum longe nomen seu locorum seu temporum perventurum sit), et illud forsitan optabis, nosse quid hominis fuerim aut quis operum exitus meorum, eorum maxime, quorum ad te fama pervenerit vel quorum tenue nomen audieris. Et de primo quidem variae erunt hominum voces; ita enim ferme quisque loquitur ut impellit non veritas sed voluptas, nec laudis nec infamiae modus est. Vestro de grege unus fui autem mortalis homuncio nec magnae admodum nec vilis originis. Familia (ut de se ait Augustus Caesar) antiqua. Natura quidem non iniquo neque inverecundo animo, nisi ei consuetudo contagiosa nocuisset. Adulescentia me fefellit, iuventa corripuit, senecta autem correxit experimentoque perdocuit verum illud, quod diu ante perlegeram, quoniam adulescentia et voluptas vana sunt; immo aetatum temporumque omnium conditor, qui miseros mortales de nihilo tumidos aberrare sinit interdum, ut peccatorum suorum vel sero memores sese cognoscant. Corpus iuveni non magnarum virium sed multae dexteritatis obtigerat. Forma non glorior excellenti sed quae placere viridioribus annis posset; colore vivido inter candidum et subnigrum, vivacibus oculis et visu per longum tempus acerrimo, qui praeter spem supra sexagesimum aetatis annum me destituit, ut indignanti mihi ad ocularium confugiendum esset auxilium. Tota aetate sanissimum corpus senectus invasit et solita morborum acie circumvenit.

Honestis parentibus Florentinis origine, fortuna mediocri et (ut verum fatear) ad inopiam vergente, sed patria pulsis Aretii in exsilio natus sum anno huius aetatis ultimae, quae a Christo incipit, MCCCIIII, die Lunae ad auroram, XIII Kal. Augusti. Divitiarum contemptor eximius, non quod divitias non optarem, sed labores curasque oderam, opum comites inseparabilis. Non ut ista cura esset (*sic*) lautarum facultas epularum, ego autem tenui victu et cibis vulgaribus vitam egi laetius quam cum exquisitissimis dapibus omnes Apicii successores. Convivia quae dicuntur, cum sint commissationes modestiae et bonis moribus inimicae,

semper mihi displicuerunt; laboriosum et inutile ratus sum ad
hunc finem vocare alios nec minus ab aliis vocari. Convivere
autem cum amicis adeo iucundum, ut eorum superventu nil
gratius habuerim nec umquam volens sine socio cibum sumpserim.
Nihil mihi magis quam pompa displicet, non solum quia mala et
humilitati contraria sed quia difficilis et quieti adversa est.
Amore acerrimo sed unico et honesto in adulescentia laboravi, et
diutius laborassem, nisi iam tepescentem ignem mors acerba sed
utilis exstinxisset. Libidinum me prorsus expertem dicere posse
optarem quidem sed, si dicam, mentiar; hoc secure dixerim, me,
quamquam fervore aetatis et complexionis ad id raptum, vilitatem
illam tamen semper animo exsecratum. Mox vero ad quadragesimum annum appropinquans, dum adhuc et caloris satis esset
et virium, non solum factum illud obscenum sed eius memoriam
omnem sic abieci, quasi numquam feminam adspexissem; quod
inter primas felicitates meas memoro, Deo gratias agens, qui me
adhuc integrum et vigentem tam vili et mihi semper odioso
servitio liberavit. Sed ad alia procedo.

Sensi superbiam in aliis, non in me et, cum parvus fuerim,
semper minor iudicio meo fui. Ira mea mihi persaepe nocuit,
aliis numquam. Amicitiarum adpetentissimus honestarum et
fidelissimus cultor fui. Intrepide glorior, quia scio me verum
loqui. Indignantissimi animi sed offensarum obliviosissimi,
beneficiorum permemoris. Principum et regum familiaritatibus
et nobilium amicitiis usque ad invidiam fortunatus fui, sed hoc
est supplicium senescentium, ut suorum saepissime mortes fleant.
Maximi regum meae aetatis amarunt et coluerunt me (cur autem
nescio; ipsi viderint) et ita cum quibusdam fui, ut ipsi quodam
modo mecum essent et eminentiae eorum nullum taedium, commoda multa perceperim. Multos tamen eorum, quos valde
amabam, effugi; tantus fuit mihi insitus amor libertatis, ut, cuius
vel nomen ipsum libertati illi esse contrarium videretur, omni
studio declinarem.

Ingenio fui aequo potius quam acuto, ad omne bonum et
salubre studium apto sed ad moralem praecipue philosophiam et
ad poeticam prono. Quam ipsam processu temporis neglexi
sacris litteris delectatus, in quibus sensi dulcedinem abditam,

quam aliquando contempseram, poeticis litteris nonnisi ad ornatum reservatis. Incubui unice inter multa ad notitiam vetustatis, quoniam mihi semper aetas ista displicuit, ut, nisi me amor carorum in diversum traheret, qualibet aetate natus esse semper optaverim et hanc oblivisci, nisus animo me aliis semper inserere. Historicis itaque delectatus sum, non minus tamen offensus eorum discordia, secutus in dubio, quo me vel verisimilitudo rerum vel scribentium traxit auctoritas. Eloquio, ut quidam dixerunt, claro ac potenti, ut mihi visum est, fragili et obscuro, neque vero in communi sermone cum amicis aut familiaribus eloquentiae umquam cura me attigit mirorque eam curam Augustum Caesarem accepisse. Ubi autem res ipsa vel locus vel auditor aliter poscere visus est, paulo annisus sum idque quam efficaciter nescio: eorum sit iudicium, coram quibus dixi. Ego, modo bene vixissem, qualiter dixissem parvi facerem. Ventosa gloria est de solo verborum splendore famam quaerere. * * * *

FRANCISCUS PETRARCA IOHANNI COLUMNAE CARDINALI S. P. D.

Peropportunum curis meis locum, si non alio properaret animus, nactus sum in regione Romana. Caprarum mons dictus est olim, credo quod silvestribus virgultis obsessus capris quam hominibus frequentior haberetur. Paulatim cognitus loci situs et spectata fertilitas habitatores aliquot sponte contraxit, a quibus arx eminenti satis tumulo fundata et domorum quantum collis angustus patitur adhuc vetus caprarum vocabulum non amisit.

Locus ignobilis fama nobilioribus cingitur locis. Est hinc Soracte mons, Silvestro clarus incola sed et ante Silvestrum poetarum carminibus illustris; hinc Cimini cum monte lacus, quorum meminit Virgilius; hinc Sutrium, quod nonnisi duobus passuum milibus abest, sedes Cereri gratissima et vetus (ut perhibent) Saturni colonia. Campus ostenditur non longe a muris, ubi primum in Italia frumenti semen ab advena rege iactum dicunt, primam messem falce desectam; quo beneficio miraculoque delenitis animis, in partem regni vivens, in opinionem divinitatis vita functus favore hominum exceptus senex rex et falcifer deus est.

Aer hic, quantum breve tempus ostendit, saluberrimus. Hinc illinc colles innumeri, altitudine nec accessu difficili et expedita

prospectui. Inter quos et umbrosa laterum convexa et opaca
circum antra subsidunt. Undique submovendis solibus frondosum
nemus erigitur, nisi quod ad aquilonem collis humilior apricum
aperit sinum, mellificis apibus floream stationem; fontes aquarum
dulcium imis vallibus obstrepunt; cervi, damae, capreoli, et
feri nemorum greges apertis vagantur collibus; omne volucrum
genus vel undis vel ramis immurmurat. Nam boum et omnis
mansueti pecoris armenta et humani laboris fructus, Bacchi
dulcedinem et Cereris ubertatem, ad haec et illa naturae dona,
vicinos lacus ac flumina et non longinquum mare, praetereo.
Pax una quonam gentis crimine, quibus caeli legibus, quo fato,
seu qua siderum vi ab his terris exsulet, ignoro. Quid enim putas?
Pastor armatus silvis invigilat, non tam lupos metuens quam
raptores. Loricatus arator hastam ad usum rustici pugionis
invertens recusantis bovis terga sollicitat. Auceps retia clipeo
tegit et piscator hamis fallacibus haerentem escam rigido mucrone
suspendit, quodque ridiculum dixeris, aquam e puteo petiturus
robiginosam galeam sordido fune connectit. Denique nihil sine
armis hic agitur. Quis ille pernox ululatus vigilum in moenibus,
quae voces ad arma conclamantium, quae mihi in sonorum locum,
quos blandis e fidibus exprimere consueveram, successere! Nihil
incolis harum regionum inter se aut tutum videas aut pacatum
audias aut humanum sentias, sed bellum et odia et operibus
daemonum cuncta simillima.

His in locis, pater inclite, inter volentem ac nolentem dubius
iam sextum decimum diem ago et (quantum potest in rebus
omnibus consuetudo!) fragore militum et stridore lituum ceteris
in aciem concurrentibus, me saepe per hos colles vagum videas
atque aliquid, quod posteritatem mihi conciliet, assidue meditantem. Omnes me cum admiratione respiciunt otiosum, in-
trepidum, et inermem. Contra ego omnes admiror pavidos,
sollicitos, et armatos. Haec est humanarum varietas actionum.
Quod si forsan interroger, an hinc migrare malim, non facile
dixerim. Et ire iuvat et manere delectat. Ad primum pronior
sum, non quod hic molesti quicquam patiar sed Romam visurus
domo moveram. Est autem secundum naturam, ut usque in
finem votorum animus non quiescat; ex quo maxime colorem

mihi videtur habuisse opinio illa, quae beatifica visione Dei, in qua consummata felicitas hominis consistit, defunctorum animas tam diu carituras adstruebat, donec corpora resumpsissent, quod naturaliter non optare non possunt; quamvis illa sententia multorum saniore iudicio victa et cum auctore suo (da veniam, quaeso, qui valde eum sed non errores eius dilexisti) sepulta iampridem sit. Vale.—*Ep. Fam. II. 12.*

Franciscus Petrarca Iohanni Columnae S. P. D.

Ab urbe Roma quid exspectet, qui tam multa de montibus acceperit? Putabas me grande aliquid scripturum, cum Romam pervenissem. Ingens mihi forsan in posterum scribendi materia oblata est; in praesens nihil est, quod incohare ausim, miraculo rerum tantarum et stuporis mole obrutus. Unum hoc tacitum noluerim: contra ac tu suspicabaris accidit. Solebas enim, memini, me a veniendo dehortari hoc maxime praetextu, ne ruinosae urbis aspectu, famae non respondente atque opinioni meae e libris conceptae, ardor meus ille lentesceret. Ego quoque, quamvis desiderio flagrarem, non invitus differebam, metuens, ne, quod ipse mihi animo finxeram, extenuarent oculi et magnis semper nominibus inimica praesentia. Illa vero (mirum dictu!) nihil imminuit sed auxit omnia. Vere maior fuit Roma maioresque sunt reliquiae quam rebar. Iam non orbem ab hac urbe domitum, sed tam sero domitum miror. Vale. Romae, Idibus Martiis, in Capitolio.—*Ep. Fam. II. 14.*

Franciscus Petrarca Gerardo Fratri S. P. D.

Quod saepe olim vel oblivio vel torpor abstulit, attingam, frater. Si gloriari licet, apud te gloriabor in illo, in quo solo gloriari tutum est. Iam ex omnibus humanarum cupiditatum ardoribus, etsi non in totum, magna tamen ex parte divina me pietas eripuit; e caelo enim est, seu id mihi naturae bonitas seu dies praestiterit. Multa quidem videndo multumque cogitando intellegere tandem coepi, quanti sint studia haec, quibus mortale genus exaestuat. Ne tamen ab omnibus hominum piaculis immunem putes, una inexplebilis cupiditas me tenet, quam frenare hactenus nec potui, certe nec volui: mihi enim interblandior

honestarum rerum non inhonestam esse cupidinem. Exspectas
audire morbi genus? Libris satiari nequeo; et habeo plures forte
quam oportet. Sed sicut in ceteris rebus, sic in libris accidit,
quaerendi successus avaritiae calcar est: quin immo singulare
quoddam in libris est. Aurum, argentum, gemmae, purpurea
vestis, marmorea domus, cultus ager, pictae tabulae, phaleratus
sonipes, ceteraque id genus mutam habent et superficiariam
voluptatem; libri medullitus delectant, colloquuntur, consulunt,
et viva quadam nobis atque arguta familiaritate iunguntur.
Neque solum sese lectoribus quisque suis insinuat sed et aliorum
nomen ingerit et alter alterius desiderium facit. Ac ne res egeat
exemplo, Marcum mihi Varronem carum et amabilem Ciceronis
Academicus fecit; Ennii nomen in Officiorum libris audivi; primum
Terentii amorem ex Tusculanarum Quaestionum lectione concepi;
Catonis Origines et Xenophontis Oeconomicum ex libro De
Senectute cognovi eundemque a Cicerone translatum in iisdem
Officialibus libris edidici. * *

Nemo ergo mirabitur (ut redeam unde digressus sum) vehementer his animos inflammari atque configi, quorum singula suas
scintillas suosque aculeos palam habent aliosque clanculum in
sinu gestant, quos sibi invicem subministrant. Itaque (pudet
equidem sed fatendum ingenue et cedendum vero est) excusabilior
semper mihi cupiditas visa est Atheniensis tyranni Aegyptiique
regis quam nostri ducis, aliquantoque nobilius Pisistrati primum,
deinde Ptolemaei Philadelphi studium quam Crassi aurum, etsi
multo plures imitatores Crassus habeat. Sed, ne Romae Alex-
andria vel Athenae et Italiae Graecia vel Aegyptus insultent, et
nobis studiosi principes contigerunt, iique tam multi, ut eos vel
enumerare difficile sit, tamque huic rei dediti, ut inventus sit, cui
philosophiae quam imperii carius nomen esset, et studiosi, inquam,
non tam librorum quam libris contentarum rerum. Sunt enim
qui libros (ut cetera) non utendi studio cumulent sed habendi
libidine neque tam ut ingenii praesidium quam ut thalami ornamentum. Atque, ut reliquos sileam, fuit Romanae bibliothecae
cura divis imperatoribus Iulio Caesari et Caesari Augusto tan-
taeque rei praefectus ab altero (pace Demetrii Phalerei dixerim,
qui in hac re clarum apud Aegyptios nomen habet) nihil inferior,

ne dicam longe superior, Marcus Varro, ab altero Pompeius Macer, vir et ipse doctissimus. Summo quoque Graecae Latinaeque bibilothecae studio flagravit Asinius Pollio, orator clarissimus, qui primus hanc Romae publicasse traditur. Illa enim privata sunt. Catonis insatiabilis librorum fames, cuius Cicero testis est; ipsiusque Ciceronis ardorem ad inquirendos libros quam multae testantur epistulae ad Atticum, cui eam curam non segnius imponit, agens summa instantia multaque precum vi, qua ego nunc tibi. Quod si opulentissimo ingenio permittitur librorum patrocinia mendicare, quid putas licere inopi?

Haec pro excusatione vitii mei proque solacio tantorum comitum dicta sint. Tu vero, si tibi carus sum, aliquibus fidis et litteratis viris hanc curam imponito. Etruriam perquirant, religiosorum armaria evolvant ceterorumque studiosorum hominum, si quid usque emergeret—leniendae, dicam, an irritandae siti meae idoneum? Ceterum etsi non ignores, quibus lacubus piscari quibusque fruticetis aucupari soleo, ne qua tamen falli queas, his seorsum litteris, quid maxime velim, interserui; quoque vigilantior fias, scito me easdem preces amicis aliis in Britanniam Galliasque et Hispanias destinasse. Ne cui ergo fide vel industria cessisse videaris, enitere. Vale.—*Ep. Fam. III. 18.*

FRANCISCUS PETRARCA GERARDO FRATRI SUO MONACHO CARTHUSIANO S. P. D.

Subit animum, luce mihi carior germane, longaevo silentio finem ponere. Quod si forsan obliviosi animi indicium arbitraris, falleris. Non prius te quam me ipsum obliviscar. Timui hactenus tirocinii tui quietem interrumpere; fugere te strepitum, amare silentium sciebam, me vero, si semel inciperem, haud facile desiturum; is amor tui est, ea rerum tuarum admiratio. E duobus igitur extremis non quidem mihi gratius sed tibi tranquillius eligebam. Nunc, ut verum fatear, non tam tibi quam mihi consulturus ad scribendum venio. Quid enim tu sermunculis meis eges, qui caeleste iter ingressus angelicis assidue colloquiis recrearis, felix animi fortunatusque propositi, qui mundum tam maxime blandientem medio aetatis flore sic spernere potuisti interque Sirenum voces obstructa tutus aure transire? Dum ego te adloquor, ipse res meas ago, si forte vel sic sacro ardore tuo admodum torpens et longo gelatum situ pectusculum meum incalesceret. Tibi autem clamor meus ut minime utilis sic minime importunus esse debebit, neque enim tiro, ut olim, sed Christi iam miles es, longa militia probatus. Gratias illi, qui tanto honore dignatus et, ut saepe alias, ex agmine medio adversarum partium insignem transfugam ad sua signa convertit. Prius ergo verebar intempestivas tibi voces ingerere, deinceps securus te securum ipse compello. Incipientibus formidolosa sunt omnia; quae timuimus pueri, adulescentes risimus. Militem inexpertum strepitus omnis exanimat; duratus bellis nullo fragore concutitur. Rudis nauta primo ventorum murmure terretur; gubernator antiquus, qui totiens fatiscentem et exarmatam puppim perduxit in portum, ex alto despicit iratum mare. Spero autem in illo, qui te ab utero matris tuae ad hoc laboriosum certe sed gloriosum iter adsumpsit, ut per varias difficultates tutus in patriam pervenires: quod nulla te amplius rerum facies movebit, non luctus, non curae, non morbi, non senectus, non metus, non fames, non egestas,

       terribiles visu formae, letumque laborque;

postremo non ingens

       ianitor Orci

    ossa super recubans antro semesa cruento

et quicquid aliud ad exterrenda corda mortalium poetarum ingeniis cogitatum est. * * * * * * *

Tu vero, si rite computo, in servitio Iesu Christi et in schola eius iam septimum annum siles; tempus est ut loqui posse aliquid incipias vel, si prae omnibus silentium dulce est, mihi vel in silentio respondeas. Meministi, frater, qualis olim rerum nostrarum status erat et animos nostros quam laboriosa dulcedo et quantis amaritudinibus conspersa torquebat. Meministi, puto, ut nunc et libertati tuae congaudeas et fraternae condoleas servituti, quae me adhuc solitis compedibus arctatum tenens iam cultrum lateri, iam laqueum collo parat, peregissetque iam pridem, ni liberatoris dextera, quae te servitio exemit, me ab interitu defendisset. Orabis, frater, ut me quoque iam tandem libertati restituat et uno ventre progressos pari fine felicitet, et, si praeire debueram, non pudebit sequi. Meministi, inquam, quis ille et quam

supervacuus exquisitissimae vestis nitor, qui me hactenus,
fateor, sed in dies solito minus, attonitum habet; quod illud
induendi exuendique fastidium et mane ac vespere repetitus
labor; quis ille metus, ne dato ordine capillus efflueret, ne
complicitos comarum globos levis aura confunderet; quae
illa contra retroque venientium fuga quadrupedum, ne quid
adventiciae sordis redolens ac fulgida toga susciperet, neu
impressas rugas collisa remitteret.   Vere inanes hominum sed
praecipue adulescentium curas!   Quorsum enim ea mentis anxi-
etas?   Ut placeremus scilicet oculis alienis.   Et quorum oculis,
quaeso?   Profecto multorum, qui nostris oculis displicebant.
* * * * Quid de calamistris et comae studio dixerim?   Quotiens
somnum, quem labor ille distulerat, labor ille abrupit?   Quis
piraticus tortor crudelius arctasset quam propriis ipsi manibus
arctabamur?   Quos mane nocturnos sulcos in speculo vidimus
rubenti fronte transversos, ut, qui capillum ostentare volebamus,
faciem tegere cogeremur?   Dulcia sunt haec patientibus, passis
vel memoratu horrida, incredibilia inexpertis.   Quantum vero te
nunc illa praeterita memorantem praesentia ista delectant!
Calceus laxus pedis non vinculum sed munimen; coma alte resecata
et capillorum saepes non iam auribus importuna nec oculis; toga
simplicior et quaesitu et custodia facilis nec egressu laboriosior
quam ingressu tamque animum ab insania defendens quam corpus
defendit a frigore.   O te felicem!   qui, ut haec dulcius saperent,
illas amaritudines praegustasti.   Et, ut haec leviora praeteream,
recordare etiam, quo promptius a tanta Charybdi liberatus dignas
Deo gratias agas, quanta nobis fuerat cura quantaeque vigiliae,
ut furor noster late notus et nos essemus populorum fabula.
Quotiens syllabas contorsimus?   Quotiens verba transtulimus?
Denique quid non fecimus, ut amor ille, quem si exstinguere non
erat, at saltem tegi verecundia iubebat, plausibiliter caneretur?
Laudabamur in studiis nostris et capita delirantium peccatoris
oleum impinguabat.   Sed ineffabilis Dei pietas gressus tuos
interea pedetemptim revocabat ad rectum iter et satietate rerum
pereuntium praeceps illud desiderium castigabat, ut scilicet
diversis aetatibus utrobique incola, quid interesset inter Baby-
lonem atque Ierusalem, expertus agnosceres.

* * * * Recordare quid ille hominum concursus, quaenam proelia salutantium, quanta concursantium offensio, quantumve sudoris ac laborum, ut compti et elaborati nunc hic nunc illic in publico cerneremur. Et Deus optime, qui caecos illuminas, claudos erigis, mortuos suscitas, qualis illa iactatio est! Postquam enim omnibus vicis omnibusque scaenis circumacti omnibus noti erimus, restat iter patrum nostrorum agere et formidatum sepulcri limen irredituro pede transcendere. Adde nunc conviviorum gloriosa fastidia, quae sine magno, ut aiunt, famae discrimine non vitantur, et epularum variam procellam concusso stomachulo fluctuantem. Quae si ab amicis patimur incommoda, quid exspectes ab hostibus? Quorum multa sunt genera: domestici externi; horumque alii clandestini, alii ex professo inimicitias agunt, et rursum alii lingua, alii fraudibus, alii gladio decertant. Brevius loquor omne genus experto.

Ad haec quid, quaeso, non iniuriarum a servis contumeliarumque perpetimur? * * * * Apud me et iniquissimum est servorum genus et proverbium illud vetus a Seneca reprehensum veri locum habet: totidem hostes esse quot servos. At de bonis servis epistula illa est; mali enim, eodem auctore, a dominorum consortio excluduntur. Credo. Sic enim sonant verba et bonorum exempla de libris non pauca colligimus nec id quidem ignoro neque scriptoribus fidem nego; sed, sive temporum mutatio sive sors sive impatientia mea est, ego bonum servum numquam vidi. Quaero tamen et, si forte obvius fuerit, velut occursu bicipitis hominis obstupescam. At ne quis hoc vel saevitiae vel desidiae meae imputet, omnia tentavi neque minus ego quam Lucilius familiariter cum servis meis vixi et ad consilium et ad confabulationem et ad cenam illos admisi meque ipsum et res meas illorum fidei commisi fidelesque ut facerem credidi; nec credendo profeci; quin potius ars omnis in contrarium versa est. Servorum enim a colloquio meo nemo non procacior discessit, nemo non contumacior a cena surrexit, et, ut familiaritas insolentes, sic fiducia fures esse docuit. Ut ergo Senecae de suis, sic mihi de meis et cunctorum servis (omnes enim fere nescio quo modo pares sunt) vera loqui liceat. Ego quidem fateor, servili pervicacia nil molestius patior in vita. Cetera enim bella indutias habent; cum domesticis hostibus sine intermissione pugnamus. Quamvis non sim nescius aequo animo ferendum esse, quod maximis viris accidisse video. * * * * *

Haec tibi, germane unice, non meo sed peregrino stilo et prope monastico dictavi te potius quam me ipsum cogitans. Leges, dum ex commodo licebit, et, si hinc perfectioni tuae nihil accesserit, scito me mihi saltem profuisse, dum scriberem, quoniam mea me pericula meditantem status tui felix interim torsit invidia. Vale memor mei. VII Kal. Octobris, ex oppido Carpensi.—*Ep. Fam. X. 3.*

Franciscus Petrarca Priorbus Artium, Vexillifero Iustitiae, Populoque Florentino S. P. D.

Iam satis me vixisse arbitror, optimi cives, et illam sapientis amici vocem audire videor: "Morere dum laetus es; neque enim es in caelum ascensurus." Praeclarissime. Quo enim insatiabilis ista cupiditas vivendi? Virtute, non annorum numero, metienda felicitas et, cum perveneris quo tendebas, desinendum est. Audebo quidem apud vos familiarius gloriari, eoque fidentius quod, quantulacumque vel esse vel fingi potest mea gloria, ingentis gloriae vestrae perexigua quaedam erit accessio. Numquam opes aut potentiam optavi, ad quas etsi non forte pertingere, at saltem suspirare permissum erat, ab annis teneris parva ducens, quae multis maxima videbantur. Id unde mihi quidem nescio, sed me vera loqui testis est vita, testis oratio, testis est animus meus. Huc omnes curas, omnes vigilias meas verti, si quo studio datum esset, ut bonus fierem aut bonorum benevolentia non indignus. Quorum primum nondum contigisse mihi doleo, secundum vero vestro munere quam cumulate quamque supra spem successerit, suavissimus litterarum vestrarum tenor indicat; ex quibus fateor non minus me stuporis percepisse quam gaudii. Gaudeo enim atque, ut Traianum principem Plutarchus adloquitur, et virtuti vestrae gratulor et fortunae meae, sed supra fidem stupeo aetate hac, quam omnis boni tam sterilem putabamus et, quod miraculum coacervat, in tot animis tantum popularis, ut sic dixerim, ac publicae libertatis exsistere. "Ex quo intellegi potest, quanta in dato beneficio sit laus," ut ait Cicero, "cum in accepto sit tanta gloria."

Quid enim, quaeso, praeclarius, quid maius vel precari praesens poteram vel optare quam quod vos absenti mihi nuper ac tacito, viri illustres et magnifici, contulistis? Cuius umquam patriae erga benemeritum civem tanta liberalitas, tanta dignatio? Excutiatur antiquitas, proferantur historiae. Revocavit ab exsilio Ciceronem suum Roma, revocavit et Rutilium et Metellum, sed ab eo exsilio, quod ipsa mandaverat; revocavit et Camillum, sed extremae fortunae casibus admonita; et sicut horum omnium iniusta relegatio sic omnium iusta—Camilli vero necessaria et prope violenta—revocatio. Revocarunt Alcibiadem Athenae sed condicione non absimili et necessitate publica prope pari. Quo umquam plebiscito quove senatus consulto sponte absens civis nullo patriae periculo revocatus est? Virgilio Augustus Caesar agrum reddiderit, sed quam ipse praeripuerat. Cui umquam filio culpa patris ager perditus publico consilio restitutus est? Inaudita sunt haec pietatis et liberalitatis indicia et, cum fere raritatem claritas sequatur, quantus exemplo carentis vestrae benevolentiae fulgor erit! Advocor, sed quantis, oro, sed quibus et quam validis precibus! Quam imperiosis blanditiis! Quanta spe ager avitus de publico redemptus restituitur! At quonam sarculo cultus eloquentiae! Quibus verborum floribus ornatus! Quibus laudibus nostris fragrans! Quanta nostrae virtutis messe laetissimus! Cui umquam tam fertilis et tam felix fronduit agellus? Adeo quippe nativam soli duritiem vestra vicit industria, ut nec Afris ego iam nec Siculis frugibus invideam et Campanum, Liberi Cererisque certamen, ex uberrima ac iucundissima ruris mei statione despiciam quamlibet regis opulentiam animo supergressus. Ita enim mihi contingat hunc tantum reipublicae favorem, qui nunc vestrae liberalitatis est proprius, aliquando et meriti mei esse, ut ego multo pluris facio vestrum hoc de me tale iudicium et honorificentissimum illud elogium muneri vestro additum quam non modo restitutum seu verius donatum agrum, sed quicquid insuper seritur vel aratur in circuitu. Quod haud difficile me persuasurum reor iis, quibus ulla rerum mearum fuerit ex conversatione notitia. Quid enim mihi praestare potest haec infinita divitiarum sitis atque anxia finium et operosa propagatio? Certe quo ulterius metam fixero longiusque processero, eo magis intellegam, quantum restet, et clarius nequiquam laxati ruris angustias meque inopem recognoscam. O supervacuos labores, cum nihil avaritiae sufficiat! Quanti est quod naturae sufficit, quantum quod sepulcro! Regnorum finibus non contentos brevis urna concludit, sine qua tamen et bene vivere et feliciter mori licet.

Equidem, gloriosissimi cives, indulgentia vestra haec ut vobis sempiternam laudem sic mihi solacium non mediocre peperit dulcem ac praedilectam in sedem restituto, in qua pater, avus, ac proavus meus, vir ut litterarum inops sic praedives ingenii, in qua denique maiores mei reliqui, non tam fumosis imaginibus quam clara fide conspicui, longa serie senuerunt. Ego autem, seu natura mihi conflante alas seu fortuna, volare longius edidici. Nunc vobis auctoribus primaevus mihi tandem nidus panditur, quo revolare queam longis iam fessus erroribus. Magna haec esse non infitior, sed illa permaxima, quod donum publicum tanto mei nominis, digno utinam! praeconio, tanta precum instantia, tanta verborum suavitate conditum est, ut, nisi sim saxeus, aeternum mihi hoc vestro beneficio et lumen ad gloriam et calcar accesserit ad virtutem. Quibus rebus si impares grates agam, non meae mentis ingratitudo fuerit sed vestrae munificentiae magnitudo. Ago tamen quas possum sed, ut ait Cicero, maiores habeo, quibus exprimendis et accuratiore stilo et feliciore opus esset eloquio. Ita me vestris beneficiis obrutum ac circumclusum sentio, ut minus sit omne, quod dixero, quam quod dicere voluissem. Unum hoc in finem non omiserim, quod anno altero, Roma reducem, inter clarissimos illos viros, qui tum frena reipublicae gubernabant, dixisse me recolo; siquidem eo usque patriae meae me attollit humanitas, ut illud quondam pro parti tituli gaudio imperatoris Augusti responsum cum lacrimis redditum senatui mihi nunc tantillus homuncio apud vos pro tantis rerum ac verborum honoribus usurpare non verear. Compos enim factus votorum meorum, Patres Conscripti, quid habeo aliud Deum immortalem precari quam ut hunc consensum vestrum ad ultimum vitae finem mihi perferre liceat? Proinde quid animi habeam ad reditum, si Deus faverit, quantumve mandatis vestris obtemperare cupiam, ne omnia scripto sed aliquid vivis legati vestri vocibus committam, vir egregius Iohannes Boccatii, per quem litteras et monitus vestros ac iussa percepi, praesens peraget, qui, ut hanc epistulam fida manu, ad vos ore disertissimo perferet affectus meos, quemque cum audieritis, illius ore me locutum credite. Cupio vos florentissima semper in republica valere feliciter. Patavii, VIII. Idus Aprilis.—*Ep. Fam. XI. 5.*

Franciscus Petrarca Carolo IV. Augusto Imperatori Romanorum S. P. D.

Olim tibi, princeps inclite, quod famae tuae salutique publicae convenire visum est, scripsi familiaritate quadam, non tam de ingenio meo quam de moribus tuis sumpta fiducia. Deinde autem mecum ipse reputans difficultates multas et varias communibus votis oppositas imperio fortunae, quae, ut aiunt, omnibus imperat imperiis, nec dubitans ex adverso per te tuumque consilium fieri omnia, quae humano consilio fieri possent, et oculis tuis et huic calamo plus quam annuas indutias dedi, quamquam non sine maerore animi tempus labi cernerem et tranquillitatem multorum interim populorum prolatando aut procrastinando differri. Sed difficultatum obice impossibilitati proximo, ut dixi, tarditatem excusabam. Nunc tandem praeparante divina providentia vias tuas et fidelis populi salutem misericorditer ordinante, ita dispositus est Italiae tuae status adeoque fervens exspectatio, ut dilationem ipsam, quae gloriosis primordiis intercessit, eidem providentiae adscribam potius quam fortunae, quo scilicet immensum exoptatissimi principis mora brevis ardorem publicum excitaret. Iam vero bonorum animos ardere amplius non posse tibi persuadeas velim verendumque, ne, quod natura rerum fert, incendio sensim tepor obrepat, nisi generosis flammis, quas tuum nomen accendit, praesentiae tuae alimenta praebueris.

Cum itaque, quod neminem omnino te melius nosse reor, eo res perducta sit, ut neque maiestas tua, salva gloria, Caesareum differre possit adventum neque mea devotio, illaesa fide, coeptum diutius tenere silentium, loquor ecce, iterum ad dominum meum et, nisi piget, ad cunctorum dominum loquor, simplicitate quantalibet sed fide purissima. Et loquor non novi aliquid sed quod notissimum tibi et ab omnibus amicis imperii Romani vel consultum iri scio. Non enim id ago, ut doceam, sed ut mea fides suo fungatur officio; ideoque rem non nitor adornare coloribus, sciens ut coloratis fictisque mendacium sic veritatem apertis ac simplicibus delectari. Simpliciter igitur et aperte pro honore imperii, pro salute Italiae, pro consolatione urbis Romae, desolatissimae sponsae tuae, pro amicorum studio, pro subiectorum commodis, pro quiete laborantium Christianorum, pro maturando negotio Terrae Sanctae, pro adipiscendo in terris praeclarissimae ac immortalis famae praeconio, pro aeterna beatitudine post huius fugacissimae vitae miserias promerenda, oro, precor, obsecro toto nunc animo genibus tuis affusus, quatenus occasionem res maximas atque optimas gerendi caelitus oblatam incunctanter arripias, reiectisque curis omnibus, quae gressus tuos a tam pio itinere retrahunt, moram tollas claris semper exordiis nocituram ac tuo egentem auxilio quam primum invisere velis Ausoniam. Optato succedunt omnia. Noli unus deesse fortunae; quod si facias, ingens posteritatis odium nec minorem tibi conflaveris infamiam. Vix equidem optare, vix verbo exprimere potuisses tam facilem fati viam. Putasne perpetuum hunc favorem? Ut vehemens sic volubile fatum est; non humano quidem ingenio sed suopte volvitur arbitrio; nullus status, nulla facies rerum durat. Non tu idem semper eris neque haec tibi semper occasio. Intellegis, providentissime princeps, non tantum quid loquar, sed quid cogitem. Praesentem Tusciae statum vides. Ubi plurimum rebellionis avo tuo aliisque retro principibus fuit, illic tibi plurimum erit obsequii. Utere rerum mutatione felicissima sortemque tuam ne neglexeris. Brevitatem ac fugam vitae mortalis ante oculos habeto et instabilitatem rerum et fortunae vim, cuius natura est ut audentibus atque sollicitis faveat, timidos pigrosque reiciat, et, ut sapientibus placet, retro calva esse cum soleat, frontem habeat capillatum.

Pluraque scripsi olim et plura nunc scriberem, nisi quia sapientiae tuae etiam pauciora sufficiunt et devotioni meae utcumque hoc breviloquio satisfactum est. Vale, magnanime Caesar, et propera.—*Ep. Fam. XII. 1.*

FRANCISCUS PETRARCA FRANCISCO PRIORI SANCTORUM
APOSTOLORUM S. P. D.

Ad fontem Sorgiae aestatem ago. Iam quod sequitur, tacito
me licet, intellegis, sed, si loqui iubes, brevibus expediam. Corpori meo bellum indixi. Ita me ille adiuvet, sine cuius ope suc-
cumberem, ut gula, ut venter, ut lingua, ut aures oculique mei
saepe mihi non artus proprii sed hostes impii videntur. Multa
quidem hinc mihi mala provenisse memini, praesertim ab oculis,
qui ad omne praecipitium mei fuerunt duces. Hos ita conclusi,
ut praeter caelum, montes, ac fontes fere nihil videant; non
aurum, non gemmas, non ebur, non purpuram, non equos, nisi
duos eosque ipsos exiguos, qui cum unico puero his me vallibus
circumvectant; postremo nullius usquam mulieris nisi vilicae
meae faciem, quam si videas, solitudinem Libycam aut Aethio-
picam putes te videre: aridam penitus et vere solis ab ardoribus
adustam faciem, cui nihil viroris, nihil succi inest; faciem qualem
si Tyndaris habuisset, Troia nunc etiam staret; si Lucretia et
Virginia, nec regno Tarquinius pulsus esset nec Appius vitam
in carcere finivisset. Verum ne sibi post oris descriptionem dignas
morum laudes subtraham, quam fusca facies tam candidus est
animus; magnum et ipsa nihil animo nocentis feminae deformitatis
exemplum, de quo forte aliquid dicerem, nisi quia circa Claranum
suum abunde hunc articulum in epistulis prosecutus est Seneca.

Hoc singularius habet vilica mea, quod, cum forma corporis
femineum potius quam virile bonum sit, haec adeo formae iacturam non sentit, ut decere illam putes esse deformem. Nihil
fidelius, nihil humilius, nihil operosius. Sub ardentissimo sole,
vix cicadis aestum tolerantibus, totos dies agit in campis et
Cancrum et Leonem durata cute contemnit. Sero domum rediens
anicula sic indefessum rebus domesticis adhibet invictumque
corpusculum, ut e thalamo venientem iuvenem dicas; nullum
interea murmur, nullae querimoniae, nullum turbatae mentis
indicium, sed viri et natorum et familiae meae venientiumque
ad me hospitum incredibilis cura incredibilisque contemptus sui
dumtaxat ipsius. Huic saxeae mulierculae instrata sarmentis
terra cubiculum, huic prope terreus panis cibus vinumque aceto
similius lymphisque perdomitum potus est. Si quid mollius ap-

ponas, iam desuetudine longissima durum putat omne quod
mulcet. Sed satis multa de vilica, quae nisi in agresti scriptura
locum repertura non fuerat.

Hoc modo igitur oculos castigo. Quid de auribus dicam?
Cantus et tibiae et fidium dulcedo, quibus extra me ipsum rapi
soleo, nulli sunt mihi. Totam suavitatem illam aura dispersit.
Hic nihil omnino praeter raros boum mugitus aut balatus pecudum, praeter volucrum cantus continuumque murmur aquarum
audio. Quid lingua, qua saepe me ipsum, interdum forte alios
erexi? Nunc iacet ipsa et a mane saepe ad vesperam silet; cui
enim loquatur, praeter me, non habet. Iam vero gulam ventrem-
que sic institui, ut saepe bubulci mei panis et mihi sufficiat et
saepe etiam delectet et niveum aliunde mihi allatum famuli, qui
tulere, manducent. Tam consuetudo mihi pro voluptate est itaque
vilicus meus, indulgentissimus familiaris ipseque vir saxeus, de
nulla re mecum litigat, nisi quod durior mihi sit victus quam qui,
ut dicit, diutius ferri queat. Ego contra sentio diutius talem victum tolerari posse quam mollem, quem magni taedii esse et quinque diebus continuari non posse satiricus ait. Uva, ficus, nuces,
et amygdalae deliciae meae sunt. Quibus hic fluvius abundat
pisciculis delector, numquam magis quam dum capiuntur, quod
studiose etiam inspicio iuvatque iam hamos ac retia tractare.
Quid de vestibus, quid de calceis loquar? Mutata sunt omnia.
Non ille meus habitus, meus, inquam, propter eximiam vanitatem, qua, salva, ni fallor, honestate et decore servato, inter pares
olim conspici dulce fuit. Agricolam me seu pastorem dixeris,
cum tamen adhuc et vestis exquisitior non desit et mutati habitus
nulla sit causa, nisi quia quod primum placuit, primum sordet.
Soluta sunt quibus ligabar vincula clausique quibus placere
cupiebam oculi, et, puto, si aperti essent, hodie solitum in me
imperium non haberent: meis autem oculis nullo modo magis
placeo quam solutus ac liber.

Quid de habitaculo dixerim? Catonis aut Fabricii domum
putes, ubi cum cane unico et duobus tantum servis habito. Ceteros
in Italia dimisi omnes. Utinam in via dimisissem ad me numquam
redituros, meae quietis unicam procellam. Vilicus autem con-
tiguam habet domum, mihi semper praesto, dum usui est, et, ne

umquam obsequium vergat in taedium, parvo mox ostio seclu-
dendus. Hic mihi duos hortulos quaesivi tam ingenio propositoque meo consentaneos ut nihil magis; quos si describere aggrediar, longus fiam. In summa vix simile aliquid reor habeat
orbis terrarum et, si femineam levitatem fateri oportet, tale
quicquam esse extra Italiam indignor. Hunc Helicona nostrum
Transalpinum vocitare soleo; est enim alte umbrosus solique
studio aptus et nostro sacer Apollini. Hic nascenti Sorgiae impendet, ultra quem nihil est nisi rupes et avia, prorsus, nisi feris
aut volucribus, inaccessa. Alter domui proximus et aspectu
cultior et dilectus est Bromio; hic, mirum dictu! rapidissimi ac
pulcherrimi amnis in medio est; iuxta quem brevi tantum ponte
disiuncta ultima domus in parte testudo vivis ex lapidibus curvata
suspenditur, quae nunc caelo ardente sentiri vetat aestatem.
Locus est, qui ad studium accendat; augurorque non absimilis
atriolo illo, ubi declamare solitus erat Cicero, nisi quod illud
praeterlabentem Sorgiam non habebat. Sub hoc ergo meridies
exigitur. Mane in collibus, vesper in pratis vel asperiore in
hortulo ad fontem naturam vincentem artificio, ubi locus est alta
sub rupe ac mediis in undis angustus quidem sed plenus stimulis
ardentibus, quibus piger licet animus in altissimas curas posset
adsurgere. Quid vis? Possem forsan hic vivere, nisi vel tam
procul Italia vel tam prope esset Avenio. Quid enim dissimulem
geminam animi mollitiem? Illius me amor mulcet ac vellicat,
huius me odium pungit et asperat odorque gravissimus toti mundo
pestifer quid mirum si in vicinitate nimia unius parvi ruris
innocuam polluit puritatem? Ille me hinc pellet: sentio enim
statum interim meum. Vide, nihil est quod metuam nisi reditum
ad urbes. Vale.—*Ep. Fam. XIII. 8.*

FRANCISCUS PETRARCA M. TULLIO CICERONI S. P. D.

Epistulas tuas diu multumque perquisitas atque, ubi minime
rebar, inventas avidissime perlegi. Audivi multa te dicentem,
multa deplorantem, multa variantem, Marce Tulli, et qui iam
pridem, qualis praeceptor aliis fuisses, noveram, nunc tandem,
quis tu tibi esses, agnovi. Unum hoc vicissim a vera caritate
profectum non iam consilium sed lamentum audi, ubicumque es,

quod unus posterorum tui nominis amantissimus non sine lacrimis fundit. O inquiete semper et anxie vel, ut verba tua recognoscas, o praeceps et calamitose senex, quid tibi tot contentionibus et prorsum nihil profuturis simultatibus voluisti? Ubi et aetati et professioni et fortunae tuae conveniens otium reliquisti? Quis te falsus gloriae splendor senem adulescentium bellis implicuit et per omnes iactatum casus ad indignam philosopho mortem rapuit? Heu! et fraterni consilii immemor et tuorum tot salubrium praeceptorum, ceu nocturnus viator lumen in tenebris gestans ostendisti secuturis callem, in quo ipse satis miserabiliter lapsus es. Omitto Dionysium, omitto fratrem tuum et nepotem, omitto, si placet, ipsum etiam Dolabellam, quos nunc laudibus ad caelum effers, nunc repentinis maledictis laceras. Fuerint haec tolerabilia fortassis. Iulium quoque Caesarem praetervehor, cuius spectata clementia ipsum lacessentibus portus erat. Magnum praeterea Pompeium sileo, cum quo iure quodam familiaritatis quidlibet posse videbare. Sed quis te furor in Antonium impegit? Amor credo reipublicae, quam funditus iam corruisse fatebaris. Quod si pura fides, si libertas te trahebat (quod quidem de tanto viro licet opinari), quid tibi tam familiare cum Augusto? Quid enim Bruto tuo responsurus es? "Si quidem," inquit, "Octavius tibi placet, non dominum fugisse sed amiciorem dominum quaesisse videberis." Hoc restabat infelix et hoc erat extremum, Cicero, ut huic ipsi tam laudato malediceres, quod tibi, non dicam malefaceret, sed malefacientibus non obstaret. Doleo vicem tuam, amice, et errorum pudet ac miseret tantorum iamque cum eodem Bruto iis artibus nihil tribuo, quibus te instructissimum fuisse scio. Nimirum quid iuvat alios docere, quid ornatissimis verbis semper de virtutibus loqui prodest, si te interim ipse non audias? A! quanto satius fuerat philosopho praesertim in tranquillo rure senuisse, de perpetua illa, ut ipse quodam loco ais, non de hac iam exigua vita cogitantem, nullos habuisse fasces, nullis triumphis inhiasse, nullos inflasse tibi animum Catilinas! Sed de hoc quidem frustra. Aeternum vale, mi Cicero.

Apud superos, ad dexteram Athesis ripam, in civitate Transpadanae Italiae Verona, XVI Kalendas Quintiles, anno ab ortu Dei illius, quem tu non noveras MCCCXLV.—*Ep. Fam. XXIV. 3.*

Franciscus Petrarca Nicolao Laurentii Trib. Pop. Rom.
S. P. D.

Non desinam cotidie tibi scribere magis ut, quicquid de te parturit animus meus, primus omnium scias, et tui sollicitudinem apud te potissimum deponam sine ulla responsionis tuae spe. Hanc enim, fateor, cupio potius quam exspectem inter tantas et tam varias curas tuas. Hoc igitur primum scio, te in altissima specula constitutum, nec Italorum tantum sed omnium omnino mortalium, neque eorum modo, qui nunc sunt, sed eorum etiam, qui omnibus saeculis nascentur, adspectui iudicioque ac sermonibus expositum onus ingens, sed praeclarum et pulcherrimum, sed singularis et gloriosi negotii suscepisse. Numquam te praesens aetas, ut reor, numquam posteritas silebit. Ceterum sermones hominum pro uniuscuiusque libidine vani atque discordes sunt; propositum tuum nihil ipso, quod inhabitas, Capitolii saxo mobilius ventorum flatibus non mutatur. Unum sane an scias, an cogites, an ignores nescio; litteras tuas, quae istinc ad nos veniunt, non aestimes apud eos, quibus destinantur, permanere, sed confestim ab omnibus tanta sedulitate transcribi tantoque studio per aulas pontificum circumferri, quasi non ab homine nostri generis sed a superis vel antipodibus missae sint, ad quarum litterarum tuarum suspicionem vulgus omne circumfunditur. Numquam Delphici Apollinis oraculum in tot sententias tractum fuit, in quot intellectus verba trahuntur tua. Circumspectum igitur actum laudo, quod tam irreprehensibiliter hactenus stilum tuum temperare studuisti; utque in posterum magis magisque studeas, hortor ac deprecor. Sic enim in verbis tuis et magnanimitas scribentis et Populi Romani maiestas elucescit, ut nec reverentia Romani pontificis nec honor debitus obscuretur. Hoc eloquentiam, hoc sapientiam tuam decet, posse sic ea, quae contraria videntur sed non sunt, miscere, ut numquam non suam teneant dignitatem. Nonnullos obstupescere legentes vidi, ut sic in letteris tuis modestiae certantem fiduciam viderent, ut ambigua victoria pares essent nec in eam palaestram aut degener metus aut superbiae tumor irrumperet. Vidi haesitantes an res tuas an verba potissime mirarentur, nec abnuentes quin libertatis beneficio Brutum, eloquio Ciceronem dicerent, ad quem Catullus Veronen-

sis ait: "Disertissime etc." Fac igitur ut coepisti: sic scribe
tamquam omnes visuri sint, nec visuri tantum sed a cunctis
litoribus impulsuri et ad cunctas terras transmissuri. Iecisti
fundamenta validissima, veritatem, pacem, iustitiam, libertatem; super illis aedifica. Quicquid enim erexeris firmum erit,
adversus quae quisquis impegerit collidetur. Qui contra veritatem venerit, mendax erit; qui contra pacem, inquietus; qui
contra iustitiam, iniquus; qui contra libertatem, arrogans et
impudens. Laudo etiam quod apud te omnium epistularum,
quas ad quaslibet terrarum partes miseris, exempla permaneant,
ut et dictis dicenda conveniant et, si quando casus fuerit, conferre
valeas aliena cum tuis. Id te facere data litterarum tuarum
mihi indicio est. Quod enim magnificentissime subscribis "lib-
eratae reipublicae anno primo", reficiendorum annalium propositum sapit. Id verbum solatur, placet, et delectat. Et quoniam tu in agendo occuparis, donec ingenium rebus par inveneris,
ego tibi, nisi Deus . . ., in eam rem ingeniolum hoc et hunc
calamum spondeo, pro virili parte, ut ait Livius, principis terrarum
populi memoriae succursurus, nec cedere paululum indignabitur
Africanus meus. Vale, vir clarissime.—*Ep. Variae, 38.*

Franciscus Petrarca Iohanni Boccaccio Suo S.

Tres ingentes epistulas, quas anno altero simul ad te venturas,
etsi non simul editas, Ticino abiens dimisi, diu licet, unde non
decuit, impeditas tandem pervenisse confido. Quibus quidem
exhausisse tunc animum visus eram, novi itaque nihil est, nisi
quod, cum profunda nocte Venetias attigissem, primo mane
Donatus noster ad me solus. Illic multa, ut inter amicos, desiderio colloquendi per absentiam irritato, sed pars maior, ut
meritus, de te fuit simulque de Homero, quem misisse te scripseras. De quo istic quid sit actum quaere; huc enim non venisse
illum scito. Unde me in aliis ad te litteris de Donato immerito
questum queror.

Sed Homeri mentio me illius admonet, quo hic medio in Latinum
venit. O male igitur, o pessime actum de Leone dicam nostro!
Cogit enim pietas atque ingens miseratio sine stomacho iam de
illo loqui, de quo pridem multa cum stomacho. Mutatus est

animus semper meus cum illius hominis fortuna, quae, cum misera
fuerit, nunc horrenda est. Infelix homo qualiscumque quidem nos
amabat et, si talis esset, qui nec alios nec se ipsum amare didicisset, sinistris alitibus in hunc mundum ingressus sinisterioribus
abiit, ubi nullum puto serenum diem vidit. Quem memoria
repetens saepe admiror, quo modo in tam tristem fuscamque
animam Pierii spiritus ac caelestis musicae vel tenuis descendisset
olfactus. Orabat miser multis precibus, ut pro se mitterem, fassus
errorem, quae res maxime iratos animos placat. Ego vero et instabilitatem mihi notissimam et aetatem intractabilem mutandis-
que iam moribus duriorem veritus et consilio insuper tuo fretus,
quo fidenter in re qualibet uti velim, ut quod rite consulentium
utraque fax illustrat, ingenium et fides, spretis precibus responsum
litteris nullum dedi. Cepit illum tandem familiaritatis nostrae
desiderium ardentius et male sibi cognitae púdor Italiae moribusque fisus nostris cogitansque, quod verum erat, etsi vocari esset
indignus, si tamen ultro venisset, minime quidem se nostris
arcendum liminibus, proxima aestate Aeolo ac Neptuno totoque
Phorci exercitu adversante Byzantio funem solvit. O quid
dicam? Miserabilem terrificamque rem audies. Iamque Bos-
porum atque Propontidem iamque Hellespontum Aegaeumque
et Ionium, maria Graeca, transiverat, iam Italicae telluris, ut
auguror, adspectu—laetus dicerem, ni natura respueret, at
equidem minus maestus Adriacum sulcabat aequor, dum repente
mutata caeli facie pelagique saeva tempestas oritur ceterisque ad
sua munera effusis Leo miser malo affixus inhaeserat. Malo,
inquam, vere malorumque ultimo, quod per omne aevum multa
perpesso dura in finem fortuna servaverat. Horret calamus
infelicis amici casum promere. Ad summam inter multas et
horrisonas caeli minas iratus Iuppiter telum torsit, quo disiectae
antennae incensaque carbasa in favillas abiere et, lambentibus
malum flammis aethereis, cunctis stratis ac territis, solus ille noster
periit.

Hic Leonis finis! O res hominum improvisae! O mors clarior
sonantiorque quam vellem. Non putabam Capaneo, Argivo duci,
nec Tullo Hostilio aut Caro, regi illi, huic principi, Leonis ad-
scribendum nomen, viri humilis nec indocti sed nec fortunati

umquam prospere nec iucundi. Semper certe nunc intellego, ut multa post factum intellegimus, semper, inquam, nubes illa maestique oris obscuritas nuntiabat hoc fulmen.

Supellex horridula et squalentes libelli, hinc nautarum fide, hinc propria tuti inopia evasere. Inquiri faciam, an sit in eis Euripides Sophoclesque et alii, quos mihi quaesiturum se spoponderat. Truncus informis ac semiustus in mare iactatus est. Quem alia ad te epistula Graecis escam vermibus destinaram, heu! Italis cibus est piscibus. Tu vive felix et vale nostri memor. Venetiis, VIII Kalend. Februarii.—*Ep. Sen. VI. 1.*

Franciscus Petrarca Amicis Suis S.

Senui fateor idque iam amplius dissimulare, etsi velim, nequeo; etsi queam, nolo. Gaudete, coetanei, seu ad resistendum senio fortiores seu ad occultandum ingeniosiores seu ad credendum faciliores spei vanae, quae de fallaci ac fugaci oritur iuventa. Ego clam labentis aevi blanditiis non credo. Gaudete, adhuc iuvenes qui videri vultis; cedo ego (iam tempus est) vacuumque vobis locum linquo. Possidete illum pertinaciter et tenete chirographum aetatis. Ex professo senex sum; ipse annos meos in speculo, alii in fronte legunt mea; mutatus est primus ille oris habitus et laetum lumen oculorum maesta, ut aiunt, at ego sentio laeta nube reconditum; comae labentes et cutis asperior totoque vertice nix albescens adesse aetatis hiemem nuntiant. Gratias autem illi, qui nos a prima luce ad vesperam et a prima aetate in senium prospectat ac regit, ego in hoc statu non solum animi vires auctas sed corporeum robur ac studia solita et honestos actus nulla ex parte decrevisse sentio. Nam ad alia invalidus fieri et gaudeo et nitor et aetatem ipsam ieiunio, labore, vigiliis adiuvo. * * *

Qui pergit qua non debet, pervenit quo non vult. Sic erroneam iuventam delira sequitur senectus. Contiguae in vicem et connexae sunt aetates et, ut prima quaeque sequentis indicium praefert, sic quaeque ultima testimonium perhibet praecedentis. "Omnia fert aetas," inquit Maroneus pastor et, quod fateri oportet, est haud dubie vel adversa vel onerosa memoriae senectus multitudine rerum ac pondere. Paucorum facilis custodia est et inopiae argumentum sua omnia in promptu habere. Ceterum

premit senectus memoriam, non opprimit nec exstinguit. Quamvis promptior adulescentis, angustior tamen senis est memoria.
Plurium recordatur, sed cunctantius; plura enim vidit, plura
audivit, plura legit, plura didicit, plura velut clavibus abdidit
et multorum dominum multa neglegere est necesse; multae illi
sunt arculae diu intactae et locupletis in morem non cuncta,
quae possidet, ad manum habet; quaerenda sunt et eruenda ut
quae sint reposita, non amissa. Quibusdam morbus ingenium
memoriamque abstulit, aetas nulli. Numquam sapiens iuvenis
ob senium deliravit, saepe autem insipiens adulescens in senectute
resipuit. Quos igitur stultos senes videas ac deliros, stolidi
iuvenes fuerunt. Nulla est aetatis culpa, quae accepit reddere;
alium eumque meliorem aliquando facere laus est. * * *

Ad summam sane de omni aetate non iuvenum sed senum
debet esse iudicium eorumque non omnium sed modestorum
quique animis quoque senuerint; ceteri enim iuvenibus, immo et
pueris adnumerandi sunt. Veri igitur senes recti iudices sunt
aetatum, male enim qui iuvenes sunt de rebus iudicant inexperti.
Omnis autem senex iuvenis fuit; contra nullus iuvenis senex fuit
aut futurusne sit novit. Me iam unum ex idoneis iudicibus ipsa
aetas et, ni fallor, aequanimitas facit; quid sum scio, quid eram
memini, dum aetatis flore felicissimus videbar usque ad taedium
notatus digitis atque oculis multorum, quod et nunc maxime
patior, sed alio multumque dissimili quodam modo; temporibus-
que collatis, etsi aetas quaelibet suas amaritudines suasque
dulcedines habeat, omnibus tamen ad libram actis tranquillam
et placidam et honestam senectutem omnibus aetatibus prae-
ferendam censeo. Dixi saepe et repeto, haud ignarus contra
multorum totiusque paene orbis sententiam me loqui. Nec sum
nescius, ut ad cursum utque ad saltum, ad negotia, ad labores
promptior robustiorque est iuvenum aetas. Impetuosior praeterea
atque ferventior, sed neque constantior neque consultior, in quo
vulgus ipsum mecum sentit, neque, in quo valde dissentit, ani-
mosior. Cuius rei ratio si quaeritur, praesto est. Iuvenis enim
uxorem ducere, filios gignere, opes, amicitias, potentiam, famam
quaerere, voluptatibus frui, honoribus insigniri, diu vivere
cogitat, quae profecto metum mortis animo adferunt providenti

ad tam multa, tam varia tempore opus esse, quod mors interveniens ablatura sit. Seni haec omnia retro sunt, quae seu iam pridem habuit atque, ut fit, usum satietas consecuta est, seu illa quidem aut contempsit ut vilia aut ut desperata deseruit, quibus cessantibus unum iam ex omnibus cogitat, bene mori, ipsa mortis vicinitate securior. Magna pars enim rerum formidulosior e longinquo est. * * *

Nec me latet, quid nunc obici dissentientium possit argutiis: nondum scilicet pervenisse me ad vera senectutis incommoda; esse aetatem iam nec floridam nec virentem, adhuc solidam tamen ac valentem; mutandum stilum, cum ad illa pervenero; loqui me fortiter nondum annis invalidum, dum prima et recta senectus, ut satiricus ait, necdum terram curvus adspicio necdum auxiliari baculo sed pedibus meis feror. Novi omnia neque ignoro aetatem quamlibet tripartitam esse. Prima pars viridis, unde apud Vergilium "viridis senectus", secunda vero dicitur adulta, tertia autem praeceps, unde et suam praecipitem senectutem vocat Cicero, ea prorsus aetate, quo nunc ego sum, cum mea nondum praeceps sed adhuc Dei munere viridis sit senectus. Iam senectus tamen, iam non amplius iuventus, quisquis aetatum terminos metator figat. Cum illuc ergo perveniam, si perveniam, tamen laetiora forsitan quam dicuntur inveniam; sic ex similibus auguror, sic a doctis senibus audivi. Sin quid aliter ac speraverim invenero, quid putas acturus sim? An fortassis Senecae consilio prosiliam ex aedificio putrido ac ruente? Absit ab anima mea furor ille! Ego vero resistam et obstabo, dum potero, neque me falsae libertatis appetitus praeceps aget in veram servitutem. Videntur enim morte voluntaria quasi calle compendiario morbi vivi seu insignem aliquam fortunae iniuriam vitare nec attendunt quanto iniuriosior quisquam sibi hoc consilio quam cuiquam sua sors sit. Illa enim ultra temporalem nihil, hi aeternam sibi mortem inferunt. * * *

Nec adsentior quidem Terentiano Chremeti senectutem ipsam morbum esse, nisi unum forsan adieceris, quo sit plenior sententia, ut dicatur senectus morbus corporis sanitasque animae. Ad hanc aetatem alacris eo, iam eius primos fines introeo, quosque, ut dixi, praecipites sibi vocat Cicero ad Augustum scribens, hos

mihi planissimos facillimosque comperio. Milia ibi tamen
querulorum vivere cupientium gementiumque quod vixerint.
Unus ego, si potero, sine negotiis, sine iurgiis senescam. Quid
futuri temporis verbo utor? Iam senesco, iam senui neque inter
loquendum, quod saepe accidit, principii sum oblitus. Senui,
inquam, naturaeque gratiam habeo, seu me iter hoc explere
voluerit (quamquam post senectutem nihil sit nisi senium et
mors, illud pars ultima senectutis, haec autem vitae finis) seu
supremo labori meo parcere maluerit; etsi, ubicumque viator
desinit, illic viae terminus laborque ultimus sit. Neque enim
refert quantum ire potuerit, si plus non ivit. Certe ego rei huius
arbitrium curamque omnem illi commisi, apud quem, ut scriptum
est, gressus hominis dirigentur, apud quem praefixus est terminus eius et numerus mensium et dierum; mille anni tamquam dies
externa, quae praeteriit. Ipse vocabit me et ego respondebo sibi
bona utinam! et salubri fiducia.

Procedo interea in dies laetior et coaevis meis adhuc
reluctantibus et sequacibus nostris dico, "Venite securi,
nolite trepidare, nolite senes miseros audire, qui se malarum
cupidinum nodis explicitos non aliter flent quam flere implicitos
decebat. Nolite illis propter senectutem credere, quae
superficie venerabiles vel invitos facit. Senectus, quo per
medias vitae procellas pergitis, non est qualem ferunt. Molestis-
sima illis omnis aetas fuit; stultitiae vitium, non aetatis. Docti
modestique hominis senectus pacatis animi fluctibus inconcussa
et, relictis retro litium ac laborum scopulis ac quibusdam quietis
atque otii velut apricis collibus rerum turbini obiectis, circum-
saepta et tranquilla est. Ite modo, festinate, ut facitis. Ubi
timebatis naufragium, portus est. O veneranda ante alios senectus, o diu optata, o nequiquam formidata mortalibus et, si nosci
coeperis, felix aetas! Indignus est ad te pervenire, qui te metuit;
indignus pervenisse, qui te accusat. Ego te semper optavi,
numquam timui; ego tibi appropinquanti, quoad licuit, obviam
processi; ego te votis expetitam et praeoccupatam animo aliquando et praesentem teneo et amplector. O bona malorum
victrix affectuum expultrixque optima libidinum pessimarum,
tibi uni post Deum tribuo, quod praeduris compedibus et tristi

carcere relaxatis liber tandem meique iuris esse incipio. Sera quidem fatear, at quo serior eo gratior libertas. Haec perdita maestam mihi iuventutem fecit, haec reddita senectutem laetam facit. * * *

Haec tam multa praecupide vobiscum dixerim, amici, de aetate male cognita sed iam mea; de me autem nihil, qui in ea cuius meriti sim, qualisve et quam diu sim futurus, quando et qualiter digressurus, nescio; nihil, inquam, nisi hoc unum, quod senectutis ad laudem, cunctis quibus noscor audientibus, profiteor intrepidus atque affirmo: nec me tristior iuvenis nec laetior senex. Vos laeti securique senescite et gaudete et valete mei memores. Ticini, III Kalend. Decembris.—*Ep. Sen. VIII. 2*

Franciscus Petrarca Lucae De Penna S.

Dabis veniam, insignis vir, stilo, ut quibusdam fortasse videbitur, irreverenti, sed, Deum testor, minime insolenti. Stilo enim alio uti nescio. Singulariter te adloquor, cum sis unus, et in hoc naturam sequor ac maiorum morem, non blanditias modernorum, mirorque quid tu talis vir me aliter adloqueris, cum et ego unus sum utinamque integer nec in multa vitiorum frusta discerptus. Denique sic Romanum imperatorem regesque alios, sic Romanos quoque pontifices adloqui soleo; si aliter facerem, viderer mihi mentiri. * * *

Siquidem ab ipsa pueritia, quando ceteri omnes aut Prospero inhiant aut Aesopo, ego libris Ciceronis incubui, seu naturae instinctu seu parentis hortatu, qui auctoris illius venerator ingens fuit, facile in altum evasurus, nisi occupatio rei familiaris nobile distraxisset ingenium et virum patria pulsum onustumque familia curis aliis intendere coegisset. Et illa quidem aetate nihil intellegere poteram; sola me verborum dulcedo quaedam et sonoritas detinebat, ut quicquid aliud vel legerem vel audirem raucum mihi longeque dissonum videretur. Erat hac fateor in re pueri, non puerile, iudicium, si iudicium dici debet, quod nulla ratione subsisteret. Illud mirum, nihil intellegentem id sentire, quod tanto post aliquid, licet modicum, intellegens sentio. Crescebat in dies desiderium meum et patris admiratio ac pietas aliquamdiu immaturo favit studio et ego hac una non segnis in re, cum vix testa effracta aliquam nuclei dulcedinem degustarem, nihil umquam de contingentibus intermisi, paratus sponte meum genium fraudare, quo Ciceronis libros undecumque conquirerem. Sic coepto in studio nullis externis egens stimulis procedebam, donec victrix industriae cupiditas iuris civilis ad studium me detrusit, ut, si diis placet, addiscerem, quid iuris de commodato et mutuo, de testamentis et codicillis, de praediis rusticis et urbanis, et obliviscerer Ciceronem vitae leges saluberrimas describentem. In eo studio septennium totum—perdidi dicam verius quam exegi. Utque rem paene ridiculam flebilemque audias, factum est aliquando, ut nescio quo sed minime generoso consilio omnes quos habere potueram Ciceronis et simul aliquot poetarum libri, lucrativo velut studio adversi, latibulis, ubi ego, quod mox accidit, metuens illos abdideram, me spectante eruti quasi heresum libri flammis exurerentur, quo spectaculo non aliter ingemui quam si ipse iisdem flammis inicerer. Proinde pater (nam memini) me tam maestum contemplatus subito duos libros paene iam incendio adustos eripuit et Vergilium dextra tenens, laeva Rhetoricam Ciceronis utrumque flenti mihi subridens ipse porrexit. Et, "Habe tibi hunc," inquit, "pro solacio quodam raro animi, hunc pro adminiculo civilis studii." His tam paucis sed tam magnis comitibus animum solatus lacrimas pressi. Dehinc circa primos annos adulescentiae mei iuris effectus, libris legalibus abdicatis, ad solita remeavi, eo ferventior quo interrupta delectatio acrior redit. * * *

Abeuntibus demum amicis et, ut fit, petentibus, numquid e patria sua vellem, respondebam nihil praeter libros Ciceronis; ante alios dabam memoralia scriptoque et verbis instabam. Et quotiens putas preces, quotiens pecuniam misi, non per Italiam modo, ubi eram notior, sed per Gallias atque Germaniam et usque ad Hispanias atque Britanniam? Dicam quod mireris, et in Graeciam misi et, unde Ciceronem exspectabam, habui Homerum, quique Graecus ad me venit, mea ope et impensa factus est Latinus et nunc inter Latinos volens mecum habitat. Et quid tibi vis? "Labor omnia vincit improbus," inquit Maro. Multo studio multaque cura multa undique parva volumina recollegi, sed saepe multiplicata; eorum vero, quae maxime

optabam, raro aliquid, ita ut, quod humanis in rebus crebro
accidit, multa mihi deforent, multa superfluerent. * * *

Circa quintum et vigesimum vitae annum inter Belgas Hel-
vetiosque festinans, cum Leodium pervenissem, audito quod
esset ibi bona copia librorum, substiti comitesque detinui, donec
unam Ciceronis orationem manu amici, alteram mea manu
scripsi, quam postea per Italiam effudi, et, ut rideas, in tam
bona civitate barbarica atramenti aliquid et id croco simillimum
reperire magnus labor fuit. Et de libris quidem Reipublicae
iam desperans librum de Consolatione quaesivi anxie nec inveni.
Quaesivi et librum de laude philosophiae, quod et ipse libri
titulus excitabat et in libris Augustini, quos iam legere coeperam,
librum illum ad vitae mutationem et ad studium veri multum
sibi profuisse compereram; sic undique dignus videbatur, qui
diligentissime quaereretur. * * * Post haec vero, cum ultimo
Neapoli venissem, Barbatus meus Sulmonensis, amicus optimus
et tibi forsan saltem nomine cognitus, voti mei conscius parvum
Ciceronis librum mihi donavit, cuius in fine principium solum
erat libri Academicorum, quod ego perlegens conferensque cum
illis, qui inscribuntur de Laude Philosophiae, luce clarius depre-
hendi illos esse duos (tot enim sunt) tertium et quartum vel
secundum et tertium Academicorum, subtile opus magis quam
necessarium aut utile. Sic longaevo errore liberatus sum. Ob-
tulerat casus mihi iam antea venerabilem quendam senem, cuius
nomen, ut reor, adhuc in curia notum est, Raimundum Supe-
rantium, ad quem ante hos XL annos scripta iuvenilis mea quaedam
nunc etiam exstat epistula. Ille copiosissimus librorum fuit et
ut iurisconsultus, in qua facultate pollebat, alia quidem cuncta
despiciens praeter unum T. Livium, quo mirum in modum delectabatur, sed historiae insuetum magnum licet ingenium haerebat.
In eo studio me sibi utilem, ut dicebat, expertus tanto amore
complexus est, ut patrem potius crederes quam amicum. Ille
mihi et commodando libros et donando supra communem modum
facilis fuit. Liber Ciceronis de Gloria ab hoc habui et Varronis
et Ciceronis aliqua. Cuius unum volumen de communibus fuit
sed inter ipsa communia libri de Oratore ac de Legibus imperfecti,
ut semper inveniuntur, et praeterea singulares libri duo de Gloria,

quibus visis me ditissimum extinſavi. Longum est exsequi, quos
et qualiter et unde quaesierim, praeter unum volumen elegantis-
simum, cui par aliud invenire difficile, paternas inter res inventum,
quod in deliciis pater habuerat quodque non ideo evasit, quia
illud mihi executores testamentarii salvum vellent, sed quia circa
praedam pretiosioris, ut putabant, patrimonii occupati ceu vile
neglexerant. In his omnibus novi nihil, ut dixi, praeter illos de
Gloria libros duos et aliquot orationes aut epistulas. Sed ego,
ne fortunae frustra obniterer, ut viator sitiens inopi rivulo, quibus
poteram communibus me solabar * * * Arquade, V Kalendas
Maias.—*Ep. Sen. XV. 1.*

IACOBO DE COLUMNA

Comitantibus ergo
his animum curis, dum singula mente revolvo,
hoc procul adspexi secreto in litore saxum,
naufragiis tutumque meis aptumque putavi.
Huc modo vela dedi. Nunc montibus abditus istis
flens mecum enumero transacti temporis annos.
Insequitur tamen illa iterum et sua iura retentat.
Nunc vigilantis adest oculis, nunc fronte minaci
instabilem vano ludit terrore soporem.
Saepe etiam (mirum dictu!) ter limine clauso
irrumpit thalamos media sub nocte reposcens
mancipium secura suum. Mihi membra gelari
et circumfusus subito concurrere sanguis
omnibus ex venis tutandam cordis ad arcem.
Nec dubium, si quis radiantem forte lucernam
ingerat, horrendus quin pallor in ore iacentis
emineat multumque animae nova signa paventis.
Expergiscor agens lacrimarum territus imbrem
excutiorque toro, nec dum Tithonia sensim
candida lucifero coniunx prospectet ab axe
opperiens, suspecta domus penetralia linquo
et montem silvasque peto circumque retroque
collustrans oculis, si, quae turbare quietum
venerat, incumbens eadem praevertat euntem.

Invenient vix verba fidem; sic salvus ab istis
eruar insidiis, ut saepe per avia silvae,
dum solus reor esse magis, virgulta tremendam
ipsa repraesentant faciem truncusque repostae
ilicis et liquido visa est emergere fonte
obviaque effulsit sub nubibus aut per inane
aeris aut duro spirans erumpere saxo
credita suspensum tenuit formidine gressum.
Hos mihi nectit amor laqueos; spes nulla superstes,
ni Deus omnipotens tanto me turbine fessum
eripiat manibusque suis de faucibus hostis
avulsum hac saltem tutum velit esse latebra.

    Hactenus haec, sed plura cupis. Nunc cetera vitae
accipe cunctorum breviter distincta dierum.
Est mihi cena levis, cui condimenta famesque
et labor et longi praestant ieiunia solis.
Vilicus est servus; mihi sum comes ipse canisque,
fidum animal; reliquos locus hic exterruit omnes,
unde cupidineis telis armata voluptas
exsulat atque frequens opulentas incolit urbes.
Hic mecum exsilio reduces statione reposta
Pierides habitant. Rarus superadvenit hospes,
nec nisi rara vocent noti miracula fontis.
Vix mora nostra quidem, licet annua, bisve semelve
congregat optatos clausa sub valle sodales.
Sic pietas est victa locis. At crebra revisit
littera. Me longa solum sub nocte loquuntur
ante ignem, gelidas me solum aestate per umbras;
sermo diurnus eis, idem sum fabula pernox.
Nil coram conferre datum; dumeta nivesque
exhorrent nostrasque dapes; iamque urbe magistra
mollitiem didicere pati; me dura professum
destituere pii comites servique fideles.
Et, si quos attraxit amor, ceu carcere vinctum
solantur fugiuntque citi. Mirantur agrestes
spernere delicias ausum, quam pectore metam
supremi statuere boni. Nec gaudia norunt

nostra voluptatemque aliam comitesque latentes,
quos mihi de cunctis simul omnia saecula terris
transmittunt lingua, ingenio, belloque togaque
illustres. Nec difficiles, quibus angulus unus
aedibus in modicis satis est, qui nulla recusent
imperia assidueque adsint et taedia numquam
ulla ferant, abeant iussi redeantque vocati.
Nunc hos, nunc illos percontor; multa vicissim
respondent et multa canunt et multa loquuntur.
Naturae secreta alii, pars optima vitae
consilia et mortis, pars inclita gesta priorum,
pars sua, praeteritos renovant sermonibus actus.
Sunt qui festivis pellant fastidia verbis,
quique iocis risum revehant. Sunt omnia ferre
qui doceant, optare nihil, cognoscere sese.
Sunt pacis, sunt militiae, sunt arva colendi
artifices strepitusque fori pelagique viarum.
Deiectum adversis relevant tumidumque secundis
compescunt rerumque iubent advertere finem,
veloces meminisse dies vitamque fugacem.
Proque tot obsequiis pretium leve, limen apertum
convictumque, petunt, quibus hostis rara per orbem
hospitia et segnes fortuna relinquit amicos.
Vix usquam admissi trepidant atque atria ducunt
quaslibet interea latebras, dum frigida cedant
nubila, Pieria studiorum aestate reversa.
Non lapides calcemque tegant aulaea necesse est
Serica seu calido fument nidore popinae;
non cava multifido famulum tonet aula fragore,
splendida dum crebris celerant convivia mensis.
Sobria turba coit proprio contenta suasque
quae mecum partitur opes fessumve cubili
solatur roseo et mensa dignatur egenum
atque cibis reficit sacris et nectare dulci,
nec solum comes esse domi sed prompta per omnes
ire simul saltus ac prata domestica nymphis
et vulgus querulum atque urbes odisse sonoras.

Saepe dies totos agimus per devia soli
inque manu calamus dextra est, at charta sinistram
occupat et variae complent praecordia curae.
Imus et, a! quotiens animum dimovit ab alta
cura avis exigua et post se importuna retorsit!
Tum gravis est, si quis medio se callis opaci
offert aut si quis submissa voce salutet
intentumque aliis maioraque multa parantem.
Et iuvat ingentis haurire silentia silvae;
murmur et omne nocet, nisi vel dum rivus arenae
lucidus insultat vel levis aura papyrum
verberat et faciles dant carmina pulsa susurros.
Saepe mora increpuit serumque in tecta reverti
longior admonuit proprii nos corporis umbra
interdumque referre pedem nox ipsa coegit
monstravitque viam et vepres signavit acutos
Hesperus aut oriens Phoebo pereunte Diana.
    Sic sumus, haec agimus, gravior si cura quiescat,
felices laetoque nimis sub sidere nati.
                                    —*Ep. Metr. I. 7, 120–236.*

AD ITALIAM

Salve, cara Deo tellus sanctissima, salve,
tellus tuta bonis, tellus metuenda superbis,
tellus nobilibus multum generosior oris,
fertilior cunctis, terra formosior omni,
cincta mari gemino, famoso splendida monte,
armorum legumque eadem veneranda sacrarum,
Pieridumque domus, auroque opulenta virisque,
cuius ad eximios ars et natura favores
incubuere simul mundoque dedere magistram.
Ad te nunc cupide post tempora longa revertor
incola perpetuus. Tu diversoria vitae
grata dabis fessae. Tu, quantam pallida tandem
membra tegant, praestabis humum. Te laetus ab alto
Italiam video frondentis colle Gebennae.
Nubila post tergum remanent; ferit ora serenus

spiritus et blandis adsurgens motibus aer
excipit.   Agnosco patriam gaudensque saluto.
Salve, pulchra parens, terrarum gloria, salve!
                                        —*Ep. Metr. III. 24.*

Panegyricum In Funere Matris

Suscipe funereum, genetrix sanctissima, cantum
atque aures adverte pias, si praemia caelo
digna ferens virtus alios non spernit honores.
Quid tibi pollicear? nisi quod, velut alta Tonantis
regna tenes, Electa Dei tam nomine quam re,
sic quoque perpetuum dabit hic tibi nomen honestas
Musarum celebranda choris pietasque suprema
maiestasque animi primisque incoepta sub annis
corpore in eximio nullam intermissa per horam
tempus ad extremum vitae notissima clarae
cura pudicitiae facie miranda sub illa.
Iam brevis innocuae praesens tibi vita peracta
efficit, ut populo maneas narranda futuro,
aeternum veneranda bonis mihi flendaque semper.
Nec quia contigerit quicquam tibi triste, dolemus,
sed quia me fratremque, parens dulcissima, fessos
Pythagorae in bivio et rerum sub turbine linquis.
Tu tamen instabilem, felix o transfuga, mundum
non sine me fugies nec stabis sola sepulcro.
Egregiam matrem sequitur fortuna relictae
spesque domus et cuncta animi solacia nostri.
Ipse ego iam saxo videor mihi pressus eodem.
   Haec modo pauca quidem pectus testantia maestum
dicta velim, sed plura alias, tempusque per omne
hac tua, fida parens, resonabit gloria lingua.
Has longum exsequias tribuam tibi; postque caduci
corporis interitum, quod adhuc viget, optima, sub qua
vivis adhuc, genetrix, cum iam compresserit urna
hos etiam cineres, nisi me premat immemor aetas,
vivemus pariter, pariter memorabimur ambo.
Sin aliter fors dura parat morsque invida nostram

exstinctura venit fragili cum corpore famam,
tu saltem, tu sola, precor, post busta superstes
vive, nec immeritae noceant oblivia Lethes.
Versiculos tibi nunc totidem, quot praebuit annos
vita, damus. Gemitus et cetera digna tulisti,
dum stetit ante oculos feretrum miserabile nostros
ac licuit gelidis lacrimas infundere membris.

Laurea propriis virtutibus illustris et meis longum celebrata
carminibus primum oculis meis apparuit sub primum adulescentiae
meae tempus anno domini MIIIXXVII, die VI mensis Aprilis,
in ecclesia sanctae Clarae Avin. hora matutina; et in eadem
civitate eodem mense Aprilis, eodem die sexto, eadem hora prima,
anno autem MIIIXLVIII ab hac luce lux illa subtracta est,
cum ego forte tunc Veronae essem, heu! fati mei nescius. Rumor
autem infelix per litteras Ludovici mei me Parmae repperit anno
eodem, mense Maio, die XIX mane. Corpus illud castissimum
ac pulcherrimum in locum Fratrum Minorum repositum est ipso
die mortis ad vesperam. Animam quidem eius, ut de Africano
ait Seneca, in caelum, unde erat, rediisse mihi persuadeo.

Haec autem ad acerbam rei memoriam amara quadam dulcedine scribere visum est hoc potissimum loco, qui saepe sub oculis
meis redit, ut scilicet cogitem nihil esse debere, quod amplius
mihi placeat in hac vita, et, effracto maiore laqueo, tempus esse
de Babylone fugiendi crebra horum inspectione ac fugacissimae
aetatis existimatione commonear, quod praevia Dei gratia facile
erit praeteriti temporis curas supervacuas, spes inanes, et in-
exspectatos exitus acriter et viriliter cogitanti.

(In prima pagina codicis Vergilii scriptum)

GIOVANNI BOCCACCIO (1313–1375)

Ad Dominum Franciscum, Generum Domini Francisci Petrarcae

Flebilem epistulam tuam pridie XIII Kalendas Novembris, amatissime frater, suscepi, cuius cum scribentis manum non noscerem, soluto nexu confestim in mittentis nomen oculos inieci et, quam cito nomen tuum legi, sensi quid in eadem lecturus eram, felicem scilicet transitum incliti patris et praeceptoris nostri, Francisci Petrarcae, ex terrestri Babylone in caelestem Ierusalem, quem esto amicorum nullus te praeter ad me scripserit, iamdudum vulgo omni fere iam praedicante maximo dolore meo audieram et dies plusculos quasi sine interpositione fleveram non eius ascensum sed quoniam me miserum destitutumque viderem. Nec mirum. Nemo mortalium me magis illi fuit obnoxius. Et cum cuncta persolverem, fuit animus venire ilico daturus infortunio tuo meoque debitas lacrimas tecumque in caelum ac superos questus meos et ultimum penes bustum tanti patris vale dicturus. Verum iam decimus elapsus est mensis, postquam in patria publice legentem Comoediam Dantis magis longa atque taediosa quam discrimine aliquo dubia aegritudo oppressit et, dum per quattuor menses, non dicam medicorum sed fabulonum amicorum impulsu consilia sequor, continue aucta est et potionibus et ieiuniis adeo a solito ordine exorbitare coacta est nutritiva virtus, ut in debilitatem devenerim fere inexperto incredibilem, cui satis fidem praestat aspectus meus videntibus. Heu, mihi misero! Longe aliter tibi viderer, quam is, quem vidisti Venetiis. Exhausta totius pleni quondam corporis pellis est, immutatus color, hebetatus visus, titubant genua, et manus tremulae factae sunt, ex quo nedum superbos Appennini vertices sed vix usque in avitum Certaldi agrum amicorum quorundam suffragio deductus a patria sum, ubi semivivus et anxius, otio marcens, et mei ipsius incertus consisto, Dei solius, qui febribus imperare potest, medelam exspectans et gratiam. * * * * *

Superaddis eum apud Arquadae vicum in agro Patavino clausisse diem et in eadem villula iussisse cineres suos perpetuae quieti tradi seque illi erecturum in memoriam sempiternam sepul-

crum speciosum atque magnificum.   Heu mihi! crimen fateor
meum, si crimen dicendum est.   Invideo Florentinus Arquati
videns illi aliena humilitate magis quam suo merito tam claram
felicitatem fuisse servatam, ut sibi commissa custodia sit corporis
eius, cuius egregium pectus acceptissimum Musarum et totius
Heliconis habitaculum fuit, amantissimum philosophiae sacrarium,
artiumque liberalium abundantissimum et spectabile decus et
potissime eius, quod ad Ciceronianam spectat facundiam, ut
liquido sua testantur scripta.   Ex quo fere Arquas incognita
Patavinis nedum exteris atque longinquis nationibus cognoscetur
et orbi toti eius erit nomen in pretio nec aliter quam nos Posillipi
colles etiam invisos mente colimus eo, quod eorum in radicibus
locata sint ossa Vergilii, et Tomitaniam Phasinque, Euxinii maris
extrema loca tenentia busta Paeligni Nasonis, ac Smyrnam Homeri
et alia similia, honoraberis, ubi nil pendimus Hyrcanas rupes,
Aethiopum monstra, seu Euripos Arcadum gelido sub axe sonan-
tes eo, quod talibus ornati titulis non sint.   Nec dubito, quin ab
extremis aliter Oceani litoribus rediens onustus divitiis et mare
Hadriacum sulcans navita a longe venerabundas sublimes per-
spectans Euganei vertices secum aut cum amicis inquiat: "Ecce!
videmus colles suis in visceribus servantes orbis decus et olim
dogmatum omnium templum, Petrarcam vatem dulciloquum,
iamdudum ex senatus consulto in alma urbe triumphali insignitum
laurea; cuius tot exstant laudanda volumina, tam clara sanctissimae famae praeconia."   Venient et forsan aliquando niger Indus
aut ferox Hispanus vel Sauromata sacri nominis admiratione
tacti et tam egregii hominis tumulum spectantes pia cum reverentia conditas salutabunt reliquias suum infortunium exsecrantes,
quod vivum non viderint, quem defunctum visitassent.   Heu!
infelix patria, cui nati tam illustris servare cineres minime datum
est, cui tam praeclara negata gloria!   Equidem tanti fulgoris
indigna es.   Neglexisti, dum viveret, illum trahere et pro meritis
in sinu collocare tuo.   Vocasses, si scelerum artifex, si proditionum
faber, si avaritiae, invidiae, ingratitudinisque saga fuisset offensor.
Mallem tamen, qualiscumque sis, tibi hic quam Arquati contigis-
set honor.   Sic factum est, ut vetus veritatis servaretur sententia:
"Nemo susceptus est propheta in patria sua." * * * *

Quod attinet ad munificentiam suam erga amicos et me, non possum explicare paucis. Propterea hoc loco sinam et aptiori reservabo, si dabitur, contentus pro nunc de me tantum verbula quaedam fecisse. Novi equidem multis suis retroactis temporibus beneficiis erga me, quantum me vivens amaverit, et nunc opere video, quod in mortem usque protraxerit; et, si meliore in vita post transitum, nunc quem mortem dicimus, diliguntur amici, credo me diligat diligetque, non hercle quod meruerim, verum quantum illi sic mos fuit, ut, quem semel in suum adsumpserat, semper diligenter servavit; et ego quadraginta annis vel amplius suus fui. Praeterea, ut ignaris aperiret opere, quod verbis aut scriptis de cetero ostensurus minime erat, me inter heredes suos, ut scribis, numerari voluit, relicta mihi satis ampla portione bonorum. Edepol, laetor et gaudeo eum sic fecisse. Tristor tamen contigisse tam cito, ut sortem mihi adscriptam hereditatis suae sumpturus essem, quam nunc alacri animo sumam. Mallem eum vivere et hereditate carere sua. Sed pia grataque mente tamquam extremum et hereditarium suae benignitatis munus, quod paucis ante diebus misisti, suscipiam tuae dilectionis gratias agens. * * * *

Urget aegritudo, ne scribam longius et idcirco, ut in ultimas preces veniam, quaeso me tuum habeas et vale longum, dulcissime frater. Scribendi finis Certaldi datus tertio Nonas Novembris et, ut satis vides, festinanter dicere non possum. Tres fere dies totos, paucis interpositis horis ad restaurandas parumper fessi corporis vires, in scribendo hanc brevem epistulam consumpsi.

Tuus Ioannes Boccaccius, si quid est.

De Laribus Mercurii Filiis

Christiana veritas angelos vocat non cum nascente genitos sed natu sociatos. Quorum alter bonus in bonum semper urget quem servat, alter autem malus in contrarium nititur, et quasi bonorum malorumque nostrorum observatores et testes in mortem usque assistunt continui. Hos praeterea lares etiam privatorum domibus inesse credidere, ut in principio Aululariae ostendit Plautus, eosque familiares seu domesticos vocavere deos et, uti custodiae corporis appositos diximus, sic et hos custodiae domus

eisque in domibus locum communem domesticis omnibus, ubi
scilicet ignis area, quam in medio aulae veteres faciebant, dedere.
Ibique eos venerabantur sacris ritu vetere. Quod quidem nondum
apud nos oblitum est. Nam etsi error ille insipidus abierit, stant
adhuc nomina et quaedam veterum sacrorum vestigium sapientia.
Habemus autem Florentini (et sic forsan nonnullae aliae nationes)
ut plurimum in aulis domesticis, ubi fit communis ignis toti
familiae domus, ferrea quaedam instrumenta ad lignorum igni
appositorum sustentationem apposita, quae lares vocamus, et in
sero praecedente Kalendarum Ianuariarum die a patrefamilias
omnis convocatur familia et, repleto lignis igne, stipes magnus
apponitur, cuius caput unum igne crematur; in reliquo insidet
ipse paterfamilias ceteris circumstantibus et vino sumpto bibit
ipse pater primo et inde capiti stipitis incensi superinfundit quod
vini superfuerat in calice et deinde, cum in circuitu potaverint
ceteri, quasi perfecta sollemnitate ad officia consurgunt sua.
Haec saepe puer in domo patria celebrari vidi a patre meo,
catholico profecto homine. Nec dubitem, quin a multis adhuc
celebretur ratione potius consuetudinis a maioribus sumptae
quam aliqua idololatriae superstitione deceptis.—*De Gen. Deor.*
XII. 65.

Quid Sit Poesis Et Unde Dicta Et Quod Officium Est Eius.

Poesis est quam neglegentes abiciunt et ignari. Est fervor
quidam exquisite inveniendi atque dicendi seu scribendi quod
inveneris. Qui ex sinu Dei procedens paucis mentibus, ut arbitror,
in creatione conceditur. Ex quo quoniam mirabilis sit, rarissimi
semper fuere poetae. Huius enim fervoris sunt sublimes effectus,
utputa mentem in desiderium dicendi compellere, peregrinas et
inauditas inventiones excogitare, meditatas ordine certo componere, ornare compositum inusitato quodam verborum atque
sententiarum contextu, velamento fabuloso atque decenti veritatem contegere; praeterea, si exquirat inventio, reges armare in
bella, deducere navalibus classes, copias emittere, caelum, terras,
et aequora describere, virgines sertis et floribus insignire, actus
hominum pro qualitatibus designare, irritare torpentes, desides
animare, temerarios retrahere, sontes vincire, et egregios meritis

extollere laudibus, et huiusmodi plura. Si quis autem ex his, quibus hic infunditur fervor, haec minus plene fecerit, iudicio meo laudabilis poeta non erit. Insuper quantumcumque urgeat animos, quibus infusus est, perraro impulsus commendabile perficit aliquid, si instrumenta, quibus meditata perfici consuevere, defecerint, utputa grammaticae praecepta atque rhetoricae, quorum plena notitia opportuna est. Esto nonnulli mirabiliter materno sermone iam scripserint et per singula poesis officia peregerint, hinc et liberalium aliarum artium et moralium atque naturalium saltem novisse principia est necesse, necnon et vocabulorum valere copia, vidisse monumenta maiorum ac etiam meminisse historias nationum et regionum orbis, marium, fluviorum, et montium dispositiones. Praeterea delectabilis naturae artificio solitudines opportunae sunt, sic et tranquillitas animi et saecularis gloriae appetitus et persaepe plurimum profuit aetatis ardor. Nam si deficiant haec, nonnumquam circa excogitata torpescit ingenium. Et quoniam ex fervore hoc ingeniorum vires acuente atque illustrante nihil nisi artificiatum procedit, ars ut plurimum vocitata poesis est. Cuius quidem poesis nomen non inde exortum est, unde plurimi minus advertenter existimant, scilicet a ποιῶ, ποιεῖς, quod idem sonat quod *fingo*, *fingis*, quin immo a *poetes*, vetustissimo Graecorum vocabulo latine sonante, exquisita locutio. Nam primi, qui inflati spiritu exquisite rudi adhuc saeculo coepere loqui, utputa carmine, tunc omnino loquendi genus incognitum, ut sonorum auribus audientium etiam videretur, illud pensatis moderavere temporibus et, ne delectationem nimia brevitate subtraheret aut longitudine plurima luxurians taedium videretur inferre, certis mensuratum regulis atque intra definitum pedum et syllabarum numerum coercuere. Sane quod ex hoc cum accurato dicendi ordine prosilibat, non dicebatur poesis amplius sed poema et sic, ut iam diximus, tam arti quam artificiato ab effectu nomen consecutum est.

Inquient forsan isti obiurgatores perlucidi, etsi dixerim scientiam hanc ex Dei sinu recentibus adhuc animabus infundi, se nolle verbis meis satis praestare fidei, quibus satis roboris aequis animis quae videmus assidue poterant praestitisse, sed adhuc egemus testibus. Si ergo legerint, quid Tullius Cicero, homo philosophus, non poeta, dixerit in ea oratione, quam apud senatum habuit pro Aulo Licinio Archia, in fidem forsan faciliores devenient. Dicit enim sic atque sic a summis hominibus eruditissimisque accipimus: Ceterarum rerum studia et doctrina et praeceptis et arte constare, poetam natura ipsa valere et mentis viribus excitari et quasi divino quodam spiritu inflari, etc. Et ne orationem longius protraham, satis apparere potest piis hominibus poesim facultatem esse et ex Dei gremio originem ducere et ab effectu nomen assumere et ad eam insignia atque fausta multa spectare, quibus ipsimet negantes utuntur assidue. Si quaerant ubi vel quando in promptu est, fateantur ipsi quo duce, cuius opere fictiones suas ipsi componant, dum scalas gradibus distinctas in caelum erigunt, dum proceres arbores ramorum fecundas aeque ad astra producunt, dum montes in excelsum usque circuitionibus ambiunt. Dicent forsan, ut huic a se incognitae detrahant, quo utuntur rhetoricae opus esse, quod ego pro parte non infitiar. Habet enim suas inventiones rhetorica. Verum apud tegmenta fictionum nullae sunt rhetoricae partes. Mera poesis est, quicquid sub velamento componimus et exquiritur exquisite.—*De Gen. Deor. XIV. 7.*

DETESTABILE NIMIS DE INCOGNITIS IUDICARE

Porro zelantes hi suasores criminum poetas affirmant. Qua in accusatione si distinguerent, forsan pro parte concederent eos esse victores. Constat enim nonnullos satis iamdudum inhonestos fuisse comicos, seu eorum scelesto sic suadente ingenio seu sic aevo exquirente tunc corrupto, necnon et Nasonem Paelignum, clari sed lascivientis ingenii poetam, Artis Amatoriae composuisse librum, in quo etsi multa suadentur nefaria, nil tamen minus opportunum, cum nemo sit tempestate hac adeo demens iuvenculus aut simplex puella, quae, movente illecebri appetitu ingenium, longe, ut etiam id veniat quod exoptat, acutiora non noverit quam is, qui se talium praeceptorem fore praecipuum arbitratus est, doceat. Si igitur minus hi, quos nonnumquam abiciendos diximus, honestatem facultatis poeticae, quid alii splendido rubore conspicui hanc incurrere meruere notam et una cum temporibus accusari? Equidem patiendum non est. Et ob id, ut pateat cur

ab his accusentur illustres, quaeso dicant numquid Homeri
carmen umquam legerint; numquid Hesiodi, Virgilii, Horatii,
Iuvenalis, et aliorum huiusmodi plurium. Et si se legisse fateantur, exprimant quorsum has criminum suasiones invenerint, ut
ipsi videntes, quod nondum vidimus, cum eis malemeritos con-
demnemus. Attamen negare superfluum est; quis autem, accusatione audita, non percipiat quia numquam legerint, cum
liquido debeamus credere, si vidissent, in tam stolidam sententiam
non venissent? Arbitror tamen ex quaestione tali hos scelus sceleri
addituros. Nequeunt enim tacere, tanto pavore tenentur, ne ob
taciturnitatem minus omnia novisse credantur. Dicentque elata
facie totis loquentes buccis et omni frontis amoto rubore, quasi
ex hoc summe laudandi veniant: "Quid has nugas viderimus?
Vah! nec vidimus nec vidisse volumus; maioribus operam damus."
O bone Deus! ab aeterno opere tuo, si velis, pausam sumere potes.
Et, si divinitatis tuae adpeterent oculi, posses in somnum ire, si
velles. Rem tuam isti curant, tibi noctes insomnes hi ducunt,
tibi suos sudores impendunt. Primum quippe mobile moveant,
reor dum maioribus operam praestant; magnum est, multum
est, et talium, si pateris, dignus labor.

O ignavae hominum mentes! Non advertunt, dum alios tam
prudenter floccifaciunt, quam misere suam ignorantiam detegant.
Possumus etenim nos, si stultiores eis non sumus, videre satis
quam iusta sit eorum accusatio, quam sancta atque toleranda
sententia. Sane ne sit, qui arbitretur me responsum hoc futurum
ex meditatione frivola vaticinari, confiteor quoniam in hoc a
certissima coniectura deducar. Audivi iamdudum interrogationi
simili nonnullos etiam fastidiosius respondentes et, quod mihi
gravius fuit, virum quendam aetate venerabilem et sanctitate
alias ac doctrina praecipuum non respondentem sed motu proprio
longe exsecrabilius eloquentem. Non mentiar, Deus novit, rex
inclite; erat, ut tunc visum est, vir iste adeo poetici nominis
hostis infestus, ut illud non nisi stomachans proferre videretur,
quod, ubi minus honestati suae opportunum erat, ostendit.
Nam mane quodam in generali studio nostro legens in cathedra
sacrum Ioannis Euangelium auditoribus multis, cum fortuito in
hoc incidisset nomen, accensa facie flammeis oculis et altiore solito

voce totus frendens multa in poetas enormia dixit et postremo,
ut eius appareret iustitia, dixit, inquit, et fere iuramento firmavit
se neque vidisse nec umquam aliquem ex poetarum libris videre
voluisse. O sancte Deus! quid ignari dicturi sunt, si sic alias
eruditus homo annis gravis et auctoritate locutus est? Poteratne
loqui stultius ab insano? Vellem ergo scire, si non viderunt, si
non cognoverunt, si maioribus vacant hi censores egregii, unde
poetas criminum suasores agnoscunt. Quid circa eos incognita
latrant? Quid non idonei iudices de incognitis laturi sententiam
rostra conscendunt? Qui nedum inaudita sed nec requisita parte
sententias fulminant. Forte inquient sacro inspirante spiritu tam
severum se in poetas ferre decretum. Possibile dicerem, si crederem sanctum spiritum tam spurcidas nedum inhabitare sed
intrare animas. O scelus impium! O exsecrabile malum! O
detestanda temeritas! Audere caecum natum in propatulo de
coloribus ferre sententiam! Sic olim, ut isti praesides venerandi
faciunt, audivi Phoroneum apud Argivos, Lycurgum apud
Lacedaemones, Minoem apud Cretenses, et apud Myrmidones
Aeacum factitare solitos.

Sed ut eo veniam, quo fert animus, quicquid isti reverendi
iudices blaterent, non sunt, ut ipsi volunt, poetae criminum suasores, quin immo, si sana mente et non livore insano perciti
eorum legantur volumina, impulsores invenientur, nunc suasissimi,
nunc acerrimi pro exigentia temporum in virtutes. Quod ne
tam paucis verbis videar probasse contentus, libet ante obstre-
pentium oculos apponere saltem pauca, ex quibus possunt veritatem hanc, si velint, agnoscere et, omissis Homeri monitis, qui
ob Graecas litteras Latinis minus familiaris est, si velint, legant
et perlegant, quae sint in Aeneide ad patientiam laborum emer-
gentium exhortationes Aeneae ad socios. Quis ardor illi pulchrae
per vulnera mortis pro salute patriae fuerit; quae erga patrem
pietas, quem umeris per ardentes undique domos et ruentia
templa perque medios hostes et mille volantia tela devexit in
tutum; quae in Achimenidem hostem clementia; quod robur
animi ad illudendas frangendasque amoris petulci catenas; quae
iustitia atque munificentia circa amicos et exteros in exhibendis
muneribus benemeritis, ludis in anniversario Anchisis patris apud

Acestem peractis; quae prudentia, quanta circumspectio in descensu ad inferos; quae genitoris ad eum suasiones ad gloriam; quae eius in iungendis amicitiis sollertia; quam grandis comitas fidesque in conservandis susceptis; quam piae in Pallantis amici caede lacrimae; quae eius ad filium persaepe monita! Quid multa referam? Adsint, oro, adsint hi in poeticum rugientes nomen. Librent huius poetae verba, sententias ponderent, et, si patitur animus, fructum ex his qui potest exprimant, et, si Deo gratum erit, videbunt numquid poeta hic in malam frugem suasor sit. Profecto si rite Deum novisset et coluisset Virgilius, nil fere praeter sanctum eius in volumine legerent et, si dicant leges non pati quemquam approbari testimonio unius, Venusinum insuper Flaccum suscipiant, Persium Volaterranum, Iuvenalem Aquinatem, quorum satiricum carmen tanto virtutis impetu in vitia vinososque invehitur, ut eos exterminare videatur. Si ergo hi plures satis sunt, taceant isti, qui suasores criminum poetas accusant, et rabiem suam mansuetudine doment nec dedignentur discere, priusquam velint aliorum labores ridendo iudicare iudicio, ne, dum in alios suae stolidae antiquitatis tela coniciunt, in se ultionis divinae fulmina provocent.—*De Gen. Deor. XIV. 15.*

Ut Plurimum Studia Sequimur In Quae Prona Videntur Ingenia

Si fateantur nonnulli vera esse quae dicta sunt, non tamen quieturos reor, quin immo arbitror dicent longe melius fuisse studiis sanctioribus trivisse tempus quam talia didicisse. Quod si quis neget, non erit equidem satis sanus. Nosco quoniam in promptu erant leges Caesarum et pontificum canones et medicina, quarum plurimi sanctissima arbitrantur studia eo, quod eis persaepe auro avidi mortales ditentur. Erat et philosophia, cuius optima demonstratione rerum causae et a falsis disgregari vera noscuntur, generosis quibuscumque ingeniis appetenda. Erant et sacra volumina, a quibus et parvipendere peritura docemur et Dei magnalia declarantur atque quo tramite caeleste regnum petamus ostenditur, quod studium profecto ceteris praeponendum est. Ex his quodcumque sumpsisse, forte sanctius egisse me dicerent obiectores. * * * *

Verum ad quoscumque actus natura produxerit alios, me quidem experientia teste ad poeticas meditationes dispositum ex utero matris eduxit et meo iudicio in hoc natus sum. Satis enim memini apposuisse patrem meum a pueritia mea conatus omnes, ut negotiator efficerer, meque adulescentiam nondum intrantem arithmetica instructum maximo mercatori dedit discipulum, quem penes sex annis nil aliud egi quam non recuperabile tempus invacuum terere. Hinc quoniam visum est aliquibus ostendentibus indiciis me aptiorem fore litterarum studiis, iussit genitor idem, ut pontificum sanctiones, dives exinde futurus, auditurus intrarem et sub praeceptore clarissimo fere tantundem temporis incassum etiam laboravi. Fastidiebat haec animus adeo, ut in neutrum horum officiorum aut praeceptoris doctrina aut genitoris auctoritate, qua novis mandatis angebar continue, aut amicorum precibus seu obiurgationibus inclinari posset, in tantum illum ad poeticum trahebat affectio. Nec ex novo sumpto consilio in poesim animus totis tendebat pedibus, quinimmo a vetustissima dispositione ibat impulsus, nam satis memor sum, nondum ad septimum aetatis annum deveneram, necdum fictiones videram, nondum doctores aliquos audiveram, vix prima litterarum elementa cognoveram, et ecce, ipsa impellente natura, fingendi desiderium affuit et, si nullius essent momenti, tamen aliquas fictiunculas edidi; non enim suppetebant tenellae aetati officio tanto vires ingenii. Attamen iam fere maturus aetate et mei iuris factus, nemine impellente, nemine docente, immo obsistente patre et studium tale damnante, quod modicum novi poeticae sua sponte sumpsit ingenium eamque summa aviditate secutus sum et praecipua cum delectatione auctorum eiusdem libros vidi legique et, uti potui, intellegere conatus sum. Et mirabile dictu! cum nondum novissem, quibus seu quot pedibus carmen incederet, me etiam pro viribus renitente, quod nondum sum, poeta fere a notis omnibus vocatus fui. Nec dubito, dum aetas in hoc aptior erat, si aequo genitor tulisset animo, quin inter celebres poetas unus evasissem. Verum dum in lucrosas artes primo, inde in lucrosam facultatem ingenium flectere conatur meum, factum est, ut nec negotiator sim nec evaderem canonista et perderem poetam esse conspicuum. Cetera facultatum studia, etsi placerent,

quoniam non sic impellerent, minime sim secutus; vidi tamen
sacra volumina, a quibus, quoniam annosa aetas et tenuitas ingenii dissuasere, destiti, turpissimum ratus senem, ut ita loquar,
elementarium nova incohare studia et cunctis indecentissimum
esse id attentasse, quod minime arbitreris perficere posse. Et
ideo cum existimem Dei beneplacito me in hac vocatione vocatum,
in eadem consistere mens est. Et quod egerim hactenus his
monstrantibus studiis, laudare quaerant alii quod videtur. Qui
ergo patiuntur cerdonem subulae saetisque vacare, lanistam pecori,
sculptorem statuis, me etiam quaeso vacasse poetis aequo animo
patiantur.—*De Gen. Deor. XV. 10.*

COLUCCIO SALUTATI (1330–1406)

CELEBERRIMO PETRARCAE LAUREATO MERITO

Multa maximaque et iam diu optata spe decidi. Exspectabam
enim summo cum desiderio te ad pedes beatissimos successoris
Petri, qui de occidua Babylone et vitiorum lubrico praecipitique
loco, non moribus sed origine Babylonius, in sedem sacratissimam
atque propriam multo sudore reduxit, non parvis invitatum
blanditiis, immo evocatum summae potentiae precibus, aliquando
venturum. Exspectabam equidem et avido mentis voto illam
diem laetissimam demorabar, qua, ut alias scripsi, his te oculis,
antequam clauderentur, adspicerem et, quod in te futurum erat,
tu in Urbe Urbanum cum Ecclesiae Dei praesulibus quamvis
senex tandem cerneres; Urbanum, inquam, non solum reparatorem
urbis sed totius Italiae et, si fata patiantur, etiam orbis; cuius
de moribus quoniam tu duabus dicacissimis epistulis multa non
hyperbolice sed verum attingens summotenus disseruisti, et
mihi supersedendum puto. Videres etiam, quod tu ipse iam diu
deplorasti, templa collapsa, quorum opificia et devotione et
sanctuariis veneranda ipsa quidem mole admirabilia sunt, ferventi
opere refici. Delectareris, scio (novi enim animi tui pietatem),
cum videres Lateranensem basilicam, incendio paene consump-
tam, undique resarciri; Pauli sacratissimam sedem, cuius rectores
deformem eius ruinam iam diu neglexere, nunc non minore studio
restaurari quam constructa fuerit, in quod opus, nedum quicquid
ex defuncto abbate repertum est, sed de publico fisco ille omnium
ecclesiarum princeps ingens aurum libere condonavit; et nunc circa
Petri delubrum, cuius de maiestate tacere potius quam pauca
prosequi consilium est, ne olivi, corrumpente vetustate, marcescant, summo opere provideri. Quid dicam Italicorum clericorum
lascivias, quibus etiam, ut audio, in hoc orbe Romano amplior
licentia erat, quanta videres severitate repressas? Quid, si celebri
interfuisses spectaculo, dum pridie de hebdomada magna tot
fidelium milia, quot scio aetate nostra nullus umquam simul
vidit, de sanctae basilicae foribus summis clamoribus et confuso
murmure benedictionem vicarii Dei devotissime postulabant?
Et demum indulgente illo clementissimo patre patrum, dum

pulpitum ea de causa prius constructum de interiore domicilio conscendisset idem Urbanus vidissetque tantam gentium multitudinem tanta humilitate in coeno et luto atque distillantis imbri molestia eius exspectasse adventum, vix a lacrimis abstinuit. Cum stantem aliquamdiu vidisses stupendi admiratione defixum et demum extenso bracchio in signo crucis et in nomine Iesu suspensum populum benedicentem, crede mihi, non potuisses a lacrimis temperare.

An semper, vir venerande, tantum famae intentus auribus ista percipies, oculo non videbis? Si quis, antequam fieret, hoc tibi futurum praedixisset, nedum urbem Romam te venturum sed ultimam Thulem extremosque Indiae lucos te visitaturum devovisses. Verum ita est: omnia, priusquam fiant, si laeta sint, ferventius appetuntur, si horrenda, pungentius formidantur quam post exsecutionem aut oblectent aut cruciant. Quid (permitte, obsecro, me pauca, licet mordicatula, tecum loqui), quid, inquam, potuit ille aliquid magis tibi gratum perficere quam remigrare in Urbem, reducere Ecclesiam, et, quod nostra progenitorumque nostrorum memoria inauditum est, et verbo et opere alium gladium temporalem niti in sua similiter iura reponere? Crede mihi, haec non humani ingenii, sed prorsus divinitatis sunt, quae scio admodum tibi gratissima fuere; id enim pluribus locis scribens testaris et credo stans atque cogitans et sentis et laudas. Ille igitur, cui totus orbis, Italicum semen et gens, multa sine dubio, omittamus ut Christi vicario, sed ut Urbano, debent, cuique et universi et singuli sine ingratitudinis nota aliquid denegare non possunt, suis litteris scripsit se optare videre te; tu autem, qui tot diu optata etiam ab aliis pontificibus ab illo recepisti, eidem de te optatum quid minimum et facile, si non verbo, opere tamen et facto negas. Cave ne ingratus sis. Exspectas forsitan, quod suo ipse iure potest, illum tibi praecipere aut iterum te pulsare ut venias? Tota, si hoc est, erras via. Scit bene posse praecipere potens se, cum orat, et tu idem, nisi dissimulas, novisti preces ducum violentam mandati speciem esse. Si gloriae cupiditate duceris, crede mihi, tu eam iam satis abundeque illis solis litteris attigisti. Inauditum etenim est tantum principem, qui non famam a carminibus exspectat, summo etiam poetae tantum tribuisse, quantum hic suis litteris tribuivit. Cessit quandoque armata gloria ianuae litterarum; caeleste autem fastigium numquam.

Cave igitur ne superbus reputeris. Est siquidem imperitorum opinio omnes nimium ex virtute praesumere et, si quid homo sciens aut severe aut non omnino humiliter agit, insolens culpatur; qui error adeo communis est, ut praedicent, falso tamen, ut arbitror, omnes, qui nomen poetae sumpserint, superbos et insolentes esse, nec putant quemquam studendi amore sed animi fastu opponere, ut quandoque fit, ostiorum repagula venienti. Eapropter circumspice, obsecro, ut hac te suspicione purges; es enim magis in arduo quam tu putes; omnium in te oculi conversi sunt, ut ille ait, nec potes, tua virtute tam lucidus, in obscuritatis te subcelare latebris. Videmus omnes et consideratissime libramus cunctos tuae vitae tuorumque morum punctulos. Sed quid? Si tu ipse de te non curas, cum gloriae iam satis exhauseris, consule obsecro studiis nostris, quibus vulgus communiter detrahit. Sciunt pauci papam tuam optasse praesentiam, sique maneas, iam scient nulli. Si venias, noverint omnes putabuntque, quod et verum est, illum tui admiratione commotum fuisse et ob id iam multum studiis nostris attribuent, ad quae viderint auctoritatem tanti principis accessisse. Denique dominus meus, dominus Franciscus Bruni, immo, ut re ipsa perpendi, alter tu, quem tenacibus uncis officium suum in curia perpetuis relegavit exsiliis, iam desperat umquam se tui praesentia potiturum; nec facile explicem quantum tui videndi sit avidus. Uno igitur itinere et vocanti vicario Christi obsequere et amici desideria non dedigneris implere.

Ego autem non id tantopere peto; plenus enim spei sum, quam primum facultas se˙ obtulerit, ad tuam praesentiam, si ambobus vita comes fuerit, sine dubio me venturum. Nec iam, si placet, hiemis intemperiem et Alpium iuga vel tuam senectutem obicias et illis te tuteris. Ver quidem venit; patent itinera et, quod forte in mora esse potuit, omnia pacata sunt et iam torpor compressaque membra frigoribus aeris indulgentia degelabuntur.

Veni igitur, hinc vocate, hinc exspectate! Et quamvis aetas tua fugiens admodum sit laborum, tamen vince te ipsum et illam et adnitere, ut et obsequaris principi et morem geras amico.

Potuerunt enim Hercules et Theseus, ille domini iussu, hic amici precibus, singuli pro singulis, ad inferos penetrare. Tu unus, gemina causa impulsus, non inter superos aliquantulum laborabis? Vale, mei memor. In Urbe, tertio Nonas Aprilis.—*Ep. II. 11.*

SINGULARISSIMO CULTORI PIERIDUM, DOMINO IOANNI BOCCACCIO DE CERTALDO, AMICORUM OPTIMO

Quousque tandem nostra taciturnitas extendetur? Exspectabis semper ut scribam prior? Et ego idem non rumpam silentia, nisi tuis litteris concitatus? Numquam inter nos vicaria circummittetur epistula? an in aeternam sensim labemur reticentiam? Non patiar, vir optime, et aliquando aliunde sumemus exordia quam ab increpatione vel admiratione obmutescentiae nostrae. Verum te excusatum habeo: recessisti siquidem ad alium paene Italiae angulum et Venetiae Iliacam urbem; deinde in patriam repositus potuisti me ignorare, quo sub caelo essem, et etiam interiecta sunt bellorum obstacula, quibus tota fervebat Etruria. Ego autem, qui in hanc olentem sentinam rui, nihil agens occupatus semper sum; et si quaeras in quid occuper, nescio, sed ipsa curia etiam otium agentibus occupatio est. Potui tamen, fateor, scribere nec defuit aliquando materia; sed torpor quidam et huius Acherontei labyrinthi nausea non permisit ut scriberem. Deinde cum aliquid conceperam, ecce aliud mox offerebatur relatu dignius; et sic incertus quid potius eligerem, suspenso calamo diu steti. Calebat enim animus ostendere qua pompa Caesar, nunc demum noster, urbem intrarit, qua fuerit populi fronte receptus, quo apparatu. Tamen, licet omnia principum gesta memoria digna sint, nihil fuit tunc mihi notabilius quam miranda tanti ducis humilitas, qui scilicet sericum tegumen vix voluerit subire et, uno paene miliario ab urbe remotus, ex equo descendit et sacratissimum illud solum, olim sanctorum sanguine pingue, peditando reverenter pressit. Tunc vidisses circumfusam suorum nobilium manum cum gaudio et exsultationis vocibus illum ambire; super eum parvo vexillo aquila paene naturalis pendebat in auro; inter geminos cardinales, qui eum dextra laevaque fulciebant, usque ad Petri basilicam incessit. Unum fuit aspectu minus pacificum, quod scilicet ensifer suus nudo gladio latus eius armabat.

Deinde venit laetissima dies, qua Christi vicarius, stratore augusto, Romam intravit. Iesu bone! quod illud spectaculum fuit, quando duo totius orbis maximi principes, immo singulares monarchae, tanta pace, tanta concordia, tanta alacritate, tanta benevolentia, hic animarum, ille corporum moderator, insimul convenere; quando Urbanus, pontificali apparatu candido equo impositus, frenum Caesare baiulante, urbem invectus est! Obequitabant praesules eorumque principi tantum reddi debitum gratulabundi respiciebant. Tunc videres

Romanos, rerum dominos, gentemque togatam,

ut Maro ait, in equis atque vexillis diem festum agitantes vario circumflexu; plebs etiam et utriusque sexus populus tanto gaudio tam celebrem coniunctionem duorum orbis capitum prosequebantur et denique pacis amatores tanta de concordia laetabantur, quod non sine devotione talis spectaculi intuitu vix poterant satiari.

Aliqui omnia derivantes ab imperio Caesaris pusillanimitati talem imputabant famulatum; quidam etiam fictae humilitati. Aliqui, Eccelsiae nomini semper infesti, hoc pium obsequium aut deridebant aut damnabant obstinata protervia. Ego autem tanto gaudio perfusus sum, ut vix meimet capax forem, aspiciens quod nostrorum parentum memoria et temporibus invisum, forte et insperatum fuit, papatum cum imperio convenire, carnem obtemperare spiritui, et denique terrenum imperium caelesti obsequi monarchiae. O utinam, dixi, talis concordia ligaret singulos, uniret principes, coniungeret populos, necteret universos! Crede mihi, bene irent res humanae, rediret cito maiestas imperii, colla subiceret proterua barbaries, unicum in uno orbe Christi nomen veneraretur et coleretur!

Augusta post paucos dies non minore pompa Romam intrat: in Petri basilica coronatur et inungitur. Quae si persequi cupiam, iam epistularem nedum metam sed libelli transgrediar. Habebam igitur haec singula scribere et sic in dies non deficiebat materia, quamvis, si, quod plerumque indignatio me aggredi compulit, carpere curialium praesulum vitia velim, infinitum opus inciperem et cotidie novus possem insurgere. Sed de hoc forte alias. Nunc autem, dummodo silentia ruperim, haec sufficiat tantisper tetigisse.

Et de statu meo sufficiat scire quod valeo et sub umbra domini
Francisci Bruni sum quamdiu volet. Tu vale. Romae, sexto
Idus Aprilis.—*Ep. II. 12.*

COLUCCIUS PRUDENTI VIRO SER PHILIPPO SER LANDINI DE
PISCIA FRATRI CARISSIMO

Anxium me luctuosumque fecit unici filii tui properatus interitus, non quod illi lugendum duxerim, qui charactere Christianitatis impressus renatusque baptismo in lactanti et innocua
prorsus aetate de corpusculi sui carcere divino quodam nutu ad
supernae patriae aeternam aulam exstitit evocatus; sed tuae
orbitatis acerbitas me commovit. Non enim aliud amicitiae
nostrae munus potuit quam in tuis lacrimis lacrimare inque tuis
agitationibus agitari. Caritatis enim perfectissimae signum est
felicium infeliciumque rerum communicatio et in rebus iucundis
laetum, in adversis maestum et anxium se praebere. Sed quid
tu et ego dolemus? Mortem, inquis, unici filii mei, quem fore
sperabam baculum senectutis. Sed, Deus optime, dic, quaeso,
nascimurne ut in hoc corruptibili mundo aliquid, ne dicam
aeternum, sed vel diuturnum possimus nobis ipsis vel certum
aliquid polliceri? Respice, precor, non dicam hominum dies, qui
sicut umbra declinant, sed urbium vitas, quibus mole, magnitudine,
et successione quadam videtur aeternitas vel saltem longaevitas
repromitti. Nonne has ignis etiam missus caelitus convertit in
cineres; has subitus telluris glutivit hiatus; has maris fluctuatio,
transactis litorum terminis, inundavit; has aeris corruptibilitas
vastas dedit; has inclusis vaporibus violentia terremotus subruit;
has bellorum crudelitas omnino delevit? Sed quid ego res mortalium numerem, quarum et velox et irremediabile fatum est?
Considera caelos, summi Dei ingens opificium, de quibus psalmo
C dictum est: "Opera manuum tuarum sunt caeli. Ipsi peribunt,
tu autem in aeternum permanes; et omnia sicut vestimentum
veterascent et mutabis eos et mutabuntur." Et, ut quandoque
meos versiculos referam:

    Nescis aeterno nihilum sub sole manere
    foedere, namque suas patiuntur singula mortes?
    Flumina siccantur, urbes vertuntur aratro,

conteritur saxum, scabra et rubigine ferrum
interit, et caeli flammis sua fata supersunt.

Ex quo, postquam corruptibiles in hanc rerum momentanearum
societatem devenimus, non mirari decet neque dolere quaecumque
ante oculos sita sunt, si nobis velociter auferantur. Adde quod
illum non amisisti sed praemisisti; non enim obivit sed abivit,
immo pervenit ad summum illud infinitumque bonum, citra quod
nihil dare poteris, in quo vel uno momento aliquid beatum felixque valeas reperire. Non turberis, obsecro. Filium quidem
infantem diligentissimae nutricis ad ubera pendentem, quo veniendum erat, cum salutis spe certissima praemisisti. Quamvis enim
ad decrepitam atque cernuam productus esset aetatem, exeundum
tamen erat. Illud interest, quod nunc de illius beatitudine certi
sumus; tunc spes fuisset ambigua. Si autem ad finem suum
cuncta naturaliter properant, totum quod vivimus tempus mi-
grantium iter est. Quid autem laboriosius itione? Quid laetius
aut dulcius quam praefixum terminum attigisse? Immo, quod
plus est, postquam in huius vitae palaestra omnes currimus, illi
gaudendum censeo, qui metas celerius apprehendit. Felix puer
tuus, qui vitae longioris non gustavit angustias, et tu fortunatus,
qui ex te genitum vidisti ad portum salutiferum pervenire. Sapientis est mala, cum accedunt, in meliorem partem deflectere.
Huius autem filii tui interitu, quem numquam malum confitebor,
ad bonum, si tibi ipsi confiteris, si recte volueris iudicare, sine
difficultate deduces. Nescimus enim quid optemus. Caeca
siquidem mortalium condicio in praesentis saeculi nubilo, quid
melius sit futurum, ignorat. Quot videmus delicatissime in
primis vitae rudimentis enutritos, quibus fuisset longe salubrius,
seu fortunam spectes sec mores contempleris, cum adhuc in cunis
tenellos vagitus ederent, obivisse! Sinamus igitur illi omnium
rerum principi curam hanc et, ut decet Christianum hominem,
teneamus illum hoc fecisse, et ut cum filio tuo bene ageret et ut
te vel flagellet, ne improbet, vel experiatur, ut probet. Vale.
Stignano, undecimo Kalendas Februarii.—*Ep. III. 11.*

MAGNIFICO DOMINO ROBERTO COMITI DE BATTIFOLLE

Quamquam, comes magnifice, ineptum importunumque videatur, quod dudum ab aliis scriptum scio, tuis auribus refricare,

quia tamen unicus nobilium visus es, cum quo possit de migratione illius divini viri, Petrarcae scilicet, loqui, tum propter sincerum amorem, quo te illum dum viveret accepimus coluisse, tum quia studia ceterorum, qui veteri famosaque prosapia gloriantur, non ad litteras applicari sed aliis nescio quibus rebus, ut saltem fugientes flagitiosa commemorem, bellicis aut venaticis insudare videmus et aut equitationibus aut aucupiis delectari, loquar et ego tecum, non ea facundia, non eo ornatu, qui tantum virum, quantus es, deceat nec materiae, quam aggredior, respondente, sed pro facultate scribentis. Excusabit me tamen caritas, qua in illum insignis recordationis virum ardebam quaque etiam te ipsum, si patiare et hanc mihi veniam dederis, sum culturus.

Officii siquidem tam ferventer amantis non fuit tanti viri laudes, quantas nullum in posterum meriturum crediderim aut saltem, quod certius affirmari potest, nullum hactenus meminerim meruisse, usquequaque silentio pertransire nec, quasi truncum aut lapidem, in hac illius transvolatione non moveri. Non enim, ut vir ille sanctus ait, fortitudo lapidum fortitudo mea nec caro mea aenea. Motus sum, fateor, qui viderim illud nedum huius florentis urbis lucidum iubar sed totius Italiae nostraeque aetatis lumen exstinctum; et quamvis in tempore suo videatur concessisse naturae et mortalitatis nostrae sarcinam dimisisse, potuit tamen nobiscum adhuc esse diutius et suo mellifluo sermone nos per annorum plura curricula permulcere; potuimus et nos illo fruiturum iri, istudque eloquentiae sidus omniumque virtutum domicilium superni numinis benignitate nobis indultum potuit idem rerum omnium opifex ad occasum tardius evocare. Quantum enim in illo erat, cum naturae satis vixisset vixissetque satis et gloriae, nihil fuit quo ulterius hoc aethere perfrui interque mortales manere debuerit, sed optasse et una cum doctore gentium dixisse: Cupio dissolvi et esse cum Christo. Quid enim illi potuit vel virtutis vel gloriae multorum annorum cumulus addidisse; aut quid virtuosum inter mortales inque rerum istarum corruptibilium societate potest optari, quod ille iamdiu suis operibus omnium passionum faece purgatis suisque non sit meritis assecutus? Quis enim divinarum humanarumque rerum edoctior? Quis in capiendis consiliis acutior? Quis in evitandis periculis cautior? Quis praeteritorum, praecipue quae nobis maiorum cura litterarum monumentis agnoscenda reliquit, copiosior? Quis in agendis ordinatior aut fuit in praevidendis rerum eventibus perspiciacior? Taceam quanta fuerit sibi in victu frugalitas, in vestitu modestia, in ceterisque moribus comitas, aut quantae fuerit in dando benignitatis et frequens, in recipiendo parcitatis et rarus quantusque harum rerum, quibus vita mortalium implicatur, contemptor et parvipensor; quantus fuerit, proh superum fidem! adversorum, quibus humanae condicionis fragilitas lacessitur, aequanimis supportator et arridentis fortunae quam severus irrisor; illum siquidem nec adversa fregere nec mollivere felicia. Quantae autem fuerit religionis in superos, reverentiae circa maiores, aequabilitatis in pares, et benignitatis erga minores non facile dixerim. Quid memorem quantae fuerit in fide constantiae, in spe certitudinis, et in caritate fervoris? Haec omnia supra quam credibile sit et omnino trans hominem habuit. I nunc, et cuivis vel viventium vel exstinctorum compara. Quem dabis, non dicam maiorem in omni antistatu virtutum, sed parem? * * *

Salve igitur, summe vir, qui tibi famae aeternitatem tum virtutibus tum sapientiae splendore tum eloquentiae lumine quaesivisti, cui etiam se tota aequare non potest antiquitas! Aetas nostra iubare tui nominis illustrata admirabilis, ni fallor, pertransibit in posteros: famae quidem immortalitatem nedum tibi sed nostris etiam temporibus peperisti! Sed quid ego huius clarissimi viri epistularibus angustiis laudes conor includere, quas nec librorum infinita volumina caperent? Satius enim fuisset laudes divinas huius tanti viri silentio pertransisse quam parum dixisse!

Sed unde cepit, illuc, si placet, revertatur oratio. Non igitur doleam tantum nobis solem et iubar celeberrimum occidisse? Fleat omnis aetas nostra; fleat et Latium et exundet lacrimis ipsa Florentia; fleant Musae, fleat ipsa rhetorica; fleat totum trivium atque quadrivium; fleat orbata poesis; lugeat historia; et denique quicquid egregium litteris commendatur et omnes, quos studia ista delectant, fleant, lamententur, et doleant; tuque ipse et ego et ceteri, quos ille sua benignitate in amicos dignatus fuerat accipere, lugeamus. Heu mihi!

Nescia mens hominum fati

ut Maro noster ait. Ego iam correctos versiculos, quibus
illum ad publicandam Africam impellebam, paene rescripseram,
ad ipsum, quam primum se obtulisset nuntius, transmissurus et
ecce, fama nigerrima tantae tamque flebilis nuntia mortis auribus
insonavit; ex quo sic imperfecta mea carmina remanserunt,
qualiter dubito ipsum suam Africam dimisisse. Heu mihi!
infaustissime mensis Iulii, immo, ut verius loquar, iuguli, in quo
numen superum statuit tantum lumen mundo exstingui! Si
liceret, te de temporum supputatione detraherem interque Can-
narum, Alliae, Cremerae, vel alios nefastos dies damnatum luctu
perpetuo relegarem! Hei mihi! quem de poematum aenigmatibus
consulemus? Quem de rerum arcanis interogabimus? Quem de
rhetorum praeceptis adibimus? Quis auribus nostris moralia
ulterius instillabit? Quis auctorum declarabit ambigua? Quis
discrepantes concordabit historias? Quem scribentem liberius
quemve canentem versibus audiemus? Heu, heu! potuit iniqua
exoculataque fortuna hunc nobis arripere? Non puduit mortem
illum praeclarissimum spiritum e corporea sede protrudere?
Sed haec frustra iactamus. Illum ferreae mortis manus et im-
placabile fatum nobis omnino subtraxit. Quid egisti, Mors?
Cum in tua iura veniemus, nos illo etiam, si nolueris, potiemur·
meliore siquidem parte sui vivit. Vivit enim divinum illud
munus, rationis particeps, quo corpusculum, cui soli saeva fuisti,
vivificabatur. In neutrum ulterius tibi dicio; hoc in sedem suam,
illud ad suum remeavit auctorem. Habuit etiam, o Mors, de te,
dum viveret ille, victoriam; te superavit, te triumphavit. Aliam
quidem perpetuitatem, in qua nihil tibi iuris est, ipse conflavit,
famam scilicet et nomen aeternum; illum enim et praesens et
futura aetas laudibus excolet et umbrarum triplex regio celebrabit.
Solius tibi corporis victoria foeda luteaque remansit. Noli
gloriari, o Mors; optimis enim partibus vivens omnes tuas vio-
lentias et vires evasit. Illos in triumphum deduc, quos de rerum
harum corruptibilium illecebri societate divellis, non accipis. * * * *
Haec habui pro laude nostri Petrarcae quae scriberem, pro
materia quidem pauca, sed pro scientiae modulo satis longa
proque occupationum mearum cumulo multa nimis. In quo

velim, comes egregie, istius hominis vitam, mores, et famam
ante oculos ponas, cuius memoria, quamquam citatissimo cursu
ad virtutem anheles, ad urgendum propositum animeris; con-
sideraque hos, qui toto animo corruptibilibus rebus inhaerent, et
in corpore mortuos et, postquam ex illo migraverint, nisi Dei
misericordia provideat, interiisse. Vale felix. Florentiae, decimo septimo Kalendas Septembris.—*Ep. III. 15.*

Coluccius Ad Feltrum De Sancto Archangelo

Frater optime, litteram interclusam, ut vides, tuo sub nomine
inscriptam mirabundus accepi, nec mihi persuaderi potest illam
tuum fuisse dictamen. Nam, ut a coniunctione positioneque
litterarum, in quibus orthographiae ratio desideratur, incipiam,
non possum credere de fonte illo tuae eloquentiae, qui cunctarum
scientiarum et praecipue grammaticae atque rhetoricae tum
regulis tum doctrina tum habitu facundissimus es, tot in scribendo
prorsus intolerandos errores et scribendi ignorantiam processisse.
Et ut aliqua graviora (infinita quidem sunt) adnotem, quis patiatur
a tuo examine dimitti *epistollam*, geminato *l*, *morbi choloxam* per
cho et *x*, *connessam* per geminum *ss*, *elludo* per *ll* duplex; et,
quod summe visum et aures offendit, *iacullat ll* in suae scripturae
serie combinare? Quis non indignetur *puxsillanimitati* per *x* et
ll duplex, *subpeditare* per *b*, *chonatur* per *ch* scribi, *stimulloque l*
alterum assumpsisse? Quis non irrideat *conpunctus* sine *c*,
eluditur, ut iam incipiam singulis suam reddere regulam, per *l*
duplicatum, *prefixi*, per *s*, *vi* per *y*, *malunt*, in quo scriptor multus
est, per *l* geminum, *nullatenus* per *l* simplum, *maculari* per *ch*
et duo *ll*, *Herculis* sine *h* et *ll* duplici, *appositum* per unum *p*,
lacus per *ch* et in genere masculino, *exteros* per *x* et *s*, *laudabile*
per binum *ll*, *carbasa* per *ch*, *centesimo* per *x*, *confuse* per *x*,
terraemotibus per solum *r*, *dextrae* per *s*, *muliercula* per unum et
alterum *l*, *accusabor* unico solo *c*, *latrunculum* per *ch*, *proficisci*,
per duplex *ss*, *dessidibus*, sic enim scriptum est, quod quid im-
portet neminem scire arbitror, per duo *ss*, *historiographo* sine *h*,
efficacius per *ch*, *deduxisset* per *xs* et in ultimis per unum *s*,
provinciis per *t*, *adnotatis* sine *d*, *eandem* per *m*, *intra* per *d*, *quotidie*
per *co*, et alia infinita quae sequuntur? Taedet enim per cuncta

discurrere, quae contra grammaticae praecepta ille describit. Denique stilus ille redoletne aut regium cancellarium aut iuris doctum aut magistrum Feltrum? Non certe. Stilus quidem obscurissimae sententiae, manans eloquentia, quae potius infantia dici debeat et de qua, quod Seneca de Maecenate rettulit, dici merito possit: "Vide eloquentiam ebrii hominis, involutam et errantem et licentiae plenam;" et quod paulo superius dixerat: "abruptae sententiae et suspitiosae, in quibus plus intellegendum sit quam audiendum."

Invitus et tristis haec scribo; nollem enim alicui nocere, sed grave mihi est tibi nugas, a quibus alienus esse debeas, adscribere et me stilo temerario invectionis accersitum. Sed quia illum, quicumque sit, insani capitis hominem et tibi et mihi invidere puto, vide litteram illam, ut in ipsum, si quid meruerit, auctoritate domini tui debite saeviatur. Respondissem libenter, si mereretur, si non insaniret, sique se, non dicam mihi, sed tibi intellegendum praebuisset. Tu vale, mi Feltre, et nebulonem illum elude.—*Ep. V. 21.*

Insigni Viro Pasquino De Capellis Cancellario Illustrissimi Principis Domini Comitis Virtutum Fratri Carissimo

Nescio, vir insignis, frater optime et amice carissime, nescio siquidem unde initium sumam. Tanto enim me munere felicitasti, quod vix me prae gaudio apud me sim, et scribere gestienti nunc referendarum gratiarum officium se ingerit, nunc tam excellentis doni tui, quo non solum voti compos sed beatus effectus sum, commendatio subit, nunc moveor, ut tecum explicem, quanta consolatione delibutus sim legens quas misisti tam munifice tamque liberaliter epistulas Ciceronis. Quodlibet enim horum adeo infinitum est adeoque vires transcendit meas, quod nec possum mente concipere nec valeo stili mei ariditate, quo tamen soleo satis exprimere quod in mentem inciderit, enarrare. Nuncque demum expertus sum longe facilius esse parvam materiam extendere quam maximam, sicut expedit, adimplere. In hac siquidem semper aliquid desiderat auditor et lector, in illa vero videtur quicquid adicitur redundare. Qualiter enim dignas tibi gratias, non dicam referam (hoc quidem, quod rei est, supra mortalium potentiam esse reor), sed, quod in verbis residet, debitas gratias agam? Fateor, mi Pasquine, adeo me undique superatum, quod facto nequeam digna referre nec agens verbo gratias magnitudinem tui muneris adaequare. Quod igitur affectionis est, habebo tibi gratias, ut, si quid umquam rependerim aut egerim gratiarum, perpeti tamen affectu habeam quod referre, quandocumque se facultas dederit, sim et obnoxius et paratus.

Tu me, quod summis semper desideriis concupivi, fecisti Tullianis epistulis locupletem, amplitudine muneris faciens quod reddar ad gratias pauperrimus et egenus. Quantas tamen aut mente concipere valeo vel lingua proferre vel calamo designare, ex toto corde et ex totis viribus meis ago; affectu tamen illas cunctis temporibus habiturus, ut nulla prorsus officii vicissitudo me possit huius obligationis nexibus liberare. Tu quidem ingens illud volumen ingentioris auctoris ingentissimam eloquentiam epistulis complexum, quod semper optavi semperque quaesivi, mihi multa rescriptum diligentia transmisisti. O me felicem tali tantoque dono, Pasquine! Nam cum ex libris et orationibus Ciceronem meum mihi iam non incognitum venerarer, nunc ipsum mihi totum hoc tuo munere tradidisti. Vidi qualis in republica, quantus inter amicos et Romani nominis principes antecessit; video quam audax bello, quam avidus gloriae, et quibus artibus tam ipse quam ceteri Romanorum famae splendorem commendationisque praeconia venarentur. Vidi tuo munere bellorum civilium fundamenta et quid caput illud orbis terrarum de libertate populica in monarchiae detruderit servitutem. Vidi Ciceronem meum quam in familia mitis, quam deceptus in filio, quam desperatus in adversis, quam timidus in periculis, quamque fuerit in prosperis sibi blandiens et securus. Multa denique vidi, quae mihi tantae laetitiae fuerunt quantam umquam habere posse nec credidi nec speravi. Quid enim mihi iucundius esse potest quam cum Cicerone loqui, quam tot procerum, scientissimorum virorum, quos volumen illud, munus scilicet tuum, immo divinum, habet, vidisse tum eloquentiam tum mores tum virtutes tum casus varios et affectus? Nescio de aliis, de me autem verissime testari possum me numquam aliquid aliud speculativum vel historicum tam avide tamque cum laetitia perlegisse. Simul enim, quod rarissimum est, rerum novitas atque varietas, eloquentiae splendor et scribentium auctoritas delectabant. Unde donum, si mensuretur rebus, non potuerit esse maius; si fructu, reperiri non possit utilius; sin autem affectu, delectabilius nequeat cogitari. Ergo, mi Pasquine, tuus virtutibus tuis eram, nunc autem tali et tanto munere me taliter devinxisti, quod fateri oporteat me fore, quod vix dici potest, sine rerum controversia plus quam tuum. Omnia siquidem, crede mihi, quae fortuna, immo Dei dispositio (nam fortuna nihil est) posuit in manibus meis, non servus sed verus dominus possideo praeter libros. Illorum, fateor, servus sum tenacissimusque possessor et avarus ac insatiabilis appetitor. Numquam in libris potui servare modum. In reliquis forte non ad unguem sed ad communem hominum mediocritatem satis idonee me compono; ut ex hoc cogitare debeas in tam ardenti mentis habitu, quem iam sexaginta annis, tum ingenitum tum excultum, natura receptum consuetudine confirmavi, quam gratum et quam acceptum munus has tuas epistulas destinasti.

Verum epistulas, quas tradidisti, considerans, non aliter de me quam de Narcisso scribit Ovidius:

Dumque sitim sedare cupit, sitis altera crevit,

evenit; sentio quidem Ciceronis epistularum plurimum abesse putoque quod has habueris ab ecclesia Vercellensi. Verum compertum habeo quod in ecclesia Veronensi solebat aliud et epistularum esse volumen, cuius, ut per aliquas epistulas inde sumptas, quas habeo, et per excerpta Petrarcae clarissime video, quod inter has, penitus nihil exstat. Quam ob rem, ut integre possim omnes habere, te per aeterni numinis maiestatem, per communis nostri domini excellentiam, per illam dulcissimam caritatem, qua iungimur, et per quicquid usquam potest fidei et benevolentiae reperiri, te deprecor et obtestor, quod illas, sive servatae sint sive casus Veronensis cladis arripuerit, (scio quidem te haec facile posse) etiam inquiri facias et diligenter, ut has alias exemplari, ut omnes, qui magna iam ex parte suscepi, tuo munere consequar epistulas Arpinatis. O quam felix ero, si mihi rem istam expleveris! O quantus et tibi cumulabitur honor et perpetui nominis fama, si cunctas Ciceronis epistulas congregabis! Mihi vero non posses rem efficere gratiorem nec tibi maioris nominis vel honoris et, ni fallor, nihil honestius operari, quam caelestis eloquentiae totum, quoad possis, colligere Ciceronem, ut, qui totus, quantum ad epistulas attinet, ferme perierat, per te laboreque tuo his nostris temporibus reviviscat.

Ceterum ex ore Franciscoli, generi quondam celebris memoriae Petrarcae nostri, certissimum habeo ex bibliotheca dicti Petrarcae in manibus communis domini, illustrissimi principis domini Comitis Virtutum, esse librum M. Varronis De Mensuris Orbis Terrae, librum quidem magnum in antiquissima littera, in quo sunt quaedam geometricae figurae; quamvis Antonius Luscus noster mihi scripserit quod putet esse Varronem De Lingua Latina. Quicquid Varronis fuerit, cupio plurimum eum habere et ob id etiam nomine meo, si tibi videtur, illum a domino postules, ut habere valeam in exemplar, mihique, quantocius fieri potest, et hanc sitim exstinguere. Vale. * * *—*Ep. VIII.* 7.

IACOPO ANGELO DE SCARPERIA

Postquam Dei et dominorum nostrorum gratia factum est, dilectissime fili, quod vir optimus Chrysoloras docendis Graecis litteris Florentiam est ascitus, sicuti per meas litteras recepisti, te simul et illum personaliter hic videre spero. Pauca igitur dicenda sunt. Erat enim in animo te ad studium exhortari, ne labor aut difficultas aliqua te,. sicut plurimos vidi, deterreret; quod facillime contingit, quotiens praecurrit ingenium et transvolat intellectus disciplinam quotiensque plus intellegimus quam docemur pluraque mente capimus quam memoria teneamus. Sed

labor omnia vincit

improbus,

ut ille ait. Puto quidem, cum scientiae sint eaedem penes omnes, in doctrina percipienda Graecorum difficile tibi difficileque solummodo cunctis fore cognoscere terminos et vocabulorum tenere cum significationibus proprietates; ut in hac parte sit maxime laborandum, ut cognoscas et in promptu teneas dictiones quid dicant quidve consignificent, ut actutum videas qualis sint inflexionis qualique ratione, si primitivum non exstiterit, derivetur, percipiarisque canones omnium declinationum et compositionum,

quibus significativae voces vel arte vel usu coniunguntur et gen-
erantur, quo facile possis non solum inventa cognoscere sed etiam
per temet tum vocabula cudere, tum, si fuerit commodum, combinare. Ista, crede mihi, proficient quod per legitimas causas
facili labore maximoque lumine venias in effectus, non ab effectuum
tenebris cum difficultate dispendioque temporis ascendas in lumen
quaesitae diuque vestigatae rationis, certus apud ipsos esse digesta
illa principia, quae si per posteriora requiras, vix valeas invenire.

Sed quid ista nunc scribo, cum te sim e vestigio personaliter
allocuturus? Tunc videbo quantum profeceris et si spes mihi
concipienda fuerit, ut vel sero possim Graecas litteras balbutire.
O quanto tibi quantoque etiam Manueli patientiae labore stabunt
ineptiae meae! Quanto qualique vos cotidie movebo cachinno!
Scis mores meos, scis quod quiescere non possim, scis quam semper
iuverit docere quae tenui, quamque importune exigam quae non
novi, quamque semper gratum mihi sit etiam de non cognitis
disputare; ut iam tecum metiri possis, quantum ex me solo laboris
sitis, cum huc attigeritis, subituri. Nescio quid erit; sed spes
maxima me fovet haec studia complectendi.

Nunc autem, quid te deceat, vide. Primum est, ut Manuelem
horteris, scis etenim sine mutatione veritatis id te facere posse.
Alterum, ut adventu quam celeri nostram exspectationem et
famem, quae quanta sit non facile dixerim, expleatis. Tertium,
ut quam maiorem potes librorum copiam afferas. Nullus, qui
reperiri queat, fac desit historicus nullusque poeta vel qui fabulas
tractaverit poetarum. Fac etiam versificandi regulas habeamus.
Platonica velim cuncta tecum portes et vocabulorum auctores,
quot haberi possunt, ex quibus pendet omnis huius perceptionis
difficultas. Mihi vero fac Plutarchum et omnia Plutarchi, quae
poteris, emas. Emas et Homerum grossis litteris in pergameo et,
si quem mythologum invenies, emito. Pretium solvent socii
Iohannozii de Biliottis, et etiam, si forte Manuel pecuniis in-
digeret, fac meo nomine sibi subvenias. Mater enim, vitricus
et patruelis tuus, et ego, qui pater et compater tibi sum, et ceteri
tui cultores, Nicolaus atque Robertus, te plus quam avide de-
moramur.

Commater tua migravit ad Dominum. Hic dies vigesimus quintus depositionis suae est. In qua quidem re nolim te permoveri. Nam, ut inquit Aurelius, si divina providentia pertenditur usque ad nos, quod minime dubitandum est, sic tecum agi oportet, ut agitur. Si tamen memineris, vice mea optimum patrem Dimitrium et Manuelem amicabilis salutationis officio venerare. Florentiae, octavo Kalendas Aprilis.—*Ep. IX. 16.*

AD CATHERINAM VERII DE ARETIO

Scio, dilectissima in Christo filia Catherina, suspicione non carere virum scribere mulieri, praesertim iuveni cuiusque copia, cum mundo sit dedita, non debeat desperari; qua calumnia non caruerunt scribendo viris sanctissimis sanctissimae mulieres. Sed ab hoc me tutum reddit aetas, cuius annus sexagesimus et octavus agitur, sed supra omnia conscientia recta potentiaque sincera; quibus stantibus, male praesumentium linguas et cogitationes pravas in aliquo non pavesco. Scribam igitur, ut tibi consulam, ut te ante te ponam, ut experiar an te possim in viam salutis ad rationem et ad Deum tuum, a quo nimis te discessisse video, revocare. Quod si Deus concesserit (concedet autem, si te omnino non dederis in reprobum sensum), auctor ero tibi vitae sanctioris plenaeque gloria et honore.

Nec tibi blandiaris, licet aliquali litterarum notitia super mulieres emergas, licet Senecam et alios ignobiles auctores videris et alleges, te vel eloquentia nitere vel mundi sapientia, quae quidem apud Deum stultitia est, pollere. Longe quidem ab utroque, mihi credas, abes. Gloriari potes ex hoc inter mulierculas et eos, qui legitime non sunt his studiis initiati; nec si quid morale vel poeticum occurrit, veritatis credas validum fundamentum. Ais enim:

O fortuna viris invida fortibus!

Hoc non est assertio tragici, sed vulgi sed chori. Quid enim, o mulier, de fortuna conquereris? Quid in illam crimen tuum, culpam tuam, sicuti facis, inflectis? Male nosti ordinare sermones secundum qualitatem et condicionem audientis. Tu mihi scribens fortunam accusas? Non loqueris mulierculis, quae te talia iactantem suspiriis, lacrimis, et blandis assensionibus prosequuntur.

Dei quidem dispositio, quae fortuna est, cuncta regens cunctaque gubernans et optima mater tua, qua digna non es, Deo te dicavit, Deo tradidit sponsamque Christo sanctissime consecravit. Quam quidem vivendi rationem si fuisses sincere, sicut votum tuum exigit, prosecuta, si nugis, quas, ut arbitror, ingenii bonitate in claustro didicisti, dimissis te, sicut decuit atque praecipimur, in Dei dilectionem ex toto corde tuo, ex tota anima tua, et ex totis viribus tuis tradidisses, non exisses claustrum, non oestro libidinis incitata totum orbem infamis, derisa, fastiditaque, sicut poetae fabulantur de Inachi filia, quam in vaccam conversam fingunt, discurrisses. Nunc autem, ut ais, ratione divinitus admonita reversa es in patriam, immo in exsilii tui cunabula. Mundus enim iste, si nescis, exsilium est, via est, non patria; patria autem nostra sublimis est Ierusalem, pacis visio pacisque, quae superat omnem sensum, aeterna et inextimabilis plenitudo. Ad illam suspires velim, ad illam te dirigas, te disponas, nec tui sponsi faciem erubescas. Laboras in mundi turbinibus vanis, onerata passionibus; laboras in cogitationibus vanis, onerata peccatis, infinitis turpitudinibus foeda. Audi, precor, sponsi tui vocem. Clamat enim tibi et aliis: "Venite ad me omnes, qui laboratis et onerati estis, et ego reficiam vos. Tollite iugum meum super vos et discite a me, quia mitis sum et humilis corde et invenietis requiem animabus vestris; iugum enim meum suave est et onus meum leve." Quem offendisti relinquens, placa revertens. Vide quid promittat; refectionem quidem et animae requiem. O si deliberes ad eum redire! O si occupationes, quibus intendis, respicias! Si nescis, peius est incestu et stupro gravius concubium, quod exoptas. Coniugium voces licet hocque praetexas nomine culpam, uxor alicuius legitima non potes esse; cum virum illum, quicumque futurus sit, amplexa fueris, scies te non maritum sed moechum, sed adulterum amplexari. Non credas male, voluptuose, carnaliterque consulentibus, oro. Illi plausus, illae blanditiae non in quietem, non in honorem tuum sed in ignominiam, sed in mentis turbationem vexationemque corporis ordinantur.

Redi ad sponsum tuum, dilectum tuum, regem tuum; fac quod discedens a via tua prava passionum hiems et imber operationum transeat, ut audire merearis vocem illam suavissimam: "Surge, propera, amica mea, columba mea, formosa mea, et veni." Tunc autem amica dici merebere, cum relicto mundo Christum sequi decreveris; tunc columba dici poteris, cum fel passionum vere dici poteris vomuisse; tunc formosa quidem eris, cum spiritui dedita, quicquid facies, operabere propter Deum. Tunc audies quod Christus post plura subinfert: "Surge, amica mea, speciosa mea, et veni, columba mea, in foraminibus petrae, in caverna maceriae; ostende mihi faciem tuam, sonet vox tua in auribus meis; vox enim tua dulcis et facies tua decora." Vocat te sponsus tuus, ut ostendas sibi faciem tuam; hoc est opera tua in foraminibus petrae et caverna maceriae, hoc est in claustro et in monasterio structo lapidibus. Sonet vox tua in auribus eius orationis frequentia et devotione. Non ad stuprum impelleris et incestum, quae tu conubium vocas, sed revocaris ad claustrum, non ad hominis servitium sed ad Christi, non ad carnale oblectamentum sed ad spiritualem iucunditatem et laetitiam. Crede mihi, Catherina, carnalia quanto plus habentur quantoque magis agnoscuntur, plus onerant, plus affligunt. Spiritualia vero plus placent, quanto plus habentur; tanto plus diliguntur, quanto magis cognoscuntur.

Finem faciam, licet multa caleret animus et materia longe plura requireret. Sed habenda mihi occupationum mearum ratio; tuque, nisi te aliter disponas, pluribus oneranda non es. Vale felix; valebis autem, si monitis meis fidelibus atque salubribus aures aperies eaque mente decoxeris. Florentiae, secundo Idibus Maii.—*Ep. XI. 3.*

INSIGNI VENETO ZACCHERIAE TREVISANO INCLITO URBIS SENATORI

* * * Nunc autem cogito quod ad aures tuas pervenerit stupendum Alborum nomen, in quorum congregationem non una civitas, non una gens expergiscitur, sed universus orbis mirabiliter commovetur. Non potes, crede mihi, carissime Zaccharia, mente concipere, quantum et quale sit opus hoc, quod in oculis nostris apparuit. Magna quidem horum fama, maior aspectus, sed maximus est effectus. Quid enim est videre cunctos populos ad huius rei devotionem tam ardenter exsurgere tamque universaliter

convenire? Vidi meis oculis plus quam tria milia hominum utriusque sexus ex civitate Lucana, non viles quidem sed urbis illius
principes et notabiles mercatores, sacris indutos cordulis, cunctos
cruce signatos, post vexillum crucifixi, quem erexerant, nudis
pedibus ambulantes, manibus flagellum nodosis cordulis factum
in umeros vibrantes suos tanta cum humilitate tantoque com-
punctionis spiritu, quod omnes, et illos praecipue, qui non visos
carnaliter irridebant, ad contritionis morsum et lacrimas im-
pulerunt. Canebant etenim flebiliter et devote sanctissimi
pontificis, Gregorii scilicet, hymnum, cuius initium est:

> Stabat mater dolorosa
> iuxta crucem lacrimosa,
> dum pendebat filius,

in cuius quidem cantus dulcedine stabat attonita totius populi
multitudo largoque lacrimarum profluvio cantantes agentesque
paenitentiam sequebantur. Sed quando universa turba post
hymnum (sic enim moris habent) ter flectebat genu et in clamore,
qui de tot oribus resonabat, audiebantur cum fremitu verba,
quae sibi familiaria sunt, videlicet misericordia et pax, nullum
cor tam ferreum tamque durum penitus esse potest, quod non
mirabiliter moveretur.

Successit post paucissimos dies infinita Pistoriensium multitudo
ad numerum plus quam quinque milium animarum, quae civitatem nostram observantia similis devotionis et ordinis intraverunt,
quorum adventus animos omnium tali devotione commovit,
quod mihi dicere visi sunt: "Movebuntur omnia fundamenta
terrae." Tota quidem haec civitas ad huiusmodi devotionem
per omnia membra sua tam extra quam intus adeo commota
est, quod nullus ferme remansit, qui non convertatur ad Dominum.
Mirum est videre, quot currant ad ecclesias, sacerdotes suppliciter
adeant, et inveterata peccata contritione mirabili fateantur. Non
sufficiunt confitentibus presbyteri, conventibus hominum ecclesiae, consulentibus religiosi. Iacent artes, silet forum, curiaque
ferias agit; omnes parant vestibus saccos, cordas cingulis, funi-
culosque flagellis: nihil, quocumque te verteris, agitur, nisi
paenitentiae, nisi disciplinae, nisique satisfactionis mirabilis
apparatus.

Et, ut ex multis pauca referam, gentibus istis religio est novem diebus continuis extra suam patriam degere; non ova, non carnes comedere, sed stare pani caseoque contentos; toto novendio numquam pannos exuere nec in lecto dormire. Ambulant terni canentes hymnum, de quo fecimus mentionem, et alia cantica sanctissima et devota. Singulis diebus missas audiunt et quod temporis superest orationibus impendunt. Libenter in ecclesiis et ecclesiarum porticibus dormiunt; mulieres diligenter custodiunt et a se sequestrant. Duces et optimates ipsorum pacem inter omnes ardentissime quaerunt, procurant, et perficiunt. Nullum secum recipiunt aut degere permittunt, nisi proximo reconcilietur suo; loco maximi sceleris ducunt pacem et misericordiam voce promere, quam ausi sint suis debitoribus denegare. In qua quidem re tam feliciter eis succedit, quod pacem ferme nullam tentaverint, quam non perduxerint ad effectum.

Pisa, Luca, Pistorium, Pratum, et, ut minora transeam, Sanctus Minias Florentinus, tota provincia Vallisnevolae paces inter se et inter alios de novis ac veteribus inimicitiis etiam capitalibus conflaverunt. Habentes enim crucifixum in manibus per Christum Iesum et Alborum sanctissimam societatem pacem petunt, pacem orant, pacem replicant, et omnes simul una voce pacem vociferant, pacem clamant. Addunt affectionis lacrimas et ante oculos ponunt aliorum exempla; sed super omnia Christum ipsum crucifixum tanta cum maiestate dulcedineque verborum necnon et auctoritatis admiratione, quod omnes moveant locoque monstri sit, cum non obtinent quod implorant. Ad haec se praeparat nostra civitas tanto cum fervore et zelo, quod nullus sit, qui tam subitam conversionem omnium non miretur. Profecto mihi Deus dixisse videtur hoc tempus per Aggeum prophetam, cum inquit: "Adhuc unum modicum et ego commovebo caelum et terram et mare et aridam et movebo omnes gentes et veniet desideratus cunctis gentibus; et implebo domum istam gloria; dicit Dominus exercituum."

Haec satis. Cetera quaeve sequuntur ex aliis scies nec dubito, quin cito visurus sis. Vale. Florentiae, octavo Kalend. Septembris.—*Ep. XI. 6.*

ENEA SILVIO PICCOLOMINI, PIUS II (1405-1464)

AENEAS SILVIUS POETA NEPOTI SUO ANTONIO SALUTEM

Rettulit mihi Nannes, pater tuus, te, dum puer adhuc fores, miro litterarum amore fuisse incensum, postquam vero ex ephebis excessisti, neminem esse, qui tibi, amplius ut studeas, queat persuadere; quae res non mira tantum mihi sed stupenda fuit. Ceteri enim pueritiam simul et stultitiam deponunt, virilem togam et prudentiam induentes. Tu contra sapiens puer, stultus vir cupis videri et barbam quasi umbraculum virtutis recipis. Doleo certe tui causa nec, quid de te futurum sit, scio. Iubet Cicero, ut quilibet in adulescentia viam eligat et genus vitae honestum, quo uti debeat. Idem Hercules factitavit. Nam cum per quietem duae sibi mulieres supra humanam formam venustae apparerent et altera sibi voluptatem, laborem altera promitteret, hanc secutus est sciens quod post laborem praemium certaminis datur. Nec coronatur, ut inquit apostolus, nisi qui legitime certaverit. Tu vero, ut audio, vagari vis semper nec aliquod genus vitae saltem honestum amplecti studes. Litteras, quas puer amasti, iam vir odio habes. Pudet me tui causa. Nescio enim quid esse possis absque litteris, nisi asinus bipes. Quid enim homo est absque doctrina quantumvis dives, quantumvis potens? Quid inter hominem illitteratum et marmoream statuam interest? Non dux, non rex, non imperator alicuius pretii est litterarum ignarus. Videmus nostri saeculi principes, quoniam rudes sunt et nedum Latinum sed maternum quodam modo ignorantes sermonem, quanto despectui sunt, quo modo negleguntur, quo modo vituperantur; quod si quis eorum oboedientiam in subditis habet, non amor sed metus id facit, qui, ut Cicero ait, non est diuturnus magister officii. At ubi metus abest, mox deseruntur, interdum etiam neci dantur.

Quid ergo tu miser studia despicis litterarum, qui pauper es, qui nisi per magnam virtutem evadere in virum clarum non potes? Quid facis, obsecro, quid speras? Rerisne semper iuventutis florem tibi durare, an nescis quia tamquam flos agri iuventus est, qui mane nitet, vespere vero arescit. Nihil est velocius tempore, nihil quod magis fugiat; volat semper irremeabile tempus. Tu tibi pulcher videris, dum aetas robusta, dum iuventus florida viret. Non cogitas instare senectutem, non vides quia dies quaelibet aliquid detrahit formae tuae. Aliqua forsitan formosa puella tuo capta nitore te cepit teque quasi catenis ligatum retinet. Tu eius delicias sequeris beatumque te putas, dum in amplexus venis illius; sed longe deceptus es. Nam dum formam istius mireris, formosiorem deseris adulescentem. Non enim Lucifer aut Hesperus tam pulcher est quam sapientia, quae studiis acquiritur litterarum, unde et dicere Plato solebat quod, si videri eius forma posset, mirabiles sui amores excitaret. Tu tamen haec omnia deseruisti, ut tuus genitor dixit; vicit te, ut opinor, impetus iuventutis. Sed cogita, mi Antoni, quia non semper iuvenes sumus. Redi, obsecro, in viam et te ipsum vindica. Linque ineptias iuventutis et virum te esse memento. Omnia haec praetereunt, quibus modo laetaris, aetas, valitudo, forma, deliciae, voluptates. Sola nos, si semel recepta fuerit, usque ad mortem sapientia comitatur et post mortem vitam aliam beatissimam praebet. Hanc igitur rogo, mi Antoni, ut omnibus rebus aliis post tergum positis adipisci studeas; quod tunc demum facies, si philosophiae dederis operam et, quod assidua lectione didiceris, in opus deduxeris. Ad quam rem iam tempus est ut te accingas nec, cum hodie possis bene vivere, "Cras," dicas, "incipiam." Vale.—*Ep. 4.*

PIUS EPISCOPUS SERVUS ETC. NOBILI VIRO FREDERICO COMITI PALATINO SACRI IMPERII ELECTORI SALUTEM

Quod te dilectum de more filium non vocamus neque benedicimus tibi, faciunt opera tua, qui et ecclesiae Moguntinae bona ad te detrahens adversus apostolicae sedis mandata Ditero privato et anathematizato iungere arma non es veritus; ea ulterius publica edicta ponere, ne quis litteras nostras in tuis tentoriis vel publicare vel exsequi audeat, mortem ei comminatus, qui contra fecerit, quod nihil est aliud quam primae sedis et Iesu Christi vicario rebellare. Quibus ex rebus, quamvis non a nobis, ipso tamen iure excommunicatus es et extra Christi ecclesiam factus. Neque dilectus filius appellari potes neque benedictionis capax haberis, nec tua te tuentur edicta nec inhibitiones, quibus apostolica decreta prohibes ad te deferri. Non flumina, non montes, non muri aut aliae quamvis munitiones excommunicationis ad te aditum impedire possunt. Dei fulmen est apostolicum anathema, cui nulla possunt arma resistere.

Tu longam epistulam ad nos scripsisti, ut excusares quod fecisti, sed quanti momenti sint quae dicis, Deus novit et tu ipse scis nec ignoramus. Iudicat te conscientia tua. Quae te causa moverit Ditero, tuo prius inimico, auxilium praestare contra iustitiam, omnes intellegunt. Potes multa dicere, sed veritas in suo loco manebit. Petis, ne credamus inimicis tuis neve causam tibi demus quaerendi remedia, quibus defendi possis, et arroganter aliqua per minas subnectere videris. Nos solum operibus credimus et ea, quae palam videmus, non possumus non credere. Tua offensio notoria est et manifesta rebellio. Si te volueris emendare, ut bonum filium decet, apostolicis oboedire praeceptis, utemur pii patris officio nec redeuntem filium aspernebimur, quin potius vitulum saginatum apponemus, sicut in euangelio erga filium prodigum fecisse legimus bonum patremfamilias. Quod si perges apostolicam sedem impugnare et eius decreta contemnere, senties Romanam esse maiorem Ecclesiam quam vel tu sis vel quicumque alius, qui tibi opem offerre voluerit. Prudens es et nosti quae possunt adversus te fieri, et plane intellegis quia non potest vinci veritas et quod iniuste agenti nulla satis tuta possunt inveniri praesidia. Datum Romae, VII Kalendas Martii.—*Ep. 383.*

Pius Episcopus etc. Francisco Sfortiae Duci Mediolanensi S. et A. B.

Bene cognitum putamus esse tuae Nobilitati pium sanctumque propositum nostrum succurrendi fidei catholicae et populi Christiani tutelae consulendi. Id unum opus mente agimus, id totis sensibus sumus complexi et (quod antea inauditum est) proprium corpus pro salute ovium nobis commissarum exponere decrevimus. Invitavimus Christi fideles toto Christiano orbe, misimus litteras cum plenissimis indulgentiis, praemia vitae aeternae proposuimus sequentibus nos ad hoc certamen divinum. Quo fit, ut confidamus de benignitate Dei quam plures Christianos undequaque conventuros, qui praesulem Romanum, pastorem orbis patremque animarum, in bella pro defensione sancti euangelii vadentem sequentur. Decet nos ad hanc partem pie etiam respicere et curam gerere, ut, qui crucem tollentes iuxta praeceptum Domini vias nostras secuturi sunt, humaniter et benigne recipiantur et ut ipsi bene suscepti se videant et ceteri ad id auxilium veniendum animentur. Hortamur itaque Nobilitatem tuam, cui non dubitamus hoc sanctum opus cordi esse, ut in terris et dominiis tuis has facias ordinationes mandesque diligentissime observari: Primo ut peregrini omnes, sive cruce signati fuerint sive non, qui ad hanc expeditionem venturi sunt, in omnibus terris et locis tuis omni humanitate et gratia tractentur et sub gravibus et formidabilibus poenis nemo praesumat eos dicto vel facto laedere seu molestare. Monetae eorundem venientium tam aureae quam argenteae et aereae expendantur et recipiantur videlicet pro valore et pretio et pondere earum nec a quoquam possint vel debeant recusari. Victualia cuiuscumque generis ac panni et alia utensilia humano usui necessaria vendantur solito pretio nec carius extimentur quam hactenus et consueverunt. Vectigalia et gabellae non exigantur ab eisdem nec passus fluminum aut portarum seu portuum et scapharum solvere compellantur. Denique omni gratia, humanitate, et beneficentia eos tractari facias. Decet enim fideles ad tam necessarium bellum pro Christo vadentes omni auxilio, ope, et favore prosequi. Datum Petrioli dioecesis Senensis, pontificatus nostri anno sexto.—*Ep. 389.*

Oratio Habita In Conventu Mantuano
VI Kalendas Octobris, MCCCCLIX

Cum bellum hodie adversus impiam Turcorum gentem pro Dei ac salute reipublicae Christianae suasuri simus, bene est, venerabiles in Christo fratres ac filii dilectissimi, priusquam vos verbis aggrediamur, divinitatem ipsam, cuius in primis auxilium expetendum est, paucis in hunc modum affari. * * *

Non vos hodie, cardinales aut episcopos aut minoris ordinis sacerdotes, sermone nostro compellabimus, quos constat armis ineptos esse, et piaculum ac sacrificium fuerit, nisi per se ipsos in causa fidei, quae sunt ab eis expetenda, hoc est aurum et orationes, sua sponte obtulerint. Vos, illustres duces, vos

marchiones, vos comites, vos regum ac principum oratores, vos
fortes et exercitatos in bellis viros, verba nostra commonefacient,
vos tangent, vos requirent, quibus datum est arma sumere, non
ut inter vos dimicetis sed ut Ecclesiam, ut religionem, ut fidem
Christianam a barbarorum et infidelium incursibus defendatis.
* * * De causis belligerandi primum dicere oportet, quae duae
sunt praecipuae et maximae. Prima est, ut susceptas iniurias
ulciscentes res amissas recuperemus; altera, ut futura, quae prope
imminere videmus, pericula evitemus. * * *

Ac tantum de priore belli gerendi causa sit dictum. Nunc
alteram attingamus, hoc est, ut futura et prope imminentia nostris
cervicibus mala evitemus. Possent fortasse aliquo modo tolerari
praeterita, si finis malorum esset et non maiora impedirent
discrimina. Sed quo pacto sperare quietem ab ea gente possumus,
quae sanguinem nostrum sitit, quae occupata Graecia in Un-
gariam, id est in viscera nostra, gladium adegit? Iuvenis est
adversarius noster, aetate florida, robusto corpore, animo vasto,
tumido cursu victoriarum, quas sibi nostra neglegentia peperit.
Vanus est, deceptus est, si quis arbitratur adulescentem quietu-
rum esse auro abundantem, armis assuetum, et damnandi cupiditate inflammatum. Ponite hanc spem; numquam ille arma de-
ponet, nisi aut victus aut omnium victor exstiterit. Proxima illi
quaeque victoria gradus erit alterius, donec subactis occidentali-
bus regibus, deleto Christi euangelio, Mahometicam legem
ubique gentium inferat. Neque arbitremini longam moram,
priusquam nos adeat. Nam vicinae illae gentes tot bellis attritae,
nisi opem fertis, amplius carpere non audebunt. Soli fideles
Ungari perseverant, non tamen diu stabunt, nisi adiuti. Et hi
quidem muri loco vobis ad orientem remanserunt, quo diruto
neque Teutones neque Bohemi neque Poloni satis tuti erunt.
Non asperi montes, non alta flumina iter impedient. Nihil erit
victa Ungaria Turcis invium, nihil insuperabile orbis imperium
quaerentibus. Per Caruos et Forum Iulii terrestribus copiis
facilis in Italiam patebit transitus. Navali exercitui ex Vallana,
quam Turci possident, unius noctis navigatione Brundisium patet
et in superiore parte et inferiore aperta est Turcis Italia.

Utinam mendaces et falsi prophetae simus in hac parte! Sed
credite nos folium recitare Sibyllae: venient, venient Turci, nisi

obviam imus, et auferent nobis locum et gentem. Non timent haec fortasse Hispani et Galli neque Teutones, qui Rhenum accolunt, neque Anglici oceano circumfusi. At prudentes reipublicae gubernatores bellum foris quam domi malunt et remotissimam laudant militiam. Perniciosa et funesta sunt, quae gerimus in nostris laribus bella. Romanis, orbis domitoribus, nulla suscepta calamitas durior quam in Italia fuit nec illi Hannibalem felicius quam in Africa vicerunt. Credite nobis, proceres, credite nobis. Non est cur amplius dissimuletis, non est cur amplius differatis arma sumere. Si agros vestros, si focos, si liberos, si uxores, si libertatem, si fidem ipsam, in qua baptizati et renati estis, retinere cupitis, bellum, nobis credite, bellum geratis oportet. Neque nobis bellum iniustum suademus, qui eius locum tenemus, de quo scriptum est: Justitia et iudicium praeparatio sedis tuae.

Nec plura de primo ac principali membro. Audistis, viri praestantissimi ac nobilissimi, quas ob causas in Turcos pugnare oporteat. Nam et susceptae iniuriae id exposcunt et in futurum Christianorum indemnitati consulendum est. Nunc quod erat secundum nostri ordinis membrum, id est an possitis hoc bellum gerere et an victoria speranda sit, animadvertite. Cum Christianis nobis sermo est, qui divitem Italiam, nobilem Galliam, fortem Hispaniam, bellicosam ac populosam Germaniam incolunt. His arma, his equi, his homines, his pecuniae abunde suppetunt. His vires longe maiores quam Turcis adsunt. Audimus tamen nonnullos esse, qui Turcos supra modum extollunt nec superabiles putant tot proeliorum victores. Nos magnas esse Turcorum opes fatemur, sed multo minores quam fama ferantur neque nostris quovis modo comparandae. Illi enim, etsi omnes conatus adhibeant, supra tamen ducenta milia hominum non educent. Sed quos homines! Imbelles atque inermes ex Asianis et Graecis mixtos. Nostis quanti faciat Asianos Remus ille Vergilianus, cuius sunt verba:

> O vere Phrygiae neque enim Phryges, ite per alta
> Dindyma, ubi assuetis biforem dat tibia cantum.
> Tympana vos buxusque iuvant Berecyntia matris
> Ideae; sinite arma viris et cedite ferro.

Graeci quoque, illustres quondam animae, haudquaquam vigorem antiquum retinent. Degeneraverunt ferme omnes, qui Turcis parent, neque in armis neque in litteris pristinum referunt spiritum. Ceciderunt omnia cum imperio. Non stant simul fortia pectora et servitus. Qui fortes viri in castris Turcorum militant ex Christianis sunt, ad summam quadraginta milia, nigrae atque infelices animae, quae, ubi vos armatos viderint, furiis agitatae suorum scelerum et ultorem Deum ante ora cernentes ferrum stringere non audebunt. Reliqua turba in proelio nulli est usui, nisi caede sua fatiget hostes. * * * Hi sunt hostes vestri, o Christiani; cum his vobis hominibus pugnandum est, qui neque ferire neque feriri nisi in terga noverunt. Quamquam etsi fortissimi essent et bellacissimi, in Deo tamen sperandum erat, qui causae suae nequaquam deesset. * * * O reges, o duces, o viri potentes, surgite iam tandem et Christi, Dei vestri, religionem ac honorem defendite, quando nec opes nec vires vobis quam Turcis minores sunt et certissimi estis pugnaturis vobis pro lege Domini divinum auxilium implorantes minime defuturum.

Nec plura de secundo et principali articulo. Tertium et ultimum modo, si placet, quam brevissime absolvamus, hoc est, quae praemia consecuturi sint adversus hostes fidei pugnaturi. Audite, adhibete aures, fortissimi milites; magna sunt et inaestimabilia bona, quae huius honestisimi belli victores adipiscemini. In primis, quaecumque in hoc bello acquiretis, arma, equos, vestes, argentum, aurum, servos, ancillas, agros, urbes, provincias, regna, iuste et licite pro nostra distributione possidebitis et ultra hoc clarissimum nomen et famam aeternam cum viris illustribus consequemini. Sunt haec quidem more gentium expetenda. Nec maiora quaesivere Romani, Graeci, barbari belligerantes. At vobis, o proceres, praemia longe maiora promittuntur. Nam regni caelestis possessio et Christi hereditas vobis offertur et haec quidem non solum vincentibus verum etiam fortiter occumbentibus. * * *

Festinemus igitur ad hoc bellum, in quo morientes veram inveniemus vitam. Non haec, quam vivimus, vita est sed potius mors, quae fugit velut umbra et numquam in eodem statu permanet. Sicut lilia et flores deficimus. Levissima res est,

quae hominem exstinguit. * * * Nemo nostrum novit, an horam
victurus sit, et tamen haec terrena diligimus, quae mox relicturi
sumus. Quin potius transitoria pro perpetuis commutamus et
hoc Turcense bellum aggredimur, per quod possumus immortales
fieri et ad illam civitatem Hierusalem pervenire, quam summus
rerum opifex mira pulchritudine et artificio inenarrabili molitus
est? In qua Deum ipsum facie ad faciem videbimus et ipsius
bonitate fruemur, in qua sanctos intuebimur angelos et omnium
spirituum beatorum ordines quasi concives et contubernales
habebimus, in qua nihil nos latebit eorum, quae ubique fiunt.
Liberatus enim hac terrena compage animus omnium rerum
scientiam non, ut sensit Plato, recuperabit, sed, ut Aristoteli et
nostris placet doctoribus, consequetur.   Illic nihil timebimus nec.
planetae neque cometae nobis formidabiles erunt, quos perhor-
rescunt reges.   Sedebimus, ut propheta testatur, in pulchritudine
pacis, in tabernaculis fiduciae, in requie opulenta. Inveniemus
sabbatum sine vespero, id est, requiem sine fine; renovabitur
ut aquila iuventus nostra, quae nullo senio, nulla temporis
longitudine corrumpetur; satiabimur apparente gloria salvatoris
nostri, quem sine fine videbimus, sine fine amabimus, sine
fatigatione laudabimus.   O igitur nobile bellum, o felix praemium,
o exspectabilem pugnam, ex qua, sive vincimus sive vincimur,
semper reges evadimus et cum Deo nostro triumphantes lucidas
paradisi sedes quaerimus! * * *

O stulti et tardi ad credendum in his, quae sacrae promittunt
litterae digito Dei revelatae atque conscriptae! O si adessent
nunc Godfridus, Baldevinus, Eustachius, Hugo magnus, Boe-
mundus, Tancredus, et alii viri fortes, qui quondam Hierosoly-
mam per medias Turcorum acies penetrantes armis recuperaverunt,
non sinerent profecto tot nos verba facere, sed adsurgentes, ut
olim coram Urbano secundo, praedecessore nostro, "Deus vult!
Deus vult!" alacri voce clamarent. Vos taciti finem orationis
exspectatis nec hortamentis nostris moveri videmini. Et fortasse
sunt inter vos qui aiunt, "Multa hic pontifex loquitur, ut nos
mittat in aciem et corpora nostra hostium obiciat gladiis. Sacer-
dotum hic mos est; alligant aliis onera gravissima, quae ipsi digito
nolunt attingere." Nolite ita putare, filii. Nemo patrum vestro-

rum memoria in hac sede sedit, qui pro fide Christi maiora fecerit quam nos iuvantibus vobis et Domino favente facturi sumus. Venimus huc, ut videtis, non parum debiles neque sine periculo nostri corporis neque sine damno terrarum Ecclesiae. Plus defensionem fidei quam patrimonium beati Petri fecimus et quam valetudinem et quietem nostram. Accreverunt expensae mirum in modum, redditus autem apprime diminuti sunt. Neque ista gloriabundi referimus; taedet pudetque nos plura facere non potuisse. O si, quae fuerant iuvenili in corpore vires, hae nunc adessent, non iretis sine nobis ad bellum neque periculum sine nobis subiretis! Ipsi ante signa procederemus, ipsi crucem Domini portaremus, ipsi vexillum Christi perfidis hostibus obiceremus, beatosque nos ipsos arbitraremur, quibus datum esset pro Iesu mori. Et nunc, si censetis, non recusabimus aegrotum corpus fessamque animam in hanc felicem expeditionem Christo devovere. Per castra, per acies, per medios hostes, si suadetis, lectica vehi generosum putabimus nec magnifica verba ignavo prosequemur animo. Consulite quid magis Christianae rei conducat. Nihil adversabimur de corpore nostro, de persona, de pecunia nostra. Vestrum iudicium amplectimur. Metimini vires apostolicas, aestimate quid temporalia, quid spiritualia simul conferant, et, quod vobis videtur, umeris nostris onus imponite. Nihil recusabimus. Duos habet Ecclesia thesauros, spiritualem alterum, materialem alterum; utrumque liberaliter erogabimus, et illum, qui numquam exhauriri, et hunc, qui numquam impleri potest. Impraesentiarum tamen nihil aliud ex vobis petimus, nisi ut bellum contra Turcos ferendum decernatis. De pecuniis conquirendis, de ducibus eligendis, de classibus instruendis, de sede belli, de tempore expeditionis postea disseremus. Neque difficilis consultatio erit, quando nec arma nec equi nec naves nec pecuniae nec fortissimi milites nec peritissimi duces Christianis desunt. Adsit tantum communis voluntas huius honestissimi belli gerendi. Quam ut mentibus vestris inferat ille rogamus, qui cum patre et spiritu sancto sine fine regnat, Iesus Christus. Amen.

De Ingressu Mantuae in Pompa Triumphali

Ingressus est Mantuam Pius sexto Kalendas Iunii quinque diebus ante praestitutum terminum. Civitas plena hospitum fuit; vicinarum urbium populi frequentes aderant; et Blanca, Mediolanensium princeps, adfuit, Philippi Mariae quondam ducis filia, tunc Francisci Sfortiae coniunx, magni animi et singularis prudentiae mulier, et cum ea nobilissima proles utriusque sexus, mares quattuor non alio adspectu quam missi e caelo angeli et desponsata filio Siciliae regis puella Hippolyta nomine, vultu, moribusque praestans; multae insuper virgines et matronae nobiles et illustrium virorum comitatus. Blanca in suggestu apud ecclesiam maiorem apparato et Barbara simul pontificis adventum exspectavere. Qui pompam huiuscemodi ducens intravit urbem.

Praecesserunt servitia curiae et cardinalium ministri, tum minoris ordinis curiales, exin equi candidi absque sessoribus duodecim frenis sellisque aureis ornati, tum vexilla tria: in primo signum crucis resplenduit, in altero clavium Ecclesiae, in tertio quinque lunarum, quod est Piccolomineorum insigne, et ea viri nobiles armis tecti et phaleratis insedentes equis portavere; mox umbella secuta est rubro et croceo colore distincta; proximi sacerdotes urbis divite apparatu sacra ferebant; post hos regum et principum legati, tum crucem auream comitantes subdiaconi, apostolici auditores palatii, scriniarii, et advocati; his arcula iungebatur aurea equo albo vecta et multis luminaribus circumdata, in qua condita fuit eucharistia, id est, hostia Salvatoris sacrata, et sericeum desuper umbraculum; huic proximi Galeatius Mediolanensis et Ludovicus marchio et post eos cardinalium venerabilis ordo; tum pontifex ipse sella sublimi sedens sacerdotali paludamento et onusta divitibus gemmis mitra fulgens nobilium procerum portatus umeris, benedicens populo incedebat; et iuxta eum cubicularii et corporis custodes; episcopi et notarii et abbates et ingens praelatorum turba pontificem sequebantur.

In porta urbis Ludovicus equo desiliens claves civitatis pontifici obtulit. Idem fecere omnes, ad quos Pius in itinere declinavit, praeter Senenses et Florentinos. A porta urbis usque ad ecclesiam S. Petri, quae cathedralis est, nihil non tectum pannis

fuit et parietes undique et floribus et aulaeis ornati. Mulieres,
pueri, ac puellae fenestras ac tecta compleverant nec tamen
pressura defuit cunctis aditibus populo occupatis. Altaria multis
in locis incenso ture fumabant nec alia vox audiebatur quam
populi clamantis, "Pio Pontifici Maximo Vita!" Ubi ad ecclesiam
ventum est, supplicationibus Deo factis et hymno decantato et
annuntiata cunctis, qui aderant, plenaria peccatorum remissione,
pontifex in amplissimo palatio exceptus est et mansiones suas
quisque petiere.

Postridie Blanca et Barbara pontificem visitarunt exosculatis-
que sacris pedibus spirituales, quas optaverunt, gratias impetra-
vere. Hippolyta, Blancae filia, Latine coram pontifice oravit
adeo eleganter, ut omnes, qui aderant, in admirationem adduxerit.
—*Comment. II.*

In Mundum

Cur me, munde, vocas? Cur me spe pascis inani,
    cui nihil est certi perpetuique boni?
Forma diu nulla est, pereunt splendorque nitorque
    nec vires possunt corporis esse diu.
Quid mihi divitiae, quidve alta palatia prosint
    regnaque, si nequeunt tollere mentis onus?
Stultitiam et morbos et curas regibus aufer
    et ne cogantur, dum vocat hora, mori.
Adsit honor semper maneatque potentia longum,
    nulla voluptatis tempore vis pereat.
Tunc ego te dicam magnum fatearque potentem,
    militiam cupiens et tua castra sequi.
Sed te caeca regit vario fortuna labore
    nec, lux quid pariat crastina, nosse potes.
Desine blanditiis homines accersere falsis;
    stat servire Deo, qui bona certa dabit.

Epitaphium Ciceronis

Hoc iacet in tumulo Romanae gloria linguae,
    Tullius, infandae quem rapuere manus.
Antoni gladiis cecidisti, magne senator,
    et Caietanus te sepelivit ager.

Eloquii cunctos superasti laude Pelasgos
  tutaque te solum consule Roma fuit.
Ergo licet tumulo tua membra tegantur opaco,
  non tamen haec nomen mors tulit omne tuum.
Dum caelum terras respexerit et mare caelum,
  effugient laudes saecula nulla tuas.
Vos, qui transitis, pueri iuvenesque virique,
  sistite et, "O Cicero," dicite, "noster, ave!"

Epitaphium Leonardi Aretini

Hic, Leonarde, iaces, Aretinae gloria gentis,
  qui fueras nostro primus in eloquio.
Pontificis summi tractasti scrinia quondam,
  hinc Florentinus quae voluit populus.
Graecus Aristoteles legitur te dante Latinus,
  prima etiam per te Punica bella patent.
Plutarchus Latias per te migravit in oras,
  qui Graecis Italos comparat arte viros.
Tu Florentinas acies et proelia nostri
  temporis ornasti; nunc sine voce iaces.
Stat sua cuique dies, nulli fas vincere fatum;
  vita tamen post hanc altera maior erit.
Qui bene convixit, laetus petit astra malosque
  Orcus habet maestos. Sic Deus ire iubet.
Ergo tibi, magnae semper virtutis amanti,
  gratior est obitus quam tibi vita fuit.

Epitaphium Emanuelis Chrysolorae Graeci

Ille ego, qui Latium priscas imitarier artes
explosis docui sermonum ambagibus et qui
eloquium magni Demosthenis et Ciceronis
in lucem retuli, Chrysoloras nomine natus,
hic sum post vitam et peregrina in sede quiesco.
Huc me concilii deduxit cura, trium dum
pontificum Ecclesiam vexaret saeva tyrannis.
Roma meos genuit maiores, me bona tellus
Byzantina tulit, cinerem Constantia servat.
Quo moriare loco, nil refert. Undique caelum
poenarumque locus mensura distat eadem.

LEONARDO BRUNI (1369–1444)

LEONARDUS NICOLAO

Heri cum Arimino proficiscens Caesenam versus contenderem, nuntiatus est mihi obitus Coluccii nostri, optimi ac sapientissimi viri, quo ego audito ita mente concidi, ut post longum spatium vix me recipere valuerim. O me infelicem, qui tali parente orbatus sim! Atqui ego, cum pontifex me in hanc legationem dimitteret, quamquam iter erat molestum, tamen ea de causa id munus suscepi, quod sperabam idque cum eo pepigeram, me confecto negotio Florentiam venturum et aliquot dies voluptatis causa apud vos moraturum. Nunc, ut video, non ad voluptatem sed ad luctum venturus sum. Nam quo modo siccis oculis plateam illam, quo modo publicas aedes et templa Florentiae urbis potero intueri, in quibus cum illo praestantissimo viro sum diutissime conversatus? Quo modo te ceterosque familiares conspicere, quos non immerito lugere coniecto? Sed finem scribendi faciam. Impedior enim lacrimis. Volo autem ut me Bonifacio ac ceteris filiis itemque Ioanni nepoti totum offeras. Cum enim pater illorum mihi pro parente fuerit, decens est, ut filios ipsos pro fratre colam. Vale. IIII Idus Maii, ex Mutiliana, MCCCCVI.—*Ep. I. 12.*

LEONARDUS FRANCISCO PRINCIPI CORTONENSIUM S. P. D.

Quod flagitas ut ad te scribam de actis nostris, est mihi quidem non satis otii ad singula exaranda, attamen percurram quae magis cognitu digna videbuntur. Post Innocentii mortem funusque de more illi peractum longa patrum deliberatio fuit, supersederentne electione an alium in demortui locum pontificem crearent. Faciebat vero dubitationem, quod principes Galliarum, quorum, ut scis, populi diversa sectantur, pontificem suum, quem Benedictum vocant, strictis promissionibus adegerunt sese abdicaturum esse, sive cardinales nostri supersederent electione sive pontifex ipse item se abdicaret, quo, utriusque collegio in unum conveniente, unica indubitati pontificis sequeretur adsumptio. Sancta certe provisio principum Galliarum et a cunctis fidelibus merito commendanda. Neque enim finem ullum inveterati schismatis sperare licebat, si de iure disceptaretur, praesertim cum praeter Deum iudicem ea causa nullum haberet. In hac igitur consultatione, cuius tu et causas et respectus iam cernis, occupati patres, quid utilissimum esset, haud facile statuebant, propterea quod in supersedendo et seditionum metus et longior temporis delatio et frustratio adversarii et huiusmodi multa timebantur et in eligendo voluntas eius, qui assumptus esset, formidabilis videbatur. Vicit tandem eorum sententia, qui eligendum quidem pontificem suadebant, sed validissime obligandum, quo, adversario se abdicare volente, ipse quoque pontificatum dimitteret.

Ea mente iam conclave ingressis supervenit Ioannes Dominici a Florentinis orator. Huic postulanti contra consuetudinem fenestella conclavis aperta est et adloquendi patres facultas permissa. Summa orationis eius ista fuit: missum se a Florentino populo, ut patres cohortaretur electione supersederent; eam quidem esse certissimam viam unionis consequendae. Haec multis verbis magnaque facundia homo dicendi exercitatissimus cum egisset, patres per se ipsos ferventis magis incendere visus est. Itaque responsum a patribus est, quando iam conclave intrassent, electuros quidem, verum ita provisuros, ut electus qui fuerit procuratorem potius ad deponendum pontificatum quam pontificem se factum intellegere possit; id enim iampridem se constituisse atque ea mente conclave ingressos.

Finito in hunc modum colloquio, suum ad negotium patres revertuntur. Cautio ab illis haec adhibita est: unusquisque patrum promisit solemniter ac Deo vovit et iureiurando sanxit, si sibi contingat ad pontificatum sumi, adversario pontifici statim scripturum invitaturumque omni via et modo unitatem idque bona fide sine ulla fraude; promissionem et votum et iusiurandum, quod ipse praestitisset, omnibus regibus principibusque per suas litteras primo quoque tempore significaturum, quo eos testes haberet obligationis suae. Ea multis sollemnibusque verbis cum in libellum redegissent et chirographa singulorum confecta essent, agitare posthac de electione coeperunt. Vir quaerebatur non tam peritia rerum gerendarum quam fide integritateque idoneus. Quippe ad bene agendum in hac quidem re non calliditate consilii neque profundo arcanoque pectore sed bona voluntate opus fore

videbatur. Ita animati cum singulos perpenderent, tandem in
Angelum Corrarium natione Venetum mentem consensumque
omnes verterunt. Is fuerat paulo ante opera Innocentii pontificis
inter patres adscitus, cum ante titulo tenus patriarcha Constan-
tinopoleos haberetur, vir prisca severitate et sanctimonia reveren-
dus. Is ergo conclavi egressus promissionem, votum, et iuramen-
tum, quae privatus fecerat, nunc in potestate constitutus iterato
novavit atque ita loquitur de unione, ut, si cetera desint, pedibus
et baculo sese iturum ad eam conspiciendam adseveret. Nos
opera videbimus et certe spes bona superest ob eximiam huius
viri integritatem. Praeterea tanta est omnium ad hanc rem
conspiratio atque ita erecti cunctorum animi, ut, si tergiversari
voluerit, nullo modo sint permissuri. Vale.—*Ep. II. 3.*

Leonardus Nicolao S.

Mitto tibi orationes Ciceronis in Verrem recte quidem scriptas,
sed, ut videbis, male emendatas. Qui enim corrigere voluit, eas
plane corrupit. Quam ob rem tuae diligentiae erit non quae
postea mutata sunt, sed quae prius erant transcribi iubere; idque
facies sine ulla festinatione. Nam mihi quidem cordi est etiam,
quos mecum habeo libros, apud te omnes deponere, ne ferantur
una nobiscum in hac fluctuosa tempestate et ambigua peregrinati-
one, in qua nec portum nec sedem certam perspicimus. Me
quidem valde paenitet sic a vobis properasse. Nam potui quattuor
dies adiungere ad communem voluptatem. Rumores enim, qui
afferebantur de pontificis itinere, vani erant. Vale.—*Ep. II. 13.*

Leonardus Roberto Ruffo S.

In medio turbationum ac molestiarum, quibus per hoc tempus
omnia redundant, laetissimus heri nobis ac iucundissimus affulsit
dies, qui mentes nostras depulsis tristitiae nubibus mirifice
serenaret memoriamque omnem praesentium vel impendentium
calamitatum penitus auferret. Tres enim familiarissimi in unum
convenientes et non bellicum sed bacchicum concinentes satis
magnam sodalium et amicorum manum contraximus omnibusque
ad laetitiam dispositis in villam Alamanni, archiepiscopi Pisani,
ipso Alamanno duce, veluti ex diuturnis vinculis emissi nullum
gaudendi, immo, ut verius dicam, repuerescendi genus omisimus.

Villa est media ferme inter Lucam et Pisas a dextra ripa Auserici fluvii amoenissimo in loco sita et maxime ad rusticanas
voluptates excogitata. Surgens enim leviter in collem subiec-
tamque planitiem respiciens montes a tergo habet coniunctos ad
aucupationes venationesque aptissimos. Itaque sive rapaci ave
sive mordaci cane sive plagis sive venabulo sive cursu, denique
sive feris sive avibus sive piscibus delecteris, vicini montes,
coniuncti colles, subiecta planities, praeterfluens amnis affatim
omne genus praedae tibi largiter sumministrant. Verum nobis
illuc profectis nec venari apros placuit nec figere cervos nec
rursus lepores canibus agitare fugaces nec fera bracteolis ungues
armata sonoris cepit avis praedam. Sed traxit nos et vindicavit
sibi incredibilis amoenitas Auserici amnis, qui tectus fronde populea
cristallino alveo viridibus ripis mira placiditate fluebat. Quibus
allecti, depositis togis et calceis, acerrime piscati sumus. In quo
ita lusimus, ut pueri, ita clamavimus, ut ebrii, ita concertavimus,
ut dementes insanique videremur. Aderat omnibus ipse Alaman-
nus, qui, quamquam religione impediebatur una ludere, tamen
ita spectatorem se praebebat, ut ea, quae gerebantur, mira festivitate risuque comprobaret. Egressis tandem a fluvio cena dubia
apponitur ex piscibus rostratisque avibus. Exspectasti fortasse
ut dicerem navibus, sed non est ita, non est. Sed aderant aves
multae, vina plurima; omitto cetera, quae cuncta opipare apparata
fuerunt. Post cenam vero avide voraciterque, ut laborantibus
in aqua evenire consuevit, assumptam deambulatio fuit equestris
inter flaventes segetes et amoena vireta ramosque fecunditate
fructuum incurvos, qui longe lateque vagati cantantes alii, alii
iocantes post multas variasque urbanitates ad ipsum amnem,
quem antea vado traieceramus, reversi et in arena depositi
luctantes inter se agricolas nudos et lacertosos, qui placendi gratia
convenerant, quasi in gladiatorio certamine usque ad primam
noctis horam laetissime spectavimus, cum illi saepe violentia
maioris roboris prostrati et gravissimo casu ad terram elisi coeno-
que involuti uberem ridendi materiam nobis praeberent.

Sed ego genera ipsa voluptatum, non singula ac minuta (nam
id quidem longius esset) enarro. Scis enim tu quam multa esse
soleant inter familiares laetos et unanimiter ad festivitatem

paratos. Denique hic dies procul dubio fastis adscribendus est et
meliore lapillo numerandus, praesertim cum eo turbationis
devenerint res nostrae (de curialibus loquor), ut summo studio
conquirendum sit aliquid, quod nos quacumque ratione ab illa
amarissima cogitatione divertat. Vale. Lucae, IIII Idus Iunii.
—*Ep. II. 20*

LEONARDUS POGGIO S.

Si vales, bene est; ego quidem valeo. Legi apud Nicolaum
nostrum litteras, quas de hac ultima profectione ac de inventione
quorundam librorum scripsisti. Nec tantum de iis sed de optima
spe, quam pro ceterorum adeptione suscepisse te video, laetandum
existimo. Erit profecto haec tua gloria, ut amissa iam ac perdita
excellentium virorum scripta tuo labore ac diligentia saeculo
nostro restituas. Nec ea res solum nobis grata erit sed et posteris
nostris, id est studiorum nostrorum successoribus. Neque enim
silebuntur ista nec oblitterabuntur sed exstabit memoria haec
dudum longo intervallo perdita et iam plane deplorata per tuam
industriam recuperata ac restituta nobis fuisse. Utque Camillus
secundus a Romulo conditor dictus est, quod ille statuit urbem,
hic amissam restituit, sic tu omnium, quae iam amissa tua virtute
ac diligentia nobis restituta fuerint, secundus auctor merito
nuncupabere.

Quare te hortatum oratumque maxime velim, ne in hoc praeclaro opere desideas, sed erigas te atque insistas. Nam rei
pecuniariae tenuitas ne tibi impedimento sit, nostra iam hic providentia erit, atque in hac inventione tua scito maius lucrum
factum esse quam tu sentire videaris. Quintilianus enim prius
lacer atque discerptus cuncta membra sua per te recuperabit.
Vidi enim capita librorum; totus est, cum vix nobis media pars
et ea ipsa lacera superesset. O lucrum ingens! O insperatum
gaudium! Ego te, o Marce Fabi, totum integrumque aspiciam?
Et quanti tu mihi nunc eris, quem ego, quamvis lacerum crudeliter
ora, ora manusque ambas, populataque tempora raptis auribus
et truncas inhonesto vulnere nares, tamen propter decorem tuum
in deliciis habebam! Oro te, Poggi, fac me quam cito huius
desiderii compotem, ut, si quid humanitas impendeat, hunc prius
viderim quam e vita decedam. Nam de Asconio quidem et

Flacco, licet uterque placeat, tamen non usque adeo laborandum existimo; quorum si neuter umquam fuisset, nihilo fere minus Latinitas haberet. At Quintilianus rhetoricae pater et oratoriae magister eiusmodi est, ut, cum tu illum diuturno ac ferreo barbarorum carcere liberatum huc miseris, omnes Etruriae populi gratulatum concurrere debeant; mirorque te et illos, qui tecum erant, non statim in hunc manus avidas iniecisse, sed levioribus perscribendis hunc posthabuisse, quem ego post Ciceronis de Republica libros plurimum a Latinis desideratum et prae cunctis deploratum affirmare ausim.

Proximum est, ut te moneam, ne in iis, quae hic habemus, tempus teras, sed quae non habemus conquiras, quorum maxime Varronis et Ciceronis opera tibi proposita sint. Vale et me ama ac Mediolanensi Aretinoque praesulibus me commendatum facias. Iterum vale. Florentiae, Idibus Septembr. MCCCCXVI.
—*Ep. IV. 5.*

DIALOGUS DE TRIBUS VATIBUS FLORENTINIS

Cum sollemniter celebrarentur hi dies, qui pro resurrectione Iesu Christi festi habentur, essemusque in unum Nicolaus et ego pro summa inter nos familiaritate coniuncti, placuit tum nobis, ut ad Coluccium Salutatum iremus, virum et sapientia et eloquentia et vitae integritate huius aetatis facile principem. Nec longius fere progressis Robertus Rossus fit nobis obviam, homo optimarum artium studiis deditus nobisque familiaris. Qui, quonam tenderemus, percunctatus audito consilio approbatoque ipse etiam una nobiscum ad Coluccium secutus est. Ad quem cum venimus, comiter ab eo familiariterque accepti, deinde sedere iussi consedimus paucisque verbis ultro citroque dictis, quae primo congressu amicorum haberi solent, deinceps silentium subsecutum est, nam et nos Coluccium, ut alicuius sermonis princeps foret, exspectabamus et ille nos ad eum vacuos venisse nec quicquam in medio ponendi causa attulisse nequaquam arbitrabatur Sed cum longius progrederetur silentium essetque manifestum nihil a nobis, qui ad eum veneramus, proficisci, conversus ad nos Coluccius eo vultu, quo solet, cum quid accuratius dicturus est, ubi nos attentos in eum vidit, huius modi verbis est sermonem exorsus.

"Haud sane dici posset," inquit, "iuvenes, quam me conventus vester praesentiaque delectat; ii enim estis, quos ego vel morum vestrorum gratia vel studiorum, quae vobis mecum communia sunt, vel etiam quia me a vobis observari sentio, egregia quadam benevolentia et caritate complector. Verum una in re parum mihi probati estis eaque permagna, nam, cum ceteris in rebus, quae ad studia vestra attinent, tantum in nobis curae vigilantiaeque perspiciam, quantum debet esse in iis, qui se homines frugi ac diligentes appellari volunt, in hoc uno tamen vos hebescere neque utilitati vestrae satis consulere video, quod disputandi usum exercitationemque neglegitis, qua quidem re nescio an quicquam ad studia vestra reperiatur utilius. * * * Itaque ego, qui vestrae utilitatis sum avidus quique vos quam maxime florentissimos in studiis vestris videre cupio, non iniuria vobis subirascor, si quidem nunc disputandi usum, ex quo tot manant utilitates, neglegitis. Etenim absurdum est intra parietes in solitudine secum loqui multaque agitare, in oculis autem hominum atque in coetu, veluti nihil sapias, obmutescere et, quae unam aliquam in se utilitatem habeant, ea magno labore prosequi, disputationem vero, ex qua permultae utilitates proficiscuntur summa cum iucunditate, nolle attingere. Nam velut is agricola improbandus est, qui, cum liceret ei fundum universum excolere, saltus quosdam steriles aret, partem vero quampiam eius fundi pinguissimam atque uberrimam relinquat incultam, sic reprehendendus est is, qui, cum omnia studiorum munera adimplere possit, cetera quamvis levia accuratissime obit, disputandi vero exercitationem aspernatur et neglegit, ex qua tot fructus colliguntur uberrimi. * * *"

Tunc Nicolaus: "Est ita profecto," inquit, "Salutate, at ais neque facile reperiri potest, ut credo, quod ad studia nostra plus quam disputatio conferat. * * * Hac tamen in re, Colucci, si non ita, ut tu putas oportere, nos exercuimus, non est culpa nostra, sed temporum. Quam ob rem vide, quaeso, ne nobis, amicis tuis, iniuria subirascare. Nam si aliqua ratione nos commode id facere potuisse ostendas, non recusamus a te, quia id omiserimus, non modo verba sed etiam verbera aequo animo perferre. Si vero in ea tempestate nati sumus, in qua tanta disciplinarum

omnium perturbatio, tanta librorum iactura facta est, ut ne de
minima quidem re absque summa impudentia loqui quisquam
possit, tu dabis profecto nobis veniam, si maluimus taciti quam
impudentes videri. * * * Ego quidem, Colucci, in hac faece temporum atque in hac tanta librorum desideratione, quam quis
facultatem disputandi assequi possit non video. Nam quae bona
ars, quae doctrina reperiri potest in hoc tempore, quae non aut
loco mota sit aut omnino profligata? Pone tibi ante oculos unamquamque earum, quam velis, et quid nunc sit quidve olim fuerit,
considera. Iam intelleges eo deductas esse omnes, ut penitus
desperandum sit. Vide, quaeso, philosophiam, ut eam potissime
consideremus, quae est omnium bonarum artium parens et cuius
ex fontibus haec omnis nostra derivatur humanitas. Fuit philosophia olim ex Graecia in Italiam a Cicerone traducta atque aureo
illo eloquentiae flumine irrigata. Erat in eius libris cum omnis
philosophiae exposita ratio tum singulae philosophorum scholae
diligenter explicatae. Quae res, ut mihi quidem videtur, plurimum
valebat ad studia hominum incendenda. Ut enim quisque ad
philosophiam accedebat, continuo sibi, quos sequeretur, pro-
ponebat, discebatque non solum sua tueri sed etiam aliena refellere.
Hinc stoici, academici, peripatetici, epicurei, hinc omnes inter
eos contentiones dissensionesque nascebantur. Qui libri utinam
nunc exstarent nec maiorum nostrorum tanta fuisset ignavia!
Cassiodorum illi nobis servavere et Alcidum et alia huius modi
somnia, quae ne mediocriter quidem eruditus quispiam legere
umquam curavit; ceterum Ciceronis libros, quibus nihil pulchrius
neque suavius Latinae Musae umquam peperere, eos neglectos
interire passi sunt, quod sine summa ignorantia evenire non
potuit. Quippe si illos vel primis, ut dicitur, labris gustavissent,
numquam profecto neglexissent; erant namque ea facundia praediti, ut facile a lectore non rudi impetrare possent, ne se asperna-
retur. Sed cum illorum librorum magna pars interierit, hi vero,
qui supersunt, adeo mendosi sint, ut paulo ab interitu distent,
quem ad modum philosophiam nobis hoc tempore discendam
putas? At sunt permulti eius scientiae magistri, qui se illam
docturos esse pollicentur. O praeclaros nostri temporis philosophos,
si quidem ea docent, quae ipsi nesciunt. Quos ego nequeo satis

mirari, quo pacto philosophiam didicerint, cum litteras ignorent.
Nam plures soloecismos quam verba faciunt cum loquuntur,
itaque illos stertentes quam loquentes audire mallem. * * *

Quid autem de dialectia, quae una ars ad disputandum per-
necessaria est? An ea florens regnum obtinet neque hoc ignorantiae bello calamitatem ullam perpessa est? Minime vero. Nam
etiam illa barbaria, quae trans Oceanum habitat, in illam impetum
fecit. Atque gentes, dii boni! quorum etiam nomina perhorresco,
Farabrich, Buser, Occam, aliique eius modi, qui omnes mihi
videntur a Rhadamantis cohorte traxisse cognomina! Et quid,
Colucci, ut haec ioca omittam, quid est, inquam, in dialectica,
quod non Britannicis sophismatibus conturbatum sit? Quid,
quod non ab illa vetere et vera disputandi via separatum et ad
ineptias levitatesque traductum?

Possum haec eadem de grammatica arte, haec eadem de rhetorica, haec eadem de reliquis fere omnibus dicere, sed nolo esse
verbosus in his rebus probandis, quae manifestissimae sunt. Quid
enim causae dicemus esse, Colucci, quod his tot iam annis nemo
inventus sit, qui aliquam praestantiam in his rebus habuerit?
Neque enim hominibus ingenia desunt neque discendi voluntas,
sed sunt, ut opinor, hac perturbatione scientiarum desideratione-
que librorum omnes viae addiscendi praeclusae, ut, etiam si quis
exsistat maxime ingenio validus maximeque discendi cupidus,
tamen rerum difficultate impeditus eo, quo cupiat, pervenire non
possit. Neque enim potest quisquam sine doctrina, sine magistris, sine libris aliquid excellens in studiis suis ostendere. Quarum
rerum omnium quoniam facultas nobis adempta est, quis tandem
mirabitur, si nemo iam diu ad illam antiquorum dignitatem ne
longo quidem intervallo proximus accesserit? * * * Nonne videmus quam amplo pulcherrimoque patrimonio haec nostra tempora
spoliata sint? Ubi sunt M. Varronis libri, qui vel soli facere possent sapientes, in quibus erat Latinae linguae explicatio, rerum
divinarum humanarumque cognitio, omnis sapientiae ratio omnisque doctrina? Ubi T. Livi historiae? Ubi Sallustii? Ubi Plinii?
Ubi innumerabilium aliorum? Ubi Ciceronis complura volumina?
O miseram ac inopem condicionem horum temporum! Dies me profecto deficiet, si vellem nomina eorum referre, quibus aetas nostra

orbata est. Et tu, Colucci, in tantis rerum angustiis, si non
linguam in disputando ceu flabellum agitamus, te nobis subirasci
dicis? * * * Non est aequum, Colucci. Quam ob rem da te nobis
rectum hac in re, ut in ceteris soles, et hanc tuam subirati-
onem omitte. Nihil est enim a nobis commissum, cur tu nobis succensere possis."

* * * * * * *

Tum Coluccius: "* * * Nos igitur, si sapimus, hoc idem exercitationem in studiis nostris posse credemus eique rei operam dabimus,
nec eam neglegemus. Est autem exercitatio studiorum nostrorum
collocutio, perquisitio, agitatioque earum rerum, quae in studiis
nostris versantur, quam ego uno verbo disputationem appello.
Harum tu rerum si putas facultatem nobis hoc tempore ademptam
propter hanc, ut tu inquis, perturbationem, vehementer erras.
Sunt enim optimae artes labem aliquam passae neque id umquam
negabo, non tamen sunt ita deletae, ut eos, qui se illis tradidere,
doctos ac sapientes facere non possint. Nec tamen tunc, cum
hae artes florebant, omnibus placebat ad cacumen evadere,
pluresque erant, qui paululum, ut Neoptolemus, quam qui
omnino philosophari vellent, quod item nunc ut faciamus nihil
prohibet. Denique videndum est tibi, Nicolae, ne, dum ea solum
velis, quae fieri non possunt, etiam, ea, quae fieri possunt, ne-
glegas et asperneris. Non exstant omnes Ciceronis libri, at aliqui
supersunt nec parva quidem pars. Quos vel ipsos utinam probe
teneremus! Non enim adeo nobis ignorantiae calumnia esset
pertimescenda. Perditus est M. Varro. Dolendum est fateor et
moleste ferendum. Sed tamen sunt et Senecae libri et aliorum
permulti, qui nobis, nisi tam delicati essemus, facile M. Varronis
locum supplerent. Atque utinam tot vel sciremus vel etiam
discere vellemus, quot hi libri, qui etiam nunc exstant, nos docere
possunt. Sed nimium, ut modo dixi, delicati sumus; quae absunt,
cupimus; quae adsunt, neglegimus. At contra oporteret praesentibus, utcumque ea sint, uti, absentium vero, quandoquidem
cogitando nihil perficimus, desiderium ex animo removere.
Quam ob rem vide, quaeso, ne culpam tuam in aliud transferas
et, quae tibi imputanda sunt, ea tu tempori imputare velis,
quamquam ego, Nicolae, nullo modo adducor, ut te eum existi-

mem, qui non omnia, quae hoc tempore disci possunt, consecutus
sis. Novi enim diligentiam tuam, vigilantiam, acritatem ingenii.
Proinde te ita arbitrari velim, quae modo disserui, magis ut verbis
tuis resisterem quam ut te lacesserem, a me esse dicta.

Verum haec omittere volo; sunt enim apertiora quam ut de his
disputandum sit. Illud vero cogitare non possum, qua tu ratione
adductus dixeris neminem fuisse iam diu, qui aliquam praestantiam in his studiis habuerit. Nam potes, ut alios omittam, vel tres
viros, quos his temporibus nostra civitas tulit, non praestantissimos
iudicare, Dantem, Franciscum Petrarcam, Ioannem Boccaccium,
qui tanto consensu omnium ad caelum tolluntur? Atqui ego non
video (nec mehercule! id me movet, quod cives mei sunt), cur
hi non sint omni humanitatis ratione inter veteres illos adnumerandi. Dantem vero, si alio genere scribendi usus esset, non eo
contentus forem, ut illum cum antiquis nostris compararem, sed
et ipsis Graecis anteponerem. Itaque tu, Nicolae, si tu sciens
prudensque illos praeteriisti, adferas rationem oportet, cur ipsos
aspernere; sin autem oblivione aliqua tibi elapsi sunt, parum mihi
gratus videris, qui eos viros memoriae fixos non habeas qui
civitati tuae laudi et gloriae sunt."

Hic Nicolaus: "Quos tu mihi Dantes," inquit, "commemoras,
quos Petrarcas, quos Boccaccios? An tu putas me vulgi opinionibus iudicare, ut ea probem vel improbem, quae ipsa multitudo?
Non est ita. Ego enim, cum quid laudo, etiam atque etiam quam
ob rem id faciam, mihi patere volo, multitudinem vero non sine
causa semper suspectam habui. Sunt enim ita corrupta illius
iudicia, ut iam plus ambiguitatis mihi adferant quam firmitatis.
Itaque ne mirator, Colucci, si de hisce tuis, ut ita dicam, trium-
viris longe me aliter ac populum sentire intelleges. Nam quid
est in illis, quod aut admirandum aut laudandum cuiquam videri
debeat?

Ut enim a Dante incipiam, cui tu ne Maronem quidem ipsum
anteponis, nonne illum plerumque ita errantem videmus, ut
videatur rerum omnium fuisse ignarus? * * * Denique, ut alia
omnia sibi adfuissent, at certe Latinitas defuit. Nos vero non
pudebit eum poetam appellare et Vergilio etiam anteponere, qui
Latine loqui non possit? Legi nuper quasdam eius litteras, quas

ille videbatur peraccurate scripsisse (erant enim propria manu atque eius sigillo obsignatae), at mehercule! nemo est tam rudis, quem tam inepte scripsisse non puderet. Quam ob rem, Colucci, ego istum poetam tuum a concilio litteratorum seiungam atque eum zonariis, pistoribus, et eius modi turbae relinquam. Sic enim locutus est, ut videatur huic generi hominum voluisse esse familiaris. Sed satis multa de Dante.

Nunc Petrarcam consideremus, quamquam non me fugit, quam periculoso in loco verser, ut mihi sit etiam universi populi impetus pertimescendus, quem isti tui praeclari vates nugis nescio quibus (neque enim aliter appellanda sunt, quae isti in vulgus legenda tradiderunt) devinctum habent. Vos autem rogo atque obsecro, ne hanc meam orationem efferatis. Quid igitur? Si pictor quispiam, cum magnam se habere eius artis scientiam profiteretur, theatrum aliquod pingendum conduceret, deinde magna exspectatione hominum facta, qui alterum Apellem aut Zeuxim temporibus suis natum esse crederent, picturae eius aperirentur lineamentis distortis atque ridicule admodum pictae, nonne is dignus esset, quem omnes deriderent? Ita censeo. Nulla enim venia dignus est is, qui tam impudenter ea, quae nescit, scire se professus est. Quid autem? Si aliquis musicae artis mirabilem quandam peritiam habere prae se ferat, deinde, cum is continuo id praedicaret magnamque turbam audiendi cupidam congregasset, nihil excellens in arte sua hunc posse appareret, nonne omnes ita discederent, ut istum tam grandia professum ridiculum hominem atque dignum pistrino iudicarent? Ita prorsus. Sunt igitur maxime despiciendi hi, qui, quod pollicentur, adimplere non possunt. Atque nihil umquam tanta professione praedicatum est, quanta Franciscus Petrarca Africam suam praedicavit. Nullus eius libellus, nulla fere maior epistula reperitur, in qua non istud summum opus decantatum invenias. Quid autem postea? Ex hac tanta professione nonne natus est ridiculus mus? An est quisquam eius amicus, qui non fateatur satius fuisse aut numquam librum illum scripsisse aut scriptum igni damnasse? Quanti igitur hunc poetam facere debemus, cum, quod maximum suorum operum esse profitetur atque in quo vires suas omnes intendit, id omnes consentiant potius eius

famae nocere quam prodesse? Vide quantum inter hunc et
Maronem nostrum intersit; ille homines obscuros suo carmine
illustravit, hic Africanum, hominem clarissimum, quantum in
se fuit, obscuravit. Scripsit praeterea bucolicon carmen Franciscus, scripsit etiam invectivas, ut non solum poeta sed etiam orator
haberetur. Verum sic scripsit, ut neque in bucolicis quicquam
esset, quod aliquid pastorale aut silvestre redoleret, nec quicquam
in orationibus, quod non artem rhetoricam magnopere desideraret.

Possum haec eadem de Ioanne Boccaccio dicere, qui, quantum
possit, in omni opere suo manifestissimus est. Verum ego etiam
pro eo satis dictum esse opinor. Nam cum eorum, qui tuo atque
adeo omnium iudicio sibi permultum antecellunt, ego vitia
demonstrarim atque etiam multa, si quis in ea re occupatus esse
vellet, demonstrari possent, potes existimare, si de Ioanne dicere
vellem, orationem mihi non defuturam.

Illud tamen commune eorum vitium est, quod singulari arrogantia fuere nec putaverunt fore quemquam, qui de suis rebus
iudicare posset, tantumque ab omnibus se laturos esse arbitrati
sunt, quantum ipsi sibi adsumerent. Itaque alter se poetam,
alter se laureatum, alter se vatem appellat. Heu! miseros quanta
caligo occaecat! Ego, mehercule, unam Ciceronis epistulam atque
unum Vergilii carmen omnibus vestris opusculis antepono.
Quam ob rem, Colucci, sibi habeant istam gloriam, quam tu per
illos civitati nostrae partam esse dicis. Ego enim pro virili mea
illam repudio neque multi eam famam existimandam puto, quae
ab his, qui nihil sapiunt, proficiscitur."

Hic Coluccius subridens, ut solet: "Quam vellem," inquit,
"Nicolae, ut tu civibus tuis amicior esses, etsi non me fugit
numquam aliquem tanto consensu omnium probatum fuisse, quin
adversarium invenerit. Habuit enim ipse Maro Euangelum,
habuit Lanuvium Terentius. Pace tamen tua dicam, quod sentio,
omnes, quos modo nominavi, multo quam tu mihi tolerabiliores
videntur. Illi enim singuli singulis nec suis civibus adversabantur,
tu vero eo contentionis processisti, ut unus tres eosque tuos cives
coneris evertere."—*Lib. I.*

* * * Et Nicolaus: "Libentius," inquit, "a te audissem, Colucci;
verum, ut intellegas me eam rem ad te detulisse, quam ego ipse

suscipere non recuso, modo facultas dicendi adsit, non repugnabo
huic sententiae, sed eam sequar dictoque parebo atque per ordinem ad ea, quae dicta erant, respondebo. Illud tamen ante omnia
certissimum habetote, me non alia de causa heri [eos] impugnasse,
nisi ut Coluccium ad illorum laudes excitarem. Sed difficile erat
adsequi, ut vir omnium prudentissimus ex vero animo loqui me
ac non fictum esse sermonem meum arbitraretur; nam viderat
ille quidem in omni aetate me studiosum fuisse et inter libros
litterasque semper vixisse. Meminisse poterat me istos ipsos
Florentinos vates unice dilexisse. Nam et Dantem ipsum quodam
tempore ita memoriae mandavi, ut ne hodie quidem sim oblitus, sed
etiam nunc magnam partem illius praeclari ac luculenti poematis
sine ullis libris referre queam, quod facere non possem sine singulari
quadam affectione. Franciscum vero Petrarcam tanti semper feci,
ut usque in Patavium profectus sim, ut ex proprio exemplari
libros suos transcriberem; ego enim primus omnium Africam
illam huc adduxi, cuius quidem rei iste Coluccius testis est. Ioannem autem Boccaccium quo modo odisse possum, qui bibliothecam
eius meis sumptibus ornarim propter memoriam doctissimi viri
et frequentissimus omnium in illa sum apud religosos heremitarum?
Quare, ut modo dicebam, difficile erat hanc technam Coluccium
latere, ut dissimulationem meam non intellegeret. An ille umquam
putasset me, qui tanta benevolentiae signa erga istos vates prae-
buissem, ita una die mutatum, ut lanistae, sutores, atque proxe-
netae homines, qui numquam litteras viderunt nihilque umquam
gustaverunt ex poetica suavitate, pluris facerent Dantem aut
Petrarcam aut Boccaccium quam ego, qui semper illos colui
semperque in deliciis habui et non solum verbis sed etiam re. Ex
quo ipsos videre non poteram, eorum memoriam decoravi.
Permulta sane ignorantia foret, si huius modi hominis poemata
nobis ereptum irent. * * *

Videntur ergo mihi in summo poeta tria esse oportere: fingendi
artem, oris elegantiam, multarumque rerum scientiam. Horum
trium primum poetarum praecipuum est, secundum cum oratore,
tertium cum philosophis historicisque commune. Haec tria si
adsunt, nihil est, quod amplius in poeta requiratur. Videamus
igitur, si placet, qualia haec in nostris vatibus fuere et primo a

Dante, qui maior est natu, incipiamus. An quisquam est, qui dicere audeant fingendi artem illi defuisse, qui tam praeclaram fictionem, tam inauditam trium regnorum adinvenerit, qui ita per diversos tramites omnia distinxit, ut multiplicia huius saeculi peccata suis quaeque locis, prout magnitudo cuiusque est, puniat? Nam quid ego de paradiso ipso loquar, cuius tantus ordo est tantaque accuratione descriptio, ut numquam satis digne adeo pulcherrima fictio laudari possit? Quid autem adscensus descensusque? Quid comites illi atque duces? Quanta elegantia excogitati! Quae horarum observatio! Nam quid ego de facundia loquar, qui omnes, qui ante se fuerint, infantes ostenderit? Nulli sunt dicendi tropi, nulla rhetoricae artis insignia, quae per illius viri opera non mirifice sint diffusa, nec minus ornatus habent quam copiae. Melliflua enim verborum flumina illaborate fluunt omniaque sensa sic exprimunt, quasi oculis audientium aut legentium subiciantur, nec ulla est tanta obscuritas, quam eius non illuminet aperiatque oratio. Nam, quod omnium difficillimum est, acutissimas theologiae philosophiaeque sententias limatissimis illis ternariis ita commode pronuntiat atque disceptat, ut ab ipsis theologis vel philosophis in scholis atque in otio vix queant pronuntiari. Ad haec historiarum incredibilem scientiam! Non enim vetera dumtaxat sed etiam nova, nec domestica solum sed etiam externa in hoc praeclaro opere vel exornandi causa vel doctrinae gratia conglutinata sunt. Nullus est in Italia ritus, nullus mons, nullus fluvius, nulla paulo nobilior familia, nullus vir, qui aliquid dignum memoria gesserit, quin ab illo teneatur et in poemate suo percommode sit distributus.

Itaque, quod heri Coluccius faciebat, ut Vergilio et Homero Dantem adaequaret, nullo modo mihi displicet. Nescio enim, quid in illorum poematibus sit, cui hoc nostrum non uberrime respondeat. Legite, quaeso, ea carmina, in quibus amorem, odium, formidinem, et ceteras animi perturbationes exprimit. Legite descriptiones temporum, legite caelorum motus, legite stellarum ortus atque occasus, legite arithmeticas computationes, legite adhortationes, iurgationes, consolationes! Deinde vobiscum reputate, quid sapientia perfectius aut eloquentia expolitius quisquam poeta queat proferre. Hunc igitur ego virum tam elegantem, tam facundum, tam doctum a litteratorum collegio ideo heri disiunxi, ut non cum illis sed supra illos sit, nec solum eos suo poemate delectet sed universam civitatem. * * * At vero, etsi omnia illi adfuerunt, Latinitas certe defuit. Haec dicebantur, ut Coluccius in indignationem moveretur. Nam qui sanae mentis aequo animo haec audiret, qui totiens disputarit, qui carmina heroica scripserit, qui per tot studia adprobatus fuerit, eum litteras ignorasse? Non potuit id ullo pacto fieri. Sed et litteratissimum et doctissimum et facundissimum et ad fingendum aptissimum fuisse illum necesse est, ut non modo opinio hominum sed etiam scripta sua manifestissime declarant.

Iam quoniam satis de Dante, ut opinor, dixi, de Petrarca pauca dicamus, quamquam non paucis laudibus tanti viri excellentia contenta sit. * * * Ad Boccaccium veniamus, cuius ego doctrinam, eloquentiam, leporem, maximeque ingenii praestantiam in omni re omnique opere admiror. Qui deorum genealogias, qui montes atque flumina, qui varios virorum casus, qui mulieres claras, qui bucolica carmina, qui amores, qui nymphas, qui cetera infinito facundissimo atque lepidissimo ore cecinerit, tradiderit, scripserit, quis igitur hunc non amet? Quis non observet? Quis non in caelum tollat?

Quis non omnes hos vates maximam gloriae partem nostrae civitatis putet? Haec igitur habui, quae de clarissimis vatibus referrem, ut autem apud homines doctos loquens minima quaeque ac levia praetermisi. * * *"

Et Robertus: "Vox ista te, Nicolae," inquit, "nobis reddidit; nam eius modi a te heri dicebantur, quae a nostro coetu plenissime abhorrebant."—*Lib. II.*

HISTORIAE FLORENTINAE

Bondelmontes fuit eques Florentinus per eam tempestatem, ut videtur, imprimis splendidus. Huic inimicitiae graviores fuere cum Ottone Arrigi filio Fifanti e familia item nobili. Otto validis propinquitatibus subnixus, praecipue Ubertorum Lambertorumque, potentissimarum per id tempus familiarum, iuvabatur. Bondelmonti vero, et ipsi per se valido, quidam insuper potentium favebant. Cum has inimicitias longius demum progressuras

palam esset, insurgentibus bonis viris pax tandem recipitur.
Quin etiam, quo stabilior esset, adfinitate nuptiisque firmatur,
sponsa Bondelmonti receptaque nepta Ottonis ex sorore. Res
una cum pace vulgata fuerat et iam pro confecta opinione omnium habebatur diesque dicta erat ad nuptiarum sollemnia
apparatusque ad eam rem propalam facti. Enimvero hanc
adfinitatem coniunctionemque fautores quidam iuvenes nequaquam probabant. Itaque per eos ipsos dies matrona quaedam e
Donatorum aedibus, cum forte domesticorum sermone adfinitatem
carpentium ea cognovisset, iuvenem familiarius compellatum
obiurgare coepit, quod longe nobilis imparem sibi genere forma-
que uxorem accepisset inconsulte nimium atque investigato.
"Nempe ego tibi," inquit, "vel cupientissime hanc tuis adserva-
bam nuptiis," filiam ostendens aetate nubilem, forma egregiam.
Percussere ilico iuvenis pectus celsioris puellae vultus et ad-
monitio mulieris. Itaque, ceu furiis quibusdam agitatus, cum ea
secum reputaret ac formam formae familiamque familiae con-
ferret, posteriora oblata constituit anteferre. Reversus itaque
postridie ad mulierem, "Adhuc tempus, o matrona," inquit,
"est perperam facta corrigendi. Ego enim divortens ab illa, cui
nihil praeter iacturam pecuniae me astringit, tuam, si ita vis,
rite suspiciam." Nec mora audaci coepto. Muliere annuente eo
ipso tempore, quo primae futurae erant nuptiae, secundae parantur.
Otto igitur et repulsae parentes, agnatis necessariisque in unum
vocatis, facinus indignum contumeliamque enarrant. Ab se
quidem neque verbo neque facto quicquam admissum, quod illius
mentem vel leviter modo abalienare potuerit; id totum superbiam
atque contemptum esse. Ea cum prope lacrimabundi exponerent
fidemque propinquorum implorarent, permoti maiorem in modum
vindicandam esse contumeliam statuerunt.
Erant sane hi permulti nobiles, a quibus, cum de vindictae
modo agitaretur, Lambertus Musca occidendum censuit, rem
factam, ut vulgari habetur proverbio, caput habere dictitans.
Eo ab aliis quoque per indignationem consilio sumpto dies et
locus ad caedem memorabiles quaerebantur. Pascha potissimum
visum est in tempore, aedes vero puellae, cuius spreverat nuptias,

pro loco delectae. Itaque paschatis die, cum e vetere ponte albo equo albaque, ut traditur, amictus veste iuvenis descenderet, egressi coniurati ab aedibus Amideorum (ibi namque ex constituto paulo ante convenerant) illum circumsistunt abiectumque ex equo multis vulneribus conficiunt.

Interfuerunt huic caedi Uberti et Lamberti quidam et alii puellae propinqui, plurimum tamen ipsius Ottonis manu perpetrata est. Cecidit vero non longe a Martis signo, quod e vetere sublatum templo ad pontem collocatum exstabat, idque in calamitate civitatis quidam notarunt. Percussores statim post caedem globo facto in Amideorum aedes se receperunt. Rumor vero per urbem diffusus pro diei sollemnitate et hominum superbia populum commovit. Nam etsi error fuerat, deserendis nuptiis poena legibus constituta erat, pecuniarum promissarum iactura, caedi vero ex coniurato homines incivile videbatur. Denique occisi cognati adfinesque in unum coeunt nec nobilitas solum verum etiam plebs incerto scinditur favore. Hinc odia civium irritata vehementius exarsere, ut non iam civili modestia sed vulneribus et sanguine summa perdendi pereundique cupidine certaretur.—*Lib. II.*

Inter bellorum vel iam coeptorum vel imminentium curas nova protinus res et ante id tempus inaudita per universam Italiam contigit. Omnis quippe multitudo populi, quae ubique erat, vestes induit albas et piaculis quibusdam factis incredibili devotionis ardore longa dealbatorum agmina ad vicinas urbes commeabant, pacem ac misericordiam clamore supplici deprecantia. Prorsus miranda res et incredibile negotium! Peregrinatio erat fere dierum decem. Cibus vero, ut plurimum, panis et aqua. Nulli per urbes alio vestitu conspiciebantur. Accessus vero in aliena oppida, etiam parum antea pacatorum, liberi fuerunt. Nemo per id tempus dolo fallere tentavit. Nemo advenarum oppressus. Tacitae quaedam indutiae cum hostibus fuere. Duravitque is motus fere menses duos, cum et proficiscerentur populi in alienas urbes et alii in suas adventarent. Mira hospitalitas ubique et benigna susceptio.

Unde vero initium coeperit, obscurum est. Ex Alpibus certe in Cisalpinam Galliam descendisse ferebatur mirabilique discursu

populos apprehendisse. Florentiam primi omnium Lucenses popu-
lariter advenere, quibus conspectis tantus confestim devotionis
ardor consecutus est, ut etiam illi ipsi, qui antea rem auditam
maxime deriserant, primi omnium suorum civium vestes mutarent
et quasi Deo correpti motu simili vagarentur. Florentini, quad-
rifariam partito populo, duae ex his partes innumerabili multitudine virorum, mulierum, puerum Aretium petiere; reliquae vero
partes ad alia loca profectae sunt.

Quocumque perveniebant Albatorum agmina, eorum locorum
incolae exemplo simili movebantur. Ita ex Gallia in Etruriam,
ex Etruria in Umbriam, ex Umbria in Sabinos et Picentes et
Marsos ceterasque subinde gentes progressa commotio ad ex-
tremas Italiae oras pervenit, nullos in populos non pervagata.
Dum religio tenuit animos, de periculis belli nihil cogitabatur,
sed, postquam finis fuit dealbatorum fervori, ad primas rursus
curas animi redierunt.—*Lib. XII.*

POGGIO BRACCIOLINI (1380–1459)

FACETIAE

Multos futuros esse arbitror, qui has nostras confabulationes
tum ut res leves et viro gravi indignas reprehendant, tum in eis
ornatiorem dicendi modum et maiorem eloquentiam requirant.
Quibus ego si respondeam legisse me nostros maiores, prudentissi-
mos ac doctissimos viros, facetiis, iocis, et fabulis delectatos non
reprehensionem sed laudem meruisse, satis mihi factum ad
illorum existimationem putabo. Nam qui mihi turpe esse putem
hac in re, quandoquidem in ceteris nequeo, illorum imitationem
sequi et hoc idem tempus, quod reliqui in circulis et coetu hominum confabulando conterunt, in scribendi cura consumere,
praesertim cum neque labor inhonestus sit et legentes aliqua
iucunditate possit afficere? Honestum est enim ac ferme necessarium certeque sapientes laudarunt mentem nostram variis
cogitationibus ac molestiis oppressam recreari quandoque a
continuis curis et eam aliquo iocandi genere ad hilaritatem
remissionemque converti. Eloquentiam vero in rebus infimis vel
in his, in quibus ad verbum vel facetiae exprimendae sunt vel
aliorum dicta referenda, quaerere hominis nimium curiosi esse
videtur. Sunt enim quaedam, quae ornatius nequeant describi,
cum ita recensenda sint, quemadmodum protulerunt ea hi, qui
in confabulationibus coniciuntur.

Existimabunt aliqui forsan hanc meam excusationem ab
ingenii culpa esse profectam, quibus ego quoque assentior, modo
ipsi eadem ornatius politiusque describant, quod ut faciant
exhortor, quo lingua Latina etiam levioribus in rebus hac nostra
aetate fiat opulentior. Proderit enim ad eloquentiae doctrinam
ea scribendi exercitatio. Ego quidem experiri volui, an multa,
quae Latine dici difficulter existimantur, non absurde scribi
posse viderentur, in quibus cum nullus ornatus, nulla amplitudo
sermonis adhiberi queat, satis erit ingenio nostro, si non inconcinne omnino videbuntur a me referri.

Verum facessant ab istarum confabulationum lectione (sic
enim eas appellari volo), qui nimis rigidi censores aut acres
existimatores rerum exsistunt. A facetis enim et humanis, sicut
Lucilius a Consentinis et Tarentinis, legi cupio. Quod si rusti-

ciores erunt, non recuso quin sentiant quod volunt, modo scriptorem ne culpent, qui ad levationem animi haec et ad ingenii exercitium scripsit.—*Praefatio.*

DE SACERDOTE QUI IGNORABAT SOLEMNITATEM PALMARUM

Aellum oppidum est in nostris Appennini montibus admodum rusticanum. In eo habitabat sacerdos rudior atque indoctior incolis. Huic cum ignota essent tempora annique varietates, nequaquam indixit Quadrigesimam populo. Venit hic ad Terram Novam ad mercatum sabbato ante solemnitatem palmarum. Conspectis sacerdotibus olivarum ramos ac palmulas in diem sequentem parantibus, admiratus quidnam id sibi vellet, cognovit tunc erratum suum et Quadragesimam nulla observatione suorum transisse. Reversus in oppidum et ipse ramos palmasque in posterum diem paravit, qui, advocata plebecula: "Hodie," inquit, "est dies, quo rami olivarum palmarumque dari ex consuetudine debent. Octava die Pascha erit. Hac tantum hebdomada agenda est paenitentia neque longius habemus hoc anno ieiunium, cuius rei causam hanc cognoscite. Carnisprivium hoc anno fuit lentum et tardum, quod propter frigora et difficultatem itinerum hos montes nequivit superare; ideoque Quadragesima adeo tardo ac fesso gradu accessit, ut iam nil amplius quam hebdomadam unam secum ferat, reliquis in via relictis. Hoc ergo modico tempore, quo vobis mansura est, confitemini et paenitentiam agite omnes."—*Facet. 11.*

QUERIMONIA SPOLII CAUSA AD FACINUM CANEM FACTA

Apud Facinum Canem, qui fuit vir crudelis ac dux praecipuus in hac nostri temporis militia, querebatur quidam se spoliatum chlamyde in via a quodam suo milite. Hunc intuens Facinus vestitum tunica bona quaesivit an illam, cum spoliaretur, gestasset. Cum ille annueret, "Abi;" inquit, "hic, quem dicis te spoliasse, nequaquam est ex meis militibus. Nam nullus meus umquam tibi tam bonam tunicam reliquisset."—*Facet. 18.*

DE SACERDOTE QUI CANICULUM SEPELIVIT

Erat sacerdos rusticanus in Tuscia admodum opulentus. Hic caniculum sibi carum, cum mortuus esset, sepelivit in caementario. Sensit hoc episcopus et in eius pecuniam animum intendens, sacerdotem veluti maximi criminis reum ad se puniendum vocat. Sacerdos, qui animum episcopi satis noverat, quinquaginta aureos secum deferens ad episcopum devenit. Qui sepulturam canis graviter accusans iussit ad carceres sacerdotem duci. Hic vir sagax: "O pater," inquit, "si nosceres qua prudentia caniculus fuit, non mirareris si sepulturam inter homines meruit. Fuit enim plus quam ingenio humano tum in vita tum praecipue in morte." "Quidnam hoc est?" ait episcopus. "Testamentum," inquit sacerdos, "in fine vitae condens sciensque egestatem tuam tibi quinquaginta aureos ex testamento reliquit, quos mecum tuli." Tum episcopus et testamentum et sepulturam comprobans accepta pecunia sacerdotem absolvit.—*Facet. 36.*

De Illo Qui Aratrum Super Umerum Portavit

Alter, Pierus nomine, admodum incultus, cum usque ad meridiem arasset, fessis bobus et ipse labore fatigatus rediturus in oppidum aratrum super asellum alligat, deinde asellum praemissis bobus ascendit. Qui cum nimio onere gravatus sub pondere deficeret, sentit tandem Pierus asellum ire non posse. Tum descendens atque aratrum super umerum ponens rursus asellum ascendit inquiens: "Nunc recte ambulare potes; non enim tu sed ego aratrum fero."—*Facet. 56.*

Eiusdem Poetae (Dantis) Faceta Responsio

Huic ipsi inter seniorem aliquando iunioremque Canes prandenti, cum ministri utriusque dedita opera ante pedes Dantis ad eum lacessendum ossa occulte subiecissent, remota mensa versi omnes in solum Dantem mirabantur, cur ante ipsum solummodo ossa conspicerentur. Tum ille, ut erat ad respondendum promptus: "Minime," inquit, "mirum, si canes ossa sua comederunt: ego autem non sum canis."—*Facet. 58.*

Facetissimum De Sene Quodam Qui Portavit Asinum Super Se

Dicebatur inter secretarios pontificis eos, qui ad vulgi opiniones viverent, miserrima premi servitute, cum nequaquam possibile esset, cum diversa sentirent, placere omnibus diversis diversa probantibus. Tum quidam ad eam sententiam fabulam rettulit, quam nuper in Alemannia scriptam pictamque vidisset.

Senem ait fuisse, qui cum adulescentulo filio praecedente absque onere asello, quem venditurus erat, ad mercatum proficiscebatur. Praetereuntibus viam, quidam in agris operas facientes senem culparunt, quod asellum nihil ferentem neque pater neque filius ascendisset sed vacuum onere sineret, cum alter senectute, alter aetate tenera vehiculo egeret. Tum senex adulescentem asino imposuit, ipse pedibus iter faciens. Hoc alii conspicientes increparunt stultitiam senis, quod adulescente, qui validior esset, super asinum posito ipse aetate confectus pedes asellum sequeretur. Immutato consilio atque adulescente deposito ipse asinum ascendit. Paulum vero progressus audivit alios se culpantes, quod parvulum filium, nulla ratione aetatis habita, tamquam servum post se traheret, ipse asello, qui pater erat, insidens. His verbis permotus filium asello secum superimposuit. Hoc pacto iter sequens, interrogatus inde ab aliis, an suus esset asellus, cum annuisset, castigatus est verbis, quod eius tamquam alieni nullam curam haberet minime apti ad tantum onus, cum satis unus ad ferendum esse debuisset. Hic homo perturbatus tot variis sententiis, cum neque vacuo asello neque ambobus neque altero superimpositis absque calumnia progredi posset, tandem asellum pedibus iunctis ligavit atque baculo suspensum suo filiique collo superpositum ad mercatum deferre coepit. Omnibus propter novitatem spectaculi ad risum effusis ac stultitiam amborum, maxime vero patris, increpantibus, indignatus ille supra ripam fluminis consistens ligatum asinum in flumen deiecit atque ita amisso asino domum rediit.

Ita bonus vir, dum omnibus parere cupit, nemini satisfaciens asellum perdidit.—*Facet. 100.*

FACETUM DICTUM PAUPERIS AD DIVITEM FRIGENTEM

Dives quidam suffultus vestibus hieme Bononiam proficiscens, reperto inter montana rustico, qui unica tantum et ea contrita tunica indutus erat, admiratus in tanta vi frigoris (nives enim et ventus erant) hominis patientiam rogavit, numquid non frigeret. "Minime," alter cum laeto respondisset vultu stupenti responsum dicentique, "Ego sub pellibus algeo; tu seminudus non sentis frigus?" "Si tu," inquit ille, "omnes tuas vestes ferres, sicuti ego meas, tu quoque nequaquam frigeres."—*Facet. 153.*

Visum est mihi eum quoque nostris confabulationibus locum adicere, in quo plures earum tamquam in scaena recitatae sunt. Is est Bugiale nostrum, hoc est mendaciorum veluti officina quaedam, olim a secretariis institutum iocandi gratia. Consuevimus enim, Martini pontificis usque tempore, quendam eligere in secretiore aula locum, in quo et nova referebantur et variis de rebus tum laxandi ut plurimum animi causa tum serio quandoque colloquebamur. Ibi parcebatur nemini in lacessendo ea, quae non probabantur a nobis, ab ipso persaepe pontifice initio reprehensionis sumpto. Quo fiebat, ut plures eo convenirent, veriti, ne ab eis ordiremur. Erat in eo princeps fabulator Razellus Bononiensis, cuius nonnulla in confabulationes coniecimus; Antonius item Luscus, qui saepius inseritur, vir admodum facetus; Cinciusque Romanus et ipse iocis deditus. Nos quoque plura e nostris addidimus non insulsa. Hodie, cum illi diem suum obierint, desiit Bugiale tum temporum tum hominum culpa omnisque iocandi confabulandique consuetudo sublata.—*Conclusio.*

De Varietate Fortunae

Nuper, cum pontifex Martinus, paulo antequam diem suum obiret, ab urbe in agrum Tusculanum secessisset valetudinis gratia, nos autem essemus negotiis curisque publicis vacui, visebamus saepe deserta urbis, Antonius Luscus, vir clarissimus, egoque, admirantes animo tum ob veterem collapsorum aedificiorum magnitudinem et vastas urbis antiquae ruinas tum ob tanti imperii ingentem stragem stupendam profecto ac deplorandam fortunae varietatem. Cum autem conscendissemus aliquando Capitolinum collem, Antonius obequitando paulum fessus cum quietem appeteret, descendentes ex equis consedimus in ipsis Tarpeiae arcis ruinis pone ingens portae cuiusdam, ut puto, templi marmoreum limen plurimasque passim confractas columnas, unde magna ex parte prospectus urbis patet.

Hic Antonius, cum aliquantum huc illuc oculos circumtulisset, suspirans stupentique similis, "O quantum," inquit, "Poggi, haec Capitolia ab illis distant, quae noster Maro cecinit,

aurea nunc, olim silvestribus horrida dumis!

Ut quidem is versus merito possit converti: **Aurea** quondam, nunc squalida spinetis vepribusque referta. Venit in mentem Marii illius, per quem olim urbis imperium stetit, quem pulsum patria profugum atque egentem, cum in Africam appulisset, supra Carthaginis ruinas insedisse ferunt admirantem sui et Carthaginis vicem simulque fortunam utriusque conferentem addubitantemque, utrius fortunae maius spectaculum exstitisset. Ego vero immensam huius urbis stragem nulli alteri possum conferre, ita ceterarum omnium, vel quas natura tulit rerum vel quas manus hominum conflavit, haec una exsuperat calamitatem. Evolvas licet historias omnes, omnia scriptorum monumenta pertractes, omnes gestarum rerum annales scruteris, nulla umquam exempla mutationis suae maiora fortuna protulit quam urbem Romam, pulcherrimam olim ac magnificentissimam omnium, quae aut fuere aut futurae sunt, et ab Luciano, doctissimo Graeco auctore, cum ad amicum suum scriberet Romam videre cupientem, non urbem sed quasi quandam caeli partem appellatam. Quo magis dictu mirabile est et acerbum aspectu adeo speciem formamque ipsius immutasse fortunae crudelitatem, ut nunc omni decore nudata prostrata iaceat instar gigantei cadaveris corrupti atque undique exesi.

Deflendum quippe est hanc urbem tot quondam illustrium virorum atque imperatorum fetam, tot belli ducum, tot principum excellentissimorum altricem, tot tantarumque virtutum parentem, tot bonarum artium procreatricem, ex qua rei militaris disciplina, morum sanctimonia et vitae, sanctiones legum, virtutum omnium exempla et bene vivendi ratio defluxerunt, quondam rerum dominam, nunc per fortunae omnia vertentis iniquitatem non solum imperio maiestateque sua spoliatam sed addictam vilissimae servituti, deformem, abiectam, sola ruina praeteritam dignitatem ac magnitudinem ostentantem. Missa faciamus ablatum imperium, distracta regna, provincias amissas, in quibus dandis atque auferendis prope iure suo fortuna principatum exercet. Illud maiorem in modum lugendum videtur, libidinem eius intra urbis moenia grassatam adeo in illa diruenda atque evertenda funditus saeviisse, ut, si quis reviviscat ex priscis illis antiquae urbis civibus, alios homines intueri, aliam se longe urbem incolere assereret, ita eius specie et ipso solo subversis, ut nihil fere recognoscat, quod priorem urbem repraesentet.

Et quidem commutantur regna, transferuntur imperia, desciscunt nationes, populi (varia est enim mens hominum semper nova appetentium) ad fortunae nutum commoventur, ut haud insuetum videatur haec illius arbitrio parere. At vero aedificia haec urbis tum publica tum privata, quae cum ipsa immortalitate videbantur certatura, partim penitus exstincta, partim collapsa atque eversa, relictis admodum paucis, quae priscam magnitudinem servent, supra fortunae vires esse credebantur. Stupenda quippe vis est ac varietas fortunae, quae etiam ipsas aedificiorum moles, quas extra fatum illarum conditores existimabant, funditus demolita nihil fere ex tantis rebus reliqui fecit. Quid enim maius orbis vidit umquam quam tot aedificia urbis, templa, porticus, thermas, theatra, aquaeductus, portus manufactos, palatia fato suo absumpta et ex tanta rerum magnificarum copia nihil aut parum ferme superesse?"

Tum ego: "Merito," inquam, "admiraris, Antoni, fortunae iniuriam in hac urbium parente tam foede vexanda excitatam, quam ipse cotidie inspiciendi causa perlustrans non mirari solum sed etiam queri cogor nihil fere integrum, paucas admodum reliquias ex prisca illa urbe, et eas semesas ac corruptas, apparere. Nam ex omnibus aut publicis aut privatis operibus liberae quondam civitatis interrupta quaedam et ea parva vestigia visuntur. Exstant in Capitolio fornices duplici ordine novis inserti aedificiis, publici nunc salis receptaculum, in quibus scriptum est litteris vetustissimis atque adeo umore salis exesis, Q. Lutatium Q. F. et Q. Catulum coss. substructionem et tabularium de suo faciundum coeravisse, opus ipsa vetustate venerandum; sepulcrum quoque Capitolium iuxta C. Poplicio, quo ipse posterique eius inferrentur, virtutis honorisque causa senatus consulto iussuque populi datum. Item pons supra Tiberim, quo itur in insulam, vetustissimi operis, quem L. Fabricius C. F. curatorem viarum faciundum coerasse epigramma testatur et M. F. cos. approbasse. Arcus insuper supra viam inter Aventinum montem et ripam Tiberis ex lapide Tiburtino, quem ex litteris incisis constat P. Lentulum Scipionem et T. Quinctium Crispinum ex s. c.

faciundum curasse atque approbavisse. Sunt et monumenta
quaedam prisca, quae hodie Cimbron appellant: templum ex
manubiis Cimbricis a C. Mario factum, in quo adhuc eius trophaea
conspiciuntur. Adiciunt et pyramidem prope Portam Ostiensem
moenibus urbis insertam, nobile sepulcrum C. Cesti, VIIvir
epulonum, quod opus absolutum ex testamento Ponthi Clamelae
diebus CCCXXX litterae in eo incisae referunt. Quo magis
miror, integro adhuc epigrammate, doctissimum virum Franciscum
Petrarcam in quadam sua epistula scribere id esse sepulcrum
Remi. Credo secutum vulgi opinionem non magni fecisse epigramma perquirere fruticetis contectum, in quo legendo, qui
postmodum secuti sunt, minore cum doctrina maiorem diligentiam
praebuerunt. * * * *

Hoc videbitur levius fortasse, sed me maxime movet, quod
his subiciam ex innumeris ferme colossis statuisque tum marmoreis tum aeneis (nam argenteas atque aureas minime miror esse
conflatas) viris illustribus ob virtutem positis, ut omittam varia
signa voluptatis atque artis causa publice ad spectaculum collocata, marmoreas quinque tantum, quattuor in Constantini
Thermis, duas stantes pone equos, Phidiae et Praxitelis opus,
duas recubantes, quintam in foro Martis, statuam, quae hodie
Martis fori nomen tenet; atque unam solam aeneam equestrem
deauratam, quae est ad basilicam Lateranensem Septimio Severo
dicatam. Tantum videmus superesse, ut partem maximam stragis
urbis, si quis numerum advertat, hoc solum fuisse fateatur.

Id vero gravissimum et haud parva cum admiratione recensen-
dum, hunc Capitolii collem, caput quondam Romani imperii atque
orbis terrarum arcem, quem omnes reges ac principes tremebant,
in quem triumphantes tot imperatores ascenderunt, donis ac
spoliis tot tantarumque gentium ornatum florentemque ac
universo orbi spectandum, adeo desolatum atque eversum et
a priore illo statu immutatum, ut vineae in senatorum subsellia
successerint, stercorum ac purgamentorum receptaculum factum.
Respice ad Palatinum montem et ibi fortunam incusa, quae
domum a Nerone post incensam urbem totius orbis spoliis con-
fectam atque absumptis imperii viribus ornatam, quam silvae,
lacus, obelisci, porticus, colossi, theatra varii coloris marmorea

admirandam videntibus reddebant, ita prostravit, ut nulla rei
cuiusquam effigies superexstet, quam aliquid certum praeter
vasta rudera queas dicere. Ceteros urbis colles perlustra; omnia
vacua aedificiis ruinis, vineis oppleta conspicies. Forum, iure
dicendo, ferendis legibus, plebe ad contionem advocanda celeberrimum urbis locum, et iuxta comitium creandis magistratibus
insigne deserta squalent malignitate fortunae, alterum porcorum
bubalorumque deversorium, alterum serendis oleribus cultum.

—Lib. I.

Oratio In Funere Nicolai Nicoli Civis Florentini

Si, cives praestantissimi, Latinae Musae hoc in loco per se
loqui potuissent, nequaquam alterius dicendi officium postularent.
Ipsae enim suis verbis copiosissime atque ornatissime celebrassent
praeclarissimi atque omni laude dignissimi alumni sui funus.
Verum quoniam qui pro earum dignitate ac maiestate in publicum
prodire non consueverunt, hoc munus ab aliis suscipi aequo
animo patiuntur. Itaque licet permultos adesse intellegam ad
dicendum paratiores, quibus ingenio sum inferior et doctrina,
tamen, quo non amplius praeripiam huius funeris exornandi
facultatem, sed ut tamquam aditum quendam patefaciam exquisitius quiddam atque ornatius eloquendi, non indignum existimavi aliquid in medium afferre, qui etsi non vestris auribus at
saltem officio hominis amici videar satisfecisse. Qua in re si
nequaquam parem suis laudibus ac de me meritis eloquentiam
praestitero, dabitis opinor veniam tum parvitati ingenii mei, qui
sum tardior ad dicendum, tum magnitudini virtutum Nicolai,
quae permultae in eo atque amplissimae claruerunt. Copiosa
enim quaedam atque excellens oratio, a qua longe absum, adhiberi
oporteret ad huius mortui laudes ac brevitate temporis complec-
tendas. * * * *

Sollertissimus omnium fuit in emendis ac comparandis libris,
fructuosissima ac pulcherrima omnium negotiatione, quos adeo
multos atque egregios tum Latinos tum Graecos ab extremis
usque Europae finibus conquisivit, ut omnes Italos (pace reliquorum dixerim) superarit librorum copia optimorum, in quo
beneficentiam suam liberalitatemque attendite. Communes

erant libri sui omnibus etiam ignotis; praesto aderant aut legere
volentibus aut transcribere neque ulli omnino recusabat, qui aut
doctus esset aut videretur velle doceri, ut publica quaedam
bibliotheca et ingeniorum sustentaculum domus eius existimaretur.
Etenim eos, qui libros suos occultarent neque cum ceteris partici-
parent, cum essent editi ad communem viventium utilitatem,
quodam modo abhorrebat, affirmans huiusmodi homines teneri
crimine expilatae hereditatis. Quod autem egregiam laudem
meretur, summam operam curamque adhibuit ad pervestigandos
auctores, qui culpa temporum perierant. Qua in re vere possum
dicere omnes libros fere, qui noviter tum ab aliis reperti sunt
tum a me ipso, qui integrum Quintilianum, Ciceronis nostri
orationes, Silium Italicum, Nonium Marcellum, Lucretii partem,
multosque praeterea e Germanorum Gallorumque ergastulis mea
diligentia eripui atque in lucem extuli, Nicolai suasu, impulsu,
cohortatione, et paene verborum molestia esse litteris Latinis
restitutos. * * * Magna haec profecto hominibus nostris utilitas,
ingens Nicolai laus et posterorum memoriae commendanda,
unum exstitisse, cuius maxime cura .et opera Graeca studia,
Italis ante ignota, ad nos tandem longo post tempore redierunt.

Quid idem in litteris nostris! Quantum profuit nobis, quantum
singulis, qui discendi desiderio tenebantur! Non hortator solum
sed suasor, adiutor, atque impulsor assistebat his, quibus perspi-
ciebat inesse aliquod ingenii acumen aut voluntatem ad perdis-
cendum, ut non solum haerentes et remissos sed incensos etiam
et currentes ad studia doctrinae excitaverit. reddebatque suis
vocibus velociores. * * *

Erat hoc insitum suae naturae, ut, quoscumque incensos ad
bonarum artium cognitionem videret, si iidem boni viderentur,
summo amore complecteretur et veluti filios foveret ac sublevaret.
Tamquam stimulus erat recta capescentibus consilia ad humanitatis et sapientiae studia prosequenda. O vere doctorum omnium
parens et studiorum domicilium, quantum tibi Latina eloquentia,
quantum docti homines, quantum studiosi litterarum nomini tuo
debent! Tu in primis viam ad humanitatis studia ostendisti, tu
iter ad veram eloquentiam demonstrasti, tu Graecas litteras ad
Italiam reduxisti. Tu consilio, tu libris, tu opera, tu cohorta-

tionibus semper omnibus recta sentientibus adfuisti. Tu diligentissimus rerum perpensor, tu gravis eloquentiae censor, tu peracutus doctorum extimator magno adiumento omnibus exstitisti. Tu denique tum corripiendo tum laudando effecisti, ut ad aliquam dignitatem facultas eloquentiae perveniret. Id et a ceteris commendatum iri putabant. Tuum enim iudicium non ex adulatione aut adsentatione pendebat sed ex veritate atque animi recta sententia.

Sed haec ad communem referuntur utilitatem. Quid loquar de propriis studiis? Quid doctrinam, quid scientiam proferam? Quid multarum rerum cognitionem? Graecis litteris plurimum insudavit; Latinas ita tenuit, ut nemo melius omnium disciplinarum, quibus homines liberaliter institui solent, doctrinam percepit. Priscas historias ita omnes memoriae fixas habuit, ut illis ferme interfuisse videretur. Cosmographiae ita operam dederat, ut toto orbe terrarum singulas provincias, urbes, situs, loca, tractus denique omnes melius nosset quam hi, qui in eis diutius habitassent. Nullus est in Latina lingua auctor, quem quidem probaret, quem non legisset summa cura et diligentia. Sacris vero scripturis ita incubuit legendo, ut plura ex eis teneret quam qui totam aetatem in illis ponere viderentur. Nullus auctor fidelis ex illis antiquis fuit, cuius non aut libros aut scripta referret. Linguae vero Latinae prae ceteris erat diligens scrutator, in qua et illum peritissimum vidimus. Nullum proferebatur verbum, cuius vim et originem ignoraret. Nullum scriptorem antiquitas tulit, cuius nomen non mandasset memoriae, cuius non opera etiam deperdita diligenter recenseret. Antiquitatis erat admodum curiosus, cuius et patronum quendam ac protectorem illum omnes ferebant. Eloquentia plurimum potuit, licet perraro dicendi onus susciperet. Cum enim nihil nisi politum ac perfectum probaret, nequaquam sibi ipsi eius scripta satisfacere videbantur. Multa legerat, multa cognoverat, plura memoriae commendarat, quae sibi copiam dicendi admodum suavem subministrabant, adeo ut in coetu hominum auscultaretur attentissime et summa cum audientium voluptate. His studiis ac vitae industria tantam sibi excellentiam comparavit, ut nulla dubitatione inter doctissimos probatissimosque nostrae aetatis viros adnumeraretur. Quamquam ipse sua qua fuit animi moderatione se infimum omnium praedicabat, nihil sibi arrogans neque ad ostentationem quandam, ut multi solent, se comparans sed ad veram philosophandi rationem. * * * *

Quis ergo hac nostra aetate amicis ditior Nicolao? Quis opulentior? Quis copiosior? Hoc mihi videor verissime dicturus, omnes viros doctos, qui ubique terrarum essent, non solum qui eum nossent sed ad quos sui nominis quoque fama pervenisset, benevolentia et summo amore erga Nicolaum affectos, atque ipsum quoque in unumquemque litterarum et humanitatis cupiditate flagrantem pari affectione incensum conspiciebamus. Fit enim necessario, ut, qui multos amat, ipse quoque mutuo ametur a multis. Humanitatem quoque eius quis satis digne potest laudibus efferre? Faciles ad eum aditus patebant, facilior adlocutio. Cum multos multis in rebus excelleret, tamen se parem infimis praestabat. Coniungebatur cum severitate affabilitas quaedam venusta omnibus grata. Erat eius consuetudo iucunda admodum non solum eruditioribus sed etiam exquisitorum artificii hominibus, quibus admodum delectabatur. Aderat amicis consilio, opera, obsequio, diligentia etiam irrequisitus; eorum negotia pro suis ducebat. Domum suam docti viri suum domicilium existimabant et tamquam commune diversorium litterarum. Qui excipiebantur, omnes summa cum hilaritate vocibus suis excitabantur, exemplo movebantur, aut legendo aut disputando proficiebant. Discedebant semper singuli tamquam a quodam sapientiae sacrario doctiores.

Mores eius quales fuerint, omnes fere cognoscitis. Ab ipsa adulescentia tamquam educatus in stoica disciplina severus fuit, continens, gravis censor morum, vitiorum acerrimus hostis, ad lacessendum, si quando irritabatur, promptus, quae tamen salibus, facetiis, verborum iucunditate condiebantur, ut persaepe eos, in quos ea dicebantur, ad risum excitarent. Vitam caelibem duxit absque uxore et liberis. Ut enim quietius studiis incumberet, voluit ea molestia carere, cum neque esset opulentus et legisset multis fuisse illas impedimento, quo minus vacarent otio litterarum. Fuit autem amantissimus veritatis, ut qui admodum horret mendacium, nihil minus praedicans esse hominis quam mentiri.

At amicos ita observabat, ut tamen veritatem praeponere, nemini parcens ubi ex sententia esset dicendum. Delectabatur admodum tabulis et signis ac variis colaturis priscorum more. Plura enim prope solus atque exquisitiora habebat quam ceteri fere omnes. Ad quae visenda multi adliciebantur, ut non privato aliquo in loco sed in theatro quodam collocata ac exposita esse affirmares. * * * * Templum quoddam virtutis et decoris existimabatur domus illa et tamquam habitaculum honestatis, in qua accendebantur omnes ad virtutem et bonarum artium disciplinas. Hic librorum ingens numerus tum Latinorum tum Graecorum, hic signa et tabulae, hic veterum imagines, hic nummismata usque a priore illa aetate, qua aes primum cudi et moneta obsignari est coepta, conspiciebantur. Hinc varia illustrium virorum exempla, hinc ad virtutem incitamenta proferebantur. Aderat semper quod et oblectaret oculos et animum solaretur. Tamquam ex academia quadam et honesto certamine prodibant homines et ad doctrinam et ad mortalem vitam paratiores.

Sed excellentissima eius virtus atque optimum omnium facinus nequaquam est silentio praetereundum. Cum vivens omnibus profuisset, cum semper publicae consuluisset commoditati, curavit ut etiam post exactam sanctissime vitam laborum suorum fructus ad posteros emanaret. Id egit vir egregius doctorum virorum amantissimus, quod nullum multis antea saeculis fecisse neque memoria hominum constat neque ullae litterae prodiderunt. Rem sane statuit temporum omnium ac saeculorum laudibus celebrandam. Ex libris, quos homo nequaquam opulentus et rerum persaepe inops supra octingentos codices summo labore et diligentia comparaverat, decrevit testamento fieri per amicos publicam bibliothecam ad utilitatem hominum sempiternam. O praeclarissimum omnium, quae umquam condita sunt, et utilissimum testamentum, quo non unum aliquem aut alterum sed tum Graecas tum Latinas Musas huius pretiosissimi thesauri reliquit heredes. Tibi ego nunc, Nicolae, (mortuum enim appello) Musarum nomine gratias uberrimas ago, qui solus omnium illas in publicam doctrinae et domicilii sui possessionem tandem post multa annorum curricula reduxisti, qui illas tam exquisito munere donasti, qui effecisti, ut aliquando privatas domos egressae in conspectum atque in lucem prodirent ornatissimo comitatu. Exstitere hactenus nostra memoria plures et libris variis et maximis opibus abundantes, quos tamen magis privatum commodum quam communis utilitas traxit. Franciscus Petrarca, poeta excellens, habuit ingentem copiam librorum, qui post eius obitum omnes venundati et variis hominibus dispertiti sunt. Ludovicus (cuius antea memini) magnam vim librorum, quos multis in locis conquisivit, legavit sui ordinis bibliothecae. Vir praestans acumine et plurimarum rerum scientia, Ioannes Boccatius, eidem loco suos libros testamento reliquit. Coluccii nostri ad omnia ingenii singularis volumina, quae Nicolai libros numero ferme aequabant, filii vendiderunt. At vero hic noster egregiam prae ceteris supellectilem, in qua comparanda multum temporis, multum impensae, plurimum laboris impenderat, non vendi, non in privatum aliquam domum comportari, non alicuius unius usui aut arbitrio relinqui, non in alienam bibliothecam recludi, sed in communem utilitatem, in publicum munus, in locum omnibus patentem voluit conferri, ex quo omnes litterarum cupidi tamquam ex agro fertili fructum doctrinae uberrimum possent percipere. Equidem si id religio nostra aut tempora paterentur, decernerem mea sententia statuam illi marmoream in bibliothecae parte collocandam cum inscriptione honorificentissima et ad memoriam illius et ad reliquorum aemulationem. Quid enim magnificentius, quid bonis acceptius, quid studiis humanitatis accommodatius, quid communi bono utilius fieri potuisset aut etiam excogitari quam exsistere hac in urbe publicam bibliothecam, quae sit futura veluti excellens quaedam eloquentiae et ceterarum bonarum artium officina?

Haec Nicolai nostri studia, hic vitae cursus, hae virtutes, hi mores, haec officia exstiterunt. Digna profecto, quae illius laudem reddant apud posteros immortalem. Qui cum semper in celebrandis Musis, virtute excolenda, libris comparandis, observandis amicis studium atque operam praebuisset, tandem multis exactis laboribus post tertium et septuagesimum annum gravissimo morbo correptus interiit, ita ad extremam horam se comparans, ut libenter ex hac luce migrare videretur tamquam ad locum beatiorem profecturus. O diem acerbum nobis, licet illi malorum omnium postremum! Laetor tui causa, Nicolae (iterum enim mortuum compello), quem colere sedes piorum, quem ad aeternam quietem delatum verissime iudicamus. Verum mihi doleo, mihi queror hunc funestum diem, qui me maestum atque afflictum, qui me spoliatum amicissima iucunditate, tua suavissima humanitate privatum reliquit, qui mihi abstulit tamquam segetem studiorum meorum, qui mihi eripuit officio patrem, benevolentia amicum, quocum omnes curas meas, cogitatus, dicta, facta et praesens verbis et litteris absens conferebam. Mihi dies iste merito est deflendus, in quo amisi certissimum aegritudinum solacium, maerorum levamen, praesidium firmissimum laborum meorum. Non dabitur amplius tecum colloqui, non consilio uti, non exoptatissima frui consuetudine, ac saltem consolatione, qua licet, revocabo, quoad potero, cogitatione mea memoriam praeteriti temporis et tecum semper, dum hoc spiritu vivam, dulcissima recordatione commorabor, mortuum animo complectar. Erit Nicolai effigies semper hisce oculis infixa et amorem, quem vivo debebam, etiam in laudibus et celebratione mortui conservabo.

Oratio in Funere Laurentii De Medicis

* * * O virum egregium! O vitam omni laude cumulatam! Vereor, ne, cum sedare maerorem cupiam in eius laudibus commemorandis, recrudescat multorum iam obductum vulnus, qui eo magis dolendum esse censent, quo maiore vitae subsidio nudari videantur. Sed fati necessitas aequa mente ferenda est neque propterea vir sanctissimus merita laude privandus, ut et honor debitus eius virtuti tribuatur et ceteri suo exemplo ad gloriae curricula invitentur. Plura autem in eum fortuna larga manu contulit; ea omnia vidimus ab eo effecta meliora atque illustriora fuisse neque ad fortunae nutum sed ad virtutis normam ministrata. Nam, ut a fortunae meritis incipiam, natus est in magnificentissima ac ornatissima totius Italiae civitate. Illam tum publicis tum privatis aedificiis augustiorem reddidit atque ornatiorem. Ea vero vita, his moribus, ea continentia fuit, ut plurimum ex eius virtute huic urbi dignitatis accesserit atque ornamenti. Erat ex nobili familia Medicorum ac primaria civitatis in centesimum ferme annum amplissimis eius muneribus functa, in

qua multi equestris ordinis, plures omni laude insignes viri summis
copiis ac honoribus claruerunt. Patrem habuit eum, quo neque
iustior vir neque humanior neque melior quisquam neque carior
patriae civis fuit. At nulla in re filius inferior exstitit virtute
paterna, sed id egit per omne vitae tempus, ut eam sua industria
clariorem efficeret atque uberiorem. Opes et divitias nactus est
tantas, quantae in cive optimo et liberalissimo et civitatis principe
requiruntur. His nitidior, clarior ita modeste ad amplitudinem,
ad magnificentiam, atque egenorum subsidia usus est, ut nullam
ex eis obtrectationem, nullam invidiam, nullum maledictum, sed
laudem, commendationem, et benevolentiam omnium consequere-
tur optarentque homines eas sibi perpetuo fore. Magna quidem
virtus ac praeclara non efferri divitiis, non labi ultra quam ratio
postulat, non insolescere, non superbire, non esse iniuriosum.
Sapienter enim scripsit vir sapientissimus Hippocrates divitias
vitiorum magis quam virtutum esse administratrices. At id
effecit noster Laurentius, ut his tamquam asseclis virtutum atque
opificibus uteretur. Nullum eius insolens dictum, nullum factum
imprudentius, nullae iniuriae, nullae contumeliae narrari queunt.
Ad honesti enim praescriptum fruebatur divitiis, quae omnibus
prodessent, nocerent nemini. Corporis dotes exoptatissimas
natura tribuit, firmum corpus, valetudinem integram, staturam
proceram, faciem liberalem, quae omnia iudicio rationis parebant.
Summum in republica locum tenuit inter primores civitatis;
quem cum fortuna aliquando labefactare voluit, virtus postea
fortunae impetum superavit. Adeo dignitate atque honoribus
institutus atque ampliatus, ut existimari possit illius iniuriam
in beneficium fuisse conversam. Hac praestantia moderate
semper usus ad salutem patriae et civium columitatem, nihil
aliud cogitans, nisi quo modo posset prodesse quam plurimis.

Dixi de his, quae fortuita aestimantur. At vero virtutes animi
quales in eo fuerint, vita eius et cotidianus usus ostendit; erant
enim in conspectu omnium positae, ita ut nulla pars vitae esset
occulta. Sed cum singulae virtutes maxime homines exornant
et praeclaros efficiunt, tum vero illae praecipue, quae nos inter
nos caritate et benevolentia devinciunt, quae eo mortalibus sunt
acceptiores, quo maior ex eis utilitas ac maiora commoda percipi-

untur. Etenim prudentia, temperantia, frugalitas, continentia, rerum scientia illis .antum videntur prodesse, in quibus consistunt, parum quidem ad alios declinantes. At vero iustitia, liberalitas, humanitas, comitas, munificentia communi reipublicae conservationi ac praesidio accommodantur iuvantque quam plurimos. Nam iustitia ea est virtus, quae omnes reliquas complectitur. Nulla enim civitas, nulli hominum coetus, nulla societas absque iustitia potest constare diutius. Emolumentum quidem rerum publicarum est et humani divinique iuris conservatrix. Huic proximo accedunt, quae benevolentiam pariunt, societates contrahunt, amicitias conservant, et tamquam auxilium egeno sunt et calamitosis. Nihil est profecto neque acceptius neque quod magis conferat nobis quam vir beneficus et liberalis. Itaque inter ceteras virtutes liberalitas obtinet principatum. Nam manum porrigit fessis, egenos sustentat, erigit lapsos, omnibus opitulatur. Sed est mirum quod raro reperiuntur huius virtutis cultores. Sibi quisque timens ac fortunae varietatem expavescens prospicit rebus suis et, quae multis accidunt, considerans manum contrahit estque in largiendo remissus. Sed quo rarior, eo praeclarior habendus est huius virtutis adsector. Verum tamen et superiorum virtutum in Laurentio splendor emicuit et his maxime claruit. Nam multarum rerum doctrinam tantam in eo perspeximus, quantam ne hi quidem percipiunt, qui studiis litterarum se totos penitus tradiderunt. Prudentia quoque fuit ac temperantia singulari, nihil agens quod iure posse improbari videretur. Nam continentiae vita omnis attulit testimonium.

Sed hae virtutes versantur tantum inter domesticos parietes, reliquae vero in aciem ac certamen publicum prodeunt. In primis enim iustitia, sustentaculum vitae communis, fuit in eo admirabilis. Non enim solum, ut sua cuique tribuerentur, sed sua scilicet etiam aliis condonabat curabatque ut boni praemio, mali debita poena afficerentur. Sed omnibus in rebus aequitatis rationem maxime censuit habendam, id ius optimum existimans, quod procul ab omni suspicione iniuriae videretur. Liberalitas, quae virtus grata est hominibus prae ceteris, sibi praeclara ac domestica fuit, ut nemini dubium sit, quin omnes nostrae civitatis viros maxime antecesserit beneficentia et liberalitate, qui non solum admonitus miserorum fortunae subveniebat sed ultro offerebat, quae multi petere verebantur. Nemo illum frustra rogavit, nemo enim, qui rogasset, inanis abiit. Larga manu opitulabatur egentibus, multa coram, sed plura secreto erogabat et, quae saepius palam negabat ad evitandam ostentationem, occulte largiebatur. Fuit semper domus sua officina quaedam beneficiorum, calamitosorum deversorium, pauperum domicilium. Ita tamen largiens quae petebantur, ut nullam gratiam hominum vellet inire. Iam vero facilitas eius atque humanitas iure ab omnibus laudabatur. Nam cum multos dignitate atque honoribus anteiret, tamen se parem praebebat inferioribus. Non divitiae, non opes, non clientelae, non dignitates vel paulo elatiorem hunc egregium reddiderunt. Erat adspectu gratus, familiaritate benignus, iucundus consuetudine. Non aspernabatur infimos, neminem condemnabat. Facile aditus ad eum erant. Comes praecipue ac facetus. Nemo ad eum accessit, quin placatus benevolusque abiret.

Iam munificentiae opera recensenda non sunt, cum ante oculos hominum versentur. Templa, ecclesiae, aedificia pluribus in locis constructa, varia ornamenta diversis ecclesiis ad usum religionis condonata, quae idcirco enarrare nolui, ne videar, quae divini cultus causa facta fuere, ad hominum gratiam velle referre.

His vitae ornamentis ac virtutibus praeditus non solum privatorum hominum sed multorum etiam principum benevolentiam contraxit. Eugenio autem, summo pontifici, ita carus fuit, ut eius mortem aegerrime tulit et, quod extremum potuit, funus eius singulari pompa honestavit. Nam et suis ecclesiaeque insignibus decoravit funus et nepotes ad prosequendum defuncti corpus misit neque secus eam mortem tulit ac si quispiam sui generis sibi carissimus obiisset.

O virum insignem! O deflendam mortem! Quid enim huic deerat, quod optimo homini ac frugalissimo dignum esset? Summa prudentia, summa religio, summa pietas ac continentia hunc omnes illustrabant; vita integra, mores incorrupti, sincera virtus, ratio, exoptanda consuetudo. Qui ita vixit, ut ne curiosis quidem oculis daretur occasio detrahendi. Hunc veluti ex quodam virtutum sacrario nobis datum subtraxit mors immatura atque inexorabilis sors fatorum. O fortunae iniquam et inhumanam sortem, quae optimos quosque viros decerpere et de medio auferre contendat! Quis enim vir melior nostro Laurentio? Quis humanior? Quis liberalior? Quis vita sanctior? Quis utilior civis, quis amantior patriae fuit? At ipsum impetus fortunae in optimo vitae cursu abstulit. Et cum eius opera omnibus fructuosa, amicis magno usui, civitati necessaria, patriae utilis esset, patriam optimo defensore, urbem cive praestantissimo, nos amico optimo, reliquos optato praesidio spoliavit. Erant viles permulti, in quibus fortunae vis posset impetum facere, at ea semper elegit nobiliores ac meliores neque, quid vitae mortalium conducat sed quid eius libido appetat, pro imperio advertit. Sed omittamus fortunae temeritatem et Laurentii virtutum memores nomen eius cum omni benevolentia persequamur. Et cum nihil sit virtute praeclarius, nihil amabilius, nihil quod magis consulat rebus nostris, demus illi nos toto, ut aiunt, animo et in ea excolenda aetatem nostram et vitae omne tempus collocemus. Eius enim splendore illustrati primum ex ipsius praeceptis vitam agamus, tum mortis metum et formidinem depellamus. Id adsequamur facilius, si Laurentii exemplum ante oculos posuerimus. * * *

Sepulcrum Coluccii Pieri Salutati

Hic oppido Stignani bonis parentibus ortus, cum ab ipsa adulescentia eloquentiae et bonarum artium studiis operam dedisset, cancellarius Florentinus factus est. Quod officium XL ferme annos summa cum integritate ac laude administravit, doctorum virorum quasi communis parens. Huius praecipua opera Graecae litterae primum Florentiam commigrarunt; quibus rebus omnium civium benevolentiam est consecutus. LXXV aetatis anno excessit e vita summo civitatis maerore. Post obitum corona laurea donatus ᴌest iussu populi in doctrinae virtutumque, quibus excelluit, insigne. Vir fuit aetatis suae optimus ac eloquentissimus, qui sui ingenii multa reliquit monumenta laude et gloria digna ad memoriam posteritatis. Poggius.

Invectiva Secunda In Philelphum

* * * Sed quid ego singulos, qui te oderunt, commemoro, quasi aliquis exsistat ex his, qui sapere videntur, cui non sit Philelphi, portenti sceleratissimi, nomen invisum? Hoc rectissime possum

profiteri, neminem esse Florentinum, qui quidem doctus et eloquens
habeatur, quin Philelphi mores oderit, quin perditum iri cupiat,
praeter quosdam moris similitudine sibi devinctos, quos necesse
est suorum scelerum esse participes. * * * Verum omissis nostris,
quorum unus atque idem est in te animus, perquiramus externos
et, qua sint in te benevolentia, perscrutemur. Leonardus Iustini-
anus, vir consilio, gravitate, et dicendi copia singularis, quem tu
olim creditis pecuniis fraudasti atque ob eam rem Florentiae in
carcerem es coniectus, nihil aliud Philelphum existimat nisi
detractorem quendam fallacem et spurcissimum ganeonem.
Franciscus Barbarus, vir nostrae aetatis doctissimus, summa
prudentia, summa humanitate praeditus, horret ad nomen
Philelphi tamquam scelesti furunculi et perditissimi nebulonis,
quem, quia dudum tibi mendico pecunias credere noluit, absentem
lacerare coepisti. Vir doctissimus atque humanissimus, Guarinus
Veronensis, cuius studia et praestans doctrina plurimum Italis
profuerunt, credo est tibi amicissimus, quem tu, quoniam non
solum scientia et dicendi laude sed vitae quoque integritate te
sentiebas ab eo superari, illum coli a plurimis, te contemni, iurgio
et detractione insectari coepisti. Quod indigne ferens egregius
adulescens Nicolaus Luscus, Antonii filius, discipulus eius, ut
paulum reprimeret petulantiam oris tui, in te satiram conscripsit,
ludens in barbulam et cicatrices tuas. Quam si non legisti, age
gratias parenti optimo, qui illam prohibuit efferri. Omnis denique
tractus ille Venetiarum, ne diutius circa singulos verser, in quo
sunt permulti viri egregii dediti studiis litterarum, detestatur
tuam impunitatem, exsecratur vitam perditam, et scelestos
mores exhorret—scelera, fraudes, furta, quae tamquam veterum
fabulae in triviis decantantur. Opinor tamen Patavinis esse
acceptissimum, quem illi quondam, cum in turpi filiorum suorum
flagitio deprendissent (Guasparinum enim tum audiebas), ex urbe
sua fustibus eiecerunt ad infamiam tui nominis sempiternam.

Quid dicam de Florentinis, qui, cum tua flagitia diutius quam
eorum virtus requirebat tulissent, tandem legendi exercitio pri-
varunt, expulerunt urbe, exsilio adfecerunt ad reprimendam
stultitiam oris maledici ac mendacis? Quid enim tibi asello
adventivo negotii erat in hac urbe, ut civibus obtrectandi, sediti-

ones domesticas ferendi tibi effrenatam licentiam adsumeres ad ostendendam proterviam mentis tuae? Non loquimur conficta quaedam vel dicendo excogitata, sed manifesta referimus ac tuae fronti, tuo pectori impressa vestigia corruptionum, mentis infidae, linguae fallacis, vocis fraudulentae. Illi quidem ipsi, qui tibi Florentiae favebant, qui tibi animos tamquam Latinitori cuidam compraestabant, nequaquam tua impudentia laetabantur, sed ducebantur partim commercio illorum tuorum commaculatorum, quos corruperas, partim uxoris tuae libidine, partim gula, partim quorundam aliorum odio et malevolentia adducti. Ceteri oderant, exsecrabantur, malis omnibus prosequebantur, diem illum, quo te viderant, ultimum tibi vitae esse optabant. Nemo te luce, nemo conspectu, nemo oculis, nemo congressu dignum putabat, ut satius esset saepius in die mortem appetere quam agere spiritum tam malevolum diis atque hominibus infensum.

Age nunc, Nicolaum quis odit aut non diligit potius praeter Philelphum, spurcissimum atque abiectum cadaver? Omnes docti, omnes, quibus inest aliquod specimen virtutis, observant, reverentur, colunt, tamquam parentem omnium bonorum arbitrantur, domum celebrant et frequentant. Te vero quis non despicit ac contemnit? Quis diligit? Qui sectantur? Qui domum veniunt, nisi pedicae quidam et exoleti, qui a te acceptam iniuriam in uxorem reiciunt ac barbulae tuae fetorem suavitate uxoris consolantur? O hirce faeculente! O foetide corniger! O infelix portentum! Tu, tu, inquam, maledicus, tu oblocutor, tu deceptor fallax, corruptor subdolus, seditione plenus et fraude! Tu semper fabricandis mendaciis, tu serendis odiis et discordiis intentus,— dii te malis omnibus et exemplis perdant, bonorum virorum hostem, nequissimum parricidam, qui maledicis labiis, nequissimis faucibus, mendosa lingua, inquinato ore, stilo impuro viros probos ac doctos conaris evertere! Exerce hanc tuam verborum contumeliam! Scribe has tuas satirulas dicaces adversus eos, qui de re uxoria tecum certant, adversus corrivales tuos, qui tibi cornuti gravati nomen inurunt! Illos lacesse, illos obiurga, in eos evome, si quid putridum in stomacho concepisti, qui te ex pecude abiecta barbatum hircum reddiderunt, qui tuis temporibus corneam lauream impresserunt. Habes ad satiram tuam. Nunc a me tertiam, in qua diligenter infantia tua et stupra materna referuntur, orationem, quae est in manibus, exspecta. Vale. Florentiae, VI Kalendas Ianuarii.

Invectiva Excusatoria Et Reconciliatoria Cum Francisco Philelpho

Scribis ad me certiorem te factum esse ineptias et deliramenta quaedam adversus Philelphum divulgari per homines stultissimos et me eorum dici auctorem. Ego, quid stulti divulgent aut loquantur, neque curae mihi fuit umquam neque erit neque etiam scio, quid hi de me dicant. Unum scio: quicquid id sit quod deliramenta aut ineptiae appellari possit, non esse meum, qui vel delirare vel ineptus esse non consuevi. Nec ita, ut opinor, sum rudis atque rerum inops, ut quaeram adiumenta stultorum ad vulganda scripta mea, quae edere et satis tueri ipse novi. Quod me non existimes temere ad maledicendi arma cucurrisse, vere et recte arbitraris. Nam et iam senex non satis commode possum currere et temeritatis culpam semper effugi, cum ita ad hanc diem vixerim, ut nihil egerim (de rebus loquor gravioribus), cuius non probabilem rationem possim reddere. Si contumeliam ferre non suesti, cogites quoque et aliis suum esse ingenium, qui non minus quam Philelphus contumeliam abhorrent. Non autem ita imperiosus sis, ut tibi conviciandi, maledicendi, obtrectandi licentiam concessam velis, ceteris vero se tuendi aut maledicta tua reiciendi facultatem ademptam. Quod vero vis ut me purgem vel accusem, neutrum (neque enim est opus) libet facere. Nam et satis sum mundus et valetudine prospera, ut purgatione aliqua non egeam. Et accusare me, tamquam alicuius erroris aut criminis reum, a quibus longe absum, stultissimum videretur. Quod ad te vis deferri, si quid adversum te sit scriptum, id eorum cura sit, ad quos hoc spectat. Nam mea id minime refert. Quod postremo non cupis meas inimicitias, neque ego itidem tuas daboque operam, ut nullus mihi iure possit esse inimicus. Nam ego ita didici, non homines sed vitia esse odio habenda. Tu qualiscumque sis, et animo et corpore recte valeas opto. Florentiae, die XIIII Martii.

INVECTIVA PRIMA IN VALLAM

* * * O tempora! O mores! O scelera impunita! De hoc autem: O vesanam levitatem! O temeritatem non ferendam! O impudentiam manifestam! Adeone Ciceronis fama, doctrina, eloquentia in extremum discrimen rediit, ut nescio quis furibundus, demens, insanus, indoctus, petulans audeat Ciceronis eloquentiam sua falsa dicacitate corrigere? Quod esse potest expressius, quod manifestius stultitiae signum quam cuipiam Ciceronis eloquentiam non placere, quam audere ab eo dicta commutare, tamquam eloquentius dici possint? Atqui nullus hactenus hominum memoria repertus est, qui id auderet, qui id tentaret. Valla, latrator furibundus, conviciator demens, rabula foraneus tandem nescio e quo gurgustio emersus, impetum facit in Ciceronem, quem omnes aureum fuisse flumen eloquentiae confitentur! Quid monstri hoc est, dii boni! post mille et quingentos ferme annos, quibus Ciceronis nomen inviolabile permansit, esse repertum non hominem sed portentum nulla re praeterquam impudentia praeditum, qui adeo ex nectare Apollineo vel asinino potius degustarit, ut solus post hominum memoriam Ciceronem in eloquentia corrigere praesumat! Sed instat in eiusdem viri reprehensione. "Saepe admirari soleo, quod numquam tibi gravem senectutem esse senserim," in Catone Maiore Cicero inquit, quam sententiam Valla ignavia reprehendit; ait enim, "Quid miraris, Scipio, te non sensisse, quod sentire non posses? Quippe quod numquam fuit." O praeclarum Ciceronis correctorem! Nimis magnas profecto diis gratias hoc saeculum debet, in quo natus sit omnium doctrinarum, omnium disciplinarum, omnium facultatum auctor ac princeps, qui lucem quandam nobis attulerit, ut aliquando veri reperiendi et recte discendi monstratorem et ducem habeamus. O monstrum informe, ingens, cui mentis lumen adeptum, quis adeo bonus est stomacho, ut non nauseat, cum audierit esse rabulam quendam dicacem ex maledicorum foro abreptum, qui Ciceronis auctoritati suam praeferat vanitatem? Quis non dedignetur, cum legitur Varronis et Sallustii nomen, quorum tanta doctrina, tanta auctoritas fuit, ut eam citius admirari quam laudare queant, ab nescio quo vesano latratore violatum? Quis non odio dignum putet hominem tanta insania repertum, qui ne primis quidem labiis Latinam linguam degustarit, omnes prae se contemnat Latinae linguae scriptores? Quid hoc est prodigii, dii boni! ut nescio quae cicada et molestus culex auribus hominum perstrepens, in quo nil praeter temeritatem insanam conspicitur, M. Tullium Ciceronem, qui semper in eloquentia tenuit principatum, a quo veluti fonte omnes dicendi ornatum et copiam hauserunt, audeat velut infantem et inscium accusare? Quis hoc aequo animo toleret, abiectum nescio quem immundumque ac stupidum porcellum in hara ignorantiae, in temeritatis domicilio contritum, in principem Latini eloquii vomere amentiam suam neque pudore eum reprehendere, quem omnes prisci illi doctissimi viri maximeque Quintilianus ut deum eloquentiae praedicarunt ac coluerunt? * * *

Nil nunc restat, nisi ut, quod sibimet persuasit, et aliis quoque persuadeat. Sed quoniam nonnullorum aemulatione malevolorum atque invidia factum est, ut tanta virtus sit multis ignota, nos, ut ipsam palam omnibus faciamus, decernemus ei triumphum et lauream coronam, ne amplius addubitari possit Vallam nostrum stultorum atque insanorum principatum possidere. Itaque, ut Florentini solent in festis suis aliquando curru triumphali insanos vehere, quod est iucundissimum spectaculum, ita nos isti triumphum decernamus tamquam doctorum omnium victori ob omnes gentes ingenii acumine superatas. Currus itaque erit non ex ebore (nam id quidem vulgare videtur), sed ex gigantum ossibus compactus, ut homo immanis immanium corporum robore vehatur. Non tapetibus sed pellibus sternetur hircinis triumphantis naturam redolentibus. Ipse adstans alteraque manu sphingem, altera phoenicem gestans hallucinanti persimilis oculosque fanaticos hac illac circumferens coronam gestabit in capite ex foliis lauri, decoctis lucanicis immixtis, ut aliquo suavi odore nauseantis comitum fastidio mens fessa reficiatur. Foliis inscriptum litteris aureis erit, "Stultitiae Alumno." Elephanti currum ducent, quo beluae ingentes ingentiorem trahant. Circumstabunt in curru Musae omnes velut ancillae hymnum Apollini educatori gnati sui dicentes, sed voce rauca et submissa, ut potius gemere ob tantam viri insaniam quam canere videantur. His aderunt proximiores cum cithara absque fidibus,

quod eas mures corroserint; Phoebusque maestus, quod arte sua
uti nequeat in honorem triumphi; Pallas cum scuto et ense,
quo muscas abigat, ne sint vati suo molestae.   Minerva librum
pergrandem super umeris gestabit opibus triumphantis refertum,
cuius inscriptio erit, "STULTITIAE COPIA."   Corvi in sponda
currus voce illa sua perblanda novello philosopho alludent.
Noctuae ac bubones circumadvolabunt, carmen suum ferale
canentes.   Praeibunt currum manibus post terga revinctis omnes
disciplinarum omnium principes capite pileata, velut ab hoc
novo liberalium artium architecto sapientiae certamine superati.
Aristoteles in primis, Albertus Magnus, ceterique philosophi ab
hoc uno emendati.   Tum M. Varro, M. Tullius, Sallustius,
Lactantius, Grammatici omnes, Historici, Poetae, Theologi, qui
ob triumphantem dementiam lamententur.   Post hos curru
proximiores satyri faunique sequentur Sileni sui auribus in
psalterio et cymbalis plaudentes.   Hos inter psallentium modo
permixti erunt asini, tibicinum rugitu magno sonoroque ac etiam
ventris crepitibus triumphantis famam et gloriam tollentes, ut et
plausu risuque gestire et laeta esse omnia videantur.   Centauri
quoque aderunt vexilla deferentes, in quibus inscriptum erit:
"STULTORUM REGNUM PERVAGATUM."   Hunc longe post co-
mitabuntur liberales artes, quae se ab hoc vesano non ornatas, sed
prostitutas querentur.   Puerorum quoque turba aderit balbutien-
tium nescio quid rusticum magno comitatu barbarismorum ac
soloecismorum, quorum inveniendorum hic auctor fuerit permaxi-
mus.   Cum his nymphae silvestres et maris accolae, monstra ingentia, honorem sui generis homini impertientur agentes choreas
et thyrsos manibus more debacchantium ferentes.

Ipse egregius Imperator gravitate illa elephantina, qui inanem
laudem respuat, manu omnes admonebit, ut de suis laudibus
parcius loquantur, remittant aliquid de cupiditate laudandi. Nam
quamvis Romanae linguae imperium longius propagarit, quamvis
linguam Latinam vagantem errantemque per devia et fere deper-
ditam a barbarisque oppressam ipse solus sua opera impensaque
post multos pelagi terraeque labores cerebro per maria volitante
urbi restituerit, tamen parcius velle celebrari decantarique laudes
suas, cum ipse haud inscius sit, quid conferant ad beatam vitam,

sapientis animi fortisque esse, de se tacere, non detrahere aliis, laudare omnes, non esse ostentatorem, non verbosum, non mendacem, non iactatorem, non dicacem, non protervum. Post haec verba ad suos laudatores dispersa Capitolio propinquans, omnibus his, quos captivos ante currum duxerit, in obscurum carcerem trusis, cum inutilis se vivo illorum doctrina et scientia sit futura, Iovis optimi maximique templum ingredietur pergrande bovinum caput, suae doctrinae testem, praeclarum donum ex voto daturus. Peractisque de more sacris caesisque bove, pecude, asino atque illorum extis Phoebo sacratis, omnium corda triumphi insignia domum secum ferens, inter asinorum cohortem suo oratori plaudentium redibit; ubi deorum hominumque odio perpetua ignominia infamiaque tabescat!

Hic erit insignis triumphus impii Vallae, qui nulla ex parte triumphis Caesaris cedet. Sed non erit his opinor contentus; maiora postulabit, statuam primum aeneam deauratam in gymnasio academiae cum laurea corona atque inscriptione magnifica, quae contineat: "OMNIUM ARTIUM LIBERALIUM ARCHITECTO." Tum inter divos volet referri, cui vota fiant tamquam sacro vati, qui sapientiam expugnarit. Hic egregii hominis cupido requiescet, satis suo labori factum putans, si vivens colatur. * * *

POGGII FLORENTINI DE BALNEIS PROPE THUREGUM SITIS DESCRIPTIO AD NICOLAUM SUUM

* * * * Multa dicuntur ab antiquis de balneis Puteolanis, ad quae universus populus paene Romanus voluptatis causa confluebat. Sed nequaquam arbitror illa ad horum iucunditatem accedere potuisse et haud cum his nostris fuisse comparanda. Nam voluptatem Puteolanam magis afferebat amoenitas locorum et villarum magnificentia quam festivitas hominum aut balneorum usus. Haec vero loca nullam, vel admodum parum, praestant animo relaxationem, reliqua alia omnia immensam tribuunt amoenitatem, ut persaepe existimem et Venerem ex Cypro et quicquid ubique est deliciarum ad haec balnea commigrasse; ita illius instituta servantur, ita ad unguem eius mores et lasciviam repraesentant, ut, quamquam non legerint Heliogabali contionem, tamen ipsa natura satis docti, satis instituti esse videantur. * * *

Oppidum est deinde Baden satis opulentum, quod est balneum lingua Alemannorum, situm in convalle montibus circumvenientibus prope flumen ingens rapidissimi cursus, quod in Rhenum fluit, longe ab oppido milibus passuum sex. Prope oppidum stadiis quattuor est villa supra flumen pulcherrima in usum balneorum fabricata. Area est perampla media parte villae et circum hospitia magnifica, multarum receptacula gentium. Singulae domus sua habent balnea interius, in quibus abluuntur hi soli, qui ad ea divertere.

Balnea tum publica tum privata sunt, numero circiter triginta. Publica tantum duo exsistunt palam ab utraque parte, lavacra plebis et ignobilis vulgi, ad quae mulieres, viri, pueri innuptaeque puellae, et omnium circumfluentium faex descendit. In his vallus quidam interaneus, ut pote inter pacificos constructus, viros a feminis seiungit. Ridiculum est videre vetulas decrepitas simul et adulescentiores nudas in oculis hominum aquas ingredi, verenda et nates hominibus ostentantes. Risi saepius hoc tam praeclarum spectaculi genus mentem revocans ad florales ludos et mecummet istorum simplicitatem admiratus sum, qui neque ad haec oculos advertunt neque quicquam suspicantur aut loquuntur mali. At vero balnea in domibus privatorum perpolita sunt et ipsa viris feminisque communia. Tabulata quaedam haec secernunt et in his fenestrellae perplures dimissae, quibus et una potare simul et colloqui et utrimque videre et attractare queant, ut eorum frequens est consuetudo. Haec desuper fiunt deambulatoria, in quibus conspiciendi et confabulandi causa homines consistunt. Nam cuivis licet visendi, colloquendi, iocandi, ac laxandi animi gratia aliorum balnea adire et adstare, adeo ut, et cum exeunt et ingrediuntur aquas, feminae maiore parte corporis nudae conspiciantur. Nullae aditus custodiae observantur, nulla ostia prohibent, nulla suspicio inhonesti. Pluribus in locis idem, qui viris, et mulieribus quoque ad balnea est ingressus, ut saepissime accidat et virum feminae nudae et feminam viro nudo obviam ire. Masculi campestribus tantum utuntur, feminae vero linteis induuntur vestibus crura tenus ab alto vel latere scissis, ita ut neque collum neque pectus neque bracchia aut lacertos tegant.

In ipsis aquis saepe de symbolis edunt, composita mensa desuper aquam natante, quibus viros assistere consueverunt. Nos quidem ea in domo, qua lavabamur, semel vocati sumus ad eam consuetudinem. Ego vero symbolum contuli, interesse nolui licet etiam atque etiam rogatus, non permotus pudore, qui pro ignavia habetur ac rusticitate, sed inscitia sermonis. Fatuum mihi quoddam videbatur, hominem Italum horum inscium loquelae una cum feminis adesse in aquis mutum et elinguem, ubi universus dies sorbillando ac potisando terendus erat. Duo tamen ex sociis balneum ingressi sunt. Magna cum animi iucunditate una aderant, tangebant potum, una sumebant et cibum. Colloquebantur, licet per interpretem, persaepe flabello ventulum faciebant. * * *

Cotidie ter aut quater balnea intrant maiorem in his diei partem agentes, partim cantando, partim potando, partim choreas exercendo. Psallunt et iam in aquis paululum subsidendo. In quo iucundissimum est videre puellas iam maturas viro, iam plenis nubiles annis, facie splendida ac liberali, in dearum habitum ac formam psallentes. Modicas vestes retrorsum trahunt desuper aquam fluitantes, ut alteram Venerem extimares. Mos est mulieribus, ut cum viri eas desuper prospectant, iocandi gratia stipem petere. Itaque proiciuntur nummuli et quidem pulchrioribus, quos illae partim manibus excipiunt, partim linteis extensis, altera alteram propellens, quo in ludo quandoque etiam occultiora deteguntur. Proiciuntur praeterea et serta variis distincta floribus, quibus capita exornant, dum abluuntur. Ego hac profusa videndi atque iocandi festivitate pellectus, cum bis tantum in die lavarer, reliquum tempus consumebam in aliis balneis visitandis, nummos persaepe iaciens et serta ad morem ceterorum. Neque enim vel legendi vel sapiendi quicquid tempus erat inter symphonias, tibicinas, citharas, et cantus undique circumstrepentes, ubi velle solum sapere summa fuisset dementia, praesertim ei, qui neque est, ut Menedemus Heautontimorumenos, homo nihil humani a se alienum putans. Ad summam voluptatem deerat commercium sermonis, quod rerum omnium est primum. Itaque restabat nihil nisi oculos pascere, sectari, in ludum ducere et reducere. Ambiendi insuper locus erat et ea tanta licentia, ut legem ambitus non ferat.

Praeter has multiplices iucunditates est et alia non mediocris.
Pratum est ingens post villam secus flumen multis arboribus
contectum. Eo post cenam conveniunt undique omnes. Tum
varii ludi fiunt; quidam choreis gaudent, cantant quidam, plurimi
pila ludunt, non equidem more nostro, sed viri ac mulieres
pilam tintinnabulis plenam alter ad alteram dilectionem pro-
iciunt. Tum concurritur undique ad illam excipiendam. Qui
eam capit potior habetur isque eam proicit iterum ad personam
sibi acceptiorem, cum illi multi petunt porrectis manibus atque
ipse modo ad hunc modo ad illam simulat se iacturum. Multi
praeterea hos ioci fiunt, quos longum esset recensere. Hos autem
rettuli, ut comprehendas, quanta sit haec schola Epicureae
factionis. Atque hunc illum locum esse credo, in quo primum
hominem creatum, quem Gamedon Hebraei vocant, hoc est
hortum voluptatis. Nam si voluptas vitam beatam efficere potest,
non video, quid huic loco desit ad perfectam et omni parte consum-
matam voluptatem. * * *

POGGIUS FLORENTINUS BILDESTINO ARCHIDIACONO VINCON.
S. P. D.

Pater carissime, silui tecum diutius quam tua in me benevolentia postularet, non quidem oblivione tui (nam semper animo
meo infixus haeres), sed quia nihil accidit in rebus meis, quod
magnopere tibi scribendum putarem. Nunc vero, cum magna
in me mutatio facta sit, volui eam tibi notam esse, ut in ea re
paulum mecum gaudeas, in qua ego plurimam voluptatem animo
et corpore percepi. Scis me hactenus incertum quasi vitae cursum
degisse, cum neque saeculum fugerem neque clerum sequerer,
cum tamen natura mea sacerdotium semper abhorruisset inque
ea essem aetate, ut aliquando mihi certa vivendi norma capes-
senda esset. Decrevi uxorem ducere, ut reliquum aetatis neque
in solitudine neque in orbitate viverem. Itaque, licet aetate iam
declivi, elegi mihi adulescentulam non solum forma egregia sed
etiam virtutibus his, quae in mulieribus laudantur, praestantem.
Serius, inquies, quam oportuit. Fateor id quidem, sed satius
fuit aliquando quam numquam neque, ut sapientes volunt,
umquam sera est ad bonos mores via. Potuit antea haec fieri.

Sed non essem nactus hanc, in qua omnes curae meae requiescunt, meis moribus, meae naturae maxime congruentem. Nihil est enim, quod in ea requiram, ita amplissimis moribus dotata esí. Qua in re maxime consolor et Deo gratias ago, qui cum semper tum in fine dilexit me, qui plus mihi tribuit quam optassem. Cum igitur tuus in me amor sit mihi notissimus cumque ego te maximi faciam, necessarium mihi quodam modo existimavi te huius mei status facere certiorem et consolationis meae participem reddere. Vale et me domino commenda et rescribe. De statu Curiae scies ab aliis. Florentiae, die VI Februarii.

POGGIUS FLORENTINUS AENEAE CARDINALI SENENSI S. P. D.

Cum audissem, pater mi reverendissime, te factum esse sanctae Romanae Ecclesiae cardinalem, gavisus sum sane maiorem in modum, pro ut amore in me tuus et mea erga te observantia postulabat. Id vero maxime mihi fuit voluptati, cernere eam dignitatem, quae maxima est, in te collocatam, quae non ambitu vel gratia sed virtutum studiis quaesita esse videtur. Accedit ad consolationem meam et summam iucunditatem, quod vir eloquentissimus optimisque artibus eruditus fructum eloquentiae et doctrinae sit (quod perraro accidit) consecutus. In quo gloriari quodam modo mihi merito videor posse nostri quondam ordinis virum, hoc est eloquentiae studiis et dicendi exercitio praestantem, eo in statu esse collocatum, ut suae doctrinae aemulos extollere et eis praesidio atque ornamento esse possit. Magnum profecto eloquentibus viris suffragium ex hac tua dignitate propositum esse videtur, cum sint habituri veluti certum refugium, in quo illorum desideria conquiescant. Ego quidem primum tua, tum vero mea, tum eloquentium omnium causa gratulor et exsulto te tam in insigni loco positum non secus ac si aliqua mihi prospera fortuna accessisset, et illum mihi diem illuxisse felicem puto, quo declaratus es cardinalis, cum palam factum sit locum esse probitati et doctrinae et non semper neglectam iacere virtutem.

Quod vero ad me attinet, magnum rebus meis existimo esse fructum. Scio enim te maiore animo ac promptiore diligentia curaturum, quae ad me pertinent, quam hi, quorum mens et voluntas remissior est in doctis viris sublevandis. Sentiant alii quod velint; virum doctissimum et ornatum virtutibus necesse est doctos diligere ac bonos. Non mihi tamen tantum arrogo, ut profitear me doctrina et virtute praeditum esse; id dicam, dedisse me operam, quoad facultas tulit, ut non in postremos essem reiciendus. Nolo, ut plures solent, commorari in tuis laudibus aut meritis enumerandis, ne videar (quod vitium procul abest a meis moribus) adulatoris officium adsumpsisse. Hoc tamen profitear, tantae dignitatis tibi gradum tamquam tuarum virtutum praemium fuisse tributum. Vale et Poggii tui memor. Florentiae, die IIII Ianuarii, anno MCCCCLVII.

POGGIUS FLORENTINUS SECRETARIUS APOSTOLICUS PL. SAL.
DICIT GUARINO SUO VERONENSI

Licet inter cotidianas occupationes tuas pro tua in omnes humanitate et benevolentia in me singulari iucundum semper tibi litterarum mearum adventum esse non ignorem, tamen ut in hisce perlegendis praecipuam quandam praestes attentionem te maiorem in modum obsecro. * * * Solus est enim sermo, quo nos utentes ad exprimendam animi virtutem ab reliquis animantibus segregamur. * * * Huius autem sermonis exornandi atque excolendi cum multi praeclari, ut scis, fuerunt Latinae linguae auctores tum vel praecipuus atque egregius M. Fabius Quintilianus, qui ita diserte, ita absolute summa cum diligentia exsequitur ea, quae pertinent ad instituendum vel perfectissimum oratorem, ut nihil ei vel ad summam doctrinam vel singularem eloquentiam meo iudicio deesse videatur. Quo uno solo, etiam si Cicero, Romanae parens eloquentiae, deesset, perfectam consequeremur scientiam recte dicendi. Is vero apud nos antea, Italos dico, ita laceratus erat, ita circumcisus, culpa, ut opinor, temporum, ut nulla forma, nullus habitus hominis in eo recognosceretur. * * * * Nam mehercule, nisi nos auxilium tulissemus, necesse erat illum prope diem interiturum. Neque enim dubium est virum splendidum, mundum, elegantem, plenum moribus, plenum facetiis foeditatem illius carceris, squalorem loci, custodum saevitiam diutius perpeti non potuisse. Maestus quidem ipse erat ac sordidatus, tamquam mortis rei solebant, squalentem barbam gerens et concretos pulvere crines, ut ipso vultu atque habitu fateretur ad immeritam sententiam se vocari. Videbatur manus tendere, implorare Quiri-

tum fidem, ut se ab iniquo iudicio tuerentur postulare, et indigne
ferre quod, qui quondam sua ope, sua eloquentia multorum salutem conservasset, nunc neque patronum quempiam inveniret,
quem misereret fortunarum suarum, neque qui suae consuleret
saluti aut ad iniustum rapi supplicium prohiberet.

Sed quam temere persaepe eveniunt quae non audeas optare!
ut inquit Terentius noster. Fortuna quaedam fuit cum sua tum
maxime nostra ut, cum essemus Constantiae otiosi, cupido in-
cesseret videndi eius loci, quo ille reclusus tenebatur. Est autem
monasterium Sancti Galli prope urbem hanc mil. pas. XX.
Itaque nonnulli animi laxandi et simul perquirendorum librorum,
quorum magnus numerus esse dicebatur, gratia eo perreximus.
Ibi inter confertissimam librorum copiam. quos longum esset
recensere, Quintilianum comperimus adhuc salvum et incolumem,
plenum tamen situ et pulvere squalentem. Erant enim non in
bibliotheca libri illi, ut eorum dignitas postulabat, sed in taeterrimo
quodam et obscuro carcere, fundo scilicet unius turris, quo ne
capitalis quidem rei damnati retruderentur. Atqui ego pro certo
existimo, si essent qui haec barbarorum ergastula, quibus hos
detinent viros, rimarentur ac recognoscerent more maiorum,
similem fortunam experturos in multis, de quibus iam est con-
clamatum. Repperimus praeterea libros tres primos et dimidiam
quarti C. Valerii Flacci Argonauticon et expositiones tamquam
thema quoddam super octo Ciceronis orationibus Q. Asconii
Pediani, eloquentissimi viri, de quibus ipse meminit Quintilianus.
Haec mea manu transcripsi, et quidem velociter, ut ea mitterem
ad Leonardum Aretinum et Nicolaum Florentinum, qui, cum a
me huius thesauri adinventionem cognovissent, multis a me verbis
Quintilianum per suas litteras quam primum ad eos mitti con-
tenderunt.

Habes, mi suavissime Guarine, quod ab homine tibi deditissimo
ad praesens tribui potest. Vellem et potuisse librum transmittere,
sed Leonardo nostro satisfaciendum fuit. Verum scis quo sit in
loco, ut, si eum voles habere (puto autem te quam primum velle),
facile id consequi valeas. Vale et me, quando id mutuum fit, ama.
Constantiae, XVIII Kalendas Ianuarias, anno Christi MCCCC-
XVII.

FLAVIO BIONDO (1388–1463)
De Roma Instaurata
Praefatio Ad Eugenium IIII Pontificem Maximum

Urbis Romae, rerum domine, ruinarum potius quam aedificiorum, quae nunc cernuntur, notitiam pro viribus innovare,
Eugenie pontifex, sane multa suadent mihi. Sed illud maxime
impellit, quod tanta fuit praeteritorum diu saeculorum hominibus
studiorum humanitatis ignoratio, ut cum pauca singulis in urbis
ipsius aedificiorum partibus, quae olim fuerint, non ab imperita
solum multitudine sed ab his etiam, qui doctrina cultiores sunt,
sciantur, tum multa ac paene omnia falsis et barbaris appellati-
onibus inquinata vel potius infamata cernamus. Unde brevi
futurum apparet, ut Roma, ingeniorum parens, virtutum alumna,
celebritatis spes, laudis et gloriae columen, ac omnium, quae
universus orbis ubique habet, bonarum rerum seminarium, in
suis obscurata structuris maiorem celebritatis et famae iacturam
faciat quam in rebus pridem factam et potentia videamus. Con-
firmavit etiam nostrum describendi propositum tuus in ipsam
pontificatus tui sedem reditus adeo illius conservationi utilis
atque necessarius, ut constet eam senio calamitatibusque con-
fectam, si altero afuisses decennio, paene funditus perituram.
Neque enim sola comitantis curiae praesentia, quod semper
civitatis opulentiae plurimum profuit, Romanos foves, sed
collapsa deformataque aedificia multis in locis maximo instauras
reficisque impendio. Decorum certe et magnanimo principe
dignissimum facinus et quod omnes florente olim Roma iactas
moles factasque aedificiorum structuras laude et gloria tanto
superet quanto nostra huius saeculi tenuitas immani illorum
adfluentiae opum cedit. Quando itaque ego omnia, quae mihi
adsunt, tuae Sanctitati debeo, cur et non ipse contendam, ut sic
tu Romam per ingenioli mei litterarum monumenta sicuti cae-
mentariorum fabrorumque lignariorum opera pergis instaurare?
Accedit enim nostrae huic urbis instaurationi, quae dignitatis
tuae sanctimoniam in primis deceat et tuam gloriam maxime
cumulet, pontificum Romanorum, qui te praecesserint, innovata
operum commemoratio, dum urbis partes ad veterem novamque
nominationem describens basilicas quoque, templa, et sacra,

quas vocamus ecclesias, loca, per quos pontifices et alios Christianos vel fundatae primo vel auctae vel fuerint instauratae ostendam. Et quoniam in describenda urbis operum magnificentia multos Romanos, praestantes certe viros sed idolatras gentilesque, merita laude non fraudabo, est animus nostrorum quoque martyrum gloriam, ubi quidam patiendo vicerint et libidini insaniaeque tyrannorum succumbendo triumphaverint, indicare. Aggrediar itaque adsumptum mihi tuam in gloriam munus, futurum confisus, ut posteri aliquando diiudicent, utrumne resarcita et magna ex parte innovata basilicae principis apostolorum et Lateranensis palatii tecta vel additae ex aere aedi celeberrimae sancti Petri maiores valvae aut palatii moeniumque Vaticani suburbiorum restitutio et stratae urbis viae,—utrumne, inquam, tanto facta impendio opera vel rudi stilo potuerim imitari et calce, latericio, materia, lapide, aut aere an litteris facta solidior diuturniorve maneat instauratio. Sed iam immenso operi manum apponamus.

Horti Maecenatiani

Eadem in Esquiliarum parte, qua eo ex monte prospectus est in depressam urbis partem, hortorum Maecenatis visuntur reliquiae adeo etiam nunc superbae, ut cetera, quae ubique habet Italia novi operis, superent aedificia, ut non immerito Horatius Maecenatem in Odis redarguerit, quod nimis sumptuosus esset in aedificando, maxime cum esset senex. Suntque hi versus:

> Non ebur neque aureum
>   mea renidet (in) domo lacunar;
> non trabes Hymettiae
>   premunt columnas ultima recisas
> Africa;

et in eadem oda

> Tu secanda marmora
>   locas sub ipsum funus et sepulcri
> immemor struis domos.

In alia autem oda,

> Molem propinquam nubibus arduis
>   omitte mirari beate.

Exstatque paene integra turris, ex qua Suetonius Tranquillus
Neronem scribit spectasse urbis incendium et in scaenico habitu
decantasse. Quam turrim vulgo nunc verbo, ut ferme in omnibus
multarum syllabarum nominibus adsolet, syncopato Mesam pro
Maecenatianam appellant; sic ut pontem Milvium pari corruptela
Molem dicunt. Nec est in ea regione femella, quae, quid fuerint
illae ingentes ruinae, interrogata, non dicat eam fuisse turrim,
ex qua Nero crudelis urbem incendio flagrantem ridens gaudensque spectavit; cernere nec est alius in Roma locus, e quo tota
urbs sub adspectu veniat.

Incolit ea hortorum Maecenatis aedificia et, quantum opes
suppetunt, instaurat alter nostri saeculi Maecenas, summae
humanitatis liberalitatisque vir et studiorum humanitatisque
apprime doctus cultorumque amantissimus, Prosper Columnensis,
sanctae Romanae Ecclesiae cardinalis, adeoque purgando et in-
staurando illis in aedibus profecit, ut subiectae montis Esquiliarum radicibus areae et incipientis ab ea in summam aedium
partem ascensus pavimenta marmoreis varii coloris texellis compacta visantur et ab omnibus, quotquot Romanam curiam aut
inhabitant aut adventant, viris ingenio, doctrina, et virtute prae-
ditis summa cum delectatione calcentur.—*I. 100.*

ITALIA ILLUSTRATA; REGIO TERTIA LATINA
NAVES DUAE

Quantum autem lacus ipse maioribus fuerit gratus, magnum
hoc tempore apparuit argumentum. Prosper Columna, cardinalis
patriciusque Romanus, cum Nemorense illud Cynthianumque
castellum paterna possideat hereditate, aliquando audivit Ne-
morenses dicere naves suo in lacu binas esse submersas; quae
nec adeo putres sint, ut laceratae funiculos de industria alligatos
nec retia casu implicita tractae sequantur nec integrae suis
ipsorum omnium incolarum viribus queant extrahi. Quare vir
ipse bonarum artium studiis et in primis deditissimus nec minus
vetustatis indagator, curiosissimus, quid magnae naves parvo et
altissimis undique circumdato montibus in lacu sibi voluerint,
nosse, animum adiecit nosterque Leo Baptista Albertus, geometra
nostri temporis egregius, qui de re aedificatoria elegantissimos

composuit libros, ad id operis est vocatus. Qui vasa vinaria multos colligata in ordines ea ratione in lacu disposuit, ut de ipsis tamquam pontibus hinc inde penderent machinae, quibus harpagones ferrei densioribus appensi rudentibus, captam mordicus navem fabri peritiores lignarii attraherent. Et a Genua, urbe maritima, mercede conducti aderant, piscibus qui hominibus similiores nonnulli; quorum partes fuerunt in lacus profundiora natando descendere et, quanta esset navis quamque integra, sentire et demissos funibus harpagones in morsum capturamque adplicare; tandem capta ligataque ad proram navis, cum integra non sequeretur, fracta est et eius particula trahentes harpagones est secuta.

Spectaculo fuit omnibus Romanae curiae nobilioris ingenii viris particula navis, quam hac ratione fabricatam fuisse apparet. Navis tota larice ligno asseribus trium digitorum crassitudine compacta bitumine extrinsecus delibuta fuit; quod bitumen, ut etiam nunc apparet, croceum purpureumve contexuit continuitque velamen et plumbeis desuper chartis superficies tota ab aquis imbribusque navem bitumenque defensura obtecta est; quas quidem chartas claviculi, non ut nunc assolet ferri, sed aenei frequentes infixi ita compresserunt, ut omnis umor perpetuo arceretur. Interior navis pars non ab imbribus magis et umore quam ab igne et ferro fortissimam habuit defensionem. Nam cum argilla et creta, quicquid ligneae soliditatis navem intus compegerat, ad digiti unius crassitudinem tectum delibutumque esset, ferrum vehementi igne concoctum liquefactumque super infuderunt, quo ad digiti unius et alicubi duorum crassitudinem sensim dilatato tantundem magnitudinis ferrea, ut ita dixerim, habuit navis, quantum laricea prius habuerat, et ferro insuper alia argillae ac cretae bitumatio vel, ut olim in aedificiis appellabatur, complastratio super infusa est; observatumque fuisse videmus, ut concocto liquefactoque ferro, priusquam refrixisset, argilla cretaque et ipsa eodem decoquenda calore superinducerentur; quo et substrata et superius deducta argilla unum sicut etiam nunc sunt commixtum ex latericio et ferro bitumen efficerentur.

Dumque huic expiscandae navi omnis undique insudat multitudo, fistulae in fundo lacus inventae sunt plumbeae bicubitales longitudine, firmissima crassitudine, quas mutuo morsu ac compagine combasiantes in quantumvis maximam longitudinem producere licuit; earum vero singulis elegantes insculptae sunt litterae, auctorem, ut conicimus, navis suum Tiberium Caesarem Augustum indicantes censuitque Leo Baptista fontis copiosissimi lucidissimique ad Nemorense oppidum scatentis aquas nunc molas convolventes multo ipsarum fistularum ordine ad medium usque lacum fuisse perductas, quae aedibus inservirent amplissimis lautissimisque, quas navibus praedictis superimpositas fuisse tenemus. Pulchrum autem et paene mirum est videre clavos maiores aeneos, quibus cubitalibus navis constructa erat, ita integros, ita politos, ut nuper a fabri ferrarii incudibus exisse videantur.

ROMA TRIUMPHANS

Ventum est, beatissime Pater, ad eam operis nostri villarum aedificiorumque priscae urbis Romae partem, quam diu in manibus habere desideravi. Haec una enim me plus ceteris fatigare consuevit, dum viris nostri saeculi doctioribus resisto contendentibus eas, quae alicubi in urbe, praesertim in montibus, cernuntur, ruinas aedium fuisse, quas prisci stantis reipublicae et felicitatis Romanae viri omnium praestantissimi inhabitavere. Ostendunt enim singuli passim nullas in eis fuisse partes aut ordine distinctas aut ornatu aliquo expetendas. Unde summorum excellentiumque et tantae maiestatis virorum habitandi imperitiam socordiamque volunt arguere. Quin incidi in nonnullos, qui ea fuerunt audacia et temeritate, ut nostram huius temporis habitandi in urbibus Italiae ditioribus lautitiam et, ut dicunt, magnificentiam priscae Romanorum consuetudini anteponant. Nec satis hactenus aliae profuerunt, quas ad defensionem attuli, rationes nec illa ipsa notior: eas, quae nunc cernuntur, murorum pinnas et diruptas in montibus domos fuisse ducentorum et trecentorum abhinc annorum habitationes, quas mutata summorum pontificum a Lateranensi palatio in Vaticanum sedes deseri fecerit.

Fuerat aliquando Romae orator, Franciscus Barbarus, tibi,
quod scio, amicitia coniunctissimus, vir non eloquentia magis
quam moribus, humanitate, et gravitate conspicuus. Is, cum
quo annis triginta solidam et veram animorum coniunctionem
habuisse gaudeo, agentem Venetiis me cum de ceteris Romanis
priscae felicitatis rebus tum etiam de hac una aedificiorum parte
variis per dies quaestiunculis agitabat. Nec esse poterat non in
eam proclivis opinionem, quam perambulando, ut fit, praesentem
Romam ab huius modi rerum imperitis alioquin doctissimis viris
imbiberat; quem cum exquisitis tunc rationibus et argumentis
in sententiam ducere nequirem, precibus tacitum reddidi, ut
tamquam per constitutas inter nos indutias tam diu quiesceret,
quoad destinatum eius consilio et suasione hoc opus absolvissem.
Et ne ambiguum esse posset, quid nobis in contentionem venisset,
ad hanc responsionis formulam me obligavi: nec praesentis
temporis Romam nec Venetias, Genuam, Florentiam, Medio-
lanam, Neapolim, Senas, Bononiam, ditiores nostri saeculi Italiae
urbes, civem quempiam habere, cuius aedium, supellectilis,
familiae, et apparatus omnis lautitia, splendor, munditia, et,
quando dicendum sit, luxuries et magnificentia aequiperari possit
viginti milium prisci temporis Romanorum civium apparatui;
tot enim Romae atque etiam plures fuisse selecto a se nostri
temporis cive ditiores, lautius splendidiusque habitasse confidebam
me spondebamque ostensurum. Praecessit brevi post noster
Barbarus sedem in caelis meliorem habiturus, cuius famae per ora
virum volitantis amicos tot numero quot eloquentia studia
delectant.

Hac mea diversione a proposito velim admonitos esse responsionis, quam hoc in nono volumine sum facturus. Tu quoque,
piissime Pontifex, non magis omnium pater et dominus quam
eloquentiae nostri saeculi princeps et patronus, arbiter eris,
numquid communi amico et ceteris in eo propositae quaestioni
satis potuerim facere.—*Praefatio IX.*

LORENZO VALLA (1407–1457)

De Elegantiis Linguae Latinae

* * * Itaque nostri maiores rebus bellicis pluribus laudibus ceteros homines superarunt, linguae vero suae ampliatione se ipsis superiores fuerunt, tamquam relicto in terris imperio consortium deorum in caelo consecuti. An vero Ceres quod frumenti, Liber quod vini, Minerva quod olei inventrix putatur, multique alii ob aliquam huius modi beneficentiam in deos repositi sunt, linguam Latinam nationibus distribuisse minus erit, optimam frugem et vere divinam, nec corporis sed animi cibum? Haec enim gentes illas populosque omnes omnibus artibus, quae liberales vocantur, instituit; haec optimas leges edocuit; haec viam ad omnem sapientiam munivit; haec denique praestitit, ne barbari amplius dici possent. Quare quis aequus rerum aestimator non eos praeferat, qui sacra litterarum colentes, iis, qui bella horrida gerentes clari fuerunt? Illos enim regios homines, hos vero divinos iustissime dixeris, a quibus non, quem ad modum ab hominibus fit, aucta respublica est maiestasque populi Romani solum sed, quem ad modum a diis, salus quoque orbis terrarum, eo quidem magis, quod, qui imperium nostrum accipiebant, suum amittere et (quod acerbius est) libertate spoliari se existimabant, nec fortasse iniuria. Ex sermone autem Latino non suum imminui sed condiri quodam modo intellegebant, ut vinum posterius inventum aquae usum non excussit nec sericum lanam linumque nec aurum cetera metalla de possessione eiecit, sed reliquis bonis accessionem adiunxit. Et sicut gemma aureo inclusa anulo non deornamento est sed ornamento, ita noster sermo accedens aliorum sermoni vernaculo contulit splendorem, non sustulit. Neque enim armis aut cruore aut bellis dominatum adeptus est sed beneficiis, amore, concordia. Cuius rei (quantum coniectura suspicari licet) hoc, ut ita loquar, seminarium fuit: primum quod ipsi maiores incredibiliter se in omni studiorum genere excolebant, ita ut ne in re quidem militari aliquis, nisi idem in litteris, praestans esse videretur, quod erat ceteris ad aemulationem non exiguum incitamentum; deinde quod ipsis litterarum professoribus praemia egregia sane proponebant; postremo quod hortabantur provinciales omnes, ut cum Romae tum in provincia Romane loqui consuescerent.

At, ne pluribus agam, de comparatione imperii sermonisque Romani hoc satis est dixisse. Illud pridem tamquam ingratum onus gentes nationesque abiecerunt, hunc omni nectare suaviorem, omni serico splendidiorem, omni auro gemmaque pretiosiorem putaverunt et quasi deum quendam e caelo demissum apud se retinuerunt. Magnum ergo Latini sermonis sacramentum est, magnum profecto numen, quod apud peregrinos, apud barbaros, apud hostes sancte ac religiose per tot saecula custoditur, ut non tam dolendum nobis Romanis quam gaudendum sit atque, ipso etiam terrarum orbe exaudiente, gloriandum. Amisimus Romam, amisimus regnum, amisimus dominatum, tametsi non nostra sed temporum culpa, verum tamen per hunc splendidiorem dominatum in magna adhuc orbis parte regnamus. Nostra est Italia, nostra Gallia, nostra Hispania, Germania, Pannonia, Dalmatia, Illyricum, multaeque aliae nationes. Ibi namque Romanum imperium est, ubicumque Romana lingua dominatur. Eant igitur nunc Graeci et linguarum copia se iactent. Plus nostra una efficit et quidem inops, ut ipsi volunt, quam illorum quinque, si eis credimus, locupletissimae; et multarum gentium, velut una lex, una est lingua Romana, unius Graeciae (quod pudendum est) non una sed multae sunt, tamquam in republica factiones; atque exteri nobiscum in loquendo consentiunt, Graeci inter se consentire non possunt, nedum alios ad sermonem suum se perducturos sperent. Varie apud eos loquuntur auctores, Attice, Aeolice, Ionice, Dorice, κοινῶς; apud nos, id est apud multas nationes, nemo nisi Romane, in qua lingua disciplinae cunctae libero homine dignae continentur, sicut in sua multiplici apud Graecos; qua vigente quis ignorat studia omnia disciplinasque vigere, occidente occidere? Qui enim summi philosophi fuerunt, summi oratores, summi iureconsulti, summi denique scriptores? Nempe ii, qui bene loquendi studiosissimi.

Sed me plura dicere volentem impedit dolor et exulcerat lacrimarique cogit intuentem, quo ex statu et in quem facultas ista reciderit. Nam quis litterarum, quis publici boni amator a lacrimis temperet, cum videat hanc in eo statu esse, quo olim

Roma capta a Gallis: omnia eversa, incensa, diruta, ut vix Capitolina supersit arx. Siquidem multis iam saeculis non modo Latine nemo locutus est sed ne Latina quidem legens intellexit. Non philosophiae studiosi philosophos, non causidici oratores, non legulei iureconsultos, non ceteri lectores veterum libros perceptos habuerunt aut habent, quasi amisso Romano imperio non deceat Romane nec loqui nec sapere, fulgorem illum Latinitatis situ ac robigine passi obsolescere. Et multae quidem sunt prudentium hominum variaeque sententiae, unde hoc rei acciderit; quarum ipse nullam nec improbo nec probo, nihil sane pronuntiare ausus non magis quam cur illae artes, quae proxime ad liberales accedunt, pingendi, scalpendi, fingendi, architectandi, aut tam diu tantoque opere degeneraverint ac paene cum litteris ipsis demortuae fuerint aut hoc tempore excitentur ac reviviscant tantusque tum bonorum opificum tum bene litteratorum proventus efflorescat.

Verum enimvero quo magis superiora tempora infelicia fuere, quibus homo nemo inventus est eruditus, eo plus his nostris gratulandum est, in quibus (si paulo amplius adnitamur) confido propediem linguam Romanam virere plus quam urbem et cum ea disciplinas omnis iri restitutum. Quare pro mea in patriam pietate, immo adeo in omnis homines et pro rei magnitudine, cunctos facundiae studiosos velut ex superiore loco libet adhortari evocareque et illis, ut aiunt, bellicum canere: Quousque tandem, Quirites (litteratos appello et Romanae linguae cultores, qui et veri et soli Quirites sunt, ceteri enim potius inquilini), quousque, inquam, Quirites, urbem vestram, non dico domicilium imperii sed parentem litterarum, a Gallis esse captam patiemini, id est Latinitatem a barbaris oppressam? Quousque profanata omnia duris et paene impiis oculis adspicietis? An dum fundamentorum reliquiae vix appareant? Alius vestrum scribit historias, istud est Veios habitare; alius Graeca transfert, istud est Ardeae considere; alius orationes, alius poemata componit, istud est Capitolium arcemque defendere. Praeclara quidem res et non mediocri laude digna, sed non hoc hostes expellit, non patriam liberat. Camillus vobis, Camillus imitandus est, qui signa, ut inquit Vergilius, in patriam referat eamque restituat, cuius virtus adeo ceteris praestantior fuit, ut illi, qui vel in Capitolio vel Ardeae vel Veiis erant, sine hoc salvi esse non possent. Quod hoc quoque tempore continget et ceteri scriptores ab eo, qui de lingua Latina aliquid composuerit, non parum adiuvabuntur. Equidem, quod ad me attinet, hunc imitabor, hoc mihi proponam exemplum; comparabo, quantulumcumque vires meae ferent, exercitum, quem in hostes quam primum educam. Ibo in aciem, ibo primus, ut vobis animum faciam. Certemus quaeso honestissimum hoc pulcherrimumque certamen, non modo ut patriam ab hostibus recipiamus verum etiam ut in ea recipienda, quis maxime Camillum imitabitur, appareat. Difficillimum quidem praestare quod ille praestitit, omnium imperatorum mea sententia maximus riteque secundus a Romulo conditor urbis appellatus. Ideoque plures pro se quisque in hanc rem elaboremus, ut saltem multi faciamus quod unus effecit. Is tamen iure vereque Camillus dici existimarique debebit, qui optimam in hac re operam navaverit. De me tantum affirmare possum, non quod sperarem tantae me rei satisfacturum, difficillimam sumpsisse laboris partem durissimamque provinciam, sed ut redderem alios ad cetera prosequenda alacriores. Hi enim libri nihil fere, quod ab aliis auctoribus (iis dumtaxat, qui exstant) traditum est, continebunt. Atque hinc principium nostrum auspicemur.—*Praefatio*.

Dialogus De Libero Arbitrio

* * * LAURENTIUS. Age igitur, ipsam profer in medium quaestionem.

ANTONIUS. Probe admones. Si Deus futura providit, aliter non potest evenire quam ille providerit, veluti si Iudam praevaricaturum vidit, impossibile est hunc non praevaricari, id est, necesse est Iudam praevaricari, nisi (quod absit!) Deum carere providentia volumus. Hoc cum ita sit, nimirum censendum est genus humanum non habere in sua potestate arbitrii libertatem. Nec de malis tantum loquor, nam, ut his necesse est male facere, ita bonis e contrario bene, si boni tamen malive dicendi sunt, qui arbitrio carent, vel eorum actiones existimandae rectae aut secus, quae necessariae sunt et coactae. Atque hic, quid iam

consequens sit, tute vides, nam Deum vel hunc iustitiae laudare
vel illum iniustitiae accusare, et alterum praemio afficere, alterum
poena, ut licentius dixerim, iustitiae videtur esse contrarium,
cum actiones hominum sequantur necessario praescientiam Dei.
Relinquamus igitur religionem, pietatem, sanctitatem, caerimonias,
sacrificia, nihil ab illo exspectemus, nullas preces adhibeamus,
misericordiam eius omnino non provocemus, mentem reformare
in melius neglegamus. Nihil denique, nisi quod libuerit, agamus,
si quidem praestita est a Deo nostra vel iustitia vel iniustitia.
Itaque aut non providere videtur futura, si praediti sumus arbitrio, aut non aequus est, si caremus. Habes quod me in hac re
addubitare faciat.

LAUR. Tu vero non modo quaestionem in medium protulisti
sed eam latius quoque exsecutus es. Ais Deum providisse Iudam
praevaricatorem fore. Numquid ideo et ad praevaricandum
induxit? Non video. Quod enim Deus praesciscit aliquid ab
homine faciendum, ut id facias nulla necessitas est, quia voluntate
id facis; quod autem voluntarium, hoc nequit esse necessarium.

ANT. Noli exspectare, ut tibi tam facile dem manus aut
terga vertam sine sudore et sanguine.

LAUR. Macte virtute esto; congredere proprius et comminus
collato pede non telo decerne, sed gladio.

ANT. Dicis Iudam voluntario fecisse ideoque non necesario.
Quod voluntario fecerit abnuere, id vero impudentissimum esset.
Quid igitur dico? Nempe voluntatem hanc necessariam exstitisse,
cum Deus eam praescierit; quod autem erat ab eo praescitum,
id necesse fuit Iudam velle et agere, ne praescientiam alioquin
mendacem faceret.

LAUR. Adhuc non video, cur tibi ex praescientia Dei volun-
tatibus atque actionibus nostris necessitas defluere videatur; si
enim praescire aliquid fore facit ut illud futurum sit, profecto et
scire aliquid esse facit ut idem sit. Atqui, si novi ingenium tuum,
non diceres ideo aliquid esse, quod scias illud esse: veluti scis
nunc diem esse; numquid, quia hoc scis, ideo et dies est? An
contra, quia dies est, ideo scis diem esse?

ANT. Perge vero.

LAUR. Eadem ratio est de praeterito. Novi iam octo horis
noctem fuisse, sed mea cognitio non facit illud fuisse potiusque

ego novi noctem fuisse, quia nox fuit. Atque, ut propius veniam, praescius sum post octo horas noctem fore; ideone et erit? Minime, sed quia erit, ideo praescisco. Quod si praescientia hominis non est causa ut aliquid futurum sit, utique nec praescientia Dei.

* * * * * * * *

ANT. Redeo igitur unde digressi sumus, ubi dicebam Iudae necesse fuisse ut praevaricaretur, quia Deus ita fore providerat, nisi tollamus omnino providentiam. Siquidem, si possibile erat aliter evenire quam sit provisum, sublata est providentia; sin impossibile, sublatum est liberum arbitrium, res non minus indigna Deo quam si eius tolleremus providentiam. Ego enim, quod ad me attinet, mallem illum minus sapientem esse quam minus bonum. Hoc noceret generi humano, alterum non noceret.

LAUR. Laudo modestiam tuam ac probitatem, quia in eo, quod vincere non potes, non pertinaciter pugnas, sed cedis et ad aliam defensionem te confers, quae mihi videtur ratio eius, quod dudum proposueras. Quare, ut tibi respondeam, nego, si possibile est aliter evenire quam praescitum est, consequens esse praescientiam falli posse. Nam quid obstat haec simul vera esse? Num, quia potest aliter evenire, continuo eveniet? Longe diversum est aliquid posse fieri et aliquid futurum esse. Possum esse maritus, possum esse miles aut sacerdos; numquid protinus et ero? Minime. Ita possum aliter agere quam eventurum sit, tamen non aliter agam; et in manu Iudae erat non peccare, licet foret provisum, sed peccare maluit, quod iam sic fore praescitum erat. Quare rata est praescientia, remanente arbitrii libertate; haec ex duobus alterum electura est, nam utrumque agere non licet, et utrum electura sit, lumine suo illa praenoscit. * * * * * *

Nunc accipe, quid mihi persuadeat (*ratio*), et fortasse etiam tibi persuadebit, praescientiam non esse impedimento arbitrii libertati. * * * Apollo igitur ille apud Graecos tantopere celebratus, sive suapte natura sive ceterorum deorum concessu, futura omnia provisa et cognita habebat, non modo quae ad homines verum quae ad deos quoque pertinerent, reddens de his oracula consulentibus vera et indubitata, si credimus; sed hoc tempore vera fuisse concedamus, nihil enim obstat. Hunc Sextus Tarquinius consuluit, quid sibi foret eventurum. Fingamus eum respondere et quidem versu, ut solet, sic:

Exsul inopsque cades, irata caesus ab urbe.

Ad haec Sextus: "Quid ais, Apollo? Quid ego sic de te merui, ut fatum mihi tam crudele denunties, ut ita tristem condicionem mortis assignes? Revoca, obsecro, responsum tuum, laetiora vaticinare, melior in me sis, qui ad te regale detuli munus." Et contra Apollo: "Munera tua, iuvenis, grata sunt mihi sane et accepta, pro quibus oraculum vicissim reddidi, miserum illud quidem et triste. Vellem laetius, sed in mea manu non est hoc facere. Ego nosco fata, non statuo. Ego denuntiare fortunam possum, non mutare. Ego sortium index sum, non arbiter. Meliora denuntiarem, si meliora te manerent. Nulla huius rei penes me culpa est, quippe qui ne meis quidem adversis, quae futura prospicio, obsistere queo. Incusa, si libet, Iovem, incusa Parcas, incusa Fortunam, unde eventorum causa descendit. Apud illos et fatorum potestas sita est et voluntas, apud me nuda praescientia et praedictio. Tu poposti oraculum, ego dedi; veritatem exquisisti, mendacium dicere non potui; ad templum meum e longinqua regione venisti, sine responso dimittere non debui. Haec duo procul a me absint, mendacium et silentium." Numquid ad hanc orationem Sextus posset iure respondere: "Immo vero penes te culpa est, Apollo, qui fatum meum sapientia tua provides; nisi enim tu providisses, haec mihi eventura non essent?"

ANT. Non modo iniuste sed nequaquam sic responderet.

LAUR. Quomodo igitur?

ANT. Ipse dicas.

LAUR. Nonne hoc modo? "Ego quidem tibi, sancte Apollo, gratias ago, qui me neque mendacio decepisti neque silentio aspernatus es. Sed hoc item, quaeso, responde, cur tam inimicus in me, tam crudelis est Iuppiter, ut si tristia mihi fata assignet immerenti, innoxio deorum cultori."

ANT. Profecto hoc modo ego, si forem Sextus, Apollini responderem. Quid autem ipse contra Apollo?

LAUR. "Immerentem te atque innoxium vocas, Sexte? Ne erres, scelera, quae admissurus es, in culpa sunt, adulteria, proditiones, periuria, et velut hereditarium tibi superbia." An hic Sextus dicat? "Tibi potius scelerum meorum adscribenda est culpa; necesse est enim me peccare, quem tu peccaturum esse praescisti."

ANT. Insanus sit, si ita respondeat, Sextus, non solum iniustus.

LAUR. Numquid tu aliud habes, quod pro illo loquereris?

ANT. Nihil prorsus.

LAUR. Si nihil ergo habet Sextus, quod de praescientia Apollinis causetur, profecto nec Iudas habet, quod incuset praescientiam Dei. Quod cum ita sit, nimirum tuae quaestioni satisfactum est, qua turbari confundique dicebas.

ANT. Satisfactum vero et, quod vix sperare audebam, plane persolutum; quo nomine et ago tibi et habeo gratias prope dixerim immortales. Nam quod Boetius mihi praestare non potuit, tu praestitisti.

LAUR. Et nunc id operam do, ut de illo aliquid dicam, quod et te exspectare scio et me pollicitus sum facturum.

ANT. An est quod de Boetio dicas? Gratum mihi erit iucundumque.

LAUR. Servemus tenorem fabulae institutae. Tu nihil existimas Sextum habere, quod respondeat Apollini. Interrogo te, quid diceres adversus regem abnuentem se deferre ad te munus aut magistratum, quod diceret capitalia te in eo munere flagitia admissurum.

ANT. "Iuro tibi, rex, per istam tuam fortissimam et fidelissimam dextram me non commissurum in hoc magistratu flagitia."

LAUR. Idem puto dicturum Sextum Apollini: "Iuro tibi, Apollo, me non admissurum esse quae dicis."

ANT. Quid rursus Apollinem?

LAUR. Certe non eo modo quo rex; nec enim compertum habet rex, quid futurum sit, ut deus. Dicat ergo Apollo: "Mendaxne ego sum, Sexte? Nec quid futurum sit compertum habeo? Admonendi te gratia locutus sum an oraculum reddidi? Tibi iterum dico, adulter eris, proditor eris, periurus eris, superbus ac malus eris."

ANT. Digna Apolline oratio. Quid poterit adversus haec Sextus hiscere?

LAUR. An non venit in mentem, quid hic afferre possit in suam defensionem? Num se condemnari ita molli animo feret?

ANT. Quid, nisi sceleratus est?

LAUR. Non est sceleratus sed praedicetur futurus. Tu vero, si Apollo denuntiaret, credo ad preces confugeres oraresque non Apollinem sed Iovem, ut tibi meliorem mentem daret fataque immutaret.

ANT. Ita agerem, sed Apollinem mendacem facerem.

LAUR. Recte loqueris. Quod si hunc Sextus mendacem facere non potest, supervacuo preces adhibebit, quid aget? Non indignabitur? Non irascetur? Non in querelas erumpet? "Itane Apollo a sceleribus temperare non possum, virtutem amplecti nequeo, reformare mentem a malignitate non valeo, libertate arbitrii non sum praeditus?"

ANT. Fortiter Sextus et vere et iuste. Quid iterum deus?

LAUR. "Sic se res habet, Sexte. Iuppiter, ut lupum rapacem creavit, leporem timidum, leonem animosum, onagrum stolidum, canem rabidum, ovem mitem, ita hominum alii finxit dura praecordia, alii mollia, alium ad scelera, alium ad virtutes propensiorem genuit. Praeterea alteri corrigibile ingenium dedit, tibi vero malignam animam nec aliena ope emendabilem tribuit. Itaque et tu pro qualitate ingenii male ages et Iuppiter pro actionum tuarum atque operum modo male mulctabit et ita per Stygiam paludem iuravit."

ANT. Semetipsum belle Apollo excusat, Iovem vero vel magis accusat; nam ego aequior sum Sexto quam Iovi. Expostularet itaque optimo iure sic: "Et cur meum crimen est potius quam Iovis? Quandoquidem, nisi prave agere non licet, cur me Iuppiter suo crimine condemnat? Cur me sine culpa ulciscitur? Quicquid facio, non libero arbitrio facio, sed necessitate; voluntati potentiaeque suae obsistere qui possim?"

LAUR. Hoc est quod pro mea probatione afferre volui, nam haec est vis huius fabulae, ut, cum sapientia Dei separari non possit a voluntate illius ac potentia, hac similitudine separarem Apollinis et Iovis, et quod in uno deo obtineri non valebat, id obtineretur in duobus, utroque suam certam naturam habente, altero quidem creandi ingenia hominum, altero autem sapiendi, ut appareat providentiam non esse causam necessitatis, sed hoc, quicquid est, totum ad voluntatem Dei esse referendum.

ANT. En iterum in eundem me praecipitas puteum, unde erueras. Similis dubitatio haec est illi, quae de Iuda a me prolata

est, ubi necessitas adscribebatur praescientiae Dei, hic voluntati;
aut quid interest, quo modo arbitrium tollas? A praescientia
tolli istud tu quidem negas, sed ais a voluntate; ex quo quaestio
in idem recidet.

LAUR. Egone aio tolli arbitrium ex voluntate Dei?

ANT. An non consequens est, nisi solvas ambiguitatem?

LAUR. Quaeras, qui tibi eam solvat. * * * Nos porro hoc
solum quaerimus, quonam modo Deus bonus est auferens arbitrii
libertatem; auferret autem, si non esset possibile aliter evenire
quam praescitum est. Nunc vero nullam necessitatem affert nec
privat nos libertate arbitrii hunc indurans, illius miserans, cum
sapientissime ac sanctissime hoc agat, cuius causae rationem in
quodam arcano quasi aerario absconditam collocavit. * * * * *
Respondeat igitur, qui velit, cur hunc obdurat, illius miseretur,
et eum angelum potius quam hominem confitebor, si modo angelis
haec nota sunt, quod non credo, cum Paulo (vide quantum illi
retribuam) nota non sunt. Quapropter, si angeli, qui semper
faciem Dei vident, haec nesciunt, quae tandem nostra temeritas
est omnino ea scire velle? * * * * *Quod ergo propter huius rei
ignorationem, ut multarum quoque aliarum, a caritate Dei angeli
non refrigescunt, a ministerii ordine non recedunt, beatitudinem
suam propterea imminui non putant, nos ad hanc ipsam causam
a fide, a spe, a caritate decidemus et quasi ab imperatore desis-
temus? Et si sapientibus viris etiam sine ratione propter auctoritatem fidem habemus, Christo, qui est Dei virtus et Dei sapientia,
non habebimus?

FRANCESCO FILELFO (1398–1481)

Franciscus Philelphus Ioanni Aurispae Sal.

Quod scire cupis, nihil te celabo. Florentia me plurimum delectat. Est enim urbs, cui nihil desit neque ad aedificiorum magnificentiam atque venustatem neque ad civium dignitatem et amplitudinem. Adde quod universa in me civitas conversa est. Omnes me diligunt. Honorant omnes ac summis laudibus in caelum efferunt. Meum nomen in ore est omnibus. Nec primarii cives modo, cum per urbem incedo, sed ipsae etiam nobilissimae feminae honorandi mei gratia locum cedunt. Tantumque mihi deferunt, ut me pudeat tanti cultus. Auditores sunt cotidie ad quadringentos vel fortassis et amplius, et hi quidem magna ex parte viri grandiores et ex ordine senatorio. Quid multis? Omnia mihi secunda laetaque sunt.

Ceterum quo me fortunatiorem esse animadverto, eo magis mihi metuo ab insidiis invidentium. Nicolaus Nicolus et Carolus Aretinus cotidie me publice audituri adeunt una cum aliis civibus. Et Nicolaus quidem, quantum in hanc diem animadvertere potui, homo est loquacior sed non admodum vafer, quippe qui efficiat facile ac temere omnia. At Carolus ὥσπερ στυγηρὸς ὢν καὶ μισάνθρωπος tristis est semper et loquitur nihil videturque monstri quippiam intus alere. Et sunt qui mihi dicant eum cavendum eo esse magis, quo magis silet; id enim non a modestia atque verecundia proficisci sed ab invidentiae vulnere. Ego tamen in portu navigo. Leonardus autem Aretinus mihi vehementer afficitur, quem ego puto rerum mearum studiosum magis fore, quod adventu praesentiaque mea maximo est levatus onere. Nam et Nicolaus et Carolus, qui ante adventum meum illi plurimum detrahebant, ab omni eiusmodi calumnia maledictoque destitere, mea causa, ut existimatur, deterriti, quod vidissent ab me Leonardum publice et graviter et ornate et pleno ore laudatum.

Cosmus Medices, ut humanitatis plurimum prae se fert, adiit me perhumane, nec id semel sed iterum atque iterum, dixitque, siqua mihi in re opus foret opera sua, ne de se mihi deessem umquam, nam sese mihi defuturum numquam. Pallas Stroza, splendidissimus eques auratus, omnibus in rebus mihi semper adest honorique et commodis meis omnibus non secus studet ac

156

si essem filius. Ambrosius monachus, vir disertissimus, etsi me
amare videtur plurimum, tamen non potest mihi non suspectus
esse. * * *

Haberem tibi scribere alia et quidem plura, quae nunc consulto
praetereo. Tu, si quid habes de rebus orientalibus, fac ut sciam.
Theodora te salutat. Vale. Ex Florentia, pridie Kal. Augustas,
MCCCCXXVIIII. —*Ep. II. 2.*

FRANCISCUS PHILELPHUS IOANNI AURISPAE SAL.

Nemo te uno accipiendo facilior. Te rursus nemo difficilior dando.
Tu me liberalitatis plurimum laudas. Et hanc virtutem extollis
oratione, ac recte tu quidem. Ceterum quam ipse virtutem tanti
facere videris, cur eam minus amplecteris? Es tu sane librorum
officina. Sed ex tua ista taberna libraria nullus umquam prodit
codex nisi cum quaestu. Quid tandem adeo te libris ingurgitas?
Quibus utinam, ut par est, utereris! Ego petii abs te Strabonem
geographum exscribendi gratia, cum mihi librarius esset domi.
Reddita mihi sunt a te verba cum assentatione permulta. Ad
rem autem nihil. Petis a me nunc Sextum Empiricum eius exscribendi gratia. Gero tibi morem, sed ea condicione, ne mutuum
tibi iure doni ascribas. Quare fac ut ad me meus redeat codex,
cum suo apud te officio functus fuerit. Vale. Ex Mediolano,
IIII Idus Iunias, MCCCCXLI.—*Ep. V. 8.*

FRANCISCUS PHILELPHUS LEONARDO IUSTINIANO SAL.

Cyriacus Anconitanus, cum Venetias peteret, a me petiit, ut se
tibi per litteras commendarem. Id feci eo libentius, quod non
essem ignarus hominem tibi fore non iniucundum, praesertim
quod ferat secum nonnulla priscae vetustatis monumenta et
eulogia et epigrammata et alia pleraque scripta, quae ex lapidibus
vetustissimis in Asia Graeciaque collegit. Hunc igitur virum ita
velim et vultus hilaritate et sermonis comitate excipias, ut eos soles,
quos dignos existimas, ab quibus tuum splendidissimum nomen
per orbem terrae longe lateque praedicetur. Numquam enim
quiescit Cyriacus, qui eam sibi ducit quaestuosissimam merca-

turam, si quid ab primis illis usque Arcadibus, quos ante solem et
lunam exstitisse fabulantur, memoria dignum invenerit in Italiam-
que advexerit. Quid sit opus facto, intellegis. Vale. Ex Mediolano, III Kal. Ianuarias, MCCCCXLIII.—*Ep. V. 23.*

FRANCISCUS PHILELPHUS BESSARIONI CARDINALI NICAENO SAL.

Etsi mihi videbar satis ad ea tibi antea respondisse ad decimum
Kal. Februarias, quae de Homeri Iliade ad me scripseras, pater
amplissime, tamen, quia litteras meas forsitan non accepisti,
repetam eadem paucis. Idem mihi de libris accidit, quod homini
avaro de pecuniis solet. Is enim aut dat numquam aut ibi dat,
unde plus accepturum se sperat. Ego nullo pretio eiusmodi codicem sim daturus, quo aeque delector atque dilectissimis meis liberis.
Commutaturus autem quo pacto, cum nullum existimem hodie
in nulla disciplina codicem reperiri, qui possit cum eo comparari?
Itaque rogo te atque mirum in modum et oro et obsecro, ne me
prives voluptate mea, quam tantam habeo in huiusmodi Iliade
constitutam, ut in ea mihi summum fere bonum collocarim. In
ceteris autem rebus omnibus me utere pro tuo arbitratu. Vale.
Ex Mediolano, Idibus Octobribus, MCCCCXLVIII.—*Ep. VI. 43.*

FRANCISCUS PHILELPHUS CHRISTOFORO MARLIANO SAL.

Videor licere mihi, tamquam pro meo quodam peculiari iure,
uti et opera et officio tuo in omni re mea. Quidnam discipuli
non debeant praeceptoribus, praesertim iis quibus se norint esse
carissimos? Quod te non latet, illustris princeps, Alexander
Sphortia, vir plane omni virtute maximus, mihi dono dedit anno
superiore pannum rosei coloris, quo pro dignitate sua Musarum-
que induerer. Is in hanc mihi diem servatus est integer, nam
ante non fuit usui. Nunc formatur in vestimentum, quod si
minus pellitum fuerit, videatur ineptius. Pelliri autem ab alio
quam ab Alexandro, cuius est donum, haudquaquam decere
arbitrer. Itaque isti dicito meis verbis, ut suae munificentiae et
non ingratae Musarum voluntati pro tempore anni consulat.
Vale et responde. Ex Mediolano, XVI Kal. Septembres, MCCCC-
LIIII.—*Ep. XII. 30.*

FRANCISCUS PHILELPHUS BESSARIONI CARDINALI NICAENO
SAL. DI. PL.

Pridie Idus Augustas renuntiatum est Mediolani Callistum,
Ecclesiae Romanae pontificem, ad octavum Idus Sextiles animam
tandem efflasse in maxima omnium laetitia. Itaque licet iam
plane iudicare vel pro Solonis sententia eum feliciter admodum
atque perbeate diem obiisse, cuius mortem tanto omnes cum
gaudio, non insipientes modo sed etiam sapientes, prosequantur.
Dederit Deus omnipotens, ut cum hominis somnolentia somnus
etiam ipse interierit, ne tui collegae isti rursus obdormitasse iudi-
centur. Et quoniam in praesentia non licuit pluribus tecum
agere, te rogo ut, quae antea pluribus et litteris et carminibus
scripseram dignationi tuae, non frustra me scripsisse re ipsa
ostendas et, quod ad Plutarchum attinet, diligenter cures. Vale.
Ex Mediolano, Idibus Augustis, MCCCCLVIII.—*Ep. XIV. 29.*

FRANCISCUS PHILELPHUS PIO SECUNDO ECCLESIAE ROMANAE
PONTIFICI MAXIMO SAL. DI. PL.

Bessario, reverendissimus in Christo Iesu ac idem sapientissimus
cardinalis, fecit me nomine sanctitatis tuae per litteras certiorem,
quam de me perhumaniter benevolentissimeque sentires et
quanta cum caritate de me honoratissima verba feceris, quibus
me praeterea tua sponte donis ornaris. Facis tu quidem pientis-
sime omnia, summe pontifex Pie, qui Christum optimum maximum imitatus nihil tibi potius ducas quam benefacere cum
omnibus tum iis in primis, quos noris iampridem innumerabilium
tuarum incredibiliumque virtutum observantissimos exstitisse.
Meministi sane, pater beatissime, quam ego te semper omni
studio coluerim et quanta semper cum veneratione divinam
sapientiam tuam, qua inter omnis mortalis mirifice unus excellueris
atque excellas, assidue fuerim prosecutus. Neque fieri posse
iudicasti, ut sine divino quodam nutu atque voluntate tantus
esset meus et tamdiu ergo te amor, tanta pietas, tanta fides.
Neque videri voluisti oblitus quod, vivo adhuc et omni ex parte
incolumi Callisto pontifice, afflatu illo vel poetico vel divino fore
praedixerim, et id quidem hoc ipso praesenti anno, ut et Callistus
ex hac luce migraret et ipse tu, quod omnium votis fortunatissime

contigit, tantis Christianae religionis tenebris lucem esses per optatissimum tuum pontificatum allaturus.

Et illuxisti tu profecto bonis atque doctis omnibus, quasi sol oriens taeterrima tenebrarum caligine obductis. Actum omnino erat de clarissimarum artium studiis laudatissimisque virtutibus, nisi opportune tu divinitus datus esset ad illas instaurandas, tuendas, illustrandas. Itaque iam Musae, quae penitus interierant, revivescunt. Eloquentia, quae obmutuerat, et vocem simul recuperavit et mentem. Ingenia, quae obdormierant, excitantur. Omnes ad honestas actiones maiore quam antea umquam cupiditate incenduntur. Desiderium Nicolai Quinti, sapientissimi illius praestantissimique pontificis, quo viri eruditi et eloquentes non mediocriter torquebantur, non levasti solum optatissima creatione sanctissimi tui pontificatus sed in maximam splendidissimae tuae bonitatis admirationem amoremque inflammasti. Non enim honoratione verborum dumtaxat huiusmodi virorum animos in pulcherrimam futurae tuae benignitatis spem erigis, sed praesentibus potius ingentibusque muneribus. Nam ut, alios prope infinitos brevitatis causa praeteriens, de me ipso verba faciam, quibus sum donis a tua beatitudine honestatus! Quantam mihi quamque singularem voluptatem attulisti nobilissimo ipso Plutarchi codice, quo virorum illustrium et Graecorum et Latinorum vitae Graeca oratione erudite et eleganter scriptae continentur! Quid quod ad cotidiana vitae subsidia singulos ducentos aureos ducatos in singulos annos mihi in omnem aetatem apud alios etiam agenti constituisti? Ita certe, quod absolutae est munificentiae tuae, et exteriori consulis et interiori homini, quippe qui et ingenio et corpori fomenta attuleris. At ego pro tantis tuis et tam immortalibus beneficiis quid tandem sim relaturus? Nempe illud quod homuncio solet Deo, cuius tu vices divinitus hominibus repraesentas. Te admirabor, te colam, te venerabor, te dies ac noctes tum mente et assidua meditatione perspiciam, tum ore atque harundine perenniter praedicabo. Nec de te desinam umquam benedicere, quandoquidem ne tu quidem benefacere in universam vitam desinere voluisti.

Erant praeterea permulta, quae scribenda mihi occurrebant. Sed haec idem clementissimus cardinalis Bessario, ne sim epistula prolixior quam par est, tuae sanctitati verbis meis coram exponet. Reliquum est, pater beatissime, ut tibi indubitato persuadeas meam me omnem felicitatem in te uno constituisse, cuius vitam atque incolumitatem ut omnipotens Deus quam diutissime tueatur, etiam atque etiam opto. Vale in Christo Iesu et me commendatum habe. Ex Mediolano, Kal. Novembribus, MCCCCLVIII. —*Ep. XIV. 39.*

FRANCISCUS PHILELPHUS BLANCAE MARIAE AESTENSI SAL. P. D.

Legi duas epistulas tuas ad eruditum ac disertum virum Matthiam Trivianum, illustris pudicissimaque virgo, Blanca Maria, quibus sum profecto mirum in modum delectatus. Erant enim et perpolitae et graves et eae quidem tales, ut et florentissimo Aestensi genere te prolem et magnanimo atque excellentissimo duce Borsio dignam sororem liquido ostenderent. Laudo sane tuum nobilissimum ingenium, admiror doctrinam, magnifacio diligentiam. Non enim parvi ducendum est, quod in tantis opibus tantaque fortuna ea, quae tu admodum adulescentula et fecunde excogitaris et acriter, ita apte scribas atque emendate, ut docti omnes animadvertant id sine magna eruditione fieri nullo pacto posse. Et facis tu quidem ut te decet. Nam cum duo sint hominum genera, alterum doctum et urbanum, alterum indoctum et rusticum, hoc nobis cum bestiis est commune, illud vero totum est hominis, et eius quidem hominis, qui immortalis Dei imaginem et similitudinem prae se fert. Quod si tota vis mentis humanae intellegentia rationeque definitur, ea, si oratione non patet atque illustratur, qua se re alia possit ostendere, non invenio. Quo fit, ut tanto videaris magis laudanda, ut non modo genus muliebre in hac dicendi laude antecellas sed inter viros etiam disertissimos rarissima sis habenda. Sunt qui Hortensiam, Q. Hortensii oratoris filiam, in medium afferant, quae tanta vi tantoque ornatu matronarum causam apud triumviros egerit, ut cum magnus honos eius oratione sexui muliebri accesserit, tum maior tributi pars, quo illarum ordo oneratus esset, matronis remitteretur. Sed eo maior est laus tua, quod non sermone aut Latino aut patrio in gravissimis tuis et elegantissimis epistulis usa es, sed et litterario et ab omni vulgari ineptitudine alieno. Quod si pulcherrimum est in oratione etiam patria et populari praestare ceteris hominibus, quanto censeri debet et pulchrius et praeclarius in litterata et erudita? Nam illa aut apud tuos aut apud Italos tantum habearis illustris, sed bonis litteris culta ac docta toti prope terrarum orbi admirationi futura sis. Videmus Latinam linguam iampridem depravatam et corruptam vel interiisse omnino vel non multum abesse ab interitu. At litterata et gravis in dies magis magisque propagatur atque efflorescit. Nec praeterea est mirandum et Corneliam, matrem Gracchorum, plurimum filiis eloquentia conduxisse et Laeliam, C. Laelii filiam, reddidisse in loquendo orationem paternam elegantiorem. Lingua enim Latina per id temporis litteratae erat admodum proxima ac persimilis. Nunc vero dissimilis adeo, ut tota videatur effecta barbara.

Ad haec mihi considerandum admirandumque occurrit pondus sententiarum, quo in scribendo uteris quam creberrimo, quo facile fit, ut neque Aspasia neque Myia neque Melissa neque Theano, quattuor illae in philosophia gravissimae et clarissimae mulieres, sint desiderandae, cum in te una, Blanca Maria, omnis et eleganter dicendi et acriter iudicandi et praesentium et antiquarum virginum atque mulierum laus dilucide ac vero repraesentetur. Gratulor igitur non minus huic nostrae tempestati, quam nomen tuum reddit illustriorem, quam praestantissimo duci Borsio, qui ad ceteras suas maximas incomparabilisque virtutes intellegat id etiam accedere condimenti, quod habet te sororem, divinae illius suae eloquentiae ac morum integritatis expressam vivamque imaginem. Te autem, virgo nobilissima, hortari non desinam ut eloquentiae laudibus, qua egregie praestas, reliquas addas, ut facis, optimas disciplinas, nec eas Latinas dumtaxat verum etiam Graecas, unde Latinorum elegantior omnis doctrina perinde atque a suis fontibus manat. Nemo enim, mea sententia, satis sit ulla elimatiore disciplina expolitus excultusque Latinus, qui Graecam litteraturam omnino ignorarit. Vale et me humanissimo optimoque principi, duci Borsio, commendatissimum effice. Ex Mediolano, VI Kal. Iuni, anno a Christi natali die MCCCCLXIII. —*Ep. XIX. I.*

FRANCISCUS PHILELPHUS LAURENTIO ET IULIANO MEDICIBUS SAL.

Quo mihi hoc tempore nihil acerbius potuisset accidere, subitus
nuntius est allatus de repentino obitu viri optimi et clarissimi,
Petri Medicis, patris vestri, qui modo ad quartum nonas Decembris, septima feria qui dies est Saturni, hora diei vigesima
tertia, naturae Deoque concessit, cum pridie eius diei perbelle
iam valere videretur. Ex quo potest non obscure intellegi, quam
nostra incerta sunt omnia, quam nihil fidendum humanae pros-
peritati. Et quoniam me res vestrae plurimum sollicitant, non
sum arbitratus oportere tempus in lacrimis et querimoniis terere,
praesertim cum necessario ferenda sit aequo animo necessitas
omnis huiusmodi. Excitandi vobis sunt animi et hi armis prudentiae atque constantiae egregie muniendi, ne quis novus aut
tumultus aut alius adversus casus oriatur in republica. Omne
genus odii sedandum est, omnia irarum incendia exstinguenda.
Ponite ante oculos parentis vestri mansuetudinem atque bonitatem.
Nulla ultio vos delectet. Non solum veteres vobis amicitiae
fovendae sunt sed novae etiam comparandae. Eo vobis tutiores
res vestrae et universae civitati quietiores sunt futurae, quo
humaniores vos praestiteritis. Nulla vis potest esse diuturnior.
Benevolentia et officiis etiam infesti efferatique animi concilientur.
Nulla vos seducant prava consilia. Vobis ipsis rationique audite.
Illorum adhortationes admittite, quos non privata ac sua sed
publica monet vel dignitas vel utilitas. Satis vobis vestrisque
rebus omnibus bene consultum erit, si reipublicae bene consulatur.
Id vero fiet quam rectissime, ubi nihil sine virtute aggrediamini.
Virtus autem nulla est, quae Deo caret. Sed quoniam haec a vobis
melius factum iri quam ab me in praesentia dici spero, reliquum
est ut vobis optem omnia felicia atque fortunata. Valete. Ex
Mediolano, V Idus Decembres, MCCCCLXVIIII.—*Ep. XXXI.39.*

FRANCISCUS PHILELPHUS NICODEMO TRANCHEDINO SAL.

Divino quodam mysterio fieri arbitror, ut singulis annis initia
aetatis meae semper amico meo cuipiam veluti dedicem. Ita
enim usu venit. Quis autem mihi te amicior? Accidit igitur, ut
ad te litteras darem octavo kalendas Augustas, quo ipso die
Mercurio sacro sum ingressus tertium ac septuagesimum aetatis

annum et animo integro et corpore valido et eadem coloris bonitate,
qua me coram vidisti nonnullos annos. Natus sum enim anno a
natali Christiano nonagesimo octavo supra annum trecentesimum
ac millesimum. Quod si de re pecuniaria quaesieris, quanta sit
mihi, nulla sane. Nam neque didici esse ridiculus neque pati
servile quicquam. Itaque hac una re sum plane philosophus.
Philosophis enim peculiaris est et paupertas et veritas. Nam
quo pacto pecuniis umquam abundet, qui eas neglegit? Praeterea
nostis, quanta sit huius tempestatis munificentia. Ceterum, ut
ad rem veniam, ne putes me omnino esse mendicum, institui
emere quosdam ex istis codicibus, qui nunc labore nullo neque
harundine sed formis quibusdam, ut ipsi vocant, ita formantur,
ut ex accuratissimi librarii manu profecti possint existimari.
Velim igitur me facias certiorem, quanti mihi parari liceat Naturalem
Historiam Plinii, quanti tris Livii decadas et item Au. Gellium
quanti. Vale. Ex Mediolano, VIII Kalendas Augustas, MCCCC-
LXX.—*Ep. XXXII. 13.*

FRANCISCUS PHILELPHUS PETRO CASTANEAE SAL.

Video te ferre graviuscule, quod quaedam scribo quandoque
tibi non litterario sermone sed Etrusco. At eo perturberis nolo.
Nulla enim id alia fit causa quam quod velim id me cavere mihi,
quod in nostro Cicerone ridere soleo, in iis praesertim epistulis,
quae leguntur ab illo datae ad Terentiam uxorem. Sunt enim
aliqua nonnumquam dicta familiarius, quae non carent aut
ineptitudine aut ridiculo. Quod ille quidem eo minus vitare
poterat, quoniam ea etiam, quae Latine scribebat, ita convenie-
bant cum oratione grammatica, ut magna ex parte viderentur
eadem. Nos autem elegantia Latini illius maternique sermonis,
ut vulgo dicitur, amissa omnino, cum quid scribere volumus non
grammatice, vulgari utimur sermone et eo maxime Etrusco utpote limatiore magisque exculto.

Et hac de re satis. Pannum accepi, qui mihi vehementer placuit.
Itaque velim meo nomine gratias agas iuveni patricio, Iacobo
Canali, cui etiam velim dicas me daturum operam, ut intellegat
vel paternum beneficium apud me nequaquam intermoriturum.
Epistulam, quam videre cupit, ad pontificem maximum hunc

Sixtum, da ipse operam ut videat. Eius enim exemplum, ut nosti, habet vir excellentissimus et idem optimus, Ludovicus Fuscarinus. Cui velim dicas verbis meis salutem plurimam. Vale. Ex Mediolano, X Kal. Novembres, MCCCCLXXI.—*Ep. XXXIV. 9.*

FRANCISCUS PHILELPHUS MARIO FILIO SAL.

Redditae mihi sunt, Mari fili, duae epistulae tuae, prima ad proximas Kalendas, deinceps altera ad Idus Decembris. Et hanc profecto legi perlibenter, quod filius iam ingravescens moneres patrem agentem aetatis annum quintum ac septuagesimum de condendo testamento, motus sane tu prudenti consilio, ut opinor, qui malueris aetatem meam quam et bonam valetudinem et corporis atque animi robur integritatemque sensuum considerare. Nam hisce te partibus longissime antecello, ut iure dici veroque tibi de patre liceat illud Virgilianum: "Sed erudita deo viridisque senectus." Quo fit, ut tibi cavendum sit, ne Ovidianum illud de te dici a quopiam recte possit: "Filius ante diem patrios inquirit in annos." Admonitionem tamen consiliumque tuum magni facio plurisque fecissem, ni addidisses propterea mihi testamentum condendum esse, ne quid litigii tibi cum ceteris tuis fratribus habendum foret. At ego putabam, ubi superstes esses, quod vehementer opto magis quam spero, ni aliam tibi vitam institueris, sororum fratrumque tuorum, qui maiore ex parte infantiam agunt, futurum te perinde ac patrem. Quare de condendo testamento nihil in hanc diem cogitaram. Sed in praesentia, quoniam et mentem mihi tuam et animum omnem patefecisti, operam dabo, ne quid tibi litigii aut controversiae cum hisce minoribus sit futurum. Verum interea temporis, si sapias, spem tuam omnem non aliunde quam ex te ipso petieris. Nam ipse quoque idem de me et feci semper et facio.

Priorem autem illam epistulam resignatam accepi, quod certe tua causa tuli permoleste, cum non ambigam illis te, qui eam lectitarunt, permagno habitum esse ridiculo, qui paternas admonitiones et in rem tuam et modicas tam aegre tuleris. Nam quid est a nobis scriptum, quod tibi dolendum fuerit? Memini enim scripsisse me, et id quidem Etrusca lingua ac litteris Graecis,

ne transire posset ad posteros, esse mihi renuntiatum tua istic
docendi initia mirifice omnibus placuisse, non Anconitanis modo
verum Picentibus universis, ceterum non perseverare te sed
frequenti uti intercapedine abesseque plerumque ab urbe diutius,
non tam remittendi a laboribus animi quam relaxandi gratia;
quam tuam consuetudinem esse et civibus istis et peregrinis
minime gratam. Itaque memor ipse, quid tibi superioribus annis
et Bergomi et Veronae et Venetiis et Bononiae acciderat ob istiusmodi tuam consuetudinem, te pro dilectione officioque paterno
sum hortatus, ut diligentiorem te praestares, siquidem instituisses
quam diutissime istic esse. Sed tu adhuc ea es acerbitate ingenii,
ut, qui adulescens numquam castigari volueris, ingravescens
quoque (septimum enim et quadragesimum agis aetatis annum)
vel admoneri a patre prodigii loco ducas. Et, quod tuae gravitatis
fuit pietatisque munus in parentem, mihi decrepitudinem expro-
brasti, quasi tua sententia delirus sim senex, quod tuae et rei et
dignitatis rationem habeam. Deus bene vertat. Vale. Ex
Mediolano decimo quinto Kal. Ianuarias, MCCCCLXXII.—*Ep.
XXXVI. 16.*

SATIRA

Annua iam propere nobis ieiunia, Sacce,
adsunt, dura quidem, Samii quibus usque tueri
praecipitur decreta magi. Ne carnibus ullis
vescamur, ne lacte, iubent. Num forte parentum
quisquam carne latet? Num mens dilecta sodalis
induitur teneram pecudem? Dedit ille deorum
maximus exemplum, cum nil tulit ipse diebus
ore quater denis; verum semel omne per aevum
id dedit exemplum. Sed nos exempla movere
qui debent? Alio tendunt Iovis acta superni.
Ipse pati voluit, ne nos pateremur inepti.
Praeterea nihil ille cibi (quod credere dignum est)
libavit. Sed cum gravius, qua saepe domantur
ipsi etiam heroes, nulli natura pepercit,
saeva fames premeret, ieiunia fregit amara.
Nec tamen aut ovis, non lacte aut carnibus ille
abstinuit nec nos similes sibi noluit auctor.

At nos insani, si mollis caseus ori
additur, expertes caelestis credimur aulae.

Sed, postquam nostrum qui pastor ducit ovile
nos ovium similes iubet, ut pernicibus alis
corpore deposito propere super astra levati
aethereae laeti potiamur sedibus arcis,
quo te, cara mihi, coram, Theodora, videre
atque frui liceat cupidi post fata sepulcri,
carnibus abstineam; nolim iam vescier ovo
et, quod oves etiam capiunt, lac dulce repellam.
Se mihi prestet olus, portentur mitia poma,
plurima nux detur, queruli bellaria muris,
et dulces fici, quas Dorica miserit Ancon,
insuper innocuum fuerit quodcumque legumen.
Verum vos nostras aedis intrare, phaselli,
noluerim, ne forte novos inflata sonanti
hospitibus vobis concentus buccina vento
redderet inferior fieremque Typhonis amator
Niliaci, cui nulla viro iucundius aures
musica mulcebant quam quis longissima πόρδη
atque eadem circo multum revoluta rotante
obstreperet. Tonitrum nostras nil mulserit auris,
quod fugiunt nares; crepitus mihi ventris abesto.

Quare age, Sacce Cato, ciceris si forte supersit
albi tantillum, tantillum mittito nobis
vel tantillo etiam longe minus; attamen ultro,
si quid habes aliud melius, quod sumere nolis
aut nequeas (nam pingue tibi consurgere mentum
submentumque vides) macilento perge poetae
mittere, quo valeat ieiunia solvere mandens.

Saepe mones iterumque mones numquamque monere
desinis, ut luctu posito nova proelia miles
iam semel emeritus sacratae iure secundo
militiae subeam meque ut nova nupta maritum
nunc iterum faciat. Superi! quae monstra videbit
nostra domus! Qui plangor erit! Qui fletus ad auras
tolletur, si forte mihi Proserpina detur

pro Luna.　Non ipse tuo simul ore fateris
nullo posse modo fieri mihi ut altera nubat,
heu, misero Theodora viro?　Recteque fateris
utque soles vero.　Nam quam natura creavit,
quae tantis redimita bonis factura beatum
esset sola virum, probitatis femina laudes
primas clara cupit; probitatis laudibus unam
in primis, Theodora, decet te ferre pudicis,
quae matrona vigens superasti moribus omnes
innuptas nuptasque simul.　Tu sola decorem
virtutemque colens frugi prudensque maritum
post superos solum ducebas numen et auram.
Quid formam formaeque bonum laudavero?　Phoebus
ipse die medio, radios cum fortius urget,
visus erat, visis oculis radiantibus illis,
uxor cara, tuis, penitus pallescere, tamquam
sponte fateretur nec dedignatus obire
omne suum lumen; tantus tua lumina fulgor
splendida lustrabat.　Quid multis?　Quaeque latebant
soli nota viro, nulli ostendenda, quod olim
Candaulem merita mercede affecerat, omnem
vincebant miranda fidem.　Genus ordine celsum
si memorare velim, veterum si insignia patrum,
deficiat me longa dies.　Chrysolora, quis usquam,
quaque oritur Titan et qua petit arduus imos
antipodas, praeclara domus, te nesciat, alto
sanguine Romulidum quae nobilioribus ortum
deducens titulis priscisque ornata triumphis
rege novae Romae gaudebas fausta propinquo.
Hoc, Theodora,genus genitor tibi, casta, superbum
tradidit.　At genetrix claris maioribus orta
non minus auget avos, quos proles Auria magnis
insignata viris, Italae fax ultima Pisae,
horrisoni domitrix pelagi, decorata triumphis
milibus et totum late celebrata per orbem
progenuit.　Nec avara mihi concederis uxor,
sed grandis dotes et grandia munera portans.

Te mihi ad obsequium praestabas laetior omne.
Hei, mihi! quid sine te vitam maestissimus optem?
Nec sterilem nobis fecundis gesserat uxor
illa, viro peperit quae quattuor ordine natos.
Nam Marium genuit, genuit Xenophonta; puellae
Angela prima patrem norunt, Panthea secunda;
qui mixtim facie referunt vultuque parentes.
    Huic similem si, Sacce, queas reperire, Philelphum
forte habeas docilem. Ciceris tamen ipse memento.

—Sat. VI. 3.

AD BLANCAM MARIAM DUCEM MEDIOLANI

Blanca, dies natalis adest, qui munera pacis.
    attulit aeternae regibus et populis.
Dona mihi quae, Blanca, tuo das debita vati,
    cui bellum indixit horrida pauperies?
Faenore mi pereunt vestes pereuntque libelli;
    hinc metuunt Musae, Phoebus et ipse timet
et, quod me nimio cruciat frangitque dolore,
    non est qua detur filia dote viro.
Fer precor auxilium; potes omnia, diva virago;
    tu spes sola mihi, tu mihi numen ades.
Flecte virum facilem; ne me patiatur atroci
    pauperitate premi, fac mihi praestet opem.
Non ingratus ero, nam me tua vate per omne
    cognita venturis gloria tempus erit.

—De Iocis et Seriis, II.

AD GASPAREM MERCATUM VALENTIAE COMITEM

Tertius hic agitur, Gaspar, decimusque poetae
    annus, opem frustra dum petit ipse sibi;
nec virtutis opus nec vis nec cura decori
    profuit ulla mihi nec iocus aut gravitas.
Quid facimus tandem? Quid inutile litus aramus?
    Auribus obstrusis carmina nostra damus.
At tu, qui solus pepigisti qualia nosti,
    quid facis, o vitae spesque decusque meae?
Fac stent pacta mihi. Promissa pecunia cur non
    solvitur aut saltem liberor obsequio?

—De Iocis et Seriis, VIII.

BARTOLOMMEO PLATINA (1421–1481)

De Vita Pontificum

Nicolaus V.

* * * Nicolaus autem pontifex, sive taedio animi, quo maxime cruciabatur post captam Constantinopolim, sive febri et podagra, qua potissimum vexabatur, pontificatus sui anno octavo moritur, MCCCCLV, sepeliturque in basilica Petri honorificentissima pompa. Cuius in sepulcro hoc epitaphium merito inscriptum est:

Hic sita sunt quinti Nicolai antistitis ossa,
aurea qui dederat saecula, Roma, tibi.
Consilio illustris, virtute illustrior omni
excoluit doctos doctior ipse viros.
Abstulit errorem, quo schisma infecerat orbem;
restituit mores, moenia, templa, domos.
Tum Bernardino statuit sua sacra Senensi,
sancta iubilei tempora dum celebrat.
Cinxit honore caput Federici coniugis aureo;
res Italas icto foedere composuit.
Attica Romanae complura volumina linguae
prodidit. En, tumulo fundite tura sacro!

Laudatur quidem eius liberalitas, qua in omnes usus est, maxime erga litteratos, quos et pecunia et officiis curialibus et beneficiis mirifice iuvit. Eos enim praemiis nunc ad lectiones publicas, nunc ad componendum de integro aliquid, nunc ad vertendos Graecos auctores in Latinum ita perpulit, ut litterae Graecae et Latinae, quae sexcentis iam antea annis in situ et tenebris iacuerant, tum demum splendorem aliquem adeptae sint. Misit et litteratos viros per omnem Europam, quorum industria libri conquirerentur, qui maiorum neglegentia et barbarorum rapinis iam perierant. Nam et Poggius Quintilianum tum invenit et Enoch Asculanus Marcum Caelium Apicium et Pomponium Porphyrionem, in Horatii opera scriptorem egregium.

Aedificavit praeterea magnifice et splendide tum in urbe tum in Vaticano. In urbe aedes pontificias apud sanctam Mariam ad Praesepe. Restituit et templum sancti Stephani in Caelio monte; a fundamentis vero erexit sancti Theodori templum inter Palatinum et Capitolinum montem in plano situm. Pantheon

quoque in medio urbis positum, templum vetustissimum, M.
Agrippae opus, plumbeo tecto restituit. In Vaticano autem et
pontificias aedes sumptuosis operis in hanc formam, quam nunc
cernimus, redegit et muros Vaticani praealtos et latos incohavit
iactis insanis fundamentis ad turres et maiorem molem super-
aedificandam, quibus coerceri hostes possent, ne aedes pontificis
et beati Petri templum, ut antea saepe factum est, diriperentur.
Incohavit praeterea ad caput templi beati Petri amplam testudinem, quam vulgo tribunam vocant,quo templum ipsum augustius
et hominum magis capax esset. Pontem quoque Milvium restituit
et aedes egregias ad balnea Viterbiana aedificavit. Eius etiam
mandato vici urbis fere omnes strati sunt. * * *

Avaritiae autem adeo expers fuit, ut neque officium ullum vendi-
derit umquam neque beneficium simoniaca pravitate ductus ulli
collocaverit. Gratus erga de se et ecclesia Dei meritos, amator
iustitiae, pacis auctor et conservator, clemens in delinquentes,
caeremoniarum diligentissimus observator, nihil, quod ad divinum
cultum pertineret, omittens. Exstant adhuc vasa aurea et
argentea, exstant cruces gemmis ornatae, exstant et sacerdotales
vestes auro et margaritis insignitae; exstant peripetasmata et
aulaea auro et argento intertexta; exstat et mitra pontificia;
quae hominis munificentiam nobis ostendunt. Omitto tot libros
sacros suo iussu descriptos, auro et argento redimitos. Licet
inspicere bibilothecam pontificiam sua industria et munificentia
mirifice auctam.

Religiosos, ut vernaculo vocabulo utar, ita amavit, ut eos et
mira beneficentia et ecclesiasticis beneficiis iuverit. Beatum
quoque Bernardinum Senensem ordinis Minorum in sanctos
rettulit, quod praedicando, docendo, monendo, castigando etiam
factiones Italiae, Guelpham scilicet et Gibellinam, magna ex
parte exstinxerit et Christianis hominibus bene beateque vivendi
viam ostenderit. Cuius corpus nunc etiam Aquilae magna cum
veneratione invisitur.

PAULUS II

Paulus secundus, Petrus Barbo antea vocatus, patria Venetus,
patre Nicolao, matre Polyxena, sancti Marci presbyter cardinalis,
pridie Kalend. Septembris pontifex creatur MCCCCLXIIII. Is

enim, Eugenii pontificis sorore nepos, adulescens adhuc iturus in mercaturam erat, quae apud Venetos in pretio est et a Solone non improbatur, et iam scrinium et arma in triremes detulerat, cum ei nuntiatum est Gabrielem Condelmerium, avunculum suum, pontificem creatum esse. Substitit itaque, adhortantibus amicis et fratre Paulo Barbo maiore natu, ac litteris, licet iam adultus esset, operam dedit praeceptore usus Iacobo Ricionio, qui diligentiam hominis ea in re laudare consueverat. Habuit et alios praeceptores nec tamen ob aetatem admodum profecit; quos omnes praeter Ricionem, dum pontifex esset, dignitate et facultatibus honestiores reddidit, ostendens per eos non stetisse, quominus doctior evaderet.

Paulus autem Barbo, magni animi ac prudentiae vir, cognita fratris natura, quae potius quietem quam negotia appetebat, Eugenium rogat (nam Florentiam videndi hominis causa venerat), ut Petrum ad se vocet initiatumque sacris in aliquo dignitatis gradu collocet. Vocatus itaque Petrus archidiaconatum Bononiensem ac non ita multo post episcopatum Cerviae commendatione adeptus protonotarius ab avunculo creatur, ex his potissimum qui emolumentorum participes sunt. * * * Erat enim Petrus Barbo natura blandus, arte humanus, ubi opus erant. Praeterea vero eo indignitatis plerumque deveniebat, cum precando, rogando, obtestando, quod vellet, consequi non posset, ut ad faciendam fidem precibus lacrimas adderet. Hanc ob rem Pius pontifex hominem Mariam pientissimam appellare interdum per iocum solebat. * * * Facile praeterea quicquid volebat a pontifice (*Callixto*) impetrabat sua vel amicorum causa. Erat enim propensior in amicos et, quos in clientelam susceperat, quibuscumque rebus poterat iuvabat ac constantissime tuebatur, cum apud unum quemque magistratum tum vel maxime apud pontificem. Tantae praeterea humanitatis fuit, ut in aegritudinibus curiales ipsos, qui aliquo in pretio erant, inviseret et quibusdam remediis adhibitis eos ad valetudinem adhortaretur. Semper enim domi habebat unguenta Venetiis avecta, oleum, tyriacam, et cetera id genus, quae ad curandam valetudinem faciunt. Ex his aliquid ad aegrotos mittebat. Curabat item, ut uni sibi magis quam alteri aegrotantium testamenta committerentur, quae postea ex

arbitrio suo partiebatur et, si quid inerat quod ad rem suam
pertineret, facto tamen sub hasta pretio, id sibi pecunia vindicabat. * * *

Mortuo autem Pio in eius locum ipse suffectus statim, ubi
magistratum iniit, sive quod ita pollicitus erat sive quod Pii
decreta et acta oderat, abbreviatores omnes, quos Pius in ordinem
redegerat, tamquam inutiles et iñdoctos, ut ipse dicebat, exauc-
toravit. Eos enim bonis et dignitate indicta causa spoliavit,
quos etiam propter eruditionem et doctrinam ex toto orbe terrarum conquisitos magnis pollicitationibus et praemiis vocare ad
se debuerat. Erat quidem illud collegium refertum bonis ac
doctis viris. Inerant divini atque humani iuris viri peritissimi;
inerant poetae et oratores plerique, qui certe non minus ornamenti
ipsi curiae adferebant quam ab eadem acciperent, quos omnes
Paulus tamquem inquilinos et advenas possessione pepulit, licet
emptoribus cautum esset litteris apostolicis, cautum etiam fisci
pontificii auctoritate, ne, quae bone fide emissent, e possessione
honesta ac legitima deicerent. Tentarunt tamen hi, ad quos res
ipsa pertinebat, hominem e sententia dimovere atque ego certe,
qui horum de numero eram, rogando etiam ut causa ipsa iudicibus
publicis, quos rotae auditores vocant, committeretur. Tum ille
torvis oculis me adspiciens, "Ita nos," inquit, "ad iudices revocas,
ac si nescires omnia iura in scrinio pectoris nostri collocata esse?
Sic stat sententia," inquit; "loco cedant omnes, eant quo volunt;
nihil eos moror; Pontifex sum mihique licet pro arbitrio animi
aliorum acta et rescindere et approbare." * * *

Humanitatis autem studia ita oderat et contemnebat, ut eius
studiosos uno nomine hereticos appellaret. Hanc ob rem Romanos
adhortabatur, ne filios diutius in studiis litterarum versari paterentur; satis esse, si legere et scribere didicissent. Durus interdum
et inexorabilis, si quid ab eo peteres, habebatur neque hoc contentus convicia e probra in te coniciebat; plura tamen praestabat
quam vultu facturum prae se ferret. Uno tamen postremo laudari
potest, quod domi monstra non aluerit quodque domesticos suos
et familiares in officio continuerit, ne ob fastum et insolentiam
populo Romano et aulicis stomachum facerent.

CHRISTOFORO LÁNDINO (1424–1504)

DE VITA CONTEMPLATIVA ET ACTIVA

* * In agrum nostrum Casentinatem cum venissemus ego et Petrus frater tum aestus vitandi tum animi relaxandi, complacuit postridie in Camaldulam silvam ascendere, regionem et tibi et universae Italiae antiqua religione notissimam et in qua, cum vehementer Sirius saevit, morbos atque febres (ut est apud Homerum) mortalibus ferens, verno et apprime salubri caelo per summam voluptatem frui liceat. Itaque cum primum ad cenobitas, inde etiam ad heremitas (ut Graecis verbis utar) pervenissemus, percepimus paulo ante nos Laurentium Medicem cum Iuliano fratre eodem venisse duxisseque secum ex urbe nostra Alamannum Rinuccinum, Petrum ac Donatum Acciaiolos, Marcum Parenthium, et Antonium Canisianum, viros litteratissimos et qui, cum a primis annis vim copiamque dicendi exactissima arte et longa exercitatione consecuti essent, vehementi deinceps ac diuturno studio maximos in philosophia progressus fecerant. Itaque recta in eam cellulam profecti, in qua itineris difficultate defessi requiescebant, eos sedentes offendimus. Qui cum nos nihil tale exspectantes intuerentur, subito gaudio affecti statim surrexerunt atque post illa, quae familiarissimi primo congressu dicere consueverunt, "Nihil, o Landine," inquit Laurentius, "nobis exoptatius evenire potuit quam quod nos in huiusmodi solitudine offenderes; nam cum hos aliquot dies, quibus intensissimis caloribus omnia exuruntur, ab urbanis curis taediisque in hanc amoenitatem eo consilio profugissemus, ut horum montium contemperatissimo caelo frueremur et in aliqua animi voluptate versaremur, spero, si his te philosophis adiunxero, nullum nos iucunditatis suavitatisque genus esse desideraturos."

Ad quae cum ego iam respondere coepissem, subita res orationem interrupit. Nuntiatum enim est Leonem Baptistam Albertum paulo post adfuturum. Venerat enim nuper Roma et, cum via Aretina in Sighinensi apud Marsilium Ficinum, virum nostra tempestate inter Platonicos facile principem, divertisset, statuerunt communi consilio non prius Florentiam ire quam totam caniculam inter Casentinatia tempe declinassent. Hi igitur iam ad cenobium devenerant, emissisque equis lento passu una cum

174

Mariotto Camaldulensi antistite, viro et religione et doctrina
probato, ad nos ascendebant. Ad quod nuntium subita omnes
laetitia affecti et simul ardore summo adeundi et colloquendi
incensi obviam procedimus, congredimur, consalutamus. Reliquum eius diei (ad occasum enim iam sol descendebat) in Baptistae
sermonibus consumimus. Erat enim vir ille omnium, quos plura
iam saecula produxerint, omni humanitatis ac salium genere
cumulatissimus. Nam quid de litteris loquar, cum nihil omnino
exstet, quod quidem homini scire fas sit, in quo ille scienter prudenterque non versaretur?

Postero igitur die cum iam omnes consurrexissemus ac sacris
interfuissemus, placuit valetudinis voluptatisque causa per
superiorem silvam ad montis iugum pertinentem deambulare
paulatimque eo deventum est, ubi in florido prato perspicuum
fontem densis ramis patula fagus integeret. Hic Baptista; "En
vobis," inquit, "optimi viri, arbor ipsa et rivus suavi murmure e
fonte decurrens platani aquulaeque Socraticae imaginem refert.
Sedilia autem, quae undique cernitis, a natura quidem incohata,
pastorali autem opera paululum elaborata commodissime nos
recipient, ut post hanc per acclivem locum deambulatiunculam
percommode requiescamus." Ac postquam resedimus; "Per-
beatos quidem," inquit, "eos puto, quibus cum litterati sint, etsi
non semper, saepe tamen numero, aut compositis aut in aliud
tempus reiectis publicis privatisque curis, ea se ratione in aliquam
solitudinem conferunt, ut, quemadmodum apud nostros theo-
logos est, relicta Martha iisque fluctibus, in quibus semper illa
aestuat, in Mariae tuto tranquilloque portu conquiescant, cuius
ex altissimis scopulis veluti excelsa quadam specula non solum
terras mariaque despiciant, verum multo ardentius caelos ipsos
suspiciant atque alis illis Platonicis recuperatis, uti alter Zetus,
mundum hunc superiorem universum circumvolent. Quod etsi
litteratis omnibus faciendum saepe sit, vobis tamen, Laurenti
Iulianeque, saepissime facere aequissimum est. Videtis enim
universam reipublicae molem propter ingravescentem parentis
vestri morbum iam vestris umeris sustinendam. Ad quam quidem
rem etsi perspicua appareat in te virtus, Laurenti, divinumque
potius quam humanum putandum sit, quod in tuis adulescentiae

annis nulla neque tanta neque tam ardua res sit, quam et senili prudentia concipere et invicta animi magnitudine aggredi non possis: quamvis ea aetate florens, quae omni cupiditatum genere semper aestuare consueverit, quamvis ea fortuna eaque rerum omnium licentia constitutus, in qua magnos saepe viros et diuturno usu egregiis virtutibus illustres ex firmissimo gradu excussos videamus, tu numquam modestiae fines transieris, tamen et tua et reipublicae permulti interesse arbitror ut, cum tu illam administrandam brevi suscepturus sis vel ac potius magna iam ex parte susceperis, quodcumque otii publico negotio subtrahere licuerit, id omne huc 'congeras et procul ab urbanis tumultibus vel tecum ipse vel potius cum huiusce modi doctissimis iisdemque tui amantissimis viris ea inquiras ac disputando adsequaris, quibus animi nostri in suae originis ac divinitatis cognitionem inducuntur. Nemo enim nec se nec rem republicam recte administrabit, nisi prius et iis virtutibus, quae vitam moresque emendant, animum ab omni corporea labe expiaverit et iis, quae rerum maximarum cognitionem praebent, illum iam purgatum ita illustraverit, ut quid ipse, quid reliqui homines sint, ad quam rem a summo Deo producti, recte noverit. Quam quidem causam divinum illum Platonem novisse puto, ut, quamvis in ceteris paene rebus omnibus nihil audeat affirmare, tamen hoc sine ulla dubitatione sentire videatur, eas res publicas tum demum beatas futuras, quas aut philosophi administraverint aut, qui administrant, philosophari coeperint. Pergite igitur, optimi adulescentes. Nam cum parentis avique vestri diligentia effectum sit, ut ab ipsa paene infantia ita in litteris enutriti fueritis, ut illas una cum nutricis lacte suxisse videamini, cumque iam eo progressi sitis, ut minime sit paenitendum, cum postremo acutissimum ingenium maturissimumque iudicium et naturae beneficio et vestra exercitatione in vobis eluceat, facile, quo intenderitis, poteritis pervenire."

* * * * * *

"Vides igitur minime contemnendam esse vitam, quae in agendo versatur. Maxime enim naturam humanam contingit suaque industria suisque laboribus mortalium genus inter sese suavi vinculo colligat et, ut iustitiam ac religionem colat, efficit. Verum cum mens nostra, qua sola homines sumus, non mortali actione sed immortali cognitione perficiatur, in qua ultimum illud, quo omnia referuntur cuiusque causa omnia fiunt, ipsum autem propter se expetitur, collocatum sit, quis non viderit speculationem esse longe anteponendam?"

Quae cum in hunc fere modum Baptista dixisset, et ipse oculis eodem obtutu defixis, veluti is qui longe plura mente pervolveret quam verbis expressisset, ad longiusculum spatium tacitus consedit. Et nos, qui aderamus, tantis ex tam multiplici hominis doctrina stupor invaserat, ut potius ea, quae hactenus audieramus, nobiscum et inter nos repeteremus quam quicquam praeterea interrogaremus. Laurentius autem, ut est ingenio acerrimo et cuncta discendi cupidissimo, non ille quidem, ut se ostentaret, sed ut Baptistae de re tota sententiam, eius dictis sese opponens, planius eliceret, silentium tandem nostrum rumpens, sic Baptistae orationem subsecutus est.

"Quamquam et eius pudoris, quem me aetas praestare admonet, et eius consilii, quod vel mediocris prudentia parere potest, in primis esse videtur, ut vel solo tantorum virorum adsensu, quae a te dicta sunt, approbemus, tamen ad huius vestrae speculationis gloriam pertinere puto, ut omnes intellegant illam ex eo certamine victricem evassisse de eoque adversario triumphasse, qui illi non incruentam victoriam reliquerit. Et profecto, cum mecum, quoad ingenii vires suppetunt, naturam nostram considero, non contemnendae videntur argumentorum acies, quas civilis actio in certamen adducit. Eorum autem illud in primis sese offert. Nam cum de hominis vita quaerimus, neminem tam rudem ingenio esse arbitror, qui non animadvertat non ita de eo quaeri, ut aut animum seorsum a corpore aut contra corpus ab animo destitutum mente concipiamus, sed, quemadmodum, cum bigas dicimus, non alterum solum ex iis equis, qui iuncti currum trahunt, sed utrumque simul intellegimus, sic, cum hominis ratio haberi coepta est, id totum nobis proponimus, quod ex animo atque corpore constat. Hoc igitur si das, ego mihi ita persuadebo, id vitae genus praeferendum, quod non horum alterum sed utrumque servet atque perficiat. Ratio autem vivendi, quae civili actione perficitur, hoc praestare ex eo convincitur, quod virtutes de vita et moribus, quibus civiles actiones diriguntur, et corpus simul et animum incolumes servant. Illis enim cum valitudo roburque membrorum omnium sensuumque integritas servatur, tum animus ab omni vitiorum labe impollutus custoditur.

Praeponenda est igitur actio, quae hoc praestat, veri investigationi, quae in sola mente curanda ita versatur, ut rerum ceterarum curam neglegat. Illud autem quis non videat, ad concilia coetusque celebrandos et ad communem societatem conservandam nos'parentem optimam naturam produxisse? Hoc autem nisi civitatem constituamus, nulla ratione praestare poterimus. Qua enim alia re immortalibus laudibus Socratem illum Graecia omnis ad caelum effert, nisi quod primus philosophiam e caelo in terras devocavit atque intra urbes induxit? Quae cum dicunt, quid aliud intellegunt, nisi virum innocentissimum divina sua sapientia vidisse multo conducibilius esse generi humano ad vitam in tuto tranquilloque degendam, si, rerum divinarum difficillima cognitione et naturae arcanis, quae omnino obscura sunt, relictis, ea praecepta hominibus traderentur, in quibus actiones nostrae emendatae, non solum nos ac rem familiarem, sed multo etiam magis universam rem publicam administrarent.

Et profecto, si originem nostram repetere voluerimus, si ad quam rem potissimum nati sumus considerare, intellegemus nos principe illo Deo in hanc infimam mundi regionem veluti in longinquam ac difficilem expeditionem missos, ut adversus plurimas difficulates viriliter pugnando duos saevissimos hostes, dolorem ac voluptatem, superaremus, quibus profligatis perpetua pace frueremur. Nam cum quisque natura duce ad iustum honestumque moveatur, non temere flagitiosum virum invenias, nisi quem aut incommodi metus aut voluptatis spes transversum egerit. Nam et imperandi et habendi cupiditas, quae duo mala ad omne nefarium facinus mortales impellunt, quid sibi aliud postulat, nisi ut omnia incommoda vitet, omni voluptate fruatur? In huiusmodi igitur exercitu constituti cum cotidie in aciem producamur, in qua de vita et sanguine, id enim est de animorum nostrorum salute, dimicandum sit, nonne qui in ea locum deserit ac commilitonibus proditis clanculum se a proelio in castra recipit, pro transfuga est habendus? Nam obsecro te, cum intra eandem civitatem cogamur, cum iisdem moenibus iisdemque armis hostiles iniurias propulsemus, cum communi consilio eas leges iubeamus, quibus et iuste vivamus et ad omnia ardua pro dignitate tuenda inflammemur et modestiae praescriptos fines non excedamus, nonne cuique nostrum summis viribus elaborandum est, ut haec civilis vita ab omni scelere absit omnemque virtutem amplectatur atque, quo minus hoc praestet, nullo dolore aut periculo deterreatur, nulla voluptate enervetur? At si contra quisquam sit, qui in otio marcescens haec neglegat, nonne munus sibi adeo demandatum deserere videatur?

Verum quoniam sole clarius appareat quid inter vestrum otiosum et nostrum negotiosum intersit, proponamus nobis exaedificatam aliquam urbem, cui publica ac privata cuiuscumque generis aedificia, sacra itidem ac profana, abunde magnificeque adsint, adesseque sapientissimum virum, qui illam huiuscemodi habitatoribus replere instituat, qui civitatem omnibus rebus affluentem reddant, in qua, quemadmodum in animato corpore, nullam partem adesse par est, quae non serviat toti, et, ipse ad portas sedens nullum prius civem futurum admittat quam singulos ingredi cupientes diligentissime consideret et, quem quisque civitati usum prudentia artificiove allaturus sit, penitus cognoscat. Itaque respondebunt alii se sapientes legum latores esse, alii consultores prudentes, alii oratores vehementes, alii iudices iustos. Erunt itidem qui medicinam spondeant, qui civilis iuris ambigua interpretaturos promittant, qui militiam exercituros profiteantur. Aderunt architecti; aderunt sculptores, fictores, pictores; aderunt ferri lignorumque fabri. Et quoniam praeter has artes, quae ingenio atque industria comparatae libero sunt homine dignae, varia quoque opificia in ea multitudine requiruntur, quae non solum ad recte verum etiam ad tute commodeque vivendum collecta sint, ultro sese offerrent mercatores, qui argentariam exerceant, qui et quae apud nos sunt merces exportando et peregrinas importando populum tum rebus omnibus exornatum tum grandi pecunia divitem reddant. Aderunt qui ex varia lana vestes conficiant, qui iam confectas variis coloribus inficiant, ut non solum ad frigoris calorisque vim repellendam verum ad ornatum ac dignitatem quandam comparandam illis uti possimus. Praetereo hos sordidiores et veluti mercenarios,

quorum laborem potius quam industriam emimus; praetereo
textores, fullones, zonarios, vestium calceorumque sutores,
multosque alios eiusdem generis. Et ne in forum mihi cupedi-
narium descendendum sit, omitto olitores, salsamentarios, pistores,
cocos, sartores, lanios, piscatores, quibus Terentianus Gnatho re
salva et perdita profuisse se iactat.

Cum igitur et illorum, quos a principio enumeravi, ingenium
atque artificium admiratus fuerit, et horum, quos proxime posui,
operam ac laborem necessarium duxerit is, cuius arbitrio civitate
donandi sint homines, profecto omnes admittet singulosque ad
id quod iam professi fuerint negotium sedulo obeundum cohorta-
bitur. Inter quos si vester hic sapiens otiosus oscitansque adsit
secumque et apud se in sua solus bibliotheca delitescens nusquam discedat nullique admisceatur, neminem salutet, nullam
neque privatim neque publice operam praestet, quas illius in
republica partes esse dicemus, quod symbolum ad vitam humanam conferre? Ubi illum constituemus? Quo dirigemus? Eritne
quispiam, qui illum in aliquo hominum numero habendum censeat?
Profecto non erit, sed potius ipsum veluti ignavum fucum ad
aliena mella venire omnes indignabuntur.

'Quietem ego,' inquit, 'ago et per summum otium vim naturae
speculor et verum in rebus omnibus invenire contendo.' Beatus
profecto es, sed cave ne tuae naturae oblitus videare, qui tibi
soli ita inservias, ut reliquorum nullam penitus rationem habeas.
Verum age, liceat mihi bona venia te, quod scire cupio, rogare.
An si classem adversus hostes ituram ea mente conscendas, ut
neque gubernator ad temonem sedeas neque remex navigium
impellas neque per foros currens ea, quae aut circa pedem faciendum aut circa antennas velaque administranda sunt, ipse facturis
imperes neque imperanti pareas neque denique cum hostibus
pugnaturus armis instructus consistas, sed solum onus navi
afferas eumque otiosus locum in illa occupes, in quo alius usum
quempiam praestaret; si, inquam, huiuscemodi consilio navem
conscendas, ut neque opera neque consilio illam iuvare velis, nonne
qui navibus praeessent inutilem te et dignum qui in mare prae-
cipitareris ducerent et fortasse, si paulo essent severiores, te
praecipitarent? An putas rempublicam minus fortasse egere

capessentibus se quam navem, cum gravissima assiduaque pericula sibi undique semper immineant assiduoque aut multorum principum ac populorum ambitione avaritiaque armis dolisque petatur aut seditiosorum civium factione exagitetur?

Ecquis ignorat animanti rempublicam simillimam esse, in quo summa quadam harmonia suum quodque membrum munus exsequitur? Conficit ex se eum spiritum cor, qui animanti vitam praebeat, circa vero nutrimentum nonnulla stomachus sed plura epar praestat. Quod vero sentiat animal, a cerebro est; quod respiret, a pulmonibus. Sed ne in reliquis, quae latent proptereaque minus nobis nota sunt, nunc longior sim, videamus externa. Ferunt pedes, operantur manus, vident oculi, audiunt aures. Ex quibus omnibus unus veluti concentus ex diversis vocibus in commune efficitur, quo animans et ea, quae sibi noxia sunt, propellat et amica salutariaque adsciscat. Quod si aut pedes universi corporis molem ferre denegarent aut oculi, quae ad totius salutem pertinent, prospicere recusarent aut nares odorum rationem habere neglegerent aut gustus inter salubria et insalubria nullum discrimen faceret, quo modo illi animanti consultum putares aut quam diu duraturum? Sed id adde, quod huiusce modi iactura gravior sit. Nam qui ad res speculandas conversi reipublicae partes deserunt, ii sunt, qui ingenio et consilio reliquos superent, ex qua re maiore afficiatur detrimento civitas necesse est, cum a sapientioribus deserta minus prudentibus relinquatur. Nam veluti in Graecorum exercitu, si Thersites in acie locum deserat, non magnum Troianos ad victoriam momentum affert, quippe qui, etiam cum pro viribus pugnet, non multum terroris hostibus possit incutere; contra vero, si Agamemnoni iratus fortis Achilles in tentorio cesset, poterunt facile in fugam verti Graeci, (qui enim praesens multum prodesse potest, eiusdem est absentis plurimum nocere), sic eadem rei publicae ratio est, in qua si is gubernacula relinquat, qui ingenio et prudentia reliquos antecellat, ab is, qui hebetiores sunt, summo cum detrimento res administretur necesse est.

'At,' inquiet hic noster investigator, 'ego quidem hoc ago, ut in speculanda natura rerum, quae ad hominum salutem pertinent, comperiam, ut, qua ratione instituendae sint civitates, quibus legibus informandae, edoceam; quales item esse oporteat in populo principes, quibus demandandi sint magistratus, quibus quaeque delicta suppliciis coercenda, quibus honoribus boni honestandi demonstrem.'

Hunc ego hominem ut beatum admiror et, quod huiuscemodi sibi thesauros comparet, vehementer laudo. Rursus vero cum eundem illos conditos retinere animadvertam neque tantas divitias in aliorum libertatem convertere videam, ditissimo illum homini comparo, sed qui opes suas clam omnibus habens humique fodiens nec sibi nec aliis profuturus sit. Veluti si quispiam curet, ut velocissimo robustissimoque sit corpore neque deinde ullo se cursu aut certamine exerceat. * * * Lege quaeso instituta diversarum rerum publicarum; videbis semper maxima praemia ingentissimosque honores non otiosis, sed negotiosis esse institutos. Fuerunt in maxima gloria triumphi, fuerunt trophaea, fuerunt ovationes. Variae coronae inventae sunt, varii tituli excogitati. Videmus multis excellentissimis viris statuas erectas neque solum togatas verum etiam equestres atque curules; videmus sepulcra magnifice constructa, agros publice donatos, ut huiuscemodi monumentis viri illustres et de republica bene meriti immortales redderentur. Verum si ex omni antiquitate haec repetas, invenies ex otiosis rarissimo omnino huiuscemodi praemiis honestatos. Civilium autem hominum turbam vix enumerare poteris. * * * Sed quid plura? Nam cum omnes, qui umquam fuerunt philosophi, ad socialem communemque vitam nos natos esse velint, nec homo is appellandus est, qui non civis sit, nec civis, qui eius, in qua natus est, civitatis curam neglegat.

Haec igitur habui, quae declamatorie et, ut apud Landinum me exercere soleo, magis quam philosophice mihi pro vita civili dicenda viderentur idque magis adeo, ut iudicium tuum gravissimum, quod esset de hac re, mea oratione expressius elicerem quam meum explicarem. Quod si diutius patientia tua in me audiendo abusus sum quam dignitas tua et observantia mea erga te postulabat, dabis veniam amori nostro rerum noscendarum ardentissimo. Nam cum discendi miro studio inflammatus sim, tui autem adeundi et consulendi facultas rarissima detur, patere quaeso aequo animo, si ultra quam par est te defatigem."

Quae cum a Laurentio dicta essent, ingens stupor eorum omnium, qui aderant, mentes invasit. Nam etsi ea signa iam diu sese in adulescente ostenderant, ut omnia maxima de eo iam concepissent, tamen tantam ex tempore copiam, tam promptas argumentationes, tam varia exempla maturiori quoque aetati non mediocrem laudem afferre posse putabant. Leo autem Baptista, cum suapte natura studiosos omnes summo amore prosequeretur, Laurenti autem ingenium paterne atque unice diligeret; "Iam dudum," inquit, "Laurenti, te attentissime nec sine summa voluptate audio. Video enim te non solum omnes vitae civilis virtutes esse amplexum, quod et ipsum tamen in tam teneris annis summa admiratione dignum videri possit, verum etiam ad haec, quae diviniora sunt, mentem iam convertisse. Facile enim apparet, quaecumque paulo ante pro vita civili dixisti, huc omnia tendere, ut me ad ea corroboranda excitares, quibus veri investigatio actioni praeponatur. * * * Et quoniam eos veluti inertes accusabas, qui relicta rerum publicarum administratione totos sese otio traderent, capiamus aliquem ex nostra civitate, qui ita vivens vitae tamen suae institutum probe defendat. Volumusne Paulum, physicum mathematicumque excellentissimum, quem avus tuus Cosmus cum sua admirabili doctrina tum suavitate quadam in sermonibus et disputationibus apprime dilexit?" "Istum ipsum," inquit Laurentius. "Nam is solus ex omnibus, quos ego norim, apud nos est, quem cognitio summarum rerum adeo delectet, ut, modo id adsequatur, nihil sit praeterea, quod curet." "Is igitur," inquit Baptista, "civis natus cuique omnia nostrae urbis publica cum reliquis civibus communia sint, tamen civiles omnes tumultus atque certamina fugiens apud se in assidua veri inquisitione versatur. Hic igitur, si tamquam publica munera detractans salutis dignitatisque publicae desertor insimuletur, sicut puto, se defendet:

'Ego quidem, Florentini viri, quod seorsum a vobis vitam agam, nulla me vos iniuria adficere probe novi. Nam neque aerarii neque privati cuiusquam opes aut furtim aut per vim ad me converto neque iis moribus atque ea vita sum, ut notam aliquam reipublicae adferam, qua illam me produxisse paeniteat. Adversus vero singulos neque inurbanum me neque superbum neque avarum gero. Legum autem et institutorum, quibus respublica incolumis perdurare possit, nullus est, qui maiorem curam gerat. Ego autem non ignoro vires in republica et magistratus maximo in pretio apud mortales esse maximosque honores ad eos pervenire, qui illis funguntur, si cum summa virtute eos administrarint, sin contra, sua ignominia illos opprimi necesse est. Quapropter sapienter Clazomenius ille Anaxagoras magistratum ait virum ostendere. Qui enim in sublimi ac excelso loco constituti sunt, eorum neque virtutes neque vitia quemquam latent ac, quantum a recta via aberratum est, tantum exagitantur. Quod si quis vel falsa gloria ductus vel caritate summa in patriam motus ad rempublicam administrandam accedere tentat, videat prius et secum diutius cogitet, quo artificio quibusve instrumentis ad id artificium aptis tantam rem adgrediatur. Neque enim aut pictor aut sculptor opus recte conficient, nisi et artem prius optime norint et iis instrumentis abundent, quibus opus iam mente conceptum commode absolvere possint, ne aut inscitia damnentur aut inopia laborantes rideantur. Quod si quis quaerat, quibus rebus exornatum eum esse oporteat, cui publica res recte committi possit, respondebo sine ulla dubitatione omnem laborem frustra illum suscepturum, nisi adsit veri cognitio. * * *

Et profecto numquam eum vobis rem publicam conservare adsentiar, qui aut portus aut navalia aut moenia aut templa aut porticus conservat. Quae omnia etsi neque hostis igni ferrove demoliatur neque caeli iniuria diruat, temporis certe progressu, quo nihil edacius est, penitus contabescent. Sed unica custos servatrixque fidelissima est concordia civium, quam actiones a singulis profectae in unum coeuntes ita conficiunt veluti diversae a singulis in cithara fidibus venientes voces ita consonant, ut suavissimus inde concentus, quem Graeci harmoniam nuncupant, exoriatur. Id autem optima legum institutio pariet. Legum autem observantiam eorum, qui illis utuntur, virtus conservabit; virtutem autem rationes a diligenti inquisitione perfectae pariunt; illas autem sola exercitatio circa verum perficit. Verum postremo diuturno quodam otio circa ipsum adhibito nobis comparabimus. Nullo enim alio instrumento utitur virtus praeter veram rationem, qua acuitur atque excitatur animus, ut addiscat et, quae didicerit, memoriae mandet et, quae meminerit, utatur. Utens enim minime aberrabis. Huiuscemodi igitur est veri exercitatio. Huiuscemodi ars visque rationis, qua ut exornemur, summopere elaborandum est. Ipsa enim sola est, quae ad summum bonum perducat?'

Videsne, quo se tutetur pacto vir speculationi deditus? Ad ea autem, quae a te et ingeniose excogitata et eleganter explicata sunt, sic puto respondebit: primum, quod hominis sit rationem habendam dixisti, ut et corpus simul et animum complectamur, non ibit infitias, postquam molestissimo corporis carcere sumus inclusi, non esse omnino corporis curam omittendam, sed utriusque rationem habendam; esse aliquo modo concedendum nos ex animo et corpore constare. Verum, si exactius naturam nostram inquiramus, non videbimur aberrare, si solam mentem hominem appellemus Quod non solum Platoni, tanto viro, verum etiam Christianis, quibus nihil doctius reperias, placere video. Quid ergo corpus? Possem dicere vinculum animo esse, a quo paulo post dissolvatur; possem vas fictile appellare, quod brevi confringatur; possem denique vestimentum, tale quidem, quod brevi veterascat atque conteratur. Mens autem, quae aeterna est, pabulum et veluti nutrimentum non actionem, sed speculationem quaerit. * * *

Quapropter ex his sic universus locus concluditur. Qui in actionibus versantur prodesse quidem, sed aut ad praesens aut ad breve tempus. Qui autem naturam rerum in obscuro abditam in lucem nobis proferunt, eos semper profuturos. Actiones enim una cum hominibus suum finem sortiuntur. Speculationes autem cuncta saecula vincendo immortales perdurant et aeternitati aequantur. Quam ob rem, cum ille tuus sapiens ad portam sedens ingressuros considerabit, admittet senatorem, admittet oratorem, militem, iurisconsultum, et reliquam deinde turbam, quam tu paulo ante distinctius enumerasti; neque iniuria admittet, cum omnibus illis civitas veluti corpus suis membris egeat, sine quibus manca et aliqua ex parte inutilis futura sit. Cum vero noster hic sapiens accesserit et rogatus, quid ad vitae communis usum profiteatur, responderit se eum esse, cui quidem in animo sit a negotiis omnibus cessare, ut neque privatam neque publicam curam attingat, sed ita in rerum excelsarum investigatione versari, ut quae utilia, quae honesta, quae secundum naturam sint optime investiget investigataque litteris tradat, excludetne hunc quaeso? An potius veluti mortali cuidam deo venerabundus assurgens ad mediam usque urbem prosequetur ac priores excellentioresque aedes illi dandas eumque publicitus enutriendum curabit? Quin ipsum veluti exemplar omnibus civibus proponet, a quo quisque partes sibi in re publica demandatas obire discat et veluti ab oraculo in suis dubiis rebus responsa accipiat. Et negabit quisquam talem virum ullum civitati usum afferre, cum nullus praeter eum sit, qui munus sibi demandatum, nisi hoc prius consulto, recte praestare valeat?

Itaque ridebam mecum paulo ante pompam illam verborum tuorum, cum navi, cum corpori animato rem publicam comparabas, et te cum qua mente illa diceres animadverterem, consilium tuum tacitus approbabam. Sed illud (mihi crede) navigium optime administrabitur, in quo praeter eos, quos paulo ante commemorabas, sapiens noster adsit, qui ab omni negotio immunis solum, quae conducant navigationi, speculetur ac consilium expetentibus, quae factu optima sint, ostendat. In corpore autem animato tum denique et sensus vere iudicabunt et appetitus nusquam temere movebitur, si mens adsit, quae ipsa ab actionibus vacans consilio tamen eos, qui id petunt, iuvet. Nam quod aiebas maximum idcirco inde provenire rei publicae detrimentum, quod, occupatis excellentioribus ingeniis circa veri cognitionem, ipsa a deterioribus regatur, numquam profecto cessabit sapiens, quin se de rebus arduis consulentes recta semper moneat, unde, si non opera, consilio tamen iuvabit.

Sed mihi crede, rarissimi erunt, qui humanam societatem fugientes soli apud se esse possint. Id enim non nisi eius hominis est, qui, iam hominis natura superata, ad diviniora evolavit. Quapropter, ut dixi, pauci erunt omnino. Videmus enim in tam multis saeculis quam mira sit paucitas et quam rari appareant nantes in gurgite vasto, ut nullum iam sit periculum rem publicam deseri. Sed et ipsi illi sic otiosi usum vel maximum suis civibus praebent. Sunt enim gravissimum aliis exemplum, ne ita se somno ventrique dedant, ut omnem doctrinam neglegant. Neque tamen, si se duces ad rem publicam recte gerendam adhibere volet civitas, suam illi operam denegabunt. Est enim divini Platonis praeceptum, si sapientem rebus praeesse viderit sapiens, usurum illum otio suo, cum multo sit suavius regi quam regere. Sin stulti erunt qui praesint, aut ipse illorum vicem obire aut eos meliores reddere tentaturum. Quod si neque ipse admittetur neque illi meliores fieri patientur, rediturum ad se aliaque ratione hominibus profuturum.

Plurimos praeterea enumerasti, qui suis praeclarissimis domi militiaeque rebus gestis divinos sunt honores adsecuti, quos quidem ego multo etiam maioribus dignos puto eosque maximos admirandosque viros fuisse non dubito. Neque enim, cum alteros anteire dico, alteros in nullo hominum numero habendos censeo. Deus est inter mortales, qui (ut est apud Maronem) rerum potuit cognoscere causas. At maximum ac excellentissimum virum inter homines eum iudico, qui recte rem gerit. Qui quoniam aliena potius quam sua curat (quamquam, qui homo est, nihil humanum a se alienum putabit)—sed quia ab otio ad negotium et a quiete ad tumultus et ad pericula excitatur et, dum aliorum saluti consulit, suam neglegit, non iniuria fuit huiuscemodi praemium tantis laboribus proponendum. Eos enim res publica in primis honorat, quos honorare sua maximi intersit. Interest autem plurimi huiuscemodi viros ad se defendendam atque augendam et ad suam maiestatem amplificandam omni honorum genere allicere. Nam etsi magna sit in virtute vis tantaque illius pulchritudo undique se nobis ostendat, ut etiam propter se illam expetere cogamur, tamen quae hominis est sive in se ipso cognoscendo inscitia sive morum depravatio atque perversio, pauci omnino erunt, nisi magni quidam et praeclari honores proponantur, qui maiorem aliquem laborem aut gravius periculum suscipere velint, longeque plures invenias, qui virtutis insignia assequi laborent, quam virtutem suis praemiis spoliatam adament. Quapropter sapienter institutum est, quoniam recta ratio apud omnes non valet, ut huiuscemodi veluti invitamentis ad rectum honestumque accenderemur.

Haec erant igitur quae me, cum de inquisitione veri et actione recti seorsum quaereretur, persuadebant, ut cognitionem actioni anteponerem. Verum cum omnia diligentius circumspexi cumque videam hominem ita a sola mente proficisci, ut corpus tamen minime sit neglegendum, cum ita natum, ut et caritatis nodo cum ceteris devinctus sit et rerum cognoscendarum amore flagret, eum denique virum putabo, qui utriusque vitae rectam rationem habens utramque coniungat, qui actionibus tantum praebeat quantum rerum mortalium indigentia atque humanae societatis vinculum postulat, quantum patriae amor impellit. Ad speculationem autem ita se convertet, ut ad eam, nisi quatenus imbecillitas nostra inde avocet, se natum meminerit. Investigabit igitur, ut summi boni compos fiat. Aget, ut sua suorumque incommoda fugiat. Utrumque autem recte praestabit, modo utroque tantum, quantum sat est, impendat. Non enim ita adversa ita inter se pugnantia sunt, ut aliquo modo coire non possint. Sorores enim sunt: sub eodem tecto habitant Maria atque Martha. Ambae Deo placent, Martha, ut pascat, Maria, ut pascatur. Ambae bonae, sed altera laboriosa, altera otiosa, ita tamen ut neque labor flagitium neque otium desidiam pariat. Quapropter haerebimus Marthae, ne humanitatis officium deseramus. Multo tamen magis Mariae coniungemur, ut mens nostra ambrosia nectareque alatur. Illa enim paulatim in Dei cognitionem ascendimus, in qua qui summum bonum consistere ignorat, eum se suamque originem ignorare facile crediderim. Nam cum vitae nostrae, quae turbulentissimo mari simillima est, varios aestus procellasque considero, difficillimum puto summum attingere, nisi in eam, quam dixi, veri cognitionem, veluti in tranquillissimum portum, confugiamus." * * * —*Disput. Camald. I.*

FRANCESCO OTTAVIO (1447–1490)

AD IULIAM

Iulia, divarum pulcherrima, Iulia nostrae
tempestatis honos, per quam non unus et alter
tresve proci, sed tota cohors omnisque iuventus
uritur et magnos sub pectore nutrit amores,
en ego ferventi traiectus corda sagitta
huc venio supplexque tuum, dea, limen adoro.
Sic me iussit Amor. Nostri miserere furoris,
diva potens, miserere mei, precor, alma poetae.
Per te ego Cirrhaeos colles sacrumque subibo
Musarum nemus et Phoebi penetralia tangam;
per me fata deum vinces atque omnibus aevis
inclita carminibus semper celebrabere nostris.

AD IULIAM

Vultu Iulia pulchrior dearum,
stellis dignior, altior Tonante,
et caelo renitentior sereno,
pomis gratior et rosa rubenti
et nardo redolentior crocoque,
plumis mollior, albior ligustro,
Phoebi lumine clarior nitentis,
molli Iulia suavior Falerno,
albis Iulia purior columbis,
fulvo Iulia carior metallo,
Eois pretiosior lapillis,
et, ni despicias meos amores,
mundo Iulia maior universo.

DE FORMA IULIAE

Amore captus Iuliae miser semper
huc erro et illuc; specto per vias urbis
et per fenestras ianuasque vicosque,
fors si qua pulchros Iuliae meae vultus
puella referat, cuius ore consolet
diros furores. Nulla sed tamen nostrae
similis videtur Iuliae. Simul cunctos

haec vincit homines, vincit et deas omnes
decore, vultu, candidaque cervice.

AD IULIAM

Laetare, cordis dimidium mei,
laetare, velox namque dies fugit.
    En curva iam repet senectus
        instabili tremebunda gressu.

Expelle curas cantibus et sono,
annecte serto tempora myrteo,
    neu sperne fumosum Falernum,
        neu tacitis Venerem tenebris,

dum fata currunt, dum sinit Atropos,
neu perde vitae laetitiam brevem.
    Felix malignos qui dolores
        pectoribus didicit fugare.

AD IULIAM

Vultu Iulia splendido,
    cuius sunt geminae luminibus faces,
cui flavae renitent comae,
    pandit purpureas cui facies rosas,
prima candidior nive,
    te malim Siculi quam maris insulas,
quam totos Libyae greges,
    quam quae Dardaniis dicitur Attalus
donavisse Quiritibus,
    quam sucos et opes divitis Indiae
et cultum Alcinoi nemus.
    Si quis forte mihi diceret, "Elige
quicquid concupis et dabo,"
    spernens, o mea lux, cetera te modo et
vultus eligerem tuos.
    Magni sceptra Iovis te sine displicent.

ANGELO POLIZIANO (1454–1494)

Angelus Politianus Cassandrae Fideli Venetae Puellae
Doctissimae S. D.

O decus Italiae virgo, quas dicere grates quasve referre parem,
quod etiam honore me tuarum litterarum non dedignaris? Mira
profecto fides tales proficisci a femina (quid autem a femina dico?
immo vero a puella et virgine) potuisse. Non igitur iam Musas,
non Sibyllas, non Pythias obiciant vetusta nobis saecula, non
suas Pythagorei philosophantes feminas, non Diotimam Socratici
nec Aspasiam; sed nec poetrias illas Graeca iactent monumenta,
Telesillam, Corinnam, Sappho, Anyten, Erinnen, Praxillam,
Cleobulinam, et ceteras; credamusque facile Romanis iam Laelii
et Hortensii filias et Corneliam, Gracchorum matrem, fuisse
matronas quantumlibet eloquentissimas.

Scimus hoc profecto, scimus nec eum sexum fuisse a natura
tarditatis aut hebetudinis damnatum. Sed enim veterum saeculorum talis ista paene publica laus fuit, ut in quibus etiam vilissi-
mos servos ad extremum pervenisse quondam vel litterarum vel
philosophiae fastigium reperiamus. At vero aetate nostra, qua
pauci quoque virorum caput altius in litteris extulerunt, unicam
te tamen exsistere puellam, quae pro lana librum, pro fuso
calamum, stilum pro acu tractes et quae non cutem cerussa,
sed atramento papryum linas, id vero non magis usitatum nec
minus rarum aut novum quam si de glacie media nascantur
violae, si de nivibus rosae, si de pruinis lilia.

Quod si conatus ipse pro miraculo iam cernitur, quid de
profectu studiorum tanto dicemus? Scribis epistulas, Cassandra,
subtilis, acutas, elegantis, Latinas, et, quamquam puellari quadam
gratia, virginali quadam simplicitate dulcissimas, tamen etiam
mire gravis et cordatas. Orationem quoque tuam legimus erudi-
tam, locupletem, sonoram, illustrem, plenamque laetae indolis.
Sed nec extemporalem tibi deesse facultatem accepimus, quae
magnos etiam oratores aliquando destituit. Iam vero in dialecti-
cis implicare nodos inenodabiles, explicare ab aliis numquam
solutos, numquam solvendos diceris. Philosophiam vero sic
tenes, ut et defendas acriter quaestiones propositas et impugnes
vehementer, audesque viris concurrere virgo, sic scilicet in

doctrinarum stadio pulcherrimo, ut non sexus animo, non animus pudori, non ingenio pudor officiat. Et cum te laudibus nemo non attollat, summittis ipsam te tamen et temperas, nec minus ad humum modeste cunctorum·de te opinionem quam verecunde virgineos oculos reverenterque deicis.

O qui me igitur statim sistat istic ut faciem, virgo, tuam castissimam contempler, ut habitum, cultum, gestumque mirer, ut dictata instillataque tibi a Musis tuis verba quasis itientibus auribus perbibam, denique ut afflatu instinctuque tuo consummatissimus repente poeta evadam, nec me carminibus vincant aut Thracius Orpheus aut Linus, huic mater quamvis atque huic pater adsit, Orphi Calliopea, Lino formosus Apollo. Mirari equidem antehac Ioannem Picum Mirandulam solebam, quo nec pulchrior alter mortalium nec in omnibus, arbitror, doctrinis excellentior. Ecce nunc etiam te, Cassandra, post illum protinus coepi, fortasse iam cum illo quoque, venerari. Tibi vero tanta incepta Deus optimus maximus secundet et, cum recesseris a parentibus, is auctor contingat et consors, qui sit ista virtute non indignus, ut, quae nunc propemodum sua sponte naturalis ingenii flamma semel emicuit, ita crebris deinceps aut adiuta flatibus aut enutrita fomitibus effulgeat, ut a nostrorum hominum praecordiis animoque nox omnis geluque penitus et languoris in litteris et inscitiae discutiatur. Vale.—*Ep. III. 17.*

Angelus Politianus Iacobo Antiquario Suo S.

Vulgare est, ut, qui serius paulo ad amicorum litteras respondeant, nimias occupationes suas excusent. Ego vero quo minus mature ad te rescripserim, non tam culpam confero in occupationes, quamquam ne ipsae quidem defuerunt, quam in acerbissimum potius hunc dolorem, quem mihi eius viri obitus attulit, cuius patrocinio nuper unus ex omnibus litterarum professoribus et eram fortunatissimus et habebar. Illo igitur nunc exstincto, qui fuerat unicus auctor eruditi laboris, videlicet ardor etiam scribendi noster exstinctus est, omnisque prope veterum studiorum alacritas elanguit. Sed si tantus amor casus cognoscere nostros et, qualem se ille vir in extremo quasi vitae actu gesserit, audire, quamquam et fletu impedior et a recordatione ipsa quasique retractatione doloris abhorret animus ac resilit, obtemperabo tamen tuae tantae ac tam honestae voluntati, cui deesse pro instituta inter nos amicitia neque volo neque possum, * * * * *

Vir ad omnia summa natus et qui flantem reflantemque totiens fortunam usque adeo sit alterna velificatione moderatus, ut nescias utrum secundis rebus constantior an adversis aequior ac temperantior apparuerit. Ingenio vero tanto ac tam facili et perspicaci, ut, quibus in singulis excedere alii magnum putant, ille universis pariter emineret. Nam probitatem, iustitiam, fidem nemo, arbitror, nescit ita sibi Laurentii Medicis pectus atque animum quasi gratissimum aliquod domicilium templumque delegisse. Iam comitas, humanitas, affabilitas quanta fuerit, eximia quadam in eum totius populi atque omnium plane ordinum benevolentia declaratur. Sed enim inter haec omnis liberalitas tamen et magnificentia exsplendescebat, quae illum paene immortali quadam gloria ad deos usque provexerat; cum interim nihil ille famae dumtaxat causa et nominis, omnia vero virtutis amore persequebatur. Quanto autem litteratos homines studio complectebatur, quantum honoris, quantum etiam reverentiae omnibus exhibebat, quantum denique operae industriaeque suae conquirendis toto orbe terrarum coemendisque linguae utriusque voluminibus posuit, quantosque in ea re, quam immanes sumptus fecit, ut non aetas modo haec aut hoc saeculum sed posteritas etiam ipsa maximam in huius hominis interitu iacturam fecerit!

Ceterum consolantur nos maximo in luctu liberi eius, tanto patre dignissimi. Quorum qui maximus natu, Petrus, vixdum primum et vigesimum ingressus annum tanta iam et gravitate et prudentia et auctoritate molem totius reipublicae sustentat, ut in eo statim revixisse genitor Laurentius existimetur. Alter annorum duodeviginti Ioannes et cardinalis amplissimus (quod numquam cuiquam id aetatis contigerit) et idem pontifici maximo non in Ecclesiae patrimonio dumtaxat sed in patriae quoque suae ditione legatus, talem tantumque se iam tam arduis negotiis gerit et praestat, ut omnium in se mortalium oculos converterit atque incredibilem quandam, cui responsurus planissime est, exspectationem concitaverit. Tertius porro Iulianus impubes adhuc pudore tamen ac venustate neque non probitatis et ingenii mirifica quadam suavissimaque indole totius sibi iam civitatis animos devinxit. * * * * *

De funere autem nihil est quod dicam. Tantum ad avi exemplum ex praescripto celebratum est, quem ad modum ipse, ut dixi, moriens mandaverat. Tam magno autem omnis generis mortalium concursu quam magnum numquam ante meminerimus.

Prodigia vero mortem ferme haec antecesserunt, quamquam alia quoque vulgo feruntur. Nonis Aprilibus hora ferme diei tertia, triduo antequam animam edidit Laurentius, mulier nescio quae, dum in aede sacra Mariae Novellae, quae dicitur, declamitanti e pulpito dat operam, repente inter confertam populi multitudinem expavefacta consternataque consurgit lymphatoque cursu et terrificis clamoribus, "Heus! heus!" inquit, "cives! an hunc non cernitis ferocientem taurum, qui templum hoc ingens flammatis cornibus ad terram deicit?" Prima porro vigilia cum caelum nubibus de improviso foedaretur, continuo basilicae ipsius maximae fastigium, quod opere miro singularem toto terrarum orbe testudinem supereminet, tactum de caelo est, ita ut vastae quaepiam deicerentur moles, atque in eam potissimum partem, qua Medicae convisuntur aedes, vi quadam horrenda et impetu marmora immania torquerentur. In quo illud etiam praescito non caruit, quod inaurata una pila, quales aliaeque in eodem fastigio conspiciuntur, excussa fulmine est, ne non ex ipso quoque insigni proprium eius familiae detrimentum portenderetur. Sed et illud memorabile, quod, ut primum detonuit, statim quoque serenitas reddita. Qua autem nocte obiit Laurentius stella solito clarior ac grandior suburbano imminens, in quo is animam agebat, illo ipso temporis articulo decidere exstinguique visa, quo compertum deinde est eum vita demigrasse. Quin excurrisse etiam faces trinoctio perpetuo de Faesulanis montibus supraque id templum, quo reliquiae conduntur Medicae gentis, scintillasse nonnihil moxque evanuisse feruntur. Quid quod et leonum quoque nobilissimum par in ipsa, qua publice continentur, cavea sic in pugnam ferociter concurrerit, ut alter pessime acceptus, alter etiam leto sit datus. Arreti quoque supra arcem ipsam geminae perdiu arsisse flammae, quasi Castores, feruntur ac lupa identidem sub moenibus ululatus terrificos edidisse. Quidam illud etiam,

ut sunt ingenia, pro monstro interpretantur, quod excellentissimus
(ita enim habebatur) huius aetatis medicus, quando ars eum
praescitaque fefellerant, animum desponderit puteoque se sponte
demerserit ac principi ipsi Medicae (si vocabulum spectes)
familiae sua nece parentaverit.

Sed video me, cum quidem multa et magna reticuerim, ne forte
in speciem adulationis inciderem, longius tamen provectum quam
a principio institueram. Quod ut facerem, partim cupiditas
ipsa obsequendi obtemperandique tibi optimo, doctissimo, pru-
dentissimoque homini mihique amicissimo, cuius quidem studio
satisfacere brevitas ipsa in transcursu non poterat, partim etiam
amara quaedam dulcedo quasique titillatio impulit recolendae
frequentandaeque eius viri memoriae. Cui si parem similemque
nostra aetas unum forte atque alterum tulit, potest audacter iam
de splendore nominis et gloria cum vetustate quoque ipsa contendere. Vale. XV Kalend. Iunias, MCCCCXCII in Faesulano
rusculo.—*Ep. IV. 2.*

Angelus Politianus Iacobo Antiquario Suo S. D.

In calce epistulae cuiusdam, quam tu ad Marsilium nostrum
Ficinum scribis, mei Picique mentionem faciens oculos nos huius
saeculi appellas. Gavisus, fateor, opinione tua sum, delectatus
testimonio, prope etiam elatus laudatore Antiquario, praesertim
apud Ficinum illum, mortui paene Platonis Aesculapium. Sed
ut in me descendi, nihil omnino repperi, quod istis laudibus
responderet. Converti ergo ad Picum partemque illam meam
laudationis tuae transcripsi. Nam ut solem unum mundus, ita
unum habet haec aetas oculum, non duos. Vale.—*Ep. VI. 11.*

Angelus Politianus Marsilio Ficino Suo S. D.

Herculem me vocas in libro tuo de vita, quod monstra domem,
puto illa intuens monstra, quae veterum libros nimis obsident,
in quibus ego purgandis diu multumque laboro. Magnifica laus,
praesertim a philosopho illo, qui sit princeps in secta principe.
Sed ego tanti nominis pondus sustinere non queo, non magis
quam caelum, quod ipse tamen Hercules sustinuit. Iolaum
potius appellato me, si speciosis nominibus delectaris; qui paene

oppressae ab hydra vetustati velut Herculi clamanti sum praesto cum face. Tu tamen indulgens amori (quod et parentes alii facere solent) nomen imposuisti filio, non quod aptissimum sed quod pulcherrimum. Vale.—*Ep. VI. 17.*

ANGELUS POLITIANUS CAESARI CARMENTO SUO S. D.

Contemni te putas, quod non rescribo. Contemnerem, si rescriberem. Quos enim contemno, respondere his audeo vel occupatus, tibi nec otiosus. Vale.—*Ep. VII. 16.*

ANGELUS POLITIANUS IACOBO MODESTO SUO S. D.

Doles quod non rescribam; dolere desine, iam rescribo. Vale. —*Ep. VII. 17.*

ANGELUS POLITIANUS LAUR. MED. S. D.

Cycno poeta similis; uterque candidus, uterque canorus, uterque fluvios amans, uterque Phoebo gratus. Sed negatur canere cycnus, nisi cum Zephyrus spirat. Quid igitur mirum, si taceo tamdiu tuus poeta, cum tu tamdiu non spires meus Zephyrus? Vale.—*Ep. VII. 25.*

ANGELUS POLITIANUS CUIDAM S. D.

Mitto lilia, non ut gratum faciam tibi, quamquam tibi quoque, sed ut ipsis liliis, hoc est, ne marcescant. Vale.—*Ep. VII. 30.*

ANGELUS POLITIANUS INNOCENTIO VIII PONT. MAX. S. D.

Etsi me pudor prohibet hominem tenuis fortunae nulliusque propemodum auctoritatis litteras dare ad te, Dei maximi vicarium principemque generis humani, tamen in tanto vel privato meo vel publico totius nostrae civitatis gaudio facere non possum quin tester apud te, summe pontifex Innocenti, subitum hoc animi gaudium, profitear laetitiam, gratias agam privato quoque nomine tuae sanctitati, quod adulescentem nostrum Ioannem, Laurentii filium, Florentinae reipublicae delicias, tuorum numero fratrum summique senatus collegio adoptaveris, quod civitatem florentissimam familiamque nobilissimam tam insigni munere tamque eminenti dignitate cumulaveris. Tum gratulor etiam tibi, quod hac acerrimi iudicii constantissima fide prope immortalem ceteris tuis egregiis virtutibus gloriam conciliaveris.

Ut enim Laurentium ipsum taceam, quem tibi in perpetuum, sancte pater, beneficio isto tanto devinxisti, quid ipso tandem Ioanne cardinali nostro perfectius? aut quid omnibus numeris absolutius? Non indulgebo amori meo, non tuo iudicio blandiar, pontifex; nota cunctis et testata loquar. Ita natus et factus, ita altus atque educatus, ita denique eruditus atque institutus hic est, ut nemini secundus ingenio nec aequalibus industria nec praeceptoribus litteratura neque gravitate senibus concesserit. Nativa in eo probitas et genuina diligentia quoque parentis ita impense culta est, ut ex illius ore non modo non verbum dictu foedius sed ne levius quidem umquam aut etiam licentius excideret. Non actio, non gestus, non incessus in illo notatus, non aliud postremo, quod in deteriorem partem conspiceretur. Sic in viridi aetate cana maturitas, ut, qui loquentem senes audiant, proavitam in eo, nos paternam certe indolem agnoscamus. Cultum pietatis et religionis paene etiam cum lacte nutricis exsuxit; etiam tum ab incunabulis sacra meditatus officia, quando nondum editum eum tamen ecclesiae iam genitor providentissimus destinaverat. Protinus autem quam est in lucem susceptus, multis magnisque praesagiis in hanc erudiri spem coepit. Et quoniam tale de se specimen dabat, ut istius iam tum virtutis faceret fidem, compulsus fama Ludovicus, ille Francorum sapientissimus idemque sanctissimus rex, ne summi quidem archiepiscopatus fastigio indignum hunc ipsum plane adhuc puerum est arbitratus. Illum tu igitur habes regem collatae istius dignitatis praelusorem. Telam rex maximus exorsus, quam pontifex maximus pertexeret.

Audires utinam voces fausta tibi nunc et prospera ominantis Florentini populi! Adspiceres gestientem ubique et concursantem in atriis nostris ac laetitiae suae impotentem civium multitudinem plebemque ipsam vix gaudium capientem animis! Non senes gravitas, non matronas pudor, non pueros infirmitas ab officio retardat. Confluunt in aedes Medicas sexus aetasque omnis, omnis huc ordo (ut ad privatas necessitudines) properant. Pro se quisque primi haurire oculis aspectum novi cardinalis festinant, exsultant, vociferantur, manus ad caelum tendunt, propitium tibi Deum, prospera secundaque omnia comprecantur. Pro tua vel salute vel dignitate vota prorsus ab omnibus suscipiuntur.

Nec est quod annos ac natales cardinalis nostri numeretis;
virtus illi ante diem contigit. Ne dubita, pontifex, implebit
utique augustam purpuram. Non sub galeri pondere anhelabit,
non fulgore caligabit nimio, non indecorem eum tanto senatui,
non imparem tanto fastigio recipies. Iam nunc ampla maiestas,
iam solito maior species. Constabit ratio collegis lati suffragii
nec te umquam, summe pontifex, iudicii paenitebit.

Hoc tibi nomine (quod unum valeo) gratulor agoque gratias.
Quos aliquando pedes istos beatissimos praesens osculabar, iisdem
nunc illis absens laetitiae plenus advolvor. Deumque precor, ut te
diu tuo perfrui beneficio gaudeamus, ut prospera incepta prosper-
rimi consequantur eventus. Quod autem ad me attinet (quando
non alia pro animo meo facultas est) dabo operam certe quamdiu
vires suppetent, ut istiusmodi tua benefacta, sancte pater, in
omnem posteritatem sempiterna litterarum memoria propagentur.
—*Ep. VIII. 5.*

ANGELUS POLITIANUS PAULO CORTESIO SUO S. D.

Remitto epistulas diligentia tua collectas, in quibus legendis'
ut libere dicam, pudet bonas horas male collocasse. Nam,
praeter omnino paucas, minime dignae sunt, quae vel a docto
aliquo lectae vel a te collectae dicantur. Quas probem, quas
rursus improbem, non explico. Nolo sibi quisquam vel placeat
in his auctore me vel displiceat. Est in quo tamen a te dissen-
tiam de stilo nonnihil. Non enim probare soles, ut accepi, nisi
qui lineamenta Ciceronis effingat. Mihi vero longe honestior
tauri facies aut item leonis quam simiae videtur, quae tamen
homini similior est. Nec ii, qui principatum tenuisse creduntur
eloquentiae, similes inter se, quod Seneca prodidit. Ridentur a
Quintiliano, qui se germanos Ciceronis putabant esse, quod his
verbis periodum clauderent, "esse videatur". Inclamat Horatius
imitatores ac nihil aliud quam imitatores.

Mihi certe quicumque tantum componunt ex imitatione, similes
esse vel psittaco vel picae videntur proferentibus quae nec intellegunt. Carent enim, quae scribunt isti, viribus et vita, carent actu,
carent affectu, carent indole, iacent, dormiunt, stertunt. Nihil ibi
verum, nihil solidum, nihil efficax. Non exprimis, inquit aliquis,

Ciceronem. Quid tum? Non enim sum Cicero, me tamen, ut opinor, exprimo. Sunt quidam praeterea, mi Paule, qui stilum quasi panem frustillatim mendicant nec ex die solum vivunt sed et in diem; tum, nisi liber ille praesto sit, ex quo quid excerpant, colligere tria verba non possunt, sed haec ipsa quoque vel indocta iunctura vel barbaria inhonesta contaminant. Horum semper igitur oratio tremula, vacillans, infirma, videlicet male curata, male pasta, quos ferre profecto non possum iudicare quoque de doctis impudenter audentes, hoc est, de illis, quorum stilum recondita eruditio, multiplex lectio, longissimus usus diu quasi fermentavit.

Sed, ut ad te redeam, Paule, quem penitus amo, cui multum debeo, cuius ingenio plurimum tribuo, quaeso ne superstitione ista te alliges, ut nihil delectet, quod tuum plane sit, et ut oculos a Cicerone numquam deicias. Sed cum Ciceronem, cum bonos alios multum diuque legeris, contriveris, edidiceris, concoxeris et rerum multarum cognitione pectus impleveris ac iam componere aliquid ipse parabis, tum demum velim, quod dicitur, sine cortice nates atque ipse tibi sis aliquando in consilio sollicitudinemque illam morosam nimis et anxiam deponas effingendi tantummodo Ciceronem tuasque denique vires universas pericliteris. Nam qui tantum ridicula ista, quae vocatis lineamenta, contemplantur attoniti, nec illa ipsa, mihi crede, satis repraesentant et impetum quodam modo retardant ingenii sui; currentique velut obstant, et, ut utar Plautino verbo, remoram faciunt. Sed ut bene currere non potest, qui pedem ponere studet in alienis tantum vestigiis, ita nec bene scribere, qui tamquam de praescripto non audet egredi. Postremo scias infelicis esse ingenii nihil a se promere, semper imitari. Vale.—*Ep. VIII. 16.*

PRO ORATORIBUS FLORENTINORUM AD ALFONSUM SICILIAE REGEM

Quanta nos adfici laetitia credis, quanto esse gaudio perfusos, invicte Alfonse rex, cum tanta omnium alacritate studioque populorum tenere te pacatissimum regnum moderarique videmus, quod inaudita quadam virtute tuus ille divinissimus avus peperit, quod incredibili sapientia providentissimus pater gubernavit? Etenim, si votis optandus rex fuisset, non alium profecto, quicumque rebus Italis favent, a superis poposcissent, quam eum principem, qui ductu imperioque suo dissentientem Italiam pacavisset idemque feras illas et sanguinarias Turcorum nationes tot contentionibus, tot proeliis, tanto labore, tanto etiam periculo a nostris iugulis, a nostris cervicibus, a templis, ab altaribus depulisset, qui denique res adversas fortiter, secundas moderate ferre utramque fortunam expertus didicisset. Atque hae bellicae quidem laudes, quemadmodum tuae sunt, Alfonse rex, propriae scilicet et peculiares, ita illae pacis artes certatim sibi te vindicant, fides, iustitia, gravitas, altitudo animi, moderatio, constantia, tum liberalitas, indulgentia, clementia, comitas, affabilitas, humanitas, quae maiestatem pariter et gratiam conciliant. Et cum mortales omnes ad te amandum colendumque alliciant, regii tamen diadematis fulgori nihil officiunt.

Iam quantum ingenio, quantum consilio valeas, quis ignorat? Memoria certe rerum verborumque tanta tua esse dicitur, ut paene prodigio similis habeatur. Litterae autem tam multae tamque elegantes, ut illustrare etiam professores ipsos atque hoc unum semper agentes abunde queant. Itaque, si nunc Socraticus ille Xenophon reviviscat, minime dubitandum, quin, Cyro illo praeterito, te sibi unum deligat, Alfonse, cuius ad exemplar imaginem perfecti regis atque omnibus absoluti numeris effingat.

Merito igitur gratulantur tibi omnes quicumque rempublicam Italorum salvam cupiunt. Sed in communi laetitia vehementius tamen Florentina civitas exsultat, sic ut vix capere animis inexplebilem laetitiam possit; quae tam multis ultro citroque meritis atque officiis diu iam se tibi rebusque tuis inenodabili vinculo copulavit. Ipsa, mediusfidius, tecta urbis et moenia nobis huc proficiscentibus gestiebant et, quod rerum natura non patitur, revelli paene a solo urbs et cupere ipsa nobiscum ire ad te gratulatum videbatur; quod quoniam non potuit, nos tamen potissimum cives suos publice misit, ut isto nobis gratissimo munere defungeremur, quo etiam privatim tibi maioribusque tuis et esse et fuisse deditissimos intellegebat. Gratulamur igitur tibi, rex inclite, publico patriae nomine, gratulaturi (si locus ferret) etiam privato, tibique et tuis diem illum, quo regno patrio atque avito inauguratus es, auspicatissimum esse volumus ac Deum optimum maximum precamur, ut prosperis initiis rerum tuarum perpetuum diu felicitatis tenorem ac postremo secundissimos exitus accommodet. Dixi.

LAMIA

PRAELECTIO IN PRIORA ARISTOTELIS ANALYTICA

Fabulari paulisper libet, sed ex re, ut Flaccus ait. Nam fabellae, etiam quae aniles putantur, non rudimentum modo sed et instrumentum quandoque philosophiae sunt. Audistisne umquam Lamiae nomen? Mihi quidem etiam puerulo avia narrabat esse aliquas in solitudinibus Lamias, quae plorantes glutirent pueros. Maxime tunc mihi formido Lamia erat, maximum terriculum. Vicinus quoque adhuc Faesulano rusculo meo Lucens fonticulus est (ita enim nomen habet) secreta in umbra delitescens, ubi sedem esse nunc quoque Lamiarum narrant mulierculae, quaecumque aquatum ventitant. Lamiam igitur hanc Plutarchus ille Chaeroneus, nescio doctior an gravior, habere ait oculos exemptiles, hoc est, quos sibi eximat detrahatque, cum libuit, rursusque, cum libuit, resumat atque affigat, quem ad modum senes ocularia specilla solent, quibus hebescenti per aetatem visui opitulantur. Nam et cum quid inspectare avent, insertant quasi forfici nasum et, cum satis inspectarunt, recondunt in theca. Quidam vero etiam dentibus utuntur aeque exemptilibus, quos nocte non aliter reponunt quam togam, sicuti uxorculae quoque vestrae comam suam illam dependulam et cincinnos. Sed enim Lamia haec, quotiens domo egreditur, oculos sibi suos affigit vagaturque per fora, per plateas, per quadrivia, per angiportus, per delubra, per thermas, per ganeas, per conciliabula omnia; circumspectatque singula, scrutatur, indagat; nihil tam bene obtexeris, ut eam lateat. Milvinos esse credas oculos ei aut etiam emissicios, sicuti Plautinae aniculae; nulla eos evadit quamlibet remotissima latebra. Domum vero ut revenit, in ipso statim limine demit illos sibi oculos abicitque in loculos. Ita semper domi caeca, semper foris oculata. Quaeras forsitan, domi quid agitet. Sessitat lanam faciens atque interim cantillat.

Vidistisne obsecro umquam Lamias istas, viri Florentini? Negatis? Atqui tamen sunt in urbibus frequentes etiamque in vestra, verum personatae incedunt. Homines credas; Lamiae sunt. Harum igitur aliquot praetereuntem forte conspicatae me substiterunt et, quasi noscitarent, inspexere curiosius veluti emptores solent, mox ita inter se detortis nutibus consusurrarunt: "Politianus est, ipsissimus est, nugator ille scilicet, qui sic repente philosophus prodiit." Et cum dicto avolarunt, quasi vespae dimisso aculeo. Sed quod repente me dixerunt prodisse philosophum, nescio equidem utrumne illis hoc totum displiceat, philosophum esse (quod ego profecto non sum), an quod ego videri velim philosophus, cum longe absim tamen a philosopho. Videamus ergo primum quodnam hoc sit animal, quod homines philosophum vocant; tum spero facile intellegetis non esse me philosophum. Neque hoc dico tamen, quod id vos credam credere, sed ne quis fortasse aliquando credat, non quia me nominis istius pudeat, si modo ei possim re ipsa satisfacere, sed quod alienis titulis libenter abstineo,

> ne, si forte suas repetitum venerit olim
> grex avium plumas, moveat cornicula risum. * * * *

AD HORATIUM FLACCUM

Vates Threicio blandior Orpheo,
seu malis fidibus sistere lubricos
amnes seu tremulo ducere pollice
    ipsis cum latebris feras,

vates Aeolii pectinis arbiter,
qui princeps Latiam sollicitas chelyn
nec segnis titulos addere noxiis
    nigro carmine frontibus,

quis te barbarica compede vindicat?
Quis frontis nebulam dispulit et situ
deterso levibus restituit choris
    curata iuvenem cute?

O quam nuper eras nubilus et malo
obductus senio! Quam nitidos ades
nunc vultus referens, docta fragrantibus
    cinctus tempora floribus!

Talem purpureis reddere solibus,
laetum pube nova post gelidas nives,
serpentem positis exuviis solet
   verni temperies poli.

Talem te choreis reddidit et lyrae
Landinus, veterum laudibus aemulus,
qualis tu solitus Tibur ad uvidum
   blandam tendere barbiton.

Nunc te deliciis, nunc decet et levi
lascivire ioco; nunc puerilibus
insertum thyasis aut fide garrula
   inter ludere virgines.

DE OVIDII EXSILIO ET MORTE

Et iacet Euxinis vates Romanus in oris,
   Romanum vatem barbara terra tegit.
Terra tegit vatem, teneros qui lusit amores,
   barbara quam gelidis alluit Ister aquis.
Nec te, Roma, pudet, quae tanto immitis alumno
   pectora habes ipsis barbariora Getis?
Ecquis, io, Musae! Scythicis in finibus, aegro
   taedia qui morbi demeret, ullus erat?
Ecquis frigidulos qui lecto imponeret artus
   aut qui dulciloquo falleret ore diem
aut qui tentaret salientis tempora venae
   aut fomenta manu qui properata daret
conderet aut oculos media iam morte natantes
   aut legeret summam qui pius ore animam?
Nullus erat, nullus. Veteres, tu dura, sodales,
   heu! procul a Ponto, Martia Roma, tenes!
Nullus erat; procul, a! coniunx parvique nepotes
   nec fuerat profugum nata secuta patrem.
Scilicet immanes Bessi flavique Coralli
   aut vos, pelliti saxea corda Getae,
scilicet horribili dederit solamina vultu
   Sarmata ab epoto saepe vehendus equo;

Sarmata, cui rigidam demisso in lumina frontem
  mota pruinoso tempora crine sonant.
Sed tamen et Bessi exstinctum et flevere Coralli
  Sarmataque et durus contudit ora Getes.
Exstinctum et montes flebant silvaeque feraeque
  et flesse in mediis dicitur Ister aquis.
Quin etiam pigro concretum frigore Pontum
  Nereidum lacrimis intepuisse ferunt.
Accurrere leves Paphia cum matre volucres
  arsuroque faces supposuere rogo.
Quem simul absumpsit rapidae violentia flammae,
  relliquias tecto composuere cado
impositumque brevi signarunt nomine saxum:
  QUI IACET HIC, TENERI DOCTOR AMORIS ERAT.
Ipsa locum late sancto Cytherea liquore
  irrorat nivea terque quaterque manu.
Vos quoque, Pierides, vati libastis adempto
  carmina, sed nostro non referenda sono.

AD LAURENTIUM MEDICEM

Cum referam attonito, Medices, tibi carmina plectro
  ingeniumque tibi serviat omne meum,
quod tegor attrita ridet plebecula veste,
  tegmina quod pedibus sint recutita meis,
quod digitos caligae disrupto carcere nudos
  permittunt caelo liberiore frui,
intima bombycum vacua est quod stamine vestis
  sectaque de caesa vincula fallit ove.
Ridet et ignarum sic me putat esse poetam
  nec placuisse animo carmina nostra tuo.
Tu contra effusas toto sic pectore laudes
  ingeris, ut libris sit data palma meis.
Hoc tibi si credi cupis et cohibere popellum,
  Laurenti, vestes iam mihi mitte tuas.

IN LAURENTIUM MEDICEM

Cui tua gesta licet brevibus comprendere, Laurens,
  ille brevi caelum claudet et astra manu.

In Eundem

Quicquid habet Natura tibi et Fortuna dederunt,
    sed tamen haec superas munera consilio.
Nam sunt illa quidem paucis communia tecum,
    maxima consilii gloria tota tua est.
Consilio quod agis, cupiunt imitarier omnes,
    Laurenti, rerum maxime; nemo potest.

In Simonettam

Hic Simonetta iacet, iacet hic simul omnis amorum
    turba, iacent omnes deliciae et Veneres.

In Simonettam

Aspice ut exiguo capiatur marmore quicquid
    mortali possit a superis tribui.
Hic Simonetta iacet, cuius mortalia cuncta
    concipere immensum non poterant animum;
quam neque mors potuit visa exterrere deumque
    mox petiit, cui se nympha dedit moriens.

In Violas A Venere Mea Dono Acceptas

Molles o violae, Veneris munuscula nostrae,
    dulce quibus tanti pignus amoris inest,
quae vos, quae genuit tellus? Quo nectare odoras
    sparserunt Zephyri mollis et aura comas?
Vosne in Acidaliis aluit Venus aurea campis?
    Vosne sub Idalio pavit Amor nemore?
His ego crediderim citharas ornare corollis
    Permessi in roseo margine Pieridas.
Hoc flore ambrosios incingit Flora capillos,
    hoc tegit indociles Gratia blanda sinus.
Haec Aurora suae nectit redimicula fronti,
    cum roseum verno pandit ab axe diem.
Talibus Hesperidum rutilant violaria gemmis,
    floribus his pictum possidet Aura nemus.
His distincta pii ludunt per gramina manes,
    hos fetus vernae Chloridos herba parit.

Felices nimium violae, quas carpserit illa
    dextera, quae miserum me mihi subripuit;
quas roseis digitis formoso admoverit ori
    illi, unde in me spicula torquet Amor.
Forsitan et vobis haec illinc gratia venit,
    tantus honor dominae spirat ab ore meae.
Aspice lacteolo blanditur ut illa colore,
    aspice purpureis ut rubet haec foliis.
Hic color est dominae, roseo cum dulce pudore
    pingit lacteolas purpura grata genas.
Quam dulcem labris, quam late spirat odorem!
    En, violae, in vobis ille remansit odor.
O fortunatae violae, mea vita meumque
    delicium, o animi portus et aura mei!
A vobis saltem, violae, grata oscula carpam;
    vos avida tangam terque quaterque manu.
Vos lacrimis satiabo meis, quae maesta per ora
    perque sinum vivi fluminis instar eunt.
Combibite has lacrimas, quae lentae pabula flammae
    saevus amor nostris exprimit ex oculis.
Vivite perpetuum, violae, nec solibus aestus
    nec vos mordaci frigore carpat hiems.
Vivite perpetuum miseri solamen amoris,
    o violae, o nostri grata quies animi!
Vos eritis mecum semper, vos semper amabo,
    torquebor pulchra dum miser a domina,
dumque Cupidineae carpent mea pectora flammae,
    dum mecum stabunt et lacrimae et gemitus

In Theodorum Gazam

Heu! sacrum caput occubuit Theodorus et hora
una obiere omnes relliquiae generis!
Nec tamen hoc querimur; nimis est potuisse videri;
non erat hic nostro tempore dignus honos.
Hoc dolet, heu! quod neutra patri est nunc lingua superstes,
quae mittat iustas manibus inferias.

Domitii Epitaphion

Hunc Domiti siccis tumulum qui transit ocellis
    vel Phoebo ignarus vel male gratus homo est.
Intulit hic vatum caecis pia lumina chartis,
    obstrusum ad Musas hic patefecit iter.
Hunc Verona tulit, docti patria illa Catulli,
    huic letum atque urnam Roma dedit iuveni.

Epitaphion Iocti Pictoris

Ille ego sum, per quem pictura exstincta revixit,
    cui quam recta manus, tam fuit et facilis.
Naturae deerat, nostrae quod defuit arti;
    plus licuit nulli pingere nec melius.
Miraris turrem egregio sacro aere sonantem;
    haec quoque de modulo crevit ad astra meo.
Denique sum Ioctus; quid opus fuit illa referre?
    Hoc nomen longi carminis instar erat.

In Amicam

Allicis, expellis, sequeris, fugis, es pia, et es trux;
    me vis, me non vis, me crucias et amas;
promittis, promissa negas, spem mi eripis et das;
    iam iam ego vel sortem, Tantale, malo tuam.
Durum ferre sitim circum salientibus undis,
    durius in medio nectare ferre sitim.

De Se Ipso Semper Amante

Sex ego cum plena perago trieteride lustra
    nec placet in speculo iam mea forma mihi
nec responsurum spes improba fingit amorem
    blanditiisque levem suspicor esse fidem.
Cum tamen haec ita sint, capior miser illice vultu
    et numquam a dura compede solvor amans,
Iam iam militia nostrae contenta iuventae
    desinat aut ceston commodet alma Venus.

In Divam Virginem Hymnus

O virgo prudentissima,
    quam caelo missus Gabriel,

supremi regis nuntius,
plenam testatur gratia,
cuius devota humilitas
   gemmis ornata fulgidis
   fidentis conscientiae
   amore Deum rapuit,
te sponsam factor omnium,
   te matrem Dei filius,
   te vocat habitaculum
   suum beatus spiritus.
Per te de taetro carcere
   antiqui patres exeunt,
   per te nobis astriferae
   panduntur aulae limina.
Tu stellis comam cingeris,
   tu lunam premis pedibus,
   te sole amictam candido
   chori stupent angelici.
Tu stella maris diceris,
   quae nobis inter scopulos,
   inter obscuros turbines
   portum salutis indicas.
Audi, virgo puerpera
   et sola mater integra,
   audi precantes, quaesumus,
   tuos, Maria, servulos.
Repelle mentis tenebras,
   disrumpe cordis glaciem,
   nos sub tuum praesidium
   confugientes protege.
Da nobis in proposito
   sancto perseverantiam,
   ne noster adversarius
   in te sperantes superet.
Sed et cunctis fidelibus,
   qui tuum templum visitant,
   benigna mater, dexteram
   da caelestis auxilii.   Amen.

Monodia In Laurentium Medicem Intonata Per Arrighum Isac

Quis dabit capiti meo
aquam? Quis oculis meis
fontem lacrimarum dabit,
ut nocte fleam,
ut luce fleam?
Sic turtur viduus solet,
sic cycnus moriens solet,
sic luscinia conqueri.
Heu, miser, miser!
O dolor, dolor!
Laurus impetu fulminis
illa, illa iacet subito,
laurus omnium celebris
Musarum choris,
Nympharum choris.
Sub cuius patula coma
et Phoebi lyra blandius
et vox dulcius insonat.
Nunc muta omnia,
nunc surda omnia.
Quis dabit capiti meo
aquam? Quis oculis meis
fontem lacrimarum dabit,
ut nocte fleam,
ut luce fleam?
Sic turtur viduus solet,
sic cycnus moriens solet,
sic luscinia conqueri.
Heu, miser, miser!
O dolor, dolor!

Rusticus

Post, ubi iam medio vestigia librat in axe
ensifer Orion croceoque insignis amictu
aspicit Arcturum pulsa Pallantias umbra;

sentibus horrentis aperit iam vinea saepes
aureolamque metit lentis de vitibus uvam
vinitor et fetus rubicundo nectare fructus,
quos coniunx, quos virgo comes par vertice matri
aut cista exportant aut rasilibus calathiscis.
Nec sentitur onus studio; levat ipsa laborem
sedulitas; quin frugiferos curvantia ramos
poma sinu baccasque ferunt ficumque nucemque.
Nec nihil addit hiems; nigros tum laurea fetus
exuitur, tum myrta legunt glandemque caducam
glaucaque Palladiae distringunt bracchia silvae.
Nocte autem ad lychnos aut iunco texit acuto
fiscellam aut crates virgis aut vimine qualos
rusticus infinditque faces et robora valli;
dolia quassa novat ferramentisque repellit
scabritiem tritaque docet splendescere cote.
Nam quid delicias memorem quamque alta labori
otia succedant? Iam primum obsessa pruinis
cum iuga floriferi regelaverit aura Favoni,
suave serenato rident vaga sidera caelo,
suave ciet tardos per sudum luna iuvencos.
Ipsa quoque aetherii melius nitet orbita fratris
terque quaterque manu madidantes nectare crines
exprimit et glaebas fecundis roribus implet
vecta Medusaeo Tithonia praepete coniunx.
Alma novum tellus vultu nitidissima germen
fundit et omnigenis ornat sua tempora gemmis.
Idalio pudibunda sinus rosa sanguine tingit
nigraque non uno viola est contenta colore,
albet enim, rubet, et pallorem ducit amantum;
ut sunt orta, cadunt nive candidiora ligustra.
Nec longum durant calathos imitata parentis
lilia, sed longum stant purpurei amaranthi.
Hic Salaminiaci scribunt sua nomina flores,
hic gratum Cereri plenumque sopore papaver
oscitat, hic inhiat sibimet Narcissus, at illic
Corycios alit aura crocos notumque theatris
aera per tenerum flatu dispergit odorem.

Nec iam flammeolae connivent lumina caltae
nec melilotos abest. Tyrium seges illa ruborem
induit, hic vivo caespes se iactat in auro,
hae niveos, hae Cyaneos superare lapillos
contendunt herbae vernantque micantia late
gramina per tumulos perque umbriferas convalles
perque amnis taciti ripas atque omnia rident.
Omnia luxuriant et amica luce corruscant.

* * * * * * * * *

Hanc, o caelicolae magni, concedite vitam.
Sic mihi delicias, sic blandimenta laborum,
sic faciles date semper opes. Hac improba sunto
vota tenus; numquam certe, numquam illa, precabor,
splendeat ut rutilo frons invidiosa galero
tergeminaque gravis surgat mihi mitra corona.

  Talia Faesuleo lentus meditabar in antro
rure suburbano Medicum, qua mons sacer urbem
Maeoniam longique volumina despicit Arni,
qua bonus hospitium felix placidamque quietem
indulget Laurens, Laurens haud ultima Phoebi
gloria, iactatis Laurens fida ancora Musis.
Qui si certa magis permiserit otia nobis,
afflabor maiore deo nec iam ardua tantum
silva meas voces montanaque saxa loquentur.
Sed tu (si qua fides), tu nostrum forsitan olim,
o mea blanda altrix, non aspernabere carmen,
quamvis magnorum genetrix, Florentia, vatum,
doctaque me triplici recinet facundia lingua.—*153–201,
551–569.*

MANTO

Editus ecce! Maro, quo non felicior alter
seu silvas seu rura canit sive arma virumque.
Namque Syracosiis cum vix assurgat avenis,
Hesiodum premit et magno contendit Homero.
Ergo age, quis centum mihi nunc in carmina linguas
immensumque loqui vocemque effundere aenam,

quis mihi det Siculas Latio clangore sorores
post Geticam superare chelyn dum te, optime vatum,
imbellis pietas audaci promere cantu
audet Atlanteasque umeris fulcire columnas?
Unde ego tantarum repetam primordia laudum?
Aut qua fine sequar? Facit ingens copia rerum
incertum. Sic frondifera lignator in Ida
stat dubius, vastae quae primum robora silvae
vulneret; hic patulam procero stipite fagum,
hic videt annosam sua pandere bracchia quercum,
illic succinctas caput exsertare cupressos
metiturque oculis Phrygiae nemora alta parentis.
Te nascente, Maro, Parnassi e culmine summo
affuit Aonias inter festina sorores
Calliope blandisque exceptum sustulit ulnis
permulsitque manu quatiens terque oscula iunxit.
Omina ter cecinit, ter lauro tempora cinxit.
Mox aliae dant quaeque tuis munuscula cunis.
Certatim dant plectra, lyram, pellemque pedumque;
dant et multiforam modulanda ad carmina loton
et decrescenti compactas ordine avenas;
dant Pandionias volucres; ter murmure placant
liventis oculos, ter frontem baccare tangunt.
Venit et Elysio venturi praescia Manto,
Manto, quae iuvenem fluvio conceperat Ocnum,
Ocnum, qui matris dederat tibi, Mantua, nomen.

* * * * * * * * *

Vos age nunc alacres certatim, Etrusca iuventus,
Aoniis operata sacris accurrite mecum
Daedala perpetui visum monumenta poetae,
qualia nec castae peplis intexta Minervae
sollemni, veteres, lustro explicuistis, Athenae,
picta rubro quotiens animantur proelia cocco;
nec, vetus immensum fuerint quae sparsa per orbem,
gloria septena celebrat spectacula fama.
Nam neque belligeris Babylon pulsata quadrigis
moenia nec liquido pomaria pendula caelo

conferat aut dextris constructa altaria Delos
cornibus aut vasti molem Rhodos aurea Phoebi.
Non Cares, Mausole, tui caelamina busti,
Phidiacum non Elis ebur, non ipsa superbas
pyramidas iactet lascivi lingua Canobi.
Namque haec aut valido Neptuni quassa tridenti
aut telo, Summane, tuo traxere ruinam
aut trucibus nimbis aut irae obnoxia Cauri
aut tacitis lenti perierunt dentibus aevi.
At manet aeternum et seros excurrit in annos
vatis opus, dumque in tacito vaga sidera mundo
fulgebunt, dum sol nigris orietur ab Indis,
praevia luciferis aderit dum curribus Eos,
dum ver tristis hiems, autumnum proferet aestas,
dumque fluet spirans refluetque reciproca Tethys,
dum mixta alternas capient elementa figuras,
semper erit magni decus immortale Maronis,
semper inexhaustis ibunt haec flumina venis,
semper ab his docti ducentur fontibus haustus,
semper odoratos fundent haec gramina flores,
unde piae libetis apes, unde inclita nectat
serta comis triplici iuvenalis gratia dextra.

    Et quis, io! iuvenes, tanti miracula lustrans
eloquii non se immensos terraeque marisque
prospectare putet tractus? Hic ubere largo
luxuriant segetes, hic mollia gramina tondet
armentum, hic lentis amicitur vitibus ulmus;
illinc muscoso tollunt se robora trunco,
hinc maria ampla patent; bibulis hoc squalet arenis
litus, ab his gelidi decurrunt montibus amnes;
huc vastae incumbunt rupes, hinc scrupea pandunt
antra sinus, illinc valles cubuere reductae.
Et discors pulchrum facies ita temperat orbem;
sic varios sese in vultus facundia dives
induit et vasto nunc torrens impete fertur
fluminis in morem, sicco nunc aret in alveo,
nunc sese laxat, nunc exspatiata coercet,

nunc inculta decet, nunc blandis plena renidet
floribus, interdum pulchre simul omnia miscet
O vatum pretiosa quies, o gaudia solis
nota piis, dulcis furor, incorrupta voluptas,
ambrosiaeque deum mensae, quis talia cernens
regibus invideat? Mollem sibi prorsus habeto
vestem, aurum, gemmas; tantum hinc procul esto malignum
vulgus, ad haec nulli perrumpant sacra profani. —*29–60,
319–373.*

GIOVANNI PICO DELLA MIRANDOLA (1463-1494)

ORATIO DE DIGNITATE HOMINIS

Legi, patres colendissimi, in Arabum monumentis interrogatum Abdalam Sarracenum, quid in hac quasi mundana scaena admirandum maxime spectaretur, nihil spectari homine admirabilius respondisse. Cui sententiae illud Mercurii adstipulatur: "Magnum, o Asclepi, miraculum est homo." Horum doctorum rationem cogitanti mihi non satis illa faciebant, quae multa de humanae naturae praestantia afferuntur a multis, esse hominem creaturarum internuntium, superis familiarem, regem inferiorum, sensuum perspicacia, rationis indagine, intelligentiae lumine naturae interpretem, stabilis aevi et fluxi temporis interstitium, et, quod Persae dicunt, mundi copulam immo hymenaeum, ab angelis, teste Davide, paulo deminutum. Magna haec quidem, sed non principalia, id est, quae summae admirationis privilegium sibi iure vindicent. Cur enim non ipsos angelos et beatissimos caeli choros magis admiremur? Tandem intellexisse mihi sum visus, cur felicissimum proindeque dignum omni admiratione animal sit hoc et quae sit demum illa condicio, quam in universi serie sortitus sit, non brutis modo sed astris, sed ultramundanis mentibus invidiosam. Res supra fidem et mira. Quidni? Nam et propterea magnum miraculum et admirandum profecto animal iure hoc et dicitur et existimatur. Sed quaenam ea sit, audite, patres, et benignis auribus pro vestra humanitate hanc mihi operam condonate.

Iam summus pater, architectus Deus, hanc quam videmus mundanam domum, divinitatis templum augustissimum, arcanae legibus sapientiae fabrefecerat. Super caelestem regionem mentibus decorarat, aethereos globos aeternis animis vegetarat, excrementarias ac faeculentas inferioris mundi partes omnigena animalium turba complerat. Sed opere consummato desiderabat artifex esse aliquem, qui tanti operis rationem perpenderet, pulchritudinem amaret, magnitudinem admiraretur. Idcirco iam rebus omnibus, ut Moses Timaeusque testantur, absolutis, de producendo homine postremo cogitavit. Verum nec erat in archetypis, unde novam subolem effingeret, nec in thesauris, quod novo filio hereditarium largiretur, nec in subselliis totius orbis, ubi universi contemplator iste sederet. Iam plena omnia; omnia

summis, mediis, infimisque ordinibus fuerant distributa. Sed
non erat paternae potestatis in extrema fetura quasi effetam
defecisse; non erat sapientiae consilii inopia in re necessaria
fluctuasse; non erat benefici amoris, ut, qui in aliis esset divinam
liberalitatem laudaturus, in se illam damnare cogeretur. Statuit
tandem optimus opifex, ut, cui dari nihil proprium poterat, commune esset quicquid privatum singulis fuerat. Igitur hominem
accepit indiscretae opus imaginis atque in mundi positum medi-
tullio sic est allocutus: "Nec certam sedem nec propriam faciem
nec munus ullum peculiare tibi dedimus, o Adam, ut, quam
sedem, quam faciem, quae munera tute optaveris, ea pro voto,
pro tua sententia habeas et possideas. Definita ceteris natura
intra praescriptas a nobis leges coercetur. Tu nullis angustiis
coercitus pro tuo arbitrio, in cuius manu te posui, tibi illam prae-
finies. Medium te mundi posui, ut circumspiceres inde commodius quicquid est in mundo. Nec te caelestem neque terrenum
neque mortalem neque immortalem fecimus, ut tui ipsius quasi
arbitrarius honorariusque plastes et fictor, in quam malueris, tu te
formam effingas. Poteris in inferiora, quae sunt bruta, degenerare;
poteris in superiora, quae sunt divina, ex tui animi sententia
regenerari."

O summam Dei patris liberalitatem! Summam et admirandam
hominis felicitatem! cui datum id habere quod optat, id esse
quod velit. Bruta, simul atque nascuntur, id secum afferunt,
ut ait Lucilius, e bulga matris, quod posessura sunt. Supremi
spiritus aut ab initio aut paulo mox id fuerunt, quod sunt futuri
in perpetuas aeternitates. Nascenti homini omnifaria semina et
omnigenae vitae germina indidit pater. Quae quisque excoluerit,
illa adolescent et fructus suos ferent in illo. Si vegetalia, planta
fiet; si sensualia, obbrutescet; si rationalia, caeleste evadet animal;
si intellectualia, angelus erit et Dei filius; et, si nulla creaturarum
sorte contentus in unitatis centrum suae se receperit, unus cum
Deo spiritus factus in solitaria patris caligine, quae est supra
omnia, constitutus omnibus antestabit.

Quis hunc nostrum chamaeleonta non admiretur aut omnino
quis aliud quicquid admiretur magis? Quem non immerito Ascle-
pius Atheniensis versipellis huius et se ipsam transformantis
naturae argumento per Prometheum in mysteriis significari dixit.

Hinc illae apud Hebraeos et Pythagoricos metamorphoses cele-
bratae; nam et Hebraeorum theologia secretior nunc Enoch
sanctum in angelum divinitatis * * *, nunc in alia alios numina
reformat, et Pythagorici scelestos homines in bruta deformant
et, si Empedocli creditur, etiam in plantas. Quas imitatus
Maumeth illud frequens habebat in ore, "quod a divina lege
recesserit, brutum evadere." Et merito quidem. Neque enim
plantam cortex, sed stupida et nihil sentiens natura; neque
iumenta corium, sed bruta anima et sensualis; nec caelum orbicu-
latum corpus, sed recta ratio; nec sequestratio corporis, sed
spiritalis intellegentia angelum facit. Si quem enim videris dedi-
tum ventri humi serpentem hominem, frutex est, non homo,
quem vides; si quem in fantasiae quasi Calypsus vanis praestigiis
caecutientem et subscalpenti delenitum illecebra sensibus manci-
patum, brutum est, non homo, quem vides. Si recta philosophum ratione omnia discernentem hunc venereris, celeste est
animal, non terrenum; si purum contemplatorem, corporis nescium,
in penetralia mentis relegatum, hic non terrenum, non caeleste
animal, hic augustius est numen humana carne circumvestitum.

Ecquis hominem non admiretur? Qui non immerito in sacris
litteris Mosaicis et Christianis nunc omnis carnis, nunc omnis
creaturae appellatione designatur; quin se ipsum ipse in omnis
carnis faciem, in omnis creaturae ingenium effingit, fabricat, et
transformat. Idcirco scribit Euantes Persa, ubi Chaldaicam
theologiam enarrat, non esse homini suam ullam et nativam
imaginem, extrarias multas et adventicias. Hinc illud Chaldae-
orum: * * * homo variae et multiformis et dissolutoriae naturae
animal.

Sed quorsum haec? Ut intellegamus, postquam hac nati
sumus condicione, ut id simus quod esse volumus, curare hoc
potissimum debere nos, ut illud quidem in nos non dicatur,
cum in honore essemus, non cognovisse, similes factos brutis et
iumentis insipientibus. Sed illud potius Asaph prophetae, "Dii
estis et filii excelsi omnes," ne abutentes indulgentissima patris
liberalitate, quam dedit ille liberam optionem, e salutari noxiam
faciamus, nobis invadat animum adque illa (quando possumus,
si volumus) consequenda totis viribus enitamur. Dedignemur

terrestria, caelestia contemnanus et, quicquid mundi est, denique
posthabentes ultramundanam curiam eminentissimae divinitati
proximam advolemus. Ibi, ut sacra tradunt mysteria, seraphin,
cherubin, et throni primas possident. Horum nos, iam cedere
nescii et secundarum impatientes, et dignitatem et gloriam
aemulemur. Erimus illis, cum voluerimus, nihilo inferiores.
Sed qua ratione aut quid tandem agentes? Videamus, quid
illi agant, quam vivant vitam. Eam si et nos vixerimus
(possumus enim), illorum sortem iam aequaverimus. Ardet
seraph caritatis igne, fulget cherub intelligentiae splendore, stat
thronus iudicii firmitate. Igitur, si actuosae addicti vitae inferiorum curam recto examine susceperimus, thronorum stata
soliditate firmabimur; si ab actionibus feriati in opificio opificem,
in opifice opificium meditantes in contemplandi otio negotia-
bimur, luce cherubica undique coruscabimus; si caritate ipsum
opificem solum ardebimus, illius igne, qui edax est, in seraphicam
effigiem repente flammabimur. Super throno, id est iusto iudice,
sedet Deus, iudex saeculorum. Super cherub, id est contemplator,
volat atque eum quasi incubando fovet; spiritus enim Domini
fertur super aquas, has, inquam, quae super caelos sunt, quae
apud Iob dominum laudant antelucanis hymnis. Qui seraph, id
est amator, est, in Deo est et Deus in eo, immo et Deus et ipse
unum sunt. Magna thronorum potestas, quam iudicando, summa
seraphinorum sublimitas, quam amando assequimur. Sed quonam
pacto vel iudicare quisquam vel amare potest incognita? Amavit
Moses Deum, quem vidit, et administravit iudex in populo,
quae vidit prius contemplator in monte. Ergo medius cherub sua
luce et seraphico igni nos praeparat et ad thronorum iudicium
pariter illuminat; hic est nodus primarum mentium, ordo palla-
dicus, philosophiae contemplativae praeses; hic nobis et aemu-
landus primo et ambiendus atque adeo comprehendendus est,
unde et ad amoris rapiamur fastigia et ad munera actionum bene
instructi paratique discedamus.

IOANNES PICUS MIRANDULA ANGELO POLITIANO SUO S.

Quod proximis litteris tuis me tantopere laudaris, debeo tibi
tantum, quantum ab eo absum, ut merito lauder. Id enim debetur

cuique, quod gratis dat, non quod persolvit. Quare et ipse id
totum tibi debeo, quod de me scribis, cum in me tale sit nihil.
Cum id mihi ipse nullo pacto deberes, id totum tuae fuit humanitatis et singularis in me benevolentiae. De cetero si me
examinaris, nihil invenies nisi tenue, humile, et angustum. No-
vicii sumus atque tirunculi, qui ex inscitiae tenebris pedem modo
movimus, promovimus fere nihil. Benigne nobiscum agitur, si
inter studiosorum ordines referamur. Habet docti nomen quiddam aliud, quod sit tibi et tui similibus peculiare; mihi tam grandia
non conveniunt, cum eorum, quae in litterarum studiis sint
praecipua, nihil non solum exploratum habeam sed nec adhuc
etiam nisi per transennam viderim. Conabor quidem (id quod
nunc ago) talis esse aliquando, qualem nunc me praedicas et esse
aut iudicas aut certe velles.

Interea imitabor te, Angele, qui te Graecis excusas quod sis
Latinus, Latinis quod graecisses. Simili et ego utar profugio, ut
poetis rhetoribusque me approbem, propterea quod philosophari
dicar; philosophis, quod rhetorissem et musas colam, quamquam
mihi longe aliter accidit atque tibi. Quippe ego, dum geminis, ut
aiunt, sellis sedere volo, utraque excludor sitque demum, ut dicam
paucis, ut nec poeta nec rhetor sim neque philosophus. Tu ita
utrumque imples, ut, utrum magis, haud satis constet, quod et
Graecam et nostram Minervam ita pulchre amplectaris, quasi cycnus utriusque linguae, ut quae insiticia sit, quae genuina non facile
discerni possit. Nam, ut de Latinis taceam (de his enim cui e
primo loco cesseris?), quis credat, (ut de Hadriano ille) Romanum
hominem tam Graece loqui. Iurabat Emanuel noster, dum tuas
legeret, non esse tam Atticas Athenas ipsas. Is es, mi Angele
(facessat adulatio), cui ex nostris unus aut alter, ne dicam nemo,
conferendus sit. Quod si plures essent tales, non haberent haec
saecula, cur inviderent antiquitati. Incumbe, quaeso, et litteras
quantum potes a situ recipe, ne nitor ille Romanae linguae iniuria
temporum penitus obsolescat. Excude semper aliquid novum,
quod rem Latinam adiuvet et illustret. Et quae domi habes, fac
tandem exeant in communem studiosorum utilitatem. Ego quidem, ut te ipsum, tua omnia amo atque desidero, tum eo magis,
quod te mihi exemplar proposui, ad quod effingar, etsi is es, quem

ut sequi omnes debent, ita consequi pauci possunt. Vale.—*Ep.*
I. 15.

IOANNES PICUS MIRANDULA ANDREAE CORNEO URBINATI S.

Quas proxime ad me dedisti litteras tuas idibus Octobris,
accepi. Quas scribis dedisse prius, non pervenerunt. Rescrip-
sissem ilico, si accepissem; ita sum ad scribendum impiger et in
hoc munere sive studio sive natura minime cessator. Non tamen
erat quod vereris silentio etiam diuturno amicitiam nostram posse
labefactari. Perpetuus amicus sum, non temporarius. Et firma
satis non est amicitia, si quis velut tibicines has litterarum sibi
vicissitudines postulet, quae, ut Plauti dixerim verbo, quasi
nutantem infirmusculamque furcillent.

Sed, ut ad ea veniam quae scribis, adhortaris me tu ad actuosam
vitam et civilem, frustra me et in ignominiam quasi ac contumeliam tam diu philosophatum dicens, nisi tandem in agendarum
tractandarumque rerum palaestra desudem. Et equidem, mi
Andrea, oleum operamque meorum studiorum perdidissem, si ita
essem nunc animatus, ut hac tibi parte accedere et assentiri
possem. Exitialis haec illa est et monstrosa persuasio, quae
hominum mentes invasit, aut non esse philosophiae studia viris
principibus attingenda aut summis labiis ad pompam potius
ingenii quam animi cultum vel otiose etiam delibanda. Omnino
illud Neoptolemi habent pro decreto: aut nil philosophandum
aut paucis. Pro nugamentis et meris fabulis iam illa accipiuntur
sapientium dicta: firmam et solidam felicitatem in bonis animi
esse, extraria haec corporis vel fortunae aut parum aut nihil ad
nos attinere. "Sed," inquies, "ita volo Martham amplectaris, ut
Mariam interim non deseras." Tibi parte non repugno nec, qui
id faciunt, damno vel accuso. Sed multum abest, ut a contemplandi vita ad civilem transisse error non sit, non transisse pro
flagitio aut omnino sub culpae nota vel criminis censeatur. Ergo
vitio alicui vertetur, ut virtutem ipsam virtutis gratia, nil extra
eam quaerens, perpetuo affectet et prosequatur, quod divina
mysteria, naturae consilia, perscrutans hoc perfruatur otio,
ceterarum rerum despector et neglegens, quando illa possunt
sectatorum suorum vota satis implere?

Ergo illiberale aut non omnino principis erit non mercenarium facere studium sapientiae? Quis aequo animo haec ferat aut audiat? Certe numquam philosophatus est, qui ideo philosophatus est, ut aliquando aut possit aut nolit philosophari. Mercaturam exercuit ille, non philosophiam. Scribis appetere tempus, ut me alicui ex summis Italiae principibus dedam. Adhuc illam philosophantium de se opinionem non nosti, qui iuxta Horatium se regum reges putant, mores pati et servire nesciunt, secum habitant et sua contenti animi tranquillitate sibi ipsis ipsi supersunt, nihil extra se quaerunt; quae in honore sunt apud vulgus inhonora sunt apud illos et omnino, quaecumque vel humana sitit libido vel suspirat ambitio, neglegunt et contemnunt. Quod cum omnibus tum illis dubio procul faciendum est, quibus se ita indulsit fortuna, ut non modo laute et commode sed etiam splendide vivere possint. Magnae istae fortunae sublimant quidem et ostentant, sed saepe uti ferox equus et sternax sessorem excutiunt. Certe semper male habent et vexant potius quam vehant. Aurea illa optanda mediocritas, quae nos uti mannus vehat aequabilius et imperii patiens nobis vere serviat, non dominetur.

In hac ego opinione perstans cellulam meam, mea studia, meorum librorum oblectamenta, meam animi pacem regiis aulis, publicis negotiis, vestris aucupiis, curiae favoribus antepono. Nec mei huius litterarii otii illos fructus exspecto, ut in rerum publicarum aestu atque tumultu iacter et fluctuem, sed ut, quos parturio, tandem pariam liberos et, quod felix faustumque sit, dedam aliquid in publicum, si non doctrinam, ingenium saltem et diligentiam quod oleat. Et ne credas nostrae industriae et laboris quicquam remissum, scito me post multam assiduis indefessisque lucubrationibus navatam operam Hebraicam linguam Chaldaicamque didicisse et ad Arabicae evincendas difficultates nunc quoque manus applicuisse. Haec ego principis viri et existimavi semper et nunc existimo.

Sed haec ut vere ita severe dixerim, equidem principes istos excellentissimos in primisque magnanimum Barri ducem Ludovicum ita colo et veneror ut ex Italiae principibus neminem magis. Illi me multum multis de causis debere intellego et nihil est tam grave, nihil tam arduum quod, mihi si detur facultas, demerendi hominis causa facturus non sim. Sed, quae illorum est amplitudo et mea tenuitas, ut ego ipsis non egere non possim, ita egere ipsi aut mea opera aut meo istuc adventu nullo modo possunt. Romam propediem proficiscar, inibi hiematurus, nisi vel repens casus vel nova intercidens fortuna alio me traxerit. Inde fortasse audies, quid tuus Picus in vita umbratili et sellularia contemplando perfecerit aut quid tandem (dicam enim, quamquam arrogantius), quid, inquam, quando tu illi istuc accedenti doctorum copiam polliceris, aliorum operae indiget in re litteraria. Romae et ubi ubi terrarum fuero, habebunt principes isti cui imperent, quem velut trusatilem, ut inquit Plautus, molam pro arbitrio versent. * * * Perusiae, XV Octo. MCCCCLXXXVI anno gratiae.—*Ep. I. 36.*

IOANNES PICUS MIRANDULA BAPTISTAE GUARINO PRAECEPTORI SUO S.

Quid contrahis frontem? An quod contra quam praeceperis atque ideo iniuria tibi inscripserim praeceptori? Si praeceptor non es, iure tuis non sto praeceptis. Si praeceptor es, iure te appello praeceptorem. Tu vero quod discipulum renuis, quem tantopere laudas, pugnant haec inter se, nisi alterum forte amoris est, alterum iudicii, et cuius laudes praedicas ex benevolentia, eiusdem errata vereris ex conscientia, ne scilicet tibi pudorem faciant; quae possis forte laudator, non possis praeceptor non agnoscere. At recipe quaeso me vel hac lege in participatum disciplinae, ut te ego in nostrae, si quae erit, gloriolae participatum admittam, plagas substinerem solus.

Sed quid frigidis iocis moror ardorem meae laetitiae, quam ex tuis litteris, ex tua tam gravi, tam honorifica laudatione concepi? Nunc demum mihi arridet, nunc mihi est grata Heptaplus mea, postquam sub tuo praeconio quasi clipeo Palladis iam se ostentat aemulis invulnerabilem. Hortaris me tu ad alias hoc genus scriptiones, quod frustra faceres, nisi, dum mihi plena adeo cera subscribis igniculos bonae immittens spei, fecisses me ad scribendum quam fuerim antea longe fortiorem. Adeo enim tam iudicio tuo mihi confido, ut, quod totius instrumenti veteris enarrandi onus suscepi, cui omnino sum impar, iam tamen solito longe fortius feram.

Quod attinet ad libros, fortasse tibi melius satisfacerem, indicem haberem eorum librorum, qui sunt apud te, quonia possent multi ad rem tuam facere, quibus tamen non egeres.

Laurentio Medici tua praedicta virtus te fecit commendatissimum. Neque umquam inter nos mentio de viris doctis huius aetatis, quin plurimus in ore sit Guarinus, praesertim cum noster intervenit Politianus (intervenit autem semper), qui tibi tantum tribuit quantum nemini.

Vale, nostrorum optime atque doctissime et Pictorium nostrum, communes delicias, quantum potes meo nomine salvere iube.— *Ep. I. 44.*

GIOVANNI GIOVIANO PONTANO (1426–1503)
AD FANNIAM

Puella molli delicatior rosa,
    quam vernus aer parturit
dulcique rore Memnonis nigri parens
    rigat suavi in hortulo,
quae mane primo roscidis cinctos foliis
    ornat nitentis ramulos,
ubi rubentem gemmeos scandens equos
    Phoebus peragrat aethera;
tunc languidi floris breve et moriens decus
    comas reflectit lassulas,
mox prona nudo decidit cacumine
    honorque tam brevis perit.
Sic forma primis floret annis; indecens
    ubi senectus advenit,
heu! languet oris aurei nitens color,
    quod ruga turpis exarat.
Perit comarum fulgor et frontis decus
    dentesque flavent candidi.
Pectus papillis invenustum languidis
    sinus recondet sordidus,
quod nunc eois lucidum gemmis nitet
    tenuisque vestit fascia.
Nullas amantis audies maesti preces
    duram querentis ianuam;
non serta lentis fixa cernes postibus,
    exclusi amantis munera;
sed sola noctes frigido cubans toro
    nulli petita conteres.
Quin hoc iuventae floridum atque dulce ver
    brevemque florem carpimus?
Post lustra quinque iam senectus incipit
    latensque surrepit modo.
Quare, meorum o aura suavis ignium,
    dies agamus candidos
noctesque divae conteramus integras,
    quae mane lucet Hesperus.—*Am. I. 4.*

AD FANNIAM

Quid mihi tam multas proponis, Fannia, poenas
   et cupis in tantis excruciare malis?
Sit satis interdum gravibus me affligere verbis
   et miserum de me sumere supplicium.
Non ego servitium dominae tam mite recuso.
   A! pereat si quis vincula et ipsa timet!
Luminibus sed dura meis te subtrahis et me
   excludit posita clausa fenestra sera,
sed numquam potui lacrimis aut fletibus ullis
   efficere, ut nobis mitior ipsa fores.
An quia te a teneris dilexi puriter annis,
   hoc meruit de te, perfida, longus amor?
Quid si me alterius cepissent lumina? Quid si
   altera in amplexus isset amica meos?
Hoc nocuit misero, servisse fideliter uni;
   hoc nocuit, tanta semper amasse fide.
O pereat quicumque colit tenerasque puellas
   et durae sequitur militiam Veneris!
Et mihi si posthac fuerit quae gratia tecum,
   dilanient avidi tum mea membra lupi,
tum mea membra avido discerpant gutture corvi
   effodiantque oculos, qui mihi causa mali.
A! valeant veneres, valeant mala gaudia amores;
   casta placent; luxus desidiose, vale!
Iam mihi Francisci tunicam cordamque parate;
   iam teneant nudos lignea vincla pedes.
Quam iucunda mihi ieiunia, quis ego caelum
   emeream, cum me solverit atra dies!
At tu nunc nostros flebis deserta labores,
   cum subeant Veneris dulcia furta meae,
cum subeant dulces quas tecum ducere noctes
   saepe admirata es lassaque facta prior.
Sed quid tum lacrimae? Quid tum tibi vota precesve?
   Quem semel expuleris, non revocatur amor.
Non mihi cara quidem poteris, non bella videri,
   non, si sic fieri Iuppiter ipse velit.

Et licet in te alius dives suspiret amator,
    exemplo fuerit cautior ille meo.
Ac ne quem lateat, quam sis non mitis amanti,
    saevitiam dicet parva tabella tuam,
quam leget et iuvenumque chorus doctaeque puellae
    et quicumque tuam sensit, Amor, pharetram:
FANNIA DESPECTOS SEMPER FASTIDIT AMANTES.
    HOC ILLI VITIUM MATER INIQUA DEDIT.—*Am. I. 9*

AD PUELLAS

O dulces animi mei lepores,
solae deliciae meae Camenae,
o plus quam Veneris papilla bellae
et Nymparum oculis venustiores,
amabo mea basiate labra.
Da mi basia, Gelliana, mille,
da quot Lesbia iam dedit Catullo;
his addas volo milliens trecenta.
Da dulcis totidem, Medulliena.
O desiderium mei furoris,
Phryne, consere labra cum labellis;
pugnent umidulae per ora linguae;
innitens manibus meoque collo
pendens in numerum et modum columbae
caeli sidera vince basiando.
Hyblaeo Glyca suavior liquore,
si me vel digito semel lacessas,
cordis deliquium mei videbis.
Sed me nunc animus meus relinquit.
A! me nunc fugis, a! fugis, miselle!
Clitinam petis et petis Velinam.
Qui fiet, miser, ut duobus unus
vivas pectoribus? Redi, miselle!
Nam si Fannia viderit vagantem,
invitum capiet tibique pennas
victrix eripiet; redire numquam
ad me tu poteris morique coges.—*Am. I. 14*

Ad Se Ipsum

Quingentas solitus cum sis adamare puellas,
    nunc ab amore tuo quid, Ioviane, vacas?
An quia difficilem sese tibi Fannia praebet
    et rigidos mores forma superba facit?
Cum tot sint faciles, sit copia mollis amorum,
    quaere aliquam tibi, quae sponte placere velit,
quae sibi se dedat, cui sis et carus ocellus,
    cui dicas, "Iam iam Fannia nulla mihi est."
Ipsa tibi dicat, "Mea lux, mea vita, meus flos,
    liliolumque meum basiolumque meum!
Carior et gemmis et caro carior auro,
    tu rosa, tu violae, tu mihi levis onyx!
Deliciae cultusque meus, mea gaudia solus,
    corque meum et prae te nil iuvat esse meum."
Et quingenta simul capiat tunc basia raptim
    et sine mente oculos volvat agatque suos.
Ac linguam querulo cum suxerit ore trementem,
    exanimis collo pendeat ipsa tuo.
Tunc dices, "Amor est succo iucundior omni;
    dulcior et melle est, suavior ambrosia est;"
nec tibi quingentas fuerit sat amasse puellas.
    Nil numerus certe, nil in amore valet.—*Am. I. 25.*

Ad Antonium Panormitanam

Antoni, decus elegantiarum,
atque idem pater omnium leporum,
unus te rogat ex tuis amicis
cras ad se venias ferasque tecum
quantumcumque potes facetiarum
et quicquid fuerit domi iocorum.
Nam risus tibi tantum apparavit,
quantum Democrito diebus octo
profundi satis et super fuisset.
Quod tecum patulo cupit palato
perridere suapte risione
condita levitate ineptiisque.—*Am. I. 27.*

LAUDES CASIS FONTIS

Casis, Hamadryadum furtis iucunde minister,
  et cupidis rupes semper amica deis,
ad quem saepe sui linquens secreta Lycaei
  Pan egit medios sole calente dies
Maenalioque tuos implevit carmine montes
  et septem cecinit fistula blanda modos,
cum passim iunctaeque manus et bracchia nexae
  ducebant placidos Naides ante choros
carpebantque hilares iuxta virgulta capellae
  haedus et in molli subsiliebat humo;
quin etiam defessa iugis si quando Diana
  egit praecipites per cava saxa feras
hic posuitque latus viridique in margine sedit
  et vitreo flavas lavit in amne comas;
te Bacchus, te Phoebus amant, tibi carmina Nymphae
  dulce canunt, tibi se comit amata Dryas,
Paelignosque suos siquando et rura relinquit,
  lassa subit fonti Calliopea tuo
et lenem querula carpit sub fronde quietem,
  qua cadit arguto murmure lympha fugax.—*Am. II. 6.*

EXSULTATIO DE FILIO NATO

Ite procul, curae insomnes! Sint omnia laeta!
  Cretensi lux haec more notanda mihi est.
Ite iterum, curae insomnes, procul ite, dolores!
  Fulserit haec nitido sidere fausta dies,
qua mihi vitalis genitus puer exit in auras.
  Spargite nunc variis atria tota rosis.
Spiret odoratis domus ignibus, aemula lauro
  myrtus adornatos pendeat ante Lares.
Ipse deos supplex tacita venerabor acerra
  et reddam sacris debita tura focis.
Sancte Geni, tibi solemnis prostratus ad aras
  fundo merum et multo laurus in igne crepat.
Vota manent. Sua signa deum testantur et omen
  clara dedit celeri flamma voluta gradu.

Ipse et pacato movit sua vertice serta
  et fragilis cecidit crine decente rosa.
Ipse manu rata signa dedit; tu, sidere dextro
  edite, felices exige, nate, dies.
Produc fatalisque colos et longa sororum
  stamina; dent faciles in tua fila manus.
Spesque patris matrisque auge superesque parentum
  vota; fluant Hermus Lydiaque unda tibi.
Auguror et patrias olim meditaberis artes
  et studia antiquae non inhonora domus.
Sive tibi carmen placeat, tibi carmina Musae
  dictabunt, virides cinget Apollo comas.
Sive vias caeli rerumque exquirere formas
  naturae et causas explicuisse iuvet,
seu leges atque arma fori, te proxima possunt
  exempla et patres exstimulare tui.
Sed neque te vel dirus amor vel gloria belli
  vicerit, ut matri sis timor usque tuae.
Illa gravis tulerit decimo iam mense labores
  languida de partu mortua paene mihi.
At tu iam tanto mater defuncta periclo,
  in nova praeteritos gaudia verte metus.
Iam mater, quid matris opus, quid munera differs?
  Cur non materno iam cubat ille sinu?
En, patri similis oculos, en mater in ore est,
  en, vultus, in quis spirat uterque parens,
en, senii solamen adest! Vos spargite multo
  flore domum et thalamis lenior afflet odos.

  —De Am. Coniug. I. 10.

Exsultatio De Pace Iam Facta

A bellis ad rura et ad otia grata Camenis,
  ad rura a bellis, uxor amata, vocor.
Pax Cererem redditque agris redditque Lyaeum
  et sua cantantem Maenala Pana sonant.
Pace sua laetatur humus, laetantur agrestes,
  et resides somnos oppida fessa trahunt.

Iam facilis, iam laeta choros per prata Voluptas
    ducit et optatus rura revisit Amor.
Rura Venus rurisque colit nunc urbe relicta
    laeta domos, laetus numina sentit ager.
Ergo alacres sequimurque deos et rura petamus;
    huc propera, mecum huc, uxor amata, veni.
Huc veris te poscit honos rurisque beati
    et rure et verno tempore natus Amor.
Urbis opes valeant; nil rure beatius ipso.
    Rura placent Musis, rura Diana colit.
Rura Fides habitat, habitat probitasque pudorque
    et fas et pleno copia larga sinu.
O valeant urbes! Quid enim felicius agro?
    Hic tecum, hic, coniunx, vita fruenda mihi est.
Otia si capiant animum, quid mollius umbra,
    fundit quam multa populus alba coma,
quam platanus platanoque decens intersita laurus
    et quae tam raro citrus honore viret?
Sin labor, ut teneras hortis disponere plantas,
    ut iuvat umentis carpere mane rosas,
aut tenuem e foliis Laribus pinxisse coronam
    et sua triticeae serta parare deae;
nunc legere arbuteos fetus montanaque fraga
    aureaque in calathis mala referre novis,
nunc agere incautas in retia caeca volucres.
    Mille modos placidi rura laboris habent.
Sed, coniunx, tua vota moror. Laqueata, valete,
    et tecta et thalami; te duce rura peto.
Dux coniunx, cui cana fides, cui castus eunti
    haeret amor, sequimur teque tuosque deos.
O mihi post longos tandem concessa labores,
    o mihi non iuveni sed data forte seni,
o mentis tranquilla quies! Salvete, beati
    ruris opes, salve, terra habitata diis,
terra bonis fecunda et nulli obnoxia culpae!
    Hic tecum, hic, coniunx, vita fruenda mihi est.

Ista senes nos fata manent. Mors usque vagatur
  improba. Vis mortem fallere? Vive tibi.—
                    —*De Am. Coniug. II. 3.*

Francisci Hiachini Grammatici

Non tibi certa domus fuerat, non culta supellex
  mensaque, vix tenuis, docte Hiachine, focus.
Hoc ex morte tibi lucri est, quod nulla supellex,
  non focus ipse opus est, quod tibi certa domus.
                    —*Tum. I. 29.*

Luciae Filiae

Liquisti patrem in tenebris, mea Lucia, postquam
  e luce in tenebras filia rapta mihi es.
Sed neque tu in tenebras rapta es; quin ipsa tenebras
  liquisti et medio lucida sole micas.
Caelo te natam aspicio. Num, nata, parentem
  aspicis? An fingit haec sibi vana pater,
solamen mortis miserae? Te, nata, sepulcrum
  hoc tegit; haud cineri sensus inesse potest.
Si qua tamen de te superat pars, nata, fatere
  felicem quod te prima iuventa rapit.
At nos in tenebris vitam luctuque trahemus.
  Hoc pretium patri, filia, quod genui.—*Tum. II. 2.*

Caeciliae Aviae Paternae

Pax umbrae requiesque urnae, quae contegit umbram.
  Tura adolete; sacri spargite fontis aquam.
Salve, avia, aeternumque vale! Cape grata nepotis
  munera, nec lacrimas sperne nec inferias,
Caecilia, et tibi sit tellus levis et fluat urna
  ambrosia; ambrosius stillet et usque liquor.
Et tibi perpetuum spiret ver, servet et urnam
  quam tu servasti cum pietate fides.—*Tum. II. 5.*

Pontanus Coniunx Ad Tumulum Ariadnae Saxonae Uxoris

Quas tibi ego inferias, coniunx, quae munera solvam,
  cum lacrimae et gemitus verbaque destituant?
Pro veteri tamen officio, pro munere lecti
  annua lustrato dona feram tumulo.

Tura, puer, laticesque sacros; tu verba, sacerdos,
  dic bona et aeternos rite precare deos.
Rite sacras adolete faces. Mihi mortua vivis,
  uxor, et in nostro conderis ipsa sinu.
Viva mihi ante oculos illa obversatur imago
  et mecum lusus deliciasque facis.
Viva domum cultosque lares remque ordine curas.
  Viva, Ariadna, domi es, viva, Ariadna, toro es.
Mecum perque hortos et culta vireta vagaris
  et mecum noctes, mecum agis ipsa dies.
Sic mihi viva vales, sic est mihi grata senectus,
  ut tua mors lasso vita sit ipsa seni.
Haec ipse ad feretrum, at tecum mens ipsa moratur,
  tecum post paucos laeta futura dies.
Interea cape et haec miserae solacia mortis
  atque in perpetuum, fleta Ariadna, vale!—*Tum. II. 20.*

PONTANUS UXOREM ARIADNAM INSOMNIS ADLOQUITUR

Nocte quidem, coniunx, tecum vagor et tua mecum
  umbra venit. Sic nox luxque diesque mihi est.
Luce autem sine te tenebris obversor et ipse
  me sine sum. Sic lux nox tenebraeque mihi est.
O valeant luces, lateat sol! Sic mihi coniunx
  vives, sic moriar vivus et ipse tibi.—*Tum. II. 51.*

AD SOLEM

Sol, decus caeli superumque princeps,
auctor et lucis, moderator anni,
alter o rerumque animantiumque
    et sator idem,

idem et immensi maris aequor, idem
aeris vasti spatia et iacentis
intimum terrae gremium fovesque
    et seris idem.

Omnia ex te sunt, genus omne per te
gignitur, crescit simul et perennat,
et tibi assurgunt nemora et tibi herbae
    germen et omne.

Cuncta sed te cum venerentur unum
et regas cuncta, o pater alme rerum,
deseris curnam tibi dedicatum
    vulgus amantum?

Tu choros primus numerosque nectis
primus et carmen meditare nervis.
Neglegis quare tibi dedicatos
    asper amantes?

Et tibi est arcus, tibi sunt sagittae,
et coma intonsa et puerilis aetas.
Despicis curnam tibi dedicatum
    nomen amantum?

Te colunt primi metuuntque amantes
et tuum primi venerantur astrum,
lux enim dux est, oculi educes sunt
    fax et amantum.

Quin amans primus choreas lyramque,
carmen exercet quoque primus idem,
nam lyra et carmen numerique amori
    pabula praebent.

Doctor et princeps choreae et magister
carminis, sol, hoc age, dux amantum,
hoc age et curam tibi dedicatae
    suscipe gentis.

Quique liquentem aera quique salsum
aequor accendis vitreasque sedes
ac sinus terrae gravidos satusque
    calfacis omnes,

ure spernacis iuvenum puellas,
ure diversas ab amoris aura,
ure et immitis animos tuosque
    incute flammas.

Et mihi felix ades et protervum
Fanniae pectus moderare, adacta
ventilans sparsim face dexteraque
　　lampada quassans,

lampada atque illos radios, aduris
quis et immanis tigrides ferumque
aspidum ad Syrtes genus atque taetras
　　in mare phocas.—*Versus Lyrici, 5.*

AD STELLAM

Non Alpes mihi te aut vasti maris aequor et ipsae
　　eripiant Syrtes, nam mihi semper ades.
Mecum de summa specularis litora puppe
　　et mecum longas isque redisque vias.
Mecum compositis haeres moritura lacertis,
　　si pontus, si quid saeva minatur hiems.
Me quocumque loco, quicquid fortuna pararit,
　　quicquid ago, mecum es nec nisi semper ades.
Tu curis solamen ades requiesque labori
　　et, quia semper ades, nil nisi dulce mihi est.
Quod si quando absis et te iam, Stella, requiro,
　　sive dies seu nox, sponte videnda venis.
Nam cum sol primos effert pulcherrimus ortus,
　　Aurorae in gremio tu mihi mane nites.
Illic purpureasque genas roseumque labellum
　　delicias video pectora et ipsa meas
oraque in ore deae cerno tua, tu mihi rides,
　　sentio de risu gaudia mille tuo.
Ipsa mihi dicis, "Iungo mea gaudia tecum."
　　Dum loqueris, iungo basia nostra tuis.
Inde ubi per medium rapitur sol aureus orbem,
　　aurea te nobis solis imago refert.
Illius in radiis video rutilare capillum
　　et tua Phoebaeo splendet in igne coma.
Quacumque aspicio, lux te mihi, tu mihi lucem
　　offers nec sine te luxve diesve mihi est.

Tandem ubi sidereis nox advenit acta quadrigis
    clarus et occiduo vesper in orbe nitet,
ora refert tua nunc mihi candida lucidus Hesper,
    in Veneris specto te recubare sinu.
Hic risum illecebrasque tuas, hic oscula nosco
    lususque et gratis abdita signa notis
inque tuis oculis figo mea lumina et usque
    admoveo collo bracchia lenta tuo.
Tum nova me, vetus ipsa tamen subit ante voluptas
    praeteritique memor mens favet ipsa sibi.
Mox sopor irrepit membris, sopor ultima praebet
    gaudia teque meo collocat ipse sinu
amplectorque tuis innexus et ipse lacertis.
    Sic nullum sine te tempus et hora mihi est.

                              —*Erid. I. 7.*

STELLAM ADLOQUITUR

Quale per aestatem sub sole rigentibus herbis
    blanditur lapsis aura recens foliis,
quale per arentis hortos in vere tepenti
    nox mulcet teneras rore madente rosas,
tale mihi dum mens languet, dum pectora fervent
    nostraque in incertum vela gubernat amor,
tale seni solamen ades mihi dulcior Hyblae,
    Stella, favis, umbra gratior Idalia,
aura recens; nam, Stella, mihi flagrante sub aestu
    ipsa meos ignes rore madente levas.
E labris mihi ros, ex ore recentior aura
    spirat, Stella, tuo, stillat et ipse liquor.—*Erid. I. 13.*

DE VENERE ET ROSIS

Pectebat Cytherea comas madidumque capillum
    siccabat; Charites carmina lecta canunt;
ad cantum Satyri properant, ad carmina Nymphae,
    carmina de tacitis saepibus hausta bibunt.
Hinc aliquis petulans ausus prodire Dionen
    intuitur, docta dum linit ora manu.

Erubuit pudibunda ruborque per ora cucurrit
    occupat et teneras purpura grata genas.
Mox interque rosas interque roseta refugit;
    delitet et molles spirat ab ore crocos.
Dum spirat funditque crocos, dum purpura fulget,
    concipit afflatus daedala terra deae.
Hinc et purpureum flores traxere colorem,
    quaeque prius candor, purpura facta rosa est.
Has legite, his tenerae crines ornate puellae,
    Paestano niteat lucida rore coma.
Vere rosas, aestate rosas diffundite, divae.
    Spirent templa rosas, ipsae et olete rosas.—*Erid. I. 39.*

De Venere et Amore

"Ne fle, ne mihi, care, oculos corrumpe tuisque
    desine de lacrimis sollicitare meas.
Me miseram! qui singultus! Complectere matrem,
    colla fove inque meo, fesse, quiesce sinu.
Belle puer, quinam lacrimas dolor excit? Ubi arcus?
    A! miseram! in pharetra spicula nulla manent.
Dic agedum, neu singulti, neu pectora rumpe,
    quae rogo. Quae insidiae? Cuius et iste dolus?"
"Heu! mater nato indulgens, mihi Deianilla,
    mutua quae dederam, reddere tela negat.
Haec arcum tenditque manu stringitque sagittas;
    ipsa gravi dextra spicula nostra iacit."
"Singultus, age, coge, puer, lacrimasque coerce.
    Spicula quo redeant sub tua iura, dabo.
Hanc auram cape, nate. Oculos hac Deianillae
    affla et Acidalio tinge liquore genas.
Deque oculis deque ipsa genis dic tendat ut arcum
    deque oculis iaciat spicula deque genis.
Arma tibi puero reddat; sit et aura vel arcus
    vel pharetra, ast ipsi spicula sint oculi.—*Erid. II. 4.*

Ad Puellas

Desinite, o tenerae, crines ornare, puellae,
    desinite o pexas arte ligare comas.
Diffluat ipse vagus circum sua tempora crinis,
    diffluat et mollis per sua colla coma.

Desinite et teneris cultum adiecisse labellis
  lascivosque oculis quaerere ab arte modos.
Ornatus teneris hic sit, Thelesina, labellis,
  non nisi grata tuo verba ut ab ore fluant.
Hic comptus placidis, Venerilla, accedat ocellis,
  gratia ut obtutu sit comes usque tuo.
Vis faciem, vis ora simul compsisse, Terinna?
  Suspira, quotiens obvius ibit amans.—*Erid. II. 9.*

NENIA

Scite puer, mellite puer, nate unice, dormi.
  Claude, tenelle, oculos; conde, tenelle, genas.
Ipse sopor, "Non condis," ait, "non claudis ocellos?"
  Et cubat ante tuos Luscula lassa pedes.
Languidulos bene habet conditque et claudit ocellos
  Lucius et roseo est fusus in ore sopor.
Aura, veni, foveasque meum placidissima natum.
  An strepitant frondes? Tam levis aura venit.
Scite puer, mellite puer, nate unice, dormi.
  Aura fovet flatu, mater amata sinu.

TRANQUILLAM NEPTEM BIMESTREM ADLOQUITUR IN OBITU LUCII FILII

Avi tui, Tranquilla, delicium et quies
orbi senis, quem fles, miselle? Maestula,
quem fles? Patremne, quem extulisti infantula?
Sentis an haec in matris ulnis an meis?
Et ipsa deflens assonas conquestibus?
O inditum naturae et homini adinsitum
semen patrisque avique! Tranquilla hinc dolet.
Patrem dolet, misella, avoque condolet.
Sed quid quod arrides, quod adnutas avo,
senis levamen unicum? An solari avum,
postquam patrem luxti, studes, mea neptula?
Ride, voluptas, osculare avum tuum
et hoc levaminis genere senem fove;
leva meum luctum, leva sordis meas
senemque avumque ab aegritudine alleva.

Caducus ipsa es flos, mihi sol occidit.
Flori timenda nebula, tenebrae autem seni.
Vita occidua senis, caduca infantulae.
Certi nihil vitae tibi est, neptis mea;
at certam avo mortem minantur singula.

DE PRINCIPE; AD ALFONSUM CALABRIAE DUCEM

* * * Delegit pater tuus tum viros primarios tum in omni
genere laudis probatos homines, quorum consiliis et admoni-
tionibus formarere; non quod ipse per te tibi non sufficias, sed,
quod novellae solent arbores, ut iis tamquam adminiculis quibusdam innitare. Hi tibi de rebus gravioribus disserentes audiendi
sunt non minus quam ipsi philosophi. Quibus enim ad res ge-
rendas melioribus uti potes magistris quam iis, qui multa et magna
gesserint? Avus tuus, Alfonsus (ne a domesticis recedam exemplis) Antonio poetae incredibili quadam voluptate operam
dabat aliquid ex priscis annalibus referenti; quin etiam veterum
ab eo scriptorum lectiones singulis diebus audiebat ac, licet multis
magnisque interim gravaretur curis, numquam tamen passus est
horam libro dictam a negotiis auferri. Mirum est enim, quantum
valeat ad optimam vitae institutionem assidua et diligens lectio.
Nam si, ut Scipionem dicere de se solitum scribit Crispus, maiorum
imagines mirum in modum intuentes ad virtutem excitant, quanto
magis illorum dicta factaque imitatione digna saepius animo repe-
tita et ante oculos posita commovere debeant? Avus numquam
sine libris in expeditionem profectus tentorium, in quo asservaban-
tur, iuxta se poni iubebat. Cumque nullas Fabiorum, Marcellorum,
Scipionum, Alexandrorum, Caesarum haberet imagines alias quas
intueretur, libros inspiciebat, quibus gesta ab illis continerentur.
Cuius te nomen referentem hoc eius exemplum, ut alia multa,
imitari maxime oportet; ut enim avo turpe non esset vinci a nepote
in litteris, sic nepotem te gloriae eius deesse turpe sit et dedecoro-
sum.

Neque illis adsentiendum est, qui litteras accusant, qui si
propterea contemnendas ducunt, quod discendae non sint tamquam non necessariae, nescio quid sit, quod ipsi discendum putent.
Quid est enim, per Christum! tam necessarium quam multa
scire atque ea tum in cognitione naturae et rerum occultarum
tum in memoria rerum praeteritarum et clarorum virorum ex-

emplis posita, nisi si quid honestum, quid turpe, quid bonum,
quid malum, quid expetendum, contra quid fugiendum, quid
aegrotantibus iucundum, quid valentibus noxium sit, scire ipsi
non putent necessarium; qua vero ratione lautius convivium
paretur, scire solum putent esse necessarium. Sin fortasse quod
sint indignae homine, ii falluntur omnino et, quod dici solet, tota
errant via. Quid enim homine dignius quam inter ceteros excellentem esse? Excellere autem doctrina praeditos vel ex eo
iudicari potest, quod in maximis gerendis rebus consiliisque
capiendis primum semper locum ii tenent, qui docti habentur.
Neque enim pueros statim grammaticis esse tradendos, a quibus
erudiantur, consentirent omnes, si litterae indignae illis futurae
essent, postquam viri pervasissent.

Sed sunt quidam, qui, ut ignorantiam suam, de qua etiam gloriari
audent, defendant, ipsi de litteris litteratisque hominibus male
sentiant malo otio et languori dediti. Licet autem non omnes,
qui inter doctos numerantur, nota careant, vitium tamen non ad
litteras sed ad ipsorum ingenia referendum, quamquam litterae
ipsae propter celebritatem conspectius illud efficiant. Sed et hoc
necesse est, ut et ipsi fateantur: ex iis est opus, quos idiotas vulgus
appellat quique litteras nesciant, plurimos esse taeterrimorum
vitiorum maculis respersos inquinatosque, qui, ut aliis careant,
illo certe non carent, quod indocti ignorantesque sunt; quo quid
aut esse contemptius aut homine indignius potest? Urbe per-
territa et quid consili caperet incerta metu Catilinae coniuratorum-
que aliorum plebis patrumque communi consensu maturatum est
ad consulatum demandandum M. T. Ciceroni, quamquam novo
homini et inquilino, primariis civitatis viris perterritis. Videlicet
non Arpinum aut maiorum imagines tantam ei exspectationem
comparaverat, sed insignes litterarum tituli et adducta e rhetorum
scholis in forum senatumque eloquentia.

Mortuo Nicolao Quinto pontifice maximo, quod de Marino
Tomacello, qui per id tempus Romae agebat, audivi, cum ei
successisset Calistus timereturque, ne a Iacobo Picinino bellum
moveretur, atque ad eum accessisset magnus quidam vir, novum
tamen quod immineret bellum perterritus, non esse inquit, quod
Picininum vereretur. Habere enim ecclesiam Christi tria milia

et amplius litteratorum hominum, quorum consiliis sapientiaque omnes omnium simul Europae ducum conatus facile reprimi atque contundi possent.

Sed non sit mihi longius nunc cum his certamen. Neque enim litterae patrocinio meo indigent, apud te praesertim. Locus hic tamen attingendus fuit, non explicandae laudes earum, in quibus connumerandis finem facio, ne illas laudans videar de meis studiis aliquid praedicare. Illud tamen nullo modo praeterierim, quod, victo captoque Antonio Caldora, avus tuus cum exercitu in Paelignos profectus, cum pervenisset in locum unde Sulmo poterat despici, percunctatus an ea, ut ferretur, Ovidii esset patria, et qui aderant affirmassent, urbem salutavit gratiasque genio loci egit, in quo tantus olim poeta genitus esset, de cuius laudibus cum non pauca disseruisset, tandem famae eius magnitudine commotus, "Ego," inquit, "huic regioni, quae non parva regni Neapolitani nec contemnenda pars est, libenter cesserim, si temporibus meis datum esset hunc poetam ut haberent, quem mortuum pluris ipse faciam quam omnis Aprutii dominatum." * * *

Prima igitur spes, quam polliceri de te populis debes (quod quidem facis) illa sit, ut delectari te praestantissimorum hominum consuetudine intellegant, quod cernentes sperabunt futurum te eum, in quo sint reposita virtutibus praemia, quam tui exspectationem magis magisque in dies et concitabis et augebis, si, quo maiorem quis virtutis opinionem praebuerit, hoc illum in honore maiore haberi abs te cognoverint. Quorum hominum etsi exiguus est numerus (virtus enim, ut cetera bona, rara est), idem tamen circa virtutem contingit, quod circa bonarum artium quamque videmus solere contingere. Ut enim, si aut poeticae aut physicae sit honor propositus, magnus erit illorum numerus, qui clarere in eis studeant, eodem modo plurimi, ut virtutem assequantur, contendent, si praemia quoque, quae virtuti debentur, una se consecuturos speraverint. Laurentius Vallensis, cum ab eo quaesisset Nicolaus Quintus pontifex maximus, cur senex iam et in Latinis litteris consummatus tanto studio Graecas disceret, "Ut duplicem," inquit, "abs te, Pontifex, mercedem accipiam." Et quoniam fortuna principum in edito et praelustri sita est loco praebetque sese spectandam omnibus, studendum est ut dicta factaque tua omnia eiusmodi sint, quod non modo laudem tibi atque auctoritatem pariant sed et familiares et populares ipsos ad virtutem excitent. Ad quam nulla eos res magis excitabit quam spectata ipsis virtus tua et mores quam probatissimi. * * *

Ludovici Pontani, gravissimi viri et sua aetate iurisconsultorum principis, nobilis sententia est, neminem posse in litteris clarum evadere, nisi qui plurima legerit, audierit, memoriae mandaverit. Quam si subtilius intueri velimus, intellegemus regem etiam bonum esse nequaquam posse, nisi saepe et multum legat, multos multa referentes audiat, lecta atque audita memoriae mandet, quod etiam Homerus comprobare videtur, qui Ulixem, quem sapientem adfingere volebat, ab ipso statim operis initio his laudibus tamquam circumscripserit: Qui mores hominum multorum vidit et urbes. Quam ob rem, si amari a familiaribus, quod unum prae omnibus studes, vis, si futuri boni regis exspectationem concitare, quod solum a diis immortalibus optas, id de te in primis praesta, ut non uni ex omnibus addictus vivas, quod maxime alienum est a principe, sed te ipsum omnibus tamquam per vices partire, palam faciens unum te esse, ad quem referri omnia et velis et debeant. Ut enim male actum esset cum genere humano, si uni se Deus aut paucis admodum praeberet exorandum, eodem modo male cum principum regumque familiaribus, si in tanta multitudine uni aut paucis admodum locus fidesque sit. Nullus enim familiaribus maior est dolor quam ubi cum principe suo veluti per interpretem agendum sit. Oportet enim qui amari a suis et minime peccare in republica velit, plurimis oculis plurimisque auribus ut utatur. Iacobus Caldora, dux aetatis suae clarissimus, dicere solebat eo die multum se pecuniae comparasse, quo multos audisset, cum multum audire maximos thesauros esse duceret. Vultus etiam bonus et laeta, ut dicitur, frons incredibile est quantum adiuvent. Catum namque est illud: dextera corpus pasci, animum vultu.

Non parum etiam in gestu positum est. Sic igitur incessus non mollis, non concitatus, non dissolutus; medium inter haec tenendum. Absit ab omni corporis motu rusticitas et petulantia, manuum complosio, et bracchiorum concitata motio omnino inepta. Quid vultus illa contortio? quam vitiosa! Quid risus

perfusio et cachinni paene singultantes? quam turpes! Quid
capitis cum cervice quassatio? quam vulgaris et paene dixerim
equis hinnientibus quam hominibus magis conveniens! In oculis
quoque non parvam natura posuit motuum animi declarationem.
Quam ob rem ab eorum motionibus omnis erit abicienda levitas
atque impudentia et, cum nulla corporis pars vacare debeat
continentia, oculos maxime oportet principem habere continentes;
nihil foedum, varium, crudele, invidum, vanum in illorum appareat motu atque obtutu, nihil in superciliis, nihil in fronte.

Vestitus quoque et totius corporis ornatus aptus et decens
multum conferet et ad retinendam et ad augendam quam dico
maiestatem.   Quem etsi mutari oporteat pro locis, negotiis,
causis, aetatibus, temporibus (non enim idem est senum, qui et
iuvenum; idem belli, qui et pacis; idem adversis, qui et secundis
rebus; idem in iudiciis, qui etiam in spectaculis), danda tamen est
opera, ut nos et ubique et semper ii simus, quos esse convenerit,
neu inter triumphantes pullati, in funerum vero pompis sericati
diversicoloresque incedamus.   Utinam autem non eo impudentiae
perventum esset, ut inter mercatorem et patricium nullum sit in
vestitu ceteroque ornatu discrimen.   Sed haec tanta licentia
reprehendi potest, coerceri non potest, quamquam mutari vestes
sic cotidie videamus, ut quas quarto ante mense in deliciis habe-
bamus nunc repudiemus et tamquam veteramenta abiciamus;
quodque tolerari vix potest, nullum fere vestimenti genus probatur, quod e Gallis non fuerit adductum, in quibus levia pleraque
in pretio sunt, tametsi nostri persaepe homines modum illis et
quasi formulam quandam praescribant.   Ut non omnis color nec
omne pannorum aut sericorum genus, sic non omnis vestitus et
ornatus principem decet, cum vestimenta quaedam gregariorum
tantum sint aut remigum eodemque modo colorum alii sint
puerorum, alii senum, servorum alii, alii ingenuorum.

Inter has igitur tantas varietates ac diversitates eligere oportet,
quid maxime conveniat.   Quod si quando in dubium cadet, tunc
illa ratio tenenda erit, ut ea minus probes, quae ad dignitatem
hominis principisque maiestatem minus facere iudicabis.   Calceum
enim rostratum et reiectum ab occipio ante oculos capillum quis
dubitet non modo principi sed ne pudenti quidem adulescentulo

non convenire? Quamquam remittere aliquid de maiestate aliquando permissum sit. Quod licet interdum permittatur, memores tamen esse oportet illius, quod a Nasone dictum praecepti loco habendum est:

Fine coli modico forma virilis amat.

Quo enim pertineat muliebris et in adulescente et in sene cultus nimiaque in comendo diligentia, omnes intellegunt. Sit igitur cultus qui dignitatem augeat, non formam venustet, licet forma ipsa de cultu plurimum capiat adiumenti ac nonnumquam etiam quae insunt a natura vitia cultus accessione aut minuantur aut contegantur. Sed quis probet contortos in anulum capillos et ad umeros usque deiectos? Quis non horreat barbam ad pectus promissam et prominentes in collo aut bracchiis setas? Quamquam haec quarundam nationum propria sunt. E cultu enim venustatem quaerere mulierum est, horrorem autem barbarorum. Nobis vero et virilis et Italica disciplina tenenda est, non quod ab aliis gentibus, si qua digna apud eas videbuntur, accipienda non sint, quae quidem cotidie accipimus, sed ut sciamus nullam esse nationem, quae tanto studio, quanto Italici homines, gravitati inserviat. Qualis autem ornatus maxime deceat aut in excolendo quae sit meta, difficile dictu est, cum nihil sit hodie in his perpetuum nec quod praeceptis aut regulis comprehendi satis queat, nisi forte illud perpetuum sit, ut medium teneamus, quod ego etsi in privatis quibusque viris probem, tamen, quoniam in principe augustius quiddam esse et debet et exigimus, vereor ne medium ipsum parum sit. * * *

Cum igitur duo tantum sint, quibus ab animantibus ceteris magna cum excellentia differamus, animus et oratio, sitque oratio index eorum, quae animo aut conceperimus aut sentiamus, omni arte studendum est, talis ut oratio sit, quae nihil obscenum, stultum, temerarium, invidum, superbum, leve, cupidum, libidinosum, immite animo cogitationibusque inesse indicet tuis, sed quae prae se ferat in seriis rebus gravitatem, in iocosis leporem urbanitatemque, in dubiis circumspectionem, veritatem in iudiciis et severitatem, in adversis ac tristibus fortitudinem, in laetis prosperisque mansuetudinem, facilitatem, humanitatem.

Sint verba rebus convenientia, quibus etiam accedat vultus et totius etiam corporis motus aptus ac decens. Cavere autem oportet, ne verba ipsa sint plebeia aut peregrina aut militaria; plebeia namque sordida sunt et ridicula, peregrina, licet interdum novitate ipsa placeant, tamen non sine dicentis audiuntur reprehensione, in militaribus vero inest temerarium nescio quid atque inconditum. Ipsa tamen oratio sit minime concitata aut trunca. Lenem esse cupio et fluentem quaeque simplicitatem quandam indicet et quod velit paucis, apte tamen, colligat; quamquam nonnumquam res ipsa exigit, ut impetum faciat oratio et tamquam manum conserat ac nunc feriat, nunc minetur. Sed quoniam non sine quibusdam irae stimulis et concitatione animi vehementiore fieri hoc potest, quandocumque continget, ut in dicendo reprehensorem obiurgatoremve agere necesse sit, quoad fieri possit, obiurgatio ira vacet, quae ubi est, maiestas nullo modo retineri potest. Vocem nobis ipsa natura nascentibus dedit, cui tamen ex arte non parum accedit adiumenti. Maxime autem probatur clara et suavis nec languens nec canora, quam tamen nunc demittere, nunc tollere proque affectibus animi aut inflectere aut mutare oportebit, ut non solum rebus verba sed vox quoque utrisque conveniat.

Haec ad te scripsi, Dux Alfonse, brevius quam tantae rei praeceptio exigit, nec me fallit quam latus hic campus sit et ad disserendum et ad praecipiendum. Sed non fuit propositi mei, regem ut instituerem. Quam ob rem leges haec tu quidem non eo consilio a me scripta, ut aliquid doceare, sed ut haec legens te ipsum eaque, quae cum summa omnium laude agis, recognoscas teque in dies magis ad gloriam excites. Scias autem, qui agendum id cuique praecipiat, quod ille agat, eum non praecipientis sed laudantis potius personam induere. Quod ego hac epistula feci, quem si librum appellare malueris, non repugnabo auctoritati tuae, quemque si sensero tibi non displicere (nam, ut laudari postulem, nimis impudenter ingenio suo blandientis esset), brevi sequentur alii, quos futuros arbitror non inutiles.

CHARON: DIALOGUS
MERCURIUS, PEDANUS ET THEANUS ET MENICELLUS
GRAMMATICI

MER. Phasellus ille nimis gravis est vectoribus remoque vix
agi potest. Hoc est quod mortales usurpant: qui nimis properet,
sero eum pervenire. Sed quaenam haec est umbra, quae tam
sola volitat? Heus tu! Cuius istud est simulacrum?

PED. Pedani grammatici.

MER. Quid tibi vis tam solus?

PED. Te ipsum quaerebam, Maia genite.

MER. Quanam gratia?

PED. Oratum venio, quaedam meo nomine ut discipulis referas,
quod te vehementer confido facturum, cum litterarum auctor
atque excultor fueris.

MER. Facile hoc fuerit. Quam ob rem explica, quid est quod
referam velis.

PED. Vergilium nuper a me conventum dicito quaerentique
ex eo mihi, quot vini cados decedenti e Sicilia Aeneae Acestes
dedisset, errasse se respondisse; neque enim cados fuisse sed
amphoras. Ea enim tempestate cadorum usum in Sicilia nullum
fuisse: partitum autem amphoras septem in singulas triremes
accessisseque aceti sextariolum idque se compertum habere ex
Oenosio, Aeneae vinario; ex Hipparcho autem mathematico
intellexisse Acesten ipsum vixisse annos centum viginti quattuor,
menses undecim, dies undetriginta, horas tris, momenta duo ac
semiatomum.

MER. Idem ego memini me ex Aceste ipso audire.

PED. Errasse item se, qui Caietam Aeneae nutricem dixisset,
quae fuisset tubicinis Miseni mater; nec dedisse illam loco nomen,
quod ibi fuisset sepulta sed quod, cum in terram descendisset
legendorum holerum gratia, fuisset illic a Silvano vim passa.
Anchisae quoque nutricem fuisse a Palamede raptam, cum is
agrum Troianum popularetur excedereque tum illam annos centum et viginti fuisseque ei nomen Psi. Quae quod notam haberet
quandam in fronte, hinc Palamedem litteram *psi* et formasse et
nominasse.

MER. Magna sunt haec, litterator, cognituque dignissima.

PED.   Maiora ac multo digniora his audies.

MER.   Solis videlicet litteratoribus tantum sciendi studium est post mortem?

PED.   His nimirum solis.   Equidem et illud percunctari volui, dextrone an sinistro priore pede e navi descendens Aeneas terram Italiam attigisset; ad quod poeta ipse respondit satis se compertum habere neutro priore pede terram attigisse, sed sublatum umeris a remige, cui nomen esset Naucis, atque in litore expositum iunctis simul pedibus in arenas insiliisse idque ex ipso remige habere se cognitum.

MER.   O diligentiam singularem!

PED.   Illud quoque, Atlantiade, quod cum gratia fiat tua, vel cum primis auditcres meos, qui sunt in Campania, doctos facito: Horatium fuisse abstemium, quod ex eo sum sciscitatus; vinum autem tantopere ab illo laudatum in praeconis patris honorem, qui, cum voce non posset, potando certe vino omnes sui temporis praecones superasset.   Urrum vero me ne ex ipso quidem Caesare scire potuisse, cum Galliam describeret, in trisne an tres partes divisam scriptum reliquisset.

MER.   Demiror, cum tam ipse accuratus atque humanus fuerit.

PED.   Iram id effecisse arbitror, in quam ob accusationem exarserat Theani litteratoris, qui eum reprehendere esset ausus, quod *carros* non *currus* dixerit.   At a Tibullo Albio comiter fuisse exceptum, cumque Pedanum me vocari dicerem, gaudio eum exsiliisse arbitratum Pedo, in cuius agro rus habuisset, oriundum esse atque huius rei gratia docuisse me nomen *senex* apud vetustissimos Latinos communis fuisse generis proptereaque dixisse se, cum de anicula loqueretur, merito tot mala ferre *senem*.

MER.   O rem nobili dignam grammatico!

PED.   Lucretium quoque nimis mihi familiariter deblanditum, quod diceret grammaticos debere a se amari propter morbi similitudinem: omnis enim dementia quadam agi.   Propterea docuisse me nomen illud *potis* apud maiores suos etiam neutri generis vim habuisse, quorum exemplo dixisset, "nec potis est cerni quo cassum lumine fertur."   At Iuvenalem nimis me graviter obiurgasse, quod dicerem oleagina virga pueros a me verberari solitos; oportuisse enim ferula illos percuti.   Quocirca, Arcas deus, monitos facias verbis meis grammaticos omnes, ferula ut utantur.

MER. Faciam libenter, o Arcadice magister. Sed quis est, qui tam te irridet a tergo? Illum respice.

THE. Ego sum Theanus grammatista.

PED. Errasti. Grammaticum te, non grammatistam debuisti dicere. Addisce igitur.

THE. Peccasti. Addisce enim nondum quisquam dixit. Itaque disce, non addisce dixisse oportuit.

PED. Rursum peccasti: dicere enim, non dixisse oportebat dici.

THE. Et tu rursum item peccasti, nam non oportebat, sed oportuit dicendum erat.

PED. Prisciano caput fregisti. Neque enim erat, sed fuit dicere debueras.

THE. Prisciano pedes fregisti. Debuisti enim, non debueras.

PED. Immo hoc.

THE. Immo illud.

PED. Immo ego.

THE. Immo tu.

PED. Immo bene.

THE. Immo male.

PED. Hei, mihi!

THE. Hei, tibi!

MER. Reverentius, grammatici! Verbis enim, non manibus contendendum vobis est, deo praesertim arbitro. Quam ob rem bonis et honestis posthac verbis de litteratura contendite. Sed bene habet. Tertius, ut video, adest sive iudex sive litigator.

MEN. Ego diutius, grammaticunculi, ineptiolas ferre vestras nequeo.

THE. At ego insolentiam tuam laturus hodie nullo sum modo. Quam ob rem, qui tibi tantum tribuas, Menicelle, dicas velim, cur *lapidem* hunc, *petram* vero hanc dicimus.

MEN. Videlicet quod *lapis* agendi vim habeat; laedit enim pedem. At *petra*, quod pede teratur, ad patiendi genus transiit.

MER. Nihil est grammatico insulsius. Vide, quae hi desipiant. Cum *petra* Graeca sit dictio, *lapis* vero fuerit a *labando* dictus tertia immutata littera, quod *labent* ex eo ambulantium vestigia.

THE. Qui de lapide petraque hoc sentias, de manu quid mihi respondes?

MEN. An non manus faciendo opere occupata aliquid semper patitur.

THE. At nunc agit, cum te verbero. Em tibi!

MEN. Heu! me miserum!

THE. Quid te miserum? Rationem afferas oportet, cur manus, cum in pugnum coit cum verberat, dici *hic* non debuerit.

MEN. Nihil mihi tecum erit amplius. Quam ob rem oratum te, Mercuri, volo, ut, cum primum Neapolim in Opicos perveneris, in eo conventu, qui otiosis fieri diebus ad arcum solet, Iovianum Pontanum convenias verbisque commonefacias meis, posthac ut sit cautior atque ut *curso* a verbo quod est *curro* deducat, non *cursito*. Panhormitam quoque Antonium acriter increpitato, quod epistulutiam in diminutionem protulerit.

MER. At ego, Menicelle, pro Antonio hoc tibi respondeo: Italicam linguam non modo novas diminutiones fecisse, verum etiam augentium vocum formas quasdam invenisse detractionis ac ignominiae gratia. Quocirca Antonii nomine te tantum grammaticonem valere iubeo. Tu vero, Pedane, an quid habes praeter cetera eruditione dignum tua?

PED. Unum hoc: Boetium non a Boetia, in qua ipse natus non fuerit, dictum, sed agnomentum hoc illi fuisse a vescenda boum carne, quod ipsius me Boetii cocus docuit.

MER. Per Iovem mira agnominatio! Tu quid ad haec, Theane?.

THE. Eiciendos hereditate Pedani liberos eius, bona publice vendenda, redhibendamque auditoribus quam Pedanus ab illis acceperit pecuniam.

MER. Atqui ego tuis vel maxime liberis cavendum praeiudicium hoc censeo.

TITO VESPASIANO STROZZI (1442–1505)

AD ANULUM AB AMICA DATUM

Anule, dulce mihi dilectae munus amicae,
    anule delicias inter habende meas,
tu licet excellas auro pretiosus et apte
    gemma sit artifici clausa magisterio,
est aliquid mihi, quo meruisti gratior esse:
    scilicet in nivea te tulit illa manu.
Illa etiam dono cum te mihi tradere vellet,
    in primis monuit, quam sibi carus eras.
Mecum igitur semper noctesque diesque manebis,
    mille tibi amplexus, oscula mille feram
inque sinu ponere, manus dum nostra lavatur,
    invida ne nitidum te mihi laedat aqua.
Tu modo, laeva, cave commissum perdere pignus,
    si qua hoc mandantis gratia tangit eri.

QUALIS VISA ANTHIA IN COPPARI AGRIS

Qualis erat roseis in odorae vallibus Aetnae
    virgineo lusu languida Persephone,
qualis apud Xanthum nemorosa sedit in Ida
    Oenone socias inter hamadryadas,
qualis pinifero confecta caede ferarum
    procubuit Cynthi fessa Diana iugo,
talis Coppari peragratis Anthia campis
    lassa sub umbrosis concidit arboribus.
Tum mihi visa decens, tam se formosior ipsa
    ignea quam cedunt sidera, Phoebe, tibi.
Vidi ego flaventis auro certare capillos
    oraque purpureas exsuperare rosas.
Vidi ego sideribus nitidos contendere ocellos,
    candida Sithonias vincere colla nives.
Ipsa suo varios disponens ordine flores
    texebat facili mollia serta manu.
Quam circumfusae dictabant carmina Nymphae
    et querulae foliis obstrepuistis aves.

At vos, felices fortunataeque puellae,
　　virginei comites consiliumque chori,
dicite, si qua dedit mutato signa colore,
　　dicite, qui vultus me veniente fuit;
num discedentem argutis spectarit ocellis,
　　illius an fuerit nomen in ore meum.
A! quam, ne fieret Zephyri nova praeda, verebar,
　　flamine cum molli blandior ille foret!
Quid sit amor, venti Borea didicere magistro,
　　quamque petunt omnes, non bene tuta manet.
A! quam purpureis invidi floribus amens,
　　sedula quos nivea legerat ipsa manu!
Pertimuique Iovem, ne se mutasset in illos,
　　fallere qui variis novit imaginibus.
Europen tauro, Danaen deceperat auro,
　　atque deum nivea dissimularat ave.
His, mea vita, dolis ne tu caperere, timebam
　　sollicitumque tuus me facit esse decor.
Nam tibi vix similem veteres cecinere poetae
　　nec videt immenso Phoebus in orbe parem.
Qui vult humano caelestem in corpore formam
　　cernere, de facie cogitet ille tua.
Nec minus ingenio et morum candore probaris
　　atque sibi talem quisque venire cupit.
Ergo prius tellus alimenta negaverit orbi
　　et novus Hesperio surget ab axe dies,
ante Pado Tagus atque Athesi miscebitur Ister,
　　pectore quam vultus defluat iste meo.
Felices, quibus et caram retinere puellam
　　semper et in tuto vivere amore licet,
quos neque turbarit vigilans in limine custos
　　dulcia nec tristis gaudia norit anus,
nec quibus insidias obscura nocte pararit
　　exsiliens tacitis aspera turba locis.
Haec mihi saepe nocent, haec sunt mihi saepe timenda;
　　me tamen imprimis callida torquet anus.
Illa meos aditus servat timidamque puellam
　　territat horrendis imperiosa minis.

Hanc, tibi cum dabitur ludendi copia, falle,
    Anthia, nec placidum tempus abire sine.
Nam non semper eris, qua nunc, formosa iuventa;
    iam veniet celeri curva senecta gradu.
Ut violas roseumque vides cessare decorem,
    squalet ut amissis horrida silva comis,
candida sic etiam facies abeuntibus annis
    deficit et nil tunc paenituisse iuvat.

AD AMOREM

A! demens quisquis silvas latebrosaque rura
    credit, Amor, telis non adeunda tuis.
Tu nemus umbrosum, tu ripas fluminis alti
    et liquidos fontis et iuga montis adis.
Quae nitidi primum radiantia lumina solis,
    quae videt occasum, subiacet ora tibi;
quasque tenet sedes Boreas et nubilus Auster,
    indevitatas sustinuere faces.
A! quotiens gravibus cupiens me solvere curis
    desertos saltus et loca sola peto!
Sive urbis adeam nemorum seu devia lustrem
    sive ego caeruleum per mare puppe vehar,
tu mea furtivo sequeris vestigia passu
    et iacis immiti spicula certa manu.
Parce, puer, saevas in me torquere sagittas;
    ardenti infixum pectore vulnus alo.
Parce, puer! Quid me extremum sentire furorem
    cogis? An haec ullum vindicat ira nefas?
O quam te decuit potius domuisse puellam,
    quae me quaeque tuum despicit imperium.
Ni frustra ex umero sonat, auree dive, pharetra,
    ni micat ex oculis irrita flamma tuis,
huc ades et facibus celeres, Amor, adde sagittas
    noxiaque ultrici pectora fige manu.
Fac tamen, insignis pereat ne gratia formae
    nec ducat roseo pallor in ore notam.
Hoc ego non cuperem nec sum, me iudice, tanti.
    Signa mihi satis est si qua caloris erunt.

Ad Amicam

Si levior foliis auraque incertior essem
    et flueret modico tempore nostra fides,
non ego tam longo constans in amore fuissem
    ire nec adsiduas cogerer in lacrimas
nec graciles adeo macies consumeret artus
    nec mea mutaret pallidus ora color.
Sed vos decipere incautos didicistis amantis
    et queritur laedi, fallere si qua parat.
Tu me infelicem formosam Lotida narras
    et Mareotinidem praeposuisse tibi.
Has ego disperedam si praeter nomina novi
    tardaque et infido sit mihi dura Venus.
Tene ego deserta potuissem ducere vitam,
    haec Iope quamvis, Inachis illa foret?
Non sum, quem valeant aliae mutare puellae,
    nec meus incertis passibus errat Amor.
Huc cursum tenui; tu portus es; ancora nostra hic
    haereat; hinc nullis fluctibus eiciar.

In Laudem Riparum Benaci

Cedriferi colles et amoeni collibus horti,
    lucida Benaci qua fluit unda lacus,
unde ortum accipiens placido felicia cursu
    Maeoniae gentis Mincius arva secat,
vos salvete simul, nymphae, salvete deique,
    si quos aut nemus hoc aut sacra lympha tenet.
Quam iuvat has ripas spectare habitumque locorum,
    lenis ubi tenui sibilat ora sono,
tanta ubi vis avium cantu, quae mulceat auris
    et quae sit lautas inter habenda dapes.
Quis non aurifero depastos gurgite pisces
    laudarit, quos hic unicus amnis alit?
Deliciae quae non capiant caelique solique?
    Quis putet his quicquam gratius esse locis?
Contendisse hominum labor et natura videtur,
    plus uter hunc ditet nobilitetve situm.

Non animos tantum regio, non lumina pascit,
  aegra sed ut medica corpora sanat ope.
Hoc simul indigenae experti externique fatentur;
  hoc refero certa testis et ipse fide.
Neve sit ignotum, qui tot pulcherrima laudet,
  si per eum tribui laus tamen ulla potest,
post decimum Titus rediens huc Strozius annum
  haec vobis grata carmina mente dicat.

BATTISTA SPAGNOLO, MANTUANUS (1448–1516)

BAPTISTA MANTUANUS CARMEL. IOANNI FRANCISCO PICO SAL.

Nuper audita morte Io. Pici avunculi tui, viri clarissimi atque doctissimi, sic animo consternatus sum, ut neque pes neque mens satis suo fungeretur officio. Parum afuit, quin et de Deo et de natura sim conquestus, quod tantum lumen e mundo tam cito sustulerint, tantum Italiae ornamentum, tantam aetatis nostrae gloriam, quasi terrenae reipublicae bonis invideant, nulla habita nostri ratione succiderint,—succiderint, inquam, dum cresceret, dum floreret, dum copiosissima ingenii sui fertilitate pasceret universos. Sed recordatus sententiae Pauli, qua inquit: "Iudicia Dei abyssus multa," continui me, ne male de Deo et de operibus impia temeritate sentirem.

In occasu viri huius passa sunt magnam eclipsim studia litterarum, scientia rerum, integritas morum. Erat enim, ut scis, in patruo tuo sic vitae sanctimoniae coniuncta linguarum eruditio et humanarum divinarumque rerum cognitio, ut in uno eodemque homine viderer videre Hieronymum et Augustinum revixisse. Atque utinam opus illud, De Concordia Platonis et Aristotelis, antequam decederet, absolvisset! Pollicebatur enim titulus eius omnem antiquorum philosophiam et reconditissimarum ac scitu dignissimarum rerum apertionem. Omnia eius opuscula, quae absolvit, quae etiam imperfecta reliquit, sunt omni studio et diligentia conquirenda. Nam, cum a tanta ingenii felicitate profluxerint, non possunt non esse dignissima, quae ab omni posteritate legantur, amentur, et adorentur. Ad quod officium te provocarem, nisi te sic persuasum et animatum satis crederem. Deerat hoc familiae tuae decus immortale, ut apud nobilitatem antiquissimam, divitiarum et opum adfluentiam, rei militaris gloriam collocaretur etiam excellentia tantae sapientiae, ut omnia, quae apud mortales summa laude digna sunt, in unam domum tuam confluerent.

Te vero, Io. Francisce, summa ope niti decet, ut patrui tui virtutem hereditate possideas et ut spiritus eius in te duplicetur, sicut Eliae spiritus in Eliseo. Hoc a te exspectamus, hoc requirimus. Cum eius opuscula collegeris, precor, ut me quoque participem reddas, et erit mihi operae pretium istuc tantae

voluptatis gratia me conferre, cum sciero. Distichon in laudem
eius ex tempore factum, quamquam non placeat, tamen subiciam.
Picus Ioannes caelos, elementa, Deumque
doctus, adhuc iuvenis, sanctificatus obit.
Vale, princeps optime, et me ama. Mantuae, die XXVII
Novembris, MIIIIXCIV.

ALPHUS

"Femineum servile genus, crudele, superbum
lege, modo, ratione caret. Confinia recti
neglegit, extremis gaudet, facit omnia voto
praecipiti, vel lenta iacet vel concita currit;
femina semper hiems atque intractabile frigus,
aut canis ardentes contristat sidere terras.
Temperiem numquam, numquam mediocria curat;
vel te ardenter amat vel te capitaliter odit.
Si gravis est, maeret torvo nimis hernica vultu;
si studeat comis fieri gravitate remissa,
fit levis, erumpit blando lascivia risu
et lepor in molli radiat meretricius ore.
Flet, ridet, sapit, insanit, formidat, et audet,
vult, non vult, secumque sibi contraria pugnat,
mobilis, inconstans, vaga, garrula, vana, bilinguis,
imperiosa, minax, indignabunda, cruenta,
improba, avara, rapax, querula, invida, credula, mendax,
impatiens, onerosa, bibax, temeraria, mordax
ambitiosa, levis, maga, lena, superstitiosa,
desidiosa, vorax, ganeae studiosa, palatum
docta, salax, petulans, et dedita millitiei,
dedita blanditiis, curandae dedita formae.
Irae odiique tenax in idonea tempora differt
ulciscendi animos infida, ingrata, maligna,
impetuosa, audax, fera, litigiosa, rebellis.
Exprobat, excusat tragica sua crimina voce,
murmurat, accendit rixas, nil foedera pendit,
ridet amicitias, curat sua commoda tantum.
Ludit, adulatur, defert, sale mordet amaro,
seminat in vulgus nugas, auditaque lingua

auget et ex humili tumulo producet Olympum.
Dissimulat, simulat, doctissima fingere causas
ordirique dolos, fraudique accommodat ora,
ora omnes facili casus imitantia motu.
Non potes insidias evadere, non potes astum
vincere; tantae artes, sollertia tanta nocendi.
Et quamquam videas oculis praesentibus, audet
excusare nefas. Potis est eludere sensus
sedulitate animi; nihil est, quod credere possis,
et nihil est, quod non, si vult, te credere cogat.
    His facient exempla fidem. Quae crimina non sunt
feminea temptata manu? Dedit hostibus arcem
decepta ornatu bracchi Tarpeia sinistri,
saeviit in natos manibus Medea cruentis,
Tyndaris Aegaeas oneravit navibus undas,
Scylla hostem sequitur patri furata capillum.
Fratrem Byblis amat, subicit se Myrrha parenti,
concubitus nati longaeva Semiramis ardet.
Causa necis vati coniunx fuit Amphiarao,
occidere viros nocturnis Belides armis,
Orphea membratim Cicones secuere poetam.
Cognita luxuriae petulantia Pasiphaaeae,
Phaedra pudicitiam contra crudeliter ausa est.
Decepit Iudaea virum Rebecca suamque
progeniem velans hircino guttura tergo,
porrigit Alcidae coniunx fatale venenum,
decipit Hippodame patrem. Lavinia Troas
implicat ancipiti bello, Briseis Achillem
depulit e castris, demens Chryseide factus
fulminat Atrides et sentit Apollinis iras.
Eva genus nostrum felicibus expulit arvis.
Credite, pastores, (per rustica numina iuro)
pascua si gregibus vestris innoxia vultis,
si vobis ovium cura est, si denique vobis
grata quies, pax, vita, leves prohibete puellas
pellanturque procul vestris ab ovilibus omnes,
Thestylis et Phyllis, Galatea, Neaera, Lycoris.

Dicite, quae tristem mulier descendit ad Orcum
et rediit? Potuit, si non male sana fuisset,
Eurydice revehi per quas descenderat umbras:
rapta sequi renuit fessam Proserpina matrem.
At pius Aeneas rediit, remeavit et Orpheus,
maximus Alcides et Theseus et duo fratres,
unus equis, alter pugnis bonus atque palaestra,
et noster Deus, unde salus et vita resurgit.
Haec sunt, pastores, haec sunt mysteria vobis
advertenda; animi fugiunt obscena viriles,
femineas loca delectant infamia mentes.

* * * * * * * * * *

   Si fugiunt aquilam fulicae, si retia cervi,
si agna lupum, si damma canem, muliebria cur non
blandimenta fugis tantum tibi noxia, pastor?
Est in eis pietas crocodili, astutia hyaenae;
cum flet et appellat te blandius, insidiatur.
Femineos, pastor, fugito (sunt retia) vultus;
non animis, non virtuti, non viribus ullis
fidito, non clipeo, cuius munimine Perseus
vidit saxificae colubros impune Medusae.
Monstra peremerunt multi, domuere gigantes,
evertere urbes, legem imposuere marinis
fluctibus, impetui fluviorum, et montibus aspris;
sacra coronarunt multos certamina; sed qui
cuncta subegerunt, sunt a muliere subacti.
Rex, qui pastor erat funda spolioque leonis
inclitus, et natus, qui templa Sionia fecit
primus, et excellens invicto robore Samson
femineum subiere iugum; minus officit ignis,
saxa minus, rhomphaea minus, minus hasta, minus mors.
Nec formae contenta suae splendore decorem
auget mille modis mulier; frontem ligat auro,
purpurat arte genas, et collocat arte capillos,
arte regit gressus et lumina temperat arte.
Currit, ut in latebras ludens perducat amantem;
vult dare, sed cupiens simplex et honesta videri

denegat et pugnat; sed vult super omnia vinci.
Femina Caeciaco (res mira) simillima vento est,
qui trahit expellens mendaci nubila flatu.
Quisquis es (expertus moneo), temptare recusa,
dum licet, hic fragilis quot habet fastidia sexus.
Immundum natura animal, sed quaeritur arte
mundities; id luce opus est, ea somnia nocte.
Deglabrat, lavat et pingit, striat, unguit et ornat,
tota dolus, tota ars, tota histrio, tota venenum.
Consilio speculi gerit omnia; labra movere
discit et inspecto vultum componere vitro,
discit blandiri, discit ridere, iocari,
incendens umeros discit vibrare natesque.
Quid sibi vult nudum pectus? Quid aperta superne
rimula, quae bifidam deducit in ubera vallem?
Nempe nihil, nisi quo virus penetrabile sensum
plus premat et Stygiae rapiant praecordia flammae.
Hi iuvenum scopuli, Syrtes, Scyllae, atque Charybdes;
hae immundae Phinei volucres, quae ventre soluto
proluvie foeda thalamos, cenacula, mensas,
compita, templa, vias, agros, mare, flumina, montes
incestare solent; hae sunt Phorcynides ore
monstrifico, extremis Libyae quae in finibus olim
aspectu mutare homines in saxa solebant."
 Carmina doctiloqui cursim recitavimus Umbri.
Quae si visa tibi nimium prolixa, memento
ipsius id rei vitium, non carminis esse.
Non longum est carmen, mulierum amentia longa est.

—Ecl. IV. 110–188, 193–245

CORNIX

Principio rerum primaque ab origine mundi
cum muliere marem sociali foedere iungens
caeli opifex (sic namque Deum appellabat Amyntas;
nomen adhuc teneo) natos producere iussit
atque modum docuit, fieri quo pignora possent.
Accinxere operi, mandata fideliter implent;

sicque utinam de pomi esu servata fuissent!
Femina fit mater, puerum parit atque puellam
atque puerperio simili fecunda quotannis
auxit in immensum generis primordia nostri.
Post tria lustra Deus rediit. Dum pignora pectit,
femina prospiciens venientem a limine vidit.
Adam aberat, securus oves pascebat. Adulter
nullus adhuc suspectus erat; sed multiplicatis
conubiis fraudata fides, sine cornibus hirci
facti, et zelotypo coniunx suspecta marito,
nam, quae quisque facit, fieri sibi furta veretur.
Erubuit mater nimiaeque libidinis ingens
indicium rata tot natos, abscondere quosdam
accelerat; faeno sepelit paleisque recondit.
Iamque lares Deus ingressus salvere penates
iussit et, "Huc," dixit, "mulier, tua pignora profer."
Femina maiores natu procedere mandat.
Hic Deus arrisit, velut arridere solemus
exiguis avium pullis parvisve catellis.
Et primo laetatus ait, "Cape regia sceptra;
rex eris." At ferrum et belli dedit arma secundo
et, "Dux," inquit, "eris." Fasces populique secures
protulit et vites et pila insignia Romae.
Iamque magistratus celebres partitus in omnem
progeniem humanos tacitus volvebat honores.
Interea mater rebus gavisa secundis
evolat ad caulas et, quos absconderat, ultro
protulit, "Haec," dicens, "nostri quoque pignora ventris;
hos aliquo, Pater omnipotens, dignabere dono."
Saetosum albebat paleis caput, haeserat armis
stramen et antiquis quae pendet aranea tectis.
Non arrisit eis, sed tristi turbidus ore,
"Vos faenum, terram, et stipulas," Deus inquit, "oletis.
Vester erit stimulus, vester ligo, pastina vestra;
vester erit vomer, iuga vestra, agrestia vestra
omnia; aratores eritis pecorumque magistri,
faenisecae, solifossores, nautae, atque bubulci.

Sed tamen ex vobis quosdam donabimus urbe,
qui sint fartores, lanii, lixae, artocopique,
et genus hoc alii soliti sordescere.   Semper
sudate et toto servite prioribus aevo."
Taliter omnipotens fatus repetivit Olympum.
  Sic factum est servile genus, sic ruris et urbis
inductum discrimen ait Mantous Amyntas.—*Ecl. VI.56–
105*

ALDO MANUZIO (1449–1515)

Ad Andream Naugerium Patricium Venetum Compatrem
In Libros Ciceronis De Arte Rhetorica
Epistula Seu Praefatio

Omnes, Andrea Naugeri, qui se vel componendis novis operibus vel instaurandis corrigendisve antiquis tradunt, ut non solum sibi sed et aliis prosint, quoniam, ut praeclare scriptum est a Platone, non nobis solum nati sumus sed ortus nostri partem patria, partem parentes vindicant, partem amici, otium sibi sumant et quietem ac a coetu hominum frequentiaque in solitudinem tamquam in portum se recipiant. Sacra enim studia litterarum et Musae ipsae semper quidem otium amant et solitudinem, sed tunc praecipue, cum, quae scripturus es, victura cupias "atque linenda cedro et levi servanda cupresso." Quam quidem rem tu, mi Naugeri, persaepe et feliciter facis; relicta enim urbe et frequentia hominum rus te confers et in loca quietis et tranquillitatis plenissima, ut superioribus annis in laureta et oliveta Benaci, "cum dirae ferro et compagibus arctis clausae essent belli portae," ubi et tu vacuus curis et molestiis iis, quaecumque impediunt praeclara studia litterarum,

> tale facis carmen docta testudine, quale
> Cynthius impositis temperat articulis.

At mihi duo sunt praeter sexcenta alia, quibus studia nostra assidua interpellatione impediuntur: crebrae scilicet litterae virorum doctorum, quae undique ad me mittuntur, quibus si respondendum sit, dies totos ac noctes consumam scribendis epistulis; et ii, qui ad nos veniunt, partim salutandi gratia, partim perscrutaturi, si quid novi agatur, partim (quae longe maior est turba) negotii inopia,—tunc enim, "Eamus," aiunt, "ad Aldum." Veniunt igitur frequentes et sedent oscitabundi,

> non missura cutem nisi plena cruoris hirudo.

Mitto qui veniunt recitaturi alii carmen, alii prosa oratione aliquid, quod etiam excusum typis nostris publicari cupiant, idque rude et incastigatum plerumque, quod et eos offendat limae labor et mora nec advertunt reprehendendum esse carmen, quod non

> multa dies et multa litura coercuit atque
> perfectum decies non castigavit ad unguem.

A quibus me coepi tandem permolestis interpellatoribus vindicare. Nam iis, qui ad me scribunt, vel nihil respondeo, cum, quod scribitur, non magni intersit, vel, si intersit, laconice. Quam quidem rem, quoniam nulla id a me fit superbia, nullo contemptu, sed, ut quicquid est otii, consumam edendis bonis libris, rogo ne quis gravius ferat neve aliorsum atque ego facio accipiat. Eos autem, qui vel salutandi vel quacumque alia causa ad nos veniunt, ne posthac molesti esse pergant neve importuni interpellent labores et lucubrationes nostras, curavimus admonendos epigrammate, quod quasi aliquod edictum videre licet supra ianuam cubiculi nostri his verbis:

QUISQUIS ES, ROGAT ET ALDUS ETIAM ATQUE ETIAM, UT, SI QUID EST QUOD A SE VELIS, PERPAUCIS AGAS, DEINDE ACTUTUM ABEAS, NISI TAMQUAM HERCULES DEFESSO ATLANTE VENERIS SUPPOSITURUS UMEROS. SEMPER ENIM ERIT QUOD ET TU AGAS ET QUOTQUOT HUC ATTULERINT PEDES.

Id ipsum et hic propterea inseruimus, ut magis magisque innotescat.

Sunt tamen multi et Graece et Latine docti, qui frequentando aedes nostras Herculem mihi suppetias veniendo sedulo agunt. Ex quibus tu, Naugeri excellentissime, hisce Marci Tulli de praeceptis oratoriis deque dicendi copia et studio eloquentiae libris accuratissime cum antiquis exemplaribus conferendo recognoscendis vel Atlas requiescente me factus es. Idemque nunc in illius orationibus et in divinis de philosophia libris assidue atque adeo feliciter facis, ut brevi et correctissimi ab iisque, qui passim habentur, longe alii exire possint in manus studiosorum. Taceo quam diligenter, quam ingeniose, quam docte, cum alios prosa oratione e bonis codicibus indefessus emendaveris libros et penes te habeas, tum praecipue optimos quosque poetarum, quos mihi, quae tua est humanitas, qui tuus amor erga bonas litteras, daturum te, cum publicare eos excusos typis nostris voluero, benignissime polliceris. Immo saepe etiam instas sic inquiens, "Alde, quid facis? Cur non petis a me Vergilium, Horatium, Tibullum, Ovidium, et alios quosdam? Vix credas quam sint penes me emendati ex antiquis codicibus." Quam ob rem sic me tibi devinxisti, ut te non secus amem quam

me ipsum tibique aeque ac mihi longissimam vitam exoptem.
Nam cum adeo iuvenis tantus et prosa et carmine evaseris, ut te
vel antiquis, qui utroque in genere summa cum laude elaborarunt,
fere aequaveris, non dubito, quin futurus sis maximum decus et
gloria nostrorum temporum et una cum Bembo nostro "magnae
spes altera Romae."

Etsi non me fugit haec te, qui tuus est pudor, non libenter
audire, tamen, quia scio me vera dicere et te abs te cognosci
quam optime atque illud γνῶθι σεαυτόν non ad arrogantiam
minuendam solum esse dictum, verum etiam ut bona nostra
norimus, sic tibi de te loqui volui multorum exemplo et
doctorum virorum. Et, ut taceam ceteros et Graecos et Latinos,
qui hoc ipsum factitarunt, Plinius iunior in Panegyrico illo in-
geniosissimo ac divino, quem initurus consulatum Traiano im-
peratori dixit frequenti senatu, summas illius laudes coram ipso
dicere dignissimum accommodatissimumque esse existimavit,
quod et verissimas esse illas certo sciret et principem suarum
virtutum maxime conscium. Fuit enim Traianus non solum
imperator sed et homo omnium optimus. Unde et nunc inter
creandum imperatorem hoc illi primum imprecantur: Sis felicior
Augusto et melior Traiano. Adde quod id est huiusmodi nostrarum
vel epistularum vel praefationum genus, ut sic licere nobis vel
ea ratione videatur, quod, etsi uni privatim videmur scribere,
publice tamen iisque omnibus scribimus, qui nostra haec amice
legerint. Ob eam quoque causam licere nobis arbitramur, ut ei,
ad quem scribimus, nonnihil quasi argumentum dicamus de iis
libris, in quibus huiusmodi vel epistulas vel praefationes praepo-
nimus, non ut ipsum doceamus (arrogantis esset id quidem), sed
ut et tueatur nostra et sit eorundem iudex, et qui nesciunt (semper
enim prodesse volumus), id discant e nobis. Quam ob rem idem
et hic faciendum censuimus. Et te, Naugeri doctissime, iudicem
elegimus, cum propter alia tum etiam quod omnia, quae his
libris de ratione dicendi tractantur, sic teneas ut digitos unguesque
tuos. Debemus enim, quae publicanda elucubramus, iis recitare
vel scribere, qui possint, si bona sunt, laudare, sin male, reprehendere, ut olim Quintilio poemata recitabantur, qui, cum
aliquid non probaret, "Corrige, sodes, hoc," aiebat, "et hoc."

Laudandus igitur Peripateticus ille Phormio prudenterque
fecisse existimandus est, quod coram Hannibale de officio imperatoris et de omni re militari disputaverit, non ut illum doceret
(numquam enim tantum insaniisset Phormio), sed ut Poenus vel
delectaretur ea audiens, quorum esset peritissimus, praesertim si
copiose, ornate, docte a philosopho dicerentur, vel ut iudicaret
potius, an perite ea de re disputatum esset; rustice contra et
inhumaniter fecisse Hannibal (semper enim fuisse dicitur insuavis
et difficilis), qui, cum Phormionem audisset et ceteri, qui inter-
fuerant, vehementer delectati quaesivissent, quidnam ipse de illo
philosopho iudicaret, responderit multos se deliros senes saepe
vidisse, sed, qui magis quam Phormio deliraret, vidisse neminem.
Quod contumeliosum responsum tantopere probari a M. Tullio
miror atque eo magis, quod non propterea delirare Phormionem
visum esse ait, quia inepte aut indocte de re militari praecepta
narraverit, sed tantum quia Hannibali, cuius nomen erat magna
apud omnes gloria quique tot annos de imperio cum populo
Romano omnium gentium victore certaverat. Cum potius delirus
vere fuisset Phormio, si apud rusticos et id genus alios, qui non
intellegerent, de re militari disputavisset: quemadmodum si
surdis quispiam suaviter canat aut narret fabulam, vel si coram
caecis in numerum quis quam optime ludat aut manuum celeritate praestigiatoriam agat.

Tu autem, mi Naugeri, haec tibi dici a nobis facile patieris,
quod simul et doctissimus sis et humanissimus, tum etiam quia,
cum tibi sic dicuntur, omnibus dicuntur, in quorum manus haec
nostra pervenerint. Quam ob rem leges tu quidem, quae breviter
de his libris quasi argumenta scribuntur, et leges non, ut Phormionem Hannibal, contumeliose (barbarum id quidem), sed benigne,
ut soles, me, cum ea legeris, dimissurus. Ea vero sunt haec. * * *

Haec habui, mi Naugeri, quae super his dicerem pro tempore.
Habeo enim assidue plus negotii quam fortasse alius quisquam
vel occupatissimus. Adsit Deus, qui me et his malis et gravissimis,
quibus premor, molestiis eripiat ac velit ut, dum amissis agris
et ipse haec queror:

> En quo discordia cives
> perduxit miseros, en quis consevimus agris!

aut haec:

> Vivi pervenimus, advena nostri
> (quod numquam veriti sumus) ut possessor agelli
> diceret, "Haec mea sunt: veteres migrate, coloni,"

tu quoque divinus poeta (es enim alter ab illo) consolans compatrem tuum mihi aut haec canas:

> Fortunate senex, etiam tua rura manebunt
> et longo quoque servitio te exire licebit
> et cito praesentes alibi cognoscere divos,

aut tale aliquid. Quod cum fuero adeptus, saxo, quod tot annos indefessus volvo, in montis apicem tandem perducto et collocato, "recubans sub tegmine fagi" et ipse queam dicere.

> Deus nobis haec otia fecit.

Vale, ingens decus Musarum.

ALDUS MANUTIUS ROMANUS STUDIOSIS OMNIBUS S. P. D.

Constitueram τὰ τῶν Ἑλλήνων λεξικά, quae dictionaria Latine possumus dicere, non prius publicare excusa typis nostris quam copiosissima emendatissimaque haberem. Verum, cum id perquam difficile esse cognoscerem, non mihi solum negotiis familiaribus impedito et re impressoria sed etiam expeditissimo cuique atque utriusque linguae et liberalium artium medicinaeque et scientiarum omnium doctissimo, mutavi sententiam; quandoquidem et nosse cuncta oportet et dictiones omnis κατὰ κυριότητα interpretari, quod nescio an quisquam praestare nostro tempore praeter unum aut alterum possit, quo et Graecae et Latinae litterae, licet meliuscule sese habeant quam multis anteactis annis, tamen adhuc iacent. Quis enim bene novit liberales artes? Quis est simplicium rerum, quibus in medicina opus est, doctissimus? Heu, heu! pudet dicere vix lactucas, brassicas, et quae vel caecis se ipsam ostendit herbam cognoscimus. Quod ego cum cogito, etsi non possum non dolere vehementer, tamen non solum non succumbo dolori sed sic accingor nocte dieque ad succurrendum nullo devitato labore, ut sperem brevi futurum, quo et bonas artes omnis et medicinam ipsam calleant homines aetatis nostrae valeatque studiosissimus quisque, nisi sibi ipse defuerit, cum antiquitate contendere. Doleant, maledicant, obstent et quantum et quamdiu velint, si qui sunt invidi, indocti, et barbari. "Εσται, ἔσται καλῶς.

Accipite nunc igitur quod pro tempore damus, duplex uno volumine dictionarium, ubi quid sit additum, in fronte libri licet videre. Si qua item facta sint meliora, legentes cognoscite et exspectate magnum etymologicum: Suidam, Pollucem, Pausaniam, Stephanum, et ceteros bonos, quos cura nostra impressos brevi publicare est animus; exspectate deinceps optimos quosque Graecos. Nunc aere nostro decem Aristophanis comoediae cum optimis commentariis excuduntur; Suidas item omnesque in uno volumine doctissimorum epistulae. Mox aggrediemur Hermogenis Rhetorica et Aphthonii Progymnasmata et in eos ipsos et in Aristotelem Commentarios; necnon Galeni quaecumque exstant in medicina. Sed quamquam certo scio dicturos plerosque, cum nostras has pollicitationes legerint, Ovidianum illud, "Pollicitis dives quilibet esse potest," id tamen fero aequo animo, quandoquidem, volente Christo Iesu, Deo nostro optimo maximo, et haec et multo maiora videbunt, quae paro, quae molior.

Vestrum est interea, studiosi et amici fautoresque provinciae nostrae, si cupitis Aldum vestrum opem vobis et pereunti doctrinae impressorio aere facilius allaturum, aere vestro emere libros nostros. Ne parcite impensae. Sic enim brevi omnia dabimus. Et mementote quod praecepit optimus poeta Hesiodus,

Καὶ δόμεν ὅς κεν δῷ καὶ μὴ δόμεν ὅς κεν μὴ δῷ·
Δώτῃ μέν τις ἔδωκεν, ἀδώτῃ δ'οὔτις ἔδωκεν.

Hoc est

Da, tibi qui dederit; qui non dederit tibi, ne da.
Danti aliquis dedit, at non danti non dedit ullus.

"Ερρωσθε.

Dictionarium Graecum, Venetiis, mense Decembri, MIIIIXCVII

EXEMPLUM PRIVILEGII ALDO ROMANO CONCESSI AD REIPUBLICAE LITTERARIAE UTILITATEM

Leonardus Lauredanus, Dei gratia dux Venetiarum, etc. universis et singulis, ad quos praesentes advenerint, salutem et dilectionis affectum.

Cum diu in hac urbe nostra degerit Aldus Manutius Romanus, vir singulari virtute et doctrina praeditus, divinoque auxilio quam plurimos et Graecos et Latinos libros summa cura et diligentia castigatos imprimendos publicandosque curaverit characteribus utriusque linguae sic ingeniose effictis et colligatis, ut conscripti calamo esse videantur, quae res studiosorum omnium animos mirifice delectavit; ut possit emendandis libris et Latinis et Graecis vacare in dies melius eosque ad communem litteratorum omnium utilitatem accurate in suis aedibus impressos publicare, suppliciter petiit, ne alius quisquam in dominio nostro queat Graecas litteras facere contrafacereve aut Graece imprimere nec Latinarum quidem litterarum characteres, quos vulgo cursivos et cancellarios dicunt, facere contrafacereve aut imitari curareve faciendos nec ipsis characteribus libros excudere vel alibi impressos venundare nec, quae ipse typis et antehac excudenda curavit volumina et posthac curabit, possit alius quisquam impune excudere aut excusa forma in terris et locis alienis in dominium nostrum adferre venalia hinc usque ad annos decem sub poena amittendi operis et artificii aut librorum ac ducentorum aureorum nummum, quotiens quis contrafacere ausus fuerit. Cuius poenae pars tertia spectet ad orphanotrophium pietatis huiusce urbis nostrae, alia tertia ad rectores et magistratus nostros, ad quos delatum fuerit, alia item tertia sit delatoris. Nos autem bene audita optimeque considerata et perpensa ipsius Aldi petitione ac intellecto et quantum profuerit et prodesse possit studiosis omnibus, et qui sunt et qui post aliis erunt in annis, quantosque assidue passus labores fuerit iam multos annos iisdem utriusque linguae characteribus inveniendis effingendisque, ut optimi scriptoris manum imitarentur; cognito etiam, quantum et quanta diligentia insudaverit imprimendis libris, ut quam emendatissimi exirent in manus hominum, necnon quantum impenderit impendatque in ipsa admodum et digna sua provincia, ut possit, quemadmodum coepit, perseverare pereuntique reipublicae litterariae opem ferre in hac urbe nostra, in qua divino adiumento iam vel Neacademiam habet, quam petiit gratiam auctoritate senatus nostri Rogatorum liberaliter ipsi Aldo concessimus et praesentium tenore concedimus.

Quare volumus et vobis ac unicuique vestrum efficaciter imperamus, ut gratiam et concessionem ipsam nostram observetis curetisque observandam inviolabiliter iuxta ipsam eiusdem Aldi petitionem. Quam omnibus impositis condicionibus cum praefato senatu admisimus.

Et si publicandam in civitatibus, terris, et locis nostris ipse Aldus seu eius procuratores oportere censuerint, est nostra intentio ut eam in locis consuetis atque ubi opportunum fuerit sine ulla penitus contradictione publicandam curetis, quemadmodum in vestra obedientia maxime confidimus et de amicorum benevolentia plene speramus.

Datae in nostro ducati palatio die XIIII Novemb. Indictione sexta MDII.

GIOVANNI COTTA (1479–1510)

AD LYCORIM

Amo, quod fateor, meam Lycorim,
ut pulchras iuvenes amant puellas.
Amat me mea, quod reor, Lycoris,
ut bonae iuvenes amant puellae.
Huic ego, ut semel hanc videre visus
sese ostendere fixiore ocello,
"Quando," inquam, "mea lux, mei laboris
das mi praemiolum meique cordis
tot incendia mitigas, Lycori?"
Hic illa erubuit simulque risit.
Ridebat simul et simul pudebat.
Dumque molliculos colens amores
colit virgineum simul pudorem,
"Quid negem tibi?" dixit et capillum,
qui pendens levibus vibratur auris
et formosa vagus per ora ludit,
hunc secans trepida implicansque in auro,
"Haec fila aurea et aureum capillum
pignus," inquit, "habe meique amoris
meique ipsius. Hoc tuum puellae
tuae pignore lenias calorem."
"Eheu! quid facis? Hei mihi! Lycori,
haec sunt flammea texta non capilli.
Sunt haec ignea vincla. Ni relaxes,
qui tanto valeam valere ab aestu?
Anne ignem iuvat ignibus perire?
Comae flammeolae, subite flammas.
Crines igneoli, venite in ignes.
Sat me, flammea vincla, nexuistis.
Nunc vos solvimini et subite flammas.
Ussisti nimis, ignei capilli.
Nunc vos urimini et valete in ignes.
Hos meos, age, laetus ignis ignes
perge exstinguere tuque, flamma, flammam
exedas, mea corda quae exedebat.

At tu, sic reliqui tui capilli
vernent perpetuum tibi, Lycori,
quod tuos ferus usserim capillos,
parce.   Nam volo amare, non peruri.

AD LYCORIM

O factum lacrimabile atque acerbum!
Nunc certe lacrimaberis, Lycori.
Digna res lacrimis tuoque luctu.
Namque lumina nostra, lumina illa,
illa lumina, quae, Lycori, amabas,
quae tuis solita anteferre ocellis,
non sunt, o mea lux, amanda ut ante.
Non sunt lumina sed malae tenebrae.
Illa, ut impia fata te, Lycori,
abstulere mihi tuoque longe
me a vultu voluere abesse caro,
in rivos abiere lacrimarum.
Quodque amarius atque praeter omnem
lacrimabile cogitationem,
quantumcumque habuere lacrimarum
iampridem evomuere. Nunc ad ipsum
ventum est sanguinem ab intimoque cordis
ducto flumine turgidi horridique
sanguinem lacrimant miselli ocelli
et cum sanguine amata diffluit lux
ac sic enecuere seque meque,
dum meum miseri igneum furorem
quaerunt diluere et rigare mentem,
heu! mentem Enceladi Typhoeique
aestuosa anima aestuosiorem.

EPITAPHIUM QUINTERII

Me longe effigie venustiorem
Narcissi vel Apollinis comati
Parcarum Lachesis nimis severa
isti Quinterium dedit sepulcro.
Cur non flosculus exeam, requiris,

cum tantum fuerim puer decorus?
Tellus est nimis arida, o viator,
nostri facta perustione amoris.
Sed si lacrimulis tuis madescet,
forsan flos novus ibit e sepulcro.

AD CALOREM FLUVIUM

Ocelle fluminum, Calor, Calor pulcher,
Calor bonarum cura amorque nympharum,
quem caerulum fovens caput sinu blando
Montella secum amore vincit aeterno,
dic, o mihi amnis conscie, anne nunc forte
pulchra illa simplexque adeo et omnibus felix
soluta curis mea Rubella per ripas
tuas oberrat et vel ex odoratis
pingit corollas floribus vel in densa
silva sibi suavi sopore blanditur;
anne potius cum aequalium choro ludit,
qua primum oriris ipse quaque miscetur
nitens nitenti Balnius Politinae
tuosque laeti confluunt in amplexus,
argenteumque pedem atque nuda formosos
artus per undam et aureum lavit crinem.
Sic est. Ibi illa membra eburnea atque ipsas
papillulas beata frigeras lympha
atque inde flammeo calore concepto
hucusque flammas in mea ossa transmittis,
dum te subinde, candidae memor nymphae,
qua iam recepta Samnii tumes unda,
Samnii et vetustas limpidus rigas urbes,
exsul, miser, suspiriosus inviso.
At tu, Calor, sic olim amoenus auratis
dicare cornibus arduusque Vulturno
ferare victo illique iam auferas nomen,
fontem ad tuum recurre; dic meae luci
meo te ab igne posse saepe siccari,
meo nisi de fletu identidem crescas.

Dic me amplius nequire tanta celare,
nequire ferre vulnera ac mori semper.
Tum, si ipsa prorsus haud sit immemor nostri,
si fors amata illi mea et fides grata,
dic me libenter ferre quidquid est duri.

AD VERONAM

Verona, qui te viderit
et non amarit protinus
amore perditissimo,
is, credo, se ipsum non amat
caretque amandi sensibus
et odit omnes gratias.

ERCOLE STROZZI (1481-1508)

AD LYCUM NAVIM QUA DOMINAM VEHEBAT
PERTINACISSIME PROPELLENTEM

Quo, Lyce, quo properas? Celerem compesce carinam.
  Non opus hic remis incubuisse citis.
Non te mandatis cursor properantibus urget
  nec pavidus laesa vector ab urbe fugit;
nec ferus insequitur ponti populator Iberi
  aut Venetae custos insidiosus aquae;
nec tua certantes instant post terga carinae,
  unde tibi primus surripiatur honos.
Quem fugis, ipse vehis. Tecum est pars altera nostri;
  altera cur adeo non rate digna tua est?
Aut hanc redde mihi aut reliquam quoque suscipe partem.
  Sarcina coniuncti non onerosa sumus,
cum, tua si longus delassat bracchia remus,
  non ego despiciam munus obire tuum.
Sit mihi fagineo navim propellere conto;
  ipse bonus remex, ipse magister ero.
Mecum amor insurget; remo ventisque vocati
  ibimus optatas te recubante vias.
Cumque ratem subigam, si quam tu perditus ardes,
  concine; molle tuo carmine fiet iter.
Mi sat erit, nitidis si me tunc spectet ocellis
  et laudet nixus cara puella meos.
Cuius ad obtutum crescet mihi robur et a me,
  magne maris domitor, Typhi, secundus eris.
Dum loquor, heu! diversus abis. Rogo, navita, siste,
  siste moraturam, si sinis ipse, ratem!
Siste, precor, per si qua tuis flamma ossibus haesit,
  aut tibi si servum ponere cura iugum.
Sic nec anhela fames nec te sitis arida laedat
  nec dominus merito verbere terga secet.
Immemorem officii me nulla redarguet aetas;
  multa super vestro sanguine digna canam:
Tullius inde Palatinas ut vectus ad arces
  Martigena summum gesserit urbe decus;

273

alter et alter, uti vitam servaret erilem,
    obtulerit certae pectora fida neci.
Et referam scriptos in Punica bella Volones
    Romula pugnaci pila tulisse manu.
Magnanimique loquar sceptrumque fidemque Micythi
    totque aeterna bonis artibus ingenia;
nec nisi servili fieri de sanguine regem
    Eoos lata qui ditione tenet;
utque nihil metuat Turcas manus ista feroces
    perque aliena suas regna ministret opes.
Hinc et deliciae et suaves mittuntur odores,
    quos domino tellus fert inarata suo,
hinc quod pinguis alit septeno gurgite Nilus,
    quod celeri pingit daedala Memphis acu,
quicquid Arabs Seresque ferunt et odoriger Indus
    rubraque gemmiferi devehit unda maris.
Aspera gens bello, sed non tamen aspera cultu,
    ad Venerem dura Martis ab arte redit.
Te quoque credibile est Veneris sensisse calores,
    forsan et Arabiae carperis igne Napes.
Furtivos precor illa tibi coniungat amores
    nec pateant vestrae crimina nequitiae.
Sed quid ego haec demens levibus frustra eloquor auris?
    Furcifer ille notae deterioris abit
nec precibus neque pollicitis fera corda moventur.
    Improbe, non iuris tanta rapina tui est.
Haud frustra geminae tibi pars bona deficit auris
    oraque candenti forcipe adusta geris.
Ipse ego te vidi mitra vinctum ire pudenda
    tergaque plectenti sanguinolenta manu
affusamque tibi puerorum illudere turbam:
    surgit an ex illo nunc tibi crista die?
Non quodcumque tamen crimen, scelerate, luisti;
    ominor et verbis omina certa meis.
Aut uncus trahat aut quercu pendentis ab alta
    incita gypsatos verberet aura pedes
deque tuo impastis sit rixa cadavere corvis;
    post avidi lacerent ossa relicta lupi.

AD CAELIAM

Quid mihi dona sacris vovisse ingentia templis
    profuit et iunctas ture dedisse preces?
Non ut Erythraei cumularem munera ponti
    quodve metalliferis egerit Hermus aquis,
nec mihi ut imperium dominae contingeret urbis
    iret et a nigris candida fama rogis,
nostra sed ut saevis relevarent pectora flammis
    aut mihi cum domina mutuus esset amor;
tuncque per amplexus felicis stamina vitae
    duceret in longas Parca benigna moras
et, cum me satis urgeret inutilis aetas,
    ante rogum canis fleret amica comis.
Nam mihi quid prodest, primo quae venit ab orto
    divite gaza rubri litore nata maris?
Quidve mihi prodest fulvi quodcumque metalli
    Bessus et aurifera Dalmata fodit humo;
aut prolata iuvant bellacis iura Gehennae
    Appulaque Hispana regna subacta manu?
Quid Getici decus atque immensa potentia sceptri
    aut bello aut placida gloria parta toga?
Nil levat oppressam curarum pondere mentem,
    si Venus aversa neglegat aure preces.
Sit mihi grata magis paupertas, Caelia, tecum
    quam sine te totas quas habet orbis opes.
At fatis adeo trahor in diversa malignis,
    ut tibi sit curae tantula cura meae.
Tu facilis modo, difficilis modo, sed meus idem
    perstat et assueto tramite pergit amor.
Visa simul, simul ipsa cupita, simulque dicavi
    libera servitio pectora nostra tuo.
Et me felicem dixi dixique beatum,
    qualis forma, fides si tibi talis erat.
Forma fidem superat fitque ipsa potentior, illa
    debilior; nobis illa vel illa nocet.
A! quantum fidei, tantum quoque deme decoris,
    quaeque minor, minus est diminuenda tibi.

Sed quid diminuas? Potius, rogo, quam potes auge
    auctaque supremos duret adusque dies.
Tunc neque regna petam nec quod micat ubere lympha
    seu, Pactole, tua seu, Tage flave, tua.
Haec aliis optanda, mihi tu, Caelia, tantum.
    Non satis ad vultus orbis uterque tuos.
Quod si dura negas solitis contendere flammis,
    ante velim nobis ima dehiscat humus
speque bona vacuus cunctos prius angar in annos
    sub Phlegetontaeo flebilis umbra lacu.

DE AMORE ET LAURA

Vidit Amor Lauram et matrem ratus oscula iunxit,
    oscula quae mixto toxica melle ferunt.
Ussit et exarsit flammaeque haud gnarus acerbum
    flevit et in pharetra credidit esse dolos.
Convolvit calamos; nullus reus· "A! rea," dixit,
    "mater, in hoc omnis vulnere es ulta faces."

SE DUAS PARITER AMARE

An mihi cara Nape magis, an mage cara Neaera?
    Est mihi cara Nape, cara Neaera mihi.
Utraque cara aeque est, ipse aeque carus utrique;
    illa vel illa meis carior est oculis.
Nunc ego totus in hac vivo, nunc totus in illa;
    vivo in utraque simul, utraque mi una eadem est.
Basia iunge, Neaera, Nape quoque basia iunget;
    quodque, Nape, dederis, pulchra Neaera dabit.

AD BEMBUM

Tecum habita, ut vivas. Alibi quicumque moratus,
    non vivit. Vita est vivere, Bembe, sibi.

EPITAPHIUM PRO IOANNE PICO MIRANDULA

Ioannes iacet hic Mirandula. Cetera norunt
    et Tagus et Ganges, forsan et Antipodes.

IN LYCARMUM FUREM

Suspendendus erat Phoebo redeunte Lycarmus.
    Furcam alius sero vespere fur rapuit.
Quid sonti sperare nefas, si turpia furta,
    quod dederant laqueo, surripuere caput.

JACOPO SANNAZARO (1458–1530)

CALENDAE MAII

Maius adest! Da serta, puer: sic sancta vetustas
    instituit, prisci sic docuere patres.
Iunge hederam violis, myrtum subtexe ligustris,
    alba verecundis lilia pinge rosis.
Fundat inexhaustos mihi decolor Indus odores
    et fluat Assyrio sparsa liquore coma.
Grandia fumoso spument crystalla Lyaeo
    et bibat in calices lapsa corona meos.
Post obitum non ulla mihi carchesia ponet
    Aeacus. Infernis non viret uva iugis.
Heu! vanum mortale genus, quid gaudia differs?
    Falle diem. Mediis mors venit atra iocis.

DE NATALI ALTILII VATIS

Musarum lux alma, meus cui tura quotannis,
    cui rite Altilius fundit in igne merum,
accipe servatos hiberno frigore flores
    quaeque madent Siculis annua liba favis,
quandoquidem magnum Latio rarumque dedisti
    pignus et Aoniis non leve nomen aquis.
At tu, sic tristes numquam experiare tenebras,
    sic Phoebi nitido semper honore mices,
fausta, precor, longos tamen exspectata per annos
    Altilioque tuo concolor usque redi.

IN TUMULUM LAURAE PUELLAE

Et lacrimas etiam superi tibi, Laura, dedissent,
    fas etiam superos si lacrimare foret.
Quod potuit tamen, auratas puer ille sagittas
    fregit et exstinctas maesta Erycina faces.
Sed quamvis homines tangant tua fata deosque,
    nulli flebilior quam mihi, vita, iaces.
Felices animae, quibus is comes ipsa per umbras
    et datur Elysium sic habitare nemus!

Tumulus Maximillae

Hic, hic siste precor gradum, viator.
Hoc sub marmore Maximilla clausa est,
quacum frigiduli iacent amores
et lusus Veneresque Gratiaeque.
Hanc illi miserae severa Clotho
pro dulci thalamo domum paravit.
Has matri dedit, has patri querelas
pro plausu choreisque nuptiarum.
Quid firmum tibi, quid putes, viator,
mansurum inviolabile aut perenne?
Si, quae deliciae iuvenculorum
et decus fuerat puellularum,
nunc, eheu! iacet ecce Maximilla,
luctus perpetuus iuvenculorum
aeternae et lacrimae puellularum.

Ad Marinum Caracciolum

O dulce ac lepidum, Marine, factum,
dignum perpetuo ioco atque risu,
dignum versiculis facetiisque
necnon et salibus, Marine, nostris!
Ille maximus urbis imperator,
Caesar Borgia, Borgia ille Caesar,
Caesar patris ocellus et sororis,
fratrum blanditiae, quies, voluptas,
montis pupulus ille Vaticani,
ille, inquam, dominae urbis inquinator,
Caesar Borgia, Borgia ille Caesar,
cinaedi patris impudica proles,
moechus ille sororis atque adulter,
fratrum pernicies, lues, sepulcrum,
montis belua taetra Vaticani,
quingentas modo qui voravit urbes
imbutus scelere et malis rapinis,
urbes sub ducibus suis quietas,
quascumque aut Latium ferax virorum

aut Campania pinguis aut per alta
divisi iuga continent Sabini,
hisque ingessit Ariminum, Pisaurum,
Urbinum, Populoniamque magnam,
Camertes pariter, Forumque Livi
Cornelique Forum, Faventiamque
et quantum Aemiliae est Etruriaeque,
quantum circuitu hic et inde longo
Neptuni lavat aestuantis unda—
at nunc quis neget esse opus deorum?—
dum vecors animi impotente morbo
quaerit plura nec est potis misellus
explere ingluviem periculosam,
ecce, ecce evomit! O Iovem facetum!
O pulchram Nemesim! O venusta fata!
Verum scilicet id, Marine, verum est,
quod dici solet. En, fides probat nunc.
Fortunam si avide vorare pergas,
eandem male concoquas necesse est,
ut iure evomere hunc putemus ipsum,
qui tantum miser hausit oppidorum.
Ast id omne, quod hausit, oppidorum,
quod quinque assiduis voravit annis,
imbutus scelere et malis rapinis,
scis quot evomuit diebus? Uno.
O lucem meam! O Iovem facetum!
O pulchram Nemesim! O venusta fata!
O dulce ac lepidum, Marine, factum!

De Caesare Borgia

Aut nihil aut Caesar vult dici Borgia. Quid ni?
    Cum simul et Caesar possit et esse nihil.

Ad Amicam

Da mihi tu, mea lux, tot basia rapta petenti,
    quot dederat vati Lesbia blanda suo.
Sed quid pauca peto, petiit si pauca Catullus
    basia? Pauca quidem, si numerentur, erunt.

Da mihi quot caelum stellas, quot litus arenas,
  silvaque quot frondes, gramina campus habet,
aere quot volucres, quot sunt et in aequore pisces,
  quot nova Cecropiae mella tuentur apes.
Haec mihi si dederis, spernam mensasque deorum
  et Ganymedaea pocula sumpta manu.

AD MATHONEM

Ut mandem victura meis tua nomina chartis,
  dicis amicitiam te, Matho, velle meam.
Et tibi semper in ore duces, quos Graius Homerus,
  quos noster Latia vexit in astra tuba.
Dumque ego sum tanti te iudice, venit ab horto
  cum donis holitor bisve semelve tuus,
scilicet aeterni pretium mihi grande daturus
  nominis et fidae pignus amicitiae.
O Matho, quam felix et amico et vate repertus es,
  quam felix horto muneribusque tuis,
si, quod diis genitis vix tot peperere labores,
  id tibi lactucae prototomique dabunt!

AD FERRANDUM REGEM

Ex ferro nomen tibi sit licet, aurea condis
  saecula, nam sub te principe nemo metit.

HYMNUS DIVO GAUDIOSO

Gaudete, coetus virginum,
plenas habentes lampadas.
Sponsus sacras ad nuptias
venit repente. Surgite,
Venit serenus lucifer
nocturna pellens sidera.
Optata lux solemnibus
adest dicata gaudiis;
lux clara, qua fugans nigram
mundi sator caliginem,
vestri latere gloriam
patris diu non passus est,

qua Gaudiosi segmina,
tot inreperta saeculis
suis videnda civibus
dives retexit urnula.
O ter beate et amplius
lapis pusille, qui tuo
tantum verendum praesulis
sinu recondis pulverem.
Praesul sed o beatior,
clarae decus Neapolis,
tuae benignus patriae
fer, Gaudiose, gaudia.
Adsit fides et veritas,
adsit probata castitas;
morbos, famem, pericula
tuis repelle moenibus.
Ergo tibi sit gloria,
inseparata Trinitas,
Verbum Paterque et Spiritus,
qui condidistis omnia.

AD RUINAS CUMARUM URBIS VETUSTISSIMAE

Hic ubi Cumaeae surgebant inclita famae
   moenia, Tyrrheni gloria prima maris,
longinquis quo saepe hospes properabat ab oris,
   visurus tripodas, Delie magne, tuos,
et vagus antiquos intrabat navita portus,
   quaerens Daedaliae conscia signa fugae,
(credere quis quondam potuit, dum fata manebant?)
   nunc silva agrestes occulit alta feras.
Atque ubi fatidicae latuere arcana sibyllae,
   nunc claudit saturas vespere pastor oves;
quaeque prius sanctos cogebat curia patres,
   serpentum facta est alituumque domus;
plenaque tot passim generosis atria ceris
   ipsa sua tandem subruta mole iacent:
calcanturque olim sacris onerata tropaeis
   limina distractos et tegit herba deos.

Tot decora artificumque manus tot nota sepulcra
    totque pios cineres una ruina premit.
Et iam intra solasque domos disiectaque passim
    culmina saetigeros advena figit apros.
Nec tamen hoc Graiis cecinit deus ipse carinis
    praevia nec lato missa columba mari.
Et querimur cito si nostrae data tempora vitae
    diffugiunt? Urbes mors violenta rapit.
Atque utinam mea me fallant oracula vatem
    vanus et a longa posteritate ferar!
Nec tu semper eris, quae septem amplecteris arces,
    nec tu, quae mediis aemula surgis aquis.
Et te (quis putet hoc?), altrix mea, durus arator
    vertet et, "Urbs," dicet, "haec quoque clara fuit."
Fata trahunt homines; fatis urgentibus urbes
    et quodcumque vides auferet ipsa dies.

Deos Nemorum Invocat In Exstruenda Domo

Dii nemorum, salvete! Ego vos de rupe propinqua,
    de summis patriae moenibus aspicio.
Aspicio venerorque. Cavae mihi plaudite valles.
    Garrula vicinis perstrepat aura iugis.
Vos quoque perque focos felicia dicite cives
    verba, per intectas flore decenti vias.
Victima sollemnes eat inspectanda per aras
    turbaque Palladia fronde revincta comas.
Mosque ut ab antiquae repetatur origine Romae,
    exterior forda cum bove taurus aret.
Ac prius infosso tectum quam cingere sulco
    incipimus, iustos ture piate deos.
Nulla per obductum decurrant nubila caelum
    candidaque augustum concinat omen avis.
Exsurgat paries, ventos qui pellat et imbres,
    qui multa circum luce serenus eat.
Adsit dispositis series concinna columnis
    quaeque ornet medias crebra fenestra fores.
Ipse biceps primo custos in limine Ianus

occurrat laetis obvius hospitibus.
Protinus a dextra sacrae, mea turba, sorores
    cingant virgineis atria prima choris.
A laeva nitidis stratum Pythona sagittis
    miretur posita Cynthius ipse lyra.
Aedibus in mediis parvi sinus amphitheatri
    visendas regum praebeat historias.
Ac primum triplici sese defendat ab hoste
    Fernandus rapido iam metuendus equo.
Alfonsusque pharetratas dira agmina gentes
    cogat Hydruntinis cedere litoribus.
Tum iuvenis rex ipse et regum insignibus auctus
    Alpinos adigat linquere castra duces.
Postremo Federicus avito laetus honore
    Dalmaticas grandi classe refringat opes
infestosque deos metuendaque iura minatus
    indicat nato bella gerenda suo.
Hic bene conveniens membris variantibus ordo
    aspiciat celebris e regione situs.
Exedrae xystique, tablinum, hypocausta, diaetae,
    et quae privatis usibus apta velim;
atque aliae occasus, aliae vertantur in ortus,
    quaeque habeant Borean, quaeque inhibere Notum.
Iungantur longis quadrata, obliqua rotundis
    et capiat structos plurima cella toros.
O studiis placitura meis, o mille per artes
    otia Pieriis nostra iuvanda modis!
Hic ego tranquillo transmittam tempora cursu,
    dum veniat fatis mitior hora meis.
Viximus aerumnas inter lacrimosaque regum
    funera; nunc patria iam licet urbe frui,
ut, quod tot curae, tot detraxere labores,
    restituat vati Parthenopea suo.

Ad Ninam

Sescentas, Nina, da precor roganti,
sed tantum mihi basiationes
non quas dent bene filiae parenti

nec quas dent bene fratribus sorores,
sed quas nupta rogata det marito
et quas det iuveni puella caro.
Iuvat me mora longa basiorum,
ne me tam cito deserat voluptas.
Nolo marmora muta, nolo pictos
dearum, Nina, basiare vultus,
sed totam cupio tenere linguam
insertam umidulis meis labellis
hanc et sugere morsiunculasque
molles adicere et columbulorum
in morem teneros inire lusus
ac blandum simul excitare murmur.
Haec sunt suavia dulciora melle
Hyblaeo et Siculae liquore cannae.
Haec sola ambrosiaeque nectarisque
succos fundere, sola habere possunt.
Quae si contigerint mihi tuisque
admovere sinas manum papillis,
quis tunc divitias, quis aurum, et omnis
assis me putet aestimare reges?
Iam non maluerim mihi beatas
Aurorae Venerisque habere noctes,
non Hebes thalamos beatiores,
non, si deserat haec suum maritum,
non, si me roget usque quaque, non, si
aeternam mihi spondeat iuventam.

AD IOANNEM SANGRIUM PATRICIUM NEAPOLITANUM DE SUO IMMATURO OBITU

Si me saevus amor patriis pateretur in oris
  vivere vel saltem matre vidente mori,
ut, quae vix uno nunc sunt ingesta libello,
  essent illa suis continuata locis,
forsitan immites potuissem temnere Parcas
  ductaque de pulla tristia pensa colo
nec me plebeio ferret Libitina sepulcro
  aut raperet nomen nigra favilla meum.

Nunc cogor dulcesque lacus et amoena vireta
  Pieridumque sacros destituisse choros
nec pote, quae primis effudit musa sub annis,
  emendaturo subdere iudicio.
Sic, heu! sic tenerae sulcis resecantur aristae,
  implumes nido sic rapiuntur aves.
Pro superi! tenues ibit Syncerus in auras
  nec poterit nigri vincere fata rogi?
At tu, quandoquidem Nemesis iubet, optime Sangri,
  nec fas est homini vincere posse deam,
accipe concussae tabulas atque arma carinae
  naufragiique mei collige relliquias;
errantesque cie quocumque in litore manes
  taliaque in tumulo carmina caede meo:
ACTIUS HIC IACEO; SPES MECUM EXSTINCTA QUIESCIT;
  SOLUS DE NOSTRO FUNERE RESTAT AMOR

PHYLLIS

Lycidas   Mycon

LYC. Mirabar, vicina, Mycon, per litora nuper
    dum vagor exspectoque leves ad pabula thynnos,
    quid tantum insuetus streperet mihi corvus et udae
    per scopulos passim fulicae perque antra repostae
    tristia flebilibus complerent saxa querelis;
    cur iam nec curvus resiliret ab aequore delphin
    nec solitos de more choros induceret undis.
    Ecce, dies aderat, caram qua Phyllida terrae
    condidimus tumuloque pias deflevimus umbras,
    a miseri! et posthac nec tristes linquimus auras
    nec dubitat saevus solacia ferre Pylemon.
MYC. Scilicet id fuerat, tota quod nocte vaganti
    huc illuc, dum Pausilypi latus omne pererro
    piscosamque lego celeri Nesida phaselo,
    nescio quid queruli gemerent lacrimabile mergi.
    Phyllis ad inferias, Phyllis, si credimus, illos
    ad gemitum, o Lycida, tumulique ad sacra vocabat.

LYC.   Eheu! care Mycon, qualis spectacula pompae
        (nunc recolo), quas ipse manus, quaeve ora notavi
        his oculis.   His, inquam, oculis quae funera vidi
        infelix! Hic me tandem dolor improbus egit
        in scopulos, in saxa, rogove absumpsit eodem
        ignea vis vel saltem aliquis deus aequore mersit.

MYC.   O Lycida, Lycida, nonne hoc felicius illi
        evenisse putas quam si fumosa Lycotae
        antra vel hirsuti tegetem subiisset Amyntae?
        Et nunc, heu! viles hamo sibi quaereret escas
        aut tenui laceras sarciret vimine nassas.
        Sed tu, si quid habes veteres quod lugeat ignes,
        quod manes cineresque diu testetur amatos,
        incipe, quandoquidem molles tibi litus arenas
        sternit et insani posuerunt murmura fluctus.

LYC.   Immo haec, quae cineri nuper properata parabam
        carmina, ab extremo cum iam cava litora portu
        prospicerem et nivei venerarer saxa sepulcri,
        incipiam.   Tu coniferas ad busta cypressus
        sparge manu et viridi tumulum superintege myrto.

MYC.   En tibi caerulei muscum aequoris, en tibi conchas
        purpureas nec non toto quaesita profundo
        et vix ex imis evulsa coralia saxis
        adferimus.   Tu sollemnes nunc incipe cantus.
        Incipe, dum ad solem Baianus retia Milcon
        explicat et madidos componit in orbe rudentes.

LYC.   Quos mihi nunc, divae, scopulos, quae panditis antra,
        Nereides? Quas tu secreti litoris herbas,
        Glauce pater, quae monstriferis mihi gramina succis
        ostendes nunc, Glauce, quibus tellure relicta,
        a miser! et liquidi factus novus incola ponti
        te sequar in medios mutato corpore fluctus
        et feriam bifida spumantia marmora cauda?
        Nam quid ego, heu! solis vitam sine Phyllide terris
        exoptem miser? Aut quidnam rapta mihi luce
        dulce putem? Quidve hic sperem? Quid iam morer ultra
        infelix? An ut hac vili proiectus in alga

arentes tantum frutices desertaque cernam
litora et ingrato iactem mea verba sepulcro?
Scilicet hos thalamos, hos felices hymenaeos
concelebrem? Sic speratae mihi gaudia taedae
dat Venus? Ambiguos sic dat Lucina timores?
Quis mihi, quis tete, rapuit, dulcissima Phylli?
Phylli, meae quondam requies spesque unica vitae,
nunc dolor aeternusque imo sub pectore luctus.
Non licuit tecum optatos coniungere somnos
dulcia nec primae decerpere dona iuventae
aut simul extremos vitam producere in annos.
Nunc te (quis credat?) lapis hic habet et mihi nusquam es;
nusquam terrarum Phyllis, sed fabula et umbrae
frustrantur miseras per dira insomnia noctes.
Me miserum! Qua te tandem regione requiram?
Quave sequar? Per te quondam mihi terra placebat
et populi laetaeque suis cum moenibus urbes;
nunc iuvat immensi fines lustrare profundi
perque procellosas errare licentius undas
Tritonum immixtum turbis scopulosaque cete
inter et informes horrenti corpore phocas,
quo numquam terras videam. Iam iam illa tot annis
culta mihi tellus populique urbesque, valete;
litora cara, valete; vale simul, optima Phylli.
Nos tibi, nos liquidis septem pro fluctibus aras
ponemus septemque tibi de more quotannis
monstra maris magni vitulos mactabimus hirtos.
Et tibi septenis pendebunt ostrea sertis,
ostrea muricibus variata albisque lapillis.
Hic tibi Nisaee et flavos resoluta capillos
Cymodoce mitisque pia cum matre Palaemon
et Panope et Siculi custos Galatea profundi
sollemnes nectent choreas et carmina dicent,
quae Proteus quondam divino pectore vates
edocuit, magni cum funera fleret Achillis
et Thetidis luctus consolaretur amaros.
At tu, sive altum felix colis aethera seu iam

Elysios inter manes coetusque verendos
Lethaeos sequeris per stagna liquentia pisces
seu legis aeternos formoso pollice flores
narcissumque crocumque et vivaces amaranthos
et violis teneras misces pallentibus algas,
adspice nos mitisque veni. Tu numen aquarum
semper eris, semper laetum piscantibus omen.
Ut Nymphis Nereoque, ut flavicomae Amphitritae,
sic tibi victrices fundent libamina cymbae.
Interea tumulo supremum hoc accipe carmen,
carmen quod, tenui dum nectit arundine linum,
piscator legat et scopulo suspiret ab alto.
"In gremio Phyllis recubat Sirenis amatae.
Consurgis gemino felix, Sebethe, sepulcro."

MYC. Dulce sonant, Lycida, tua carmina nec mihi malim
halcyonum lamenta aut udo in gramine ripae
propter aquam dulces cycnorum audire querelas.
Sed tu, sic faciles vicina Megaria semper
sufficiat conchas, sic proxima Mergilline
ostrea saxosaeque ferat tibi rupis echinos,
quandoquidem nox obscuras iam distulit umbras
necdum permensus caelum sol, incipe rursus
atque itera mihi carmen. Habent iterata leporem.

LYC. Ne miserum, ne coge, Mycon. Sat lumina, sat iam
exhaustae maduere genae. Dolor (adspice) siccas
obduxit fauces; quatit et singultibus imum
pectus anhelantemque animam vox aegra relinquit.
Et tamen haec alias tibi nos et plura canemus,
fortasse et meliora, aderit si musa canenti.
Quin et veliferis olim haec spectanda carinis
seu Prochytae seu Miseni sub rupe patenti
inscribam grandesque notas ferrugine ducam,
praeteriens quas nauta mari percurrat ab alto
et dicat, "Lycidas, Lycidas haec carmina fecit."
Sed quoniam socii passim per litus ovantes
exspectant poscuntque tuas ad retia vires,
eia! age, iam surgamus. Ego haec ad busta sedebo;
tu socios invise, escas nam quaerere tempus
et tibi nunc vacuae fluitant sine pondere nassae.—*Ecl. I.*

PIETRO BEMBO (1470–1547)

Ad Fundum Saletianum

PETRUS BEMBUS IOAN. ALEXANDRO URTICIO PRAECEPTORI S.P.D.

Optabam equidem, ut semper multum, nunc vero maxime, te
videre et colloqui, ut de addiscendis Graecorum litteris, quod tu
saepe mihi suasisti, deque profectionis meae consilio, quod adhuc
te latet, et prudentiam et amorem in me tuum, ut debebam,
consulerem. Erat enim aequissimum ut, quem ego unum secundum Bembum patrem meum omnium hominum colui maxime et
cuius cum prope in sinu altus, tum consiliis et praeceptis semper
usus sum, ab eodem etiam sententiam peterem iis in rebus, quae
magnopere ad totius meae vitae rationes pertinerent. Sed cum
existimarem fore ut, antequam quicquam statuerem, ad te veni-
endi tempus mihi non deesset, repente omnia ita sunt immutata,
ut et consilium profectionis capere et profectionem maturare coactus sim, sic profecto te ut convenire non potuerim. Huius festi-
nationis causam Carolus, frater meus, ad te deferet. Itaque nihil
de ea nunc quidem.

De meo autem consilio volui ad te ipse perscribere ex Noniani
bibliothecula, in qua eram, cum has ad te litteras dabam, ad quod
quidem consilium capiendum eo solutior fui, quod id abs te
probatum iri non dubitavi ex iis sermonibus, quos tu mecum
proxime, cum una fuimus, habuisti. Eos te memoria tenere arbitror.
Sed venio ad consilium meum. Est in Sicilia Messanae Constan-
tinus Lascaris, vir non modo Graecus sed etiam Byzantius, quae
quidem urbs sola ex universa Graecia retinere probitatem illam
Atticam antiqui sermonis, si qua residet adhuc quidem eius linguae
probitas, plane dicitur. Eaque in urbe ludum aperuit exercuit-
que multos iam annos et caste nec sine dignitate. Is valde omnium
hominum sermone laudatur. Scripsit de primis grammatices
elementis librum ad instituendos pueros, qui habetur et legitur.
Hunc ego illum esse statueram, qui me doceret, si tu annuisses,
vel propterea quod esset ipse in eiusmodi doctrina facile princeps
(est autem ab optimis doctoribus ars omnis haurienda) vel quia
in Sicilia eam artem exerceret, ubi non domesticis curis, non
publicis, non amicorum officiis, non paternis ullis muneribus a
discendi studio interpellarer, eo si me contulissem. Quod cum

mihi placuisset essemque de eo cum Angelo Gabriele meo locutus, sic ab eo discessi, ut se mecum ad idem muneris venturum esse diceret, ego autem illi etiam gratias agerem, quod se mihi comitem profiteretur. Iis ita constitutis rebus, dies aliquot iam abierant, cum mihi esset persuasissimum nihil adgredi, nisi tu meum consilium probavisses. Nunc autem, cum plane cogar te non salutato proficisci, feram animo aequiore, propterea quod non vereor, ne te id non solum probes sed etiam gaudeas, ausum me esse tantum viae capescere, ut aliquando eum sermonem addiscerem, quo tu carendum mihi esse non putasti, qui me Latinas litteras docuisses.

Habes consilium profectionis meae. De quo utinam tibi antea scripsissem; pacatiore animo in viam me darem. Nunc is me scrupulus tenet et puto tenebit, quoad abs te litteras accipiam, quod tamen tarde video fore. Nam Bembus quidem pater, posteaquam meum cognovit ea in re animum, me etiam collaudavit neque ullum boni patris officium praetermisit, ut nihil mihi deesset cum ad profectionem tum multo magis etiam ad mansionem, quam minus annuam futuram non dubitabat; ego vero etiam bimam puto fore. Sed nolui eius molestiam augere, ut existimaret se tam lungo in desiderio mei futurum. Itaque cras navi ad Fossam Clodiam, quod velim dii approbent; reliquum iter in equis conficiemus. Vale. Quarto Kalen. April. MCCCC-LXXXXII. De Noniano.—*Ep. I. 1.*

Venetias P. B. Bernardo Bembo Patri S. P. D.

Messanam venimus ad quartum Nonas Maias, navigatione usi perincommoda, quod viae, cum discedens a te pedibus me facturum putarem, mutavi consilium, cum essem Neapoli, propter hospitiorum infrequentiam; tum ipsa hospitia ab omnibus rebus imparatissima. Itaque naviculam nacti decimo die Siciliam tetigimus nauseantes. Sed abstersit nobis omnem molestiam Constantini Lascaris humanissima congressio. Qui nos excepit libentissime et liberaliter est pollicitus idque re praestat. Erudimur enim mira ipsius diligentia, tum amore prope paterno. Omnino nihil illo sene humanius, nihil sanctius. Reliqua etiam omnia satis ex sententia. Urbs praeclaro loco posita ad mare, portu amplo

atque tutissimo; aeris mira temperies; annona rerum ad victum
omnium cum vilis tum luculenta. Quae tibi nota esse volui; ut
confideres nos hic etiam cum voluptate futuros. Helenae matri
meae multam salutem et Carolo fratri et Antoniae sorori. Vale,
mi pater optime atque optatissime. Tertio Kalen. Iunias. MCCCC-
LXXXXII. Messana.—*Ep. I. 4.*

Ferrariam P. B. Alberto Pio Carpi Domino S. P. D.

Veni in Nonianum postridie eius diei, quo istinc profectus sum,
quae mihi villa sane visa est exspectare adventum meum; ita me
suscepit hilariter. Ego autem, qui hoc diversoriolo diu carueram,
vix possum dicere quam eo sum delectatus. Primus accursus in
hortulos est factus, deinde ad Pluvici ripam populorumque
umbras illas Bembi patris mei, quas mihi dixisti velle invisere te.
Is me angulus semper magnopere delectat, sed omnino nescio
quo pacto et fortasse nostra culpa, qui abfuimus (nam vilici nolo
dicere; ii enim homines umbrarum elegantiae non favent), multum
decoris amisit, multum venustatis, ut quasi me pigeat in eo libro,
quem de Aetna conscripsi, tam multa verba fecisse de illo loco.
Sed tu si veneris, una ei et dialogo consulemus. Nam quia eo in
statu res est, ut, si murus iaciatur, magna amoenitas arboribus et
ripae videatur accessura, deliberare nihil audeo sine te, qui non
solum villas sed etiam castella aedificas. Contuli demum me ad
bibliothecam, in qua cum essem heri, venit in manus mihi ver-
naculum carmen meum, quod feceram hoc ipso in loco, antequam
in Siciliam proficiscerer, ut me ipsum atque amicum quendam
meum ad bene vivendi officia et capescendarum virtutum studium
quasi dormientes excitarem. Id ego cum avidiuscule percurrissem,
uti fit, in eorum scriptorum recensione, quae diu, quasi ab eorum
memoria recesserimus, neglecta iacuere, cepi ex ea lectione plus
etiam voluptatis quam putaram. Itaque, cum mihi non dis-
plicuissent, statui eos versus ad te mittere, cum ut haberes quasi
primitias huius fundi, tum ut scires non solum amatoria nos
huiuscemodi carminibus sed etiam, quod ad mores et philosophiam
tuam illam faciat, solere concinere. Ceterum pluviae nos intra
villam tenent, quibus tamen puto Nonianum Iovem velle meis
studiis suffragari, nam omnino praeter scribendi aut legendi nulli

mihi negotio reliquit locum; quod quidem non moleste ferrem, nisi mihi etiam amoeniores meas omnes ambulatiunculas sustulisset. Tu vale et iam ad nos, ut pollicitus es, cogita. Ego te vehementer exspecto. XII Kalen. Sept. MIID. Ex Noniano. —*Ep. II. 18.*

VENETIAS P. B. VINCENTIO QUIRINO ET ANGELO GABRIELI S. P. D.

Veni recta in Strotianum, quemadmodum vobis dixeram me facturum, ubi nihil offendi, quod non me magnopere delectaret. Primum aedes magnificae ac sumptuosae, quae etiam, si quod umquam vitium fecerunt, demoliuntur, restituuntur, poliuntur, ut habitem cultius. Deinde mira familiarium sedulitas, mirus omnium erga me amor, studium, observantia. Satrapes si essem, non equidem colerer diligentius. Praeter haec loci opportunitas magna itaque utilitas rerum omnium eadem, quae in urbe. Piscium quidem incredilibilis copia Cymacliani portus piscinarumque illarum celeberrimarum vicinitate, quae res etiam ad amoenitatem facit, nam earum undae prope fundum magno ambitu diffunduntur, ut ea ex parte de villa tamquam in mare prospiciatur. Quod si me harum rerum voluptas caperet, mirum quantas strages piscium, quantas maritimarum avium darem. Sed ego undas cum libenter aspicio tum audio multo libentius; uti illis neque multum delector et, si paulum commoventur, plane non fero. "Quid tu igitur?" inquitis. Ad alia scilicet me transfero genera voluptatum. Nam ad venatum his quidem locis nihil est aptius. Itaque, quoniam matutinas horas omnes aut legendo aut scribendo consumimus, pomeridiani temporis partem aliquam non saepe quidem, sed tamen cum ardor ille studiorum meorum assiduitate fractus elanguescere incipit, huc libenter confero, in quo nihil est quod exspectem meos: praesto mihi sunt, hortantur me exerceam. Lycus quidem etiam monet debilitari diuturna cogitatione corpus, otio laborem interponendum nec marcescendum in litteris; ita etiam in illis plus agi. "Quid?" quaeritis, "Philosophantur, ut me venatum evocent?" Ego vero illis adsentior atque eo libentius, quod, dum ipsi vulpeculas vel lepusculos consectantur, ego me iis surripio et quidem saepius quam illae ipsae, quas venantur, ferae; didici enim inter venandum etiam versiculos meditari.

Cum ad villam reditum est, ego statim ad lucernam, inde fere
tertia ad cenam, non illam quidem refertam iis sermonibus, quibus
vestrae, qui magni philosophi estis, magni patroni causarum,
solent abundare, neque enim vos puto existimare Lycum quaerere,
quanto sit terra sol amplior aut quem hesternis iudiciis XL
virum sententiae condemnarint, sed tamen garritur aliquid, quod
interdum rideamus. Quod si me meus Hercules inviserit, quem
quidem nondum etiam vidi (in maximum enim quasi concursum
occupationum eius meus adventus incidit, quibus adhuc explicare
se non potuit. Quamquam, qui illinc veniunt, aiunt eum singulis
horis affuturum et ipse etiam mihi scripsit), sed si nos ille aliquando
inviset, quis me erit fortunatior? Vosne, qui togati in foro deam-
bulatis?

Cum haec scriberem, puer ad me de bibliotheca venit nuntians
mures ex Aristotelis libris fibulas indicesque abrosisse iis, quos ille
περὶ ζώων scripserit. Quaesivi num aliorum. Negavit ille.
Nunc ego te appello, Quirine, qui tot milia προβλημάτων Romae,
qui omnibus poscentibus nota cetera, ut mihi respondeas, ecquid
sit, quod minus ab illo recte de animalibus traditum nunc ii
mures tamquam vindicaturi ad librum accesserint. Dicunt enim
valde quidem multa dispicere quoddam eorum genus. Sed,
mehercules, extra iocum, quoniam mures mirifice me infestant,
alterum mihi de tuis felibus Aegypticis velim mittas, modo ne illi
tam amentur a tuis mulieribus, ut neutro carere aequo animo
possint. Nihil enim illis invitis aut etiam non libentibus postulo. Novi quam multa eiuscemodi esse in deliciis interdum
etiam virorum soleant, nedum sint mulierum.

Fratribus vestris et matribus et Valerio physico salutem dicite
meis verbis; ad meque litteras mittite quam saepissime. Valete.
Prid. Kalen. Novemb. MDII. De Strotiano.—*Ep. III. 7.*

PATAVIUM PETRUS BEMBUS COLAE SUO S. P. D.

Nos iter ita divisimus, ut cras domi simus cenaturi. Itaque
cocum meum iussi praecurrere, ut hoc tibi nuntiaret, simul ut
praesto esset, si quid eius indigeres. Tu fac omnia parata sint ad
nos recipiendos. Etiam bibliothecan sigillis reliquoque ornatu
concinnabis, ut possim eius aspectu, quo, ut scis, mirifice delector,

statim adveniens exhilarari. Feminis dices Caeciliam invitent, ut
cenet apud nos. Cupio enim illam quam primum videre. Lucilio
filiolo meo, quem amabilem et festivum esse audio, tibi certe
iucundissimum scio esse, basiolum dabis; Morosinae et Marcellis
salutem.

Haec scripsi pransus in Padi ripa, cum me somnus interpellaret,
ad quem, tota prope nocte Ferrariae apud antiquum hospitem
meum Guidum Strotiam cum essem, non accesserat. Vale, mi
optime et suavissime Cola. Decimo Kalen. Maias. MDXXV.
—*Ep. VI. 7.*

Petrus Bembus Caterinae Landae S. P. D.

Valde me tuae litterae delectarunt eoque magis, quod mihi
praeter spem accidit abs te puella tantulae aetatis Latino sermone
et quidem probo et eleganti scriptas litteras accepisse. Itaque ad
reliquas causas, quae te mihi carissimam faciunt, plurimas illas
quidem atque maximas, hac etiam addita, quod te optimis artibus
deditam video, nihil iam est, quod ad meum erga te amorem addi
posse videatur. Quam ob rem erit mihi plane gratissimum, si
una cum tuis parentibus ad me vere inito veneris, ut te videre et
colloqui possim, cuius rei non minimam mihi spem tuae ipsae
litterae attulerunt. Augustinum, fratrem tuum, quod mihi
commendas, facis ex amore fraterno vestro. Sed nihil ei erat
tua commendatione opus, quem ipse filii loco habeo. Patri tuo
et matri plurimam salutem dicito. Sed patri velim etiam suavium
des. Quod si gravare facere, illum meo nomine rogabis ut tibi det.
Vale. Septimo Kalen. Decemb. MDXXVI. Patavio.—*Ep. VI. 12.*

Caterina Landa Petro Bembo S. P. D.

Augustinus, frater meus, ad te proficiscitur, ut bonarum artium
studiis incumbat. Ego autem nullam aliam ob causam illum
sequi non possum, ut et ipsa operam litteris dem, veluti meus
fert animus, nisi quia femina sum. Scio enim fratrem apud te,
virum litteris moribusque ornatissimum, ita profecturum, ut
parentum desiderio satisfaciat. Quam ob rem nihil doleo; illi
vero non invideo. Sed tamen non despero fore, ut mater post
hiemem ad te se conferat. Tunc ego illam sequens a te doctior
discedam. Interim fratrem tibi commendo. Vale.—*Ep. VI. 13.*

P. B. Cardinalis Paulo Tertio Pont. Max. S. P. D.

Quod me in amplissimum Romanae reipublicae cardinalium collegium nihil eiusmodi petentem, nihil omnino cogitantem sponte tua cooptaveris, quodque Octavianum Zenum, familiarem a cubiculo tuum, eius rei nuntium tuis cum litteris humanissime honorificentissimeque scriptis cumque priore capitis tegumento purpureo sacroque magnis itineribus ad me miseris, immortales tibi gratias habeo habeboque, dum vivam. Quid enim aut ad hominum de me opinionem honestius aut ad memoriam mei nominis clarius aut ad bene de humano genere merendum aptius atque accommodatius magistratu isto dari mihi potuerit, sane non video. Tuum vero hominis supra sortem hominum positi tam honorificum de me iudicium pluris esse quam magnorum regum opes et fortunas omnes puto. Nam si laudari a laudato viro docti homines in optabilium et honoratarum esse rerum genere statuerunt, tibi certe, omnium hominum longe maximo, summi Dei vicarium in terris gerenti probari me tantoque ac tam praeclaro munere dignum videri, cum quo tandem erit laudis gloriaeque ornamento comparandum? Itaque, cum tuos pedes absens non possem, eas sum litteras verecunde osculatus Deumque Opt. Max. precatus, ea ut res mihi et reipublicae prospere atque feliciter eveniret.

Tametsi paulo post sedatiore animo imbecillas vires meas, cum ingenii ob naturae tarditatem, qua impedior, tum vero etiam corporis propter senectutem mecum reputans, valde timui, ne tu mihi plus eo iudicio tribueris quam sustinere ipse ulla mea diligentia et studio, ullis plane opibus possem, praesertim perdifficili hoc et perincommodo Christianae reip. tempore, cum et seditionibus nostrorum hominum et bellis exterarum nationum ardere orbem terrarum flagrareque videmus. Tranquillo enim mari facile quilibet velificationem suam cursumque moderatur. In tempestate autem turbulenta ventisque saevientibus vectore opus est magnopere industrio artemque callente, quem me esse porro non sentio. Hic me timor cum non mediocriter suspensum tenuisset, in eam tandem cogitationem veni, ut confiderem, si tibi, quantum maxime tenuitas mea fert, et fidem meam et studium cultumque praestitissem, satis tibi me fecisse te pro tua incredibili prudentia et pietate atque in tuos benevolentia libenter existimaturum. Ea recreatus spe, ut ad tuam erga me profusam liberalitatem tuasque litteras redeam, hoc unum tibi respondeo, me omnem operam daturum ac pro virili mea cum divinae bonitatis auxilio, quae quidem preces hominum sibi rite supplicantium non respuit, omni tempore diligentissime curaturum, ut te de me tam amanter iudicavisse tantumque mihi dignitatis tribuisse non paeniteat. De meo ad te adventu, quem scribis ut maturem, deque reliquis rebus, quas ad me Zenus tuo nomine detulit, ita faciam ut te velle video. Vale. Pridie Kalen Aprilis MDXXXIX. Venetiis.—*Ep. VI. 54.*

PATAVIUM PETRUS BEMBUS TORQUATO BEMBO FILIO S. P. D.

Equum, quem tibi pollicitus fueram me missurum, Ioanni, Caroli nostri familiari, ad te Patavium perducendum dedi. Eo te perbelle usurum puto. Dedi etiam horologiolum in Gallia Transalpina confectum et quidem eiusmodi, ut vel noctu et sine luminibus, quota hora sit, possis ab eo summi tactu digiti fieri certior. Moneo autem, ne eo uti incipias, nisi ab eius artis magistris, quo id pacto recte fiat, prius edoceare. Parva enim culpa omnis illa motuum et rotarum temperatio perturbatur. Hocque a me unum disces, nervus ut is, cuius unius vi reliqua omnia convolvuntur suamque vicem faciunt, bis a te in die intendatur, ante prandium semel, antequam dormitum eas iterum. Quod te hac hieme intellego navasse operam bonis artibus satis diligenter, valde gaudeo atque, ut in eo constes, te hortor. Colae, Federico, Bonfadio, doctoribus tuis, multam salutem. In postremis tuis litteris dies adscripta non erat. Vale. Pridie Kalen. Februarias. MDXLII. Roma.—*Ep. VI. 115.*

PETRUS BEMBUS TORQUATO BEMBO FILIO S. P. D.

Horologio e mea bibliotheca tibi allato, a quo expergefieri, qua hora voles, possis, te libenter uti non moleste fero. Modo te id non intemperate a somno avocet. Valetudinis enim tuae curam te habere in primis volo. De tuorum studiorum ratione nihil tibi mando nunc quidem nisi unum: fac ut in tuis, quas ad me das litteris, Ciceronem accuratius exprimas moremque illius scribendi,

verba, numeros, gravitatem, lenitatem diligentius imitere. Hoc
si feceris, omnia te assecutum putabo. Praeceptori tuo multam
salutem; Tufeto etiam. Vale. Sextodecimo Kalen. Februar.
MDXLIIII. Roma.—*Ep. VI. 118.*

CHRISTOPHORI LONGOLII EPITAPHIUM

Christophoro Longolio Belgae, Romanam civitatem propter
insignem in studiis litterarum praestantiam adepto, summo
ingenio, incredibili industria, omnibus bonis artibus praedito supra
iuventae annos, in qua exstinctus est magno cum Italiae dolore,
cui ingentem spem sui nominis excitaverat.

P. Bembus Amico atque Hospiti Pos.

AD LUCRETIAM BORGIAM

Tempore quo primam miscens fluvialibus undis
    Iapetionides rite animavit humum,
scilicet hac teneras oneravit lege puellas
    Natura in nostris parca tenaxque bonis,
ut, speciem et clarae ferret quae munera formae,
    ingenii nullas quaereret illa vias;
quaeque animi decus indueret cultumque per artes
    pectus Apollineas ingeniumque ferax,
illa sibi nullum formae speraret honorem;
    atque omnes pacto iussit adesse deos.
Plurima cumque novo crevisset femina mundo,
    eventus certam sustinuere fidem.
Namque ut habent mala rura valentes saepe colonos
    pigraque, qui bonus est, otia sentit ager,
sic non formosae cultu nituere puellae
    et, quae pulchra, eadem desidiosa fuit.
Prima meum atque aevi sidus spectabile nostri
    tantum animo quantum, Borgia,fronte micas
et tibi cum facie non certet Agenore nata,
    non Helene Idaeo rapta Lacaena Pari.
Te tamen in studia et doctas traducis in artes
    nec sinis ingenium splendida forma premat.
Sive refers lingua modulatum carmen Etrusca,
    crederis Etrusco nata puella solo;

seu calamo condis numeros et carmina sumpto,
    illa novem possunt scripta decere deas.
Nablia seu citharamve manu percurrere eburna
    et varia Ogygios arte ciere modos,
seu revocare Padi vicinas cantibus undas
    mulcentem dulci flumina capta sono,
seu te nexilibus iuvat indulgere choreis
    et facili ad numerum subsiluisse pede,
quam timeo, ne quis spectans haec forte deorum
    te praedam media raptor ab arce petat
sublimemque ferat levibus super aethera pennis
    detque novi caelo sideris esse deam.
Quicquid agis, quicquid loqueris, delectat et omnes
    praecedunt Charites subsequiturque decor.
Ipse decor sequitur, sed, si modo vera fatemur,
    heu mihi! quam multis est decor ille malo!
Nam minus Aetneas vexant incendia rupes
    quam quibus est facies, Borgia, nota tua;
nec facies modo sed docti quoque pectoris artes.
    A! pereat si quem forma sine arte movet!
Atque ego, qui miseros olim securus amantes
    ridebam et saevi regna superba dei
spectabamque mari laceras de litore puppes,
    nunc agor in caecas naufragus ipse vias.

IOLAS AD FAUNUM

Mollibus Alcippe vernantia serta genistis
    Collis ab usque iugo fert tibi, Faune, sui.
Ut vidi, huc amens summo de monte cucurri.
    Adspice, perculso quam tibi corde loquor.
Nunc adeo, si saepe tuos cantavimus ignes,
    adfer opem flammae tu quoque, dive, meae.
Formosi cum te floris velabit honore,
    haec illi dicas ut tua verba precor:
"Alcippe, miserum fastu quae perdis Iolam
    teque simul tacito fallis inepta dolo,

munera, quae portas, bene si tibi nota fuissent,
  damni te poterant admonuisse tui.
Nec reflorescunt, quae iam cecidere, genistae,
  nec redeunt, qui iam praeteriere, dies.
Quod si nulla mei tangit te cura poetae,
  a! saltem formae parce, puella, tuae."

AD SEMPRONIUM

Non quod me geminas tenere linguas,
et Graiam simul et simul Latinam,
Semproni, reputem, mei libelli
materna tibi voce sunt locuti,
ut tamquam saturum hinnuloque aproque
vilem iuverit esse me phasellum,
quod tu carminibus tuis venustis
permirum tibi dixeras videri.
Sed famae veritus malae periclum
campo versor in hoc locutionis.
Quod dicam tibi, quem proboque amoque
quantum pignora vix amant parentes,
ut, cum noveris id, cavere possis.
Nam pol qua proavusque avusque lingua
sunt olim meus et tuus locuti,
nostrae quaque loquuntur et sorores
et matertera nunc et ipsa mater,
nos nescire loqui magis pudendum est,
qui Graiae damus et damus Latinae
studi tempora duplicemque curam,
quam Graia simul et simul Latina.
Hac uti ut valeas, tibi videndum est,
ne, dum marmoreas remota in ora
sumptu construis et labore villas,
domi te calamo tegas palustri.

CAROLI BEMBI FRATRIS EPITAPHIUM

Qualis honos caeli, puro cum surgit Olympo
Lucifer et fessis clarum caput exserit astris,
tale decus te, Bembe, tuis mala fata tulerunt.

Iacobi Sinceri Sannazarii Epitaphium

Da sacro cineri flores; hic ille Maroni
Sincerus musa proximus ut tumulo.

Raphaelis Urbinatis Pictoris Epitaphium

Hic ille est Raphael, metuit quo sospite vinci
rerum magna parens et moriente mori.

Pro Goritio Votum ad Deos

Sancta, quibus propriam posuit Goritius aram,
numina, perpetuosque arae sacravit honores,
humani columen generis, divina puella,
ipse sibi legit summi quam rector Olympi,
et tu, divinae genetrix augusta puellae,
felix sorte tua, felix nata atque nepote,
aethereique puer magnum patris incrementum,
arte boni quos egregia caeloque Savini
spectari Pario et spirare in marmore fecit;
hac vos pro pietate illi, pro munere tali
reddite (si sacrorum umquam pia carmina vatum
et castae movere preces caelestia corda),
reddite quae posco, mea nec sint irrita vota,
ut, quos longa dies miseris mortalibus olim
advectat varios senio veniente labores,
aegrum animum et segnes effeto in corpore sensus
inque solum pronos vultus nixisque bacillum
poplitibus tardosque gradus tremebundaque membra,
tum crebras lacrimis causas et dura suorum
funera et eversos mutata sorte penates
quaeque alia ex aliis passim mala consternatas
implerunt terras cupidi post furta Promethei,
horum ille immunis totos centum expleat annos
auspiciis, superi, vestris et numine vestro
integer, ut nunc est, nec longae damna senectae
sentiat et carus patriae, iucundus amicis,
dives opum Roma incolumi Latioque fruatur.

In Obitum Bembi

Eripitur Bembus rebus mortalibus, ille
Bembus, amor Charitum, Venetae flos nobilis urbis,
purpurei sacro decoratus honore galeri,
spes hominum ingenti qui divitis ubere vicit.
Illum Roma suis Varronibus orba suisque
aequavit Crispis.   Mors denique lumina, laudem
haec summam exstinxit; lacrimis Farnesius illum
atque hoc extremo dignatur honore sepulcri.

———————

Hic situs est Bembus.   Satis hoc, nam cetera clarent,
  quo se cumque decus protulit eloquii.

JACOPO SADOLETO (1477–1547)

Iacobus Sadoletus Episc. Carpent. Des. Erasmo Roterod.
S. P. D.

Accepi tuas litteras Basileae Kalend. Octobris datas, in quibus erat manu tua adscriptum alteras te eodem exemplo ante dedisse; quas non acceperam. Sed et hae tardius huc allatae sunt; medio enim Novembri mihi sunt redditae; quas habui, mi Erasme doctissime, omni ratione gratissimas. Nam et effigiem tuae eximiae virtutis summaeque humanitatis mihi ante oculos totam posuerunt, quam ego semper soleo et mirari et amare, et tuae erga me singularis benevolentiae fuerunt mihi fidelissimae testes. Quod enim tantam de salute mea curam susceperis atque usque eo fueris sollicitus, quoad habueris certum, quid me factum esset, meque in his locis constitisse cognoveris, amici nimirum animi et egregie benevoli haec magna est significatio, in qua, ne vivam, mi Erasme, si tibi concedo, ut in amando me sis superior. Multa equidem, quae in te sunt, atque haud scio an multo plura quam in quoquam alio, dilexi semper et admiratus sum ingenium, eruditionem, copiam, atque illud imprimis, quod tu ista tantae doctrinae ornamenta ad pietatis studium et ad Christi celebrandum nomen contulisses. Huic vero tuo tanto in me ipsum amori etsi animo ac benevolentia sum par, verbis tamen et litteris satisfacere non possum. Dum enim avide cupio exprimere quam me tibi devinctum putem, mihi nec stilus nec oratio suppetit, quod tu per te melius poteris existimare.

Sane, quod ad me attinet, admirabili Dei beneficio salus mihi tum et incolumitas est inventa, cum viginti diebus ipsis ante miserrimum casum Romae ex urbe illa exivi iter habens ad ecclesiam meam et in ea residere, quod reliquum esset vitae, constituens, quo quidem voto iam antea Deo eram obstrictus. Nec vero dubito, quin recta et grata Deo haec voluntas causa meae incolumitatis exstiterit. Nam mea reliqua eiusmodi sunt, ut mihi illius magis misericordia sit opus. Sed quo ego minus meritus sum, hoc summi eiusdem Dei clementiae et benignitati maior a me debetur gratia. Meas quidem fortunas omnis acerba mihi urbis fortuna eripuit; in his ipsam bibliothecam, quam ego Graecis et Latinis libris magna diligentia undique comparatis referseram, quae omnium fuit, ut et tu existimas et ipse sentio, iactura gravissima. Sed tamen omnia in partem bonam accipienda sunt.

De Bembo meo nihil est quod labores. Is, vivo etiam tum Leone, morbo coactus caeli mutandi causa contulit se Patavium ibidemque consedit et nunc quoque commoratur totus litteris et studiis deditus omnemque habens cum Musis rationem, quem ego arbitror pangere profecto aliquid, quod ipsi laudi futurum sit, ceteris non mediocri voluptati.

Urbis Romae casum, quem pluribus defles, non alterius arbitror eloquentia digne posse deplorari quam tua. Incredibile est quantum calamitatis et damni ex illius urbis ruina omni humano generi invectum sit. In qua etsi vitia quoque nonnulla inerant, maximam tamen multo partem dominabatur virtus; domicilium certe humanitatis, hospitalitatis, comitatis, omnisque prudentiae civitas illa semper fuit, cuius exscidio, si qui, ut scribis, laetati sunt, ii non homines sed ferae potius immanes sunt existimandi. Quamquam hoc paucis usu arbitror contigisse, ut aut non doluerint nobilissimae omnium et multo praestantissimae urbis clade aut, si furore quodam usque eo debacchati sint, ut hoc illi exitii malique optaverint, nunc saturatis odiis non aliqua furoris sui paenitentia et vicissitudine rerum humanarum moveantur. Sed de his viderit Deus. Quos tu quod scribis resipiscere iam coepisse, cupio equidem ut ita sit idque precari Deum non desinam; non enim odi illos, quin eos reverti ad sanitatem opto: sed tamen Deus viderit. Ego, quod te habeo socium huius doloris, neque parum ex eo me consolor et de tua optima mente atque natura egregium iudicium facio. Quod utinam pacis et concordiae communis aliqua aliquando ratio habeatur, quo melius consolari nosmetipsos et recte sperare de omni republica possimus. Nunc et tu prudentissime scribis et ego intellego omni hac spe (nisi Deo aliter statutum sit) penitus sublata nihil neque bonis litteris loci neque studiis pietatis relictum iri. Nec tamen propterea deficere animo aut defatigari debemus, quin cuncti, qui artibus optimis imbuti et instituti sumus, subveniamus pro sua quisque parte huic tanto damno communique iacturae et in libris navemus pacis et pietatis operam, si minus in republica et in coetu hominum possumus. In qua quidem actione et ego elaboro et te video tantam iam laudem consecutum esse, ut non modo adsequi te sed vix imitari quisquam confidat. Nam quae nos multo cum labore longo tempore rudia tamen et imperfecta facimus, tu nullo negotio brevissimo in tempore plane expolita absolutaque lucubraris, ut iam non in te curae sit sed naturae orationis ille nitor et verborum sententiarumque incredibilis ubertas. Quo etiam minime mirum tibi videri debet multos esse obtrectatores tuae laudis et invidos; est enim edita in altum laus tua neque omnes eiusmodi, ut magis eos virtus ad amorem quam celebritas famae ad malevolentiam adducat. Qui tamen abs te contemnendi et nihil faciendi sunt; non enim digni sunt, quorum vel habeatur mentio. Ego, sicut et amor erga me tuus meusque vicissim erga te et mea natura et imprimis officium amicitiae postulat, semper futurus sum et tuarum clarissimarum virtutum fautor et dignitatis ac nominis praecipuus amator. Vale. XII Kalend. Decembris, MDXXVIII. Carpent.—*Ep. I. 11.*

IACOBUS SADOLETUS EPISCOPUS CARPENT. ANGELO COLOTIO S. P. D.

Saepius iam litteris meorum certior factus sum vivere apud te et ceteros istic aequales nostros, quos fortuna nobis reliquos fecit, mei memoriam absentis sanctumque illud foedus amicitiae, quo vetusto admodum coniuncti inter nos sumus, suam apud vos religionem obtinere. * * * Ac mihi recordanti spatium praeteriti temporis et vetera animo repetenti, cum et plures convenire soliti eramus una et erat aetas nostra ad omnem alacritatem animique hilaritatem longe aptior, quotiens venire in mentem putas eorum coetuum conviviorumque, quae inter nos crebro habere solebamus? Cum aut in hortis tuis suburbanis aut in meis Quirinalibus aut in Circo Maximo aut in Tiberis ripa ad Herculis, alias autem aliis in urbis locis, conventus agebantur doctissimorum hominum, quorum unumquemque et propria ipsius virtus et communis cunctorum praedicatio commendabat. Ubi post familiares epulas, non tam cupedia multa conditas quam multis salibus, aut poemata recitabantur aut orationes pronuntiabantur cum maxima omnium nostrum qui audiebamus voluptate, quod et summorum ingeniorum in illis laus apparebat et erant illa tamen, quae proferebantur, plena festivitatis ac venustatis. Quo in genere recordor pressum et acutum Casanovam, Capellam laetum sonantem, magniloquum Vidam et cuius proxime ad antiquam laudem carmen accederet, castigatum et prudentem Beroaldum, uberes autem et suavis Pierium, Granam, Mathalenum, Blosium, quosque complures nostra perspexit aetas, partim carmine partim soluta oratione eximios, cuiusmodi Nigrum nostrum Tulliana in dicendo gravitate, Antoniumque Venantium et Binum in utraque enitentem lingua, acres autem in iudicando et imprimis acutos Ubaldinum et Antonium, cui Computistae cognomen est. Quo e numero multi in utroque genere dicendi egregiam sibi laudem a doctis omnibus comparaverunt. Nam illa ornamenta et lumina Romanae linguae, Phaedrus et Camillus Porcius, magno cunctorum incommodo iamdiu morte erepta nobis sunt, in quibus sedem sibi videbatur statuisse eloquentia. Cuius nunc honorem atque nomen consensu iam urbanorum omnium retinet Paulus Iovius et in scribenda historia gravis et elegans et in omni genere litterarum perpolitus.

Quin et duorum summorum hominum me admonet recordatio fuisse quoque eorum conventu nostras aliquando cenas atque epulas exornatas, quorum est unus Petrus Bembus, cuius in omni virtute laudeque eloquentiae summa et singularis semper fuit gloria; alter, qui nuper in Hispania decessit maximo cum maerore omnium quibus fuerat notus, hoc est plane omnium, Balthasar Castilioneus, magnus vir in primis nec solum nobilitate et genere sed magnitudine etiam animi et omni eximia virtute praestans quique, quod militari viro erat admirandum, omnis omnino artis libero homine dignas et omnia doctrinae genera comprehenderat, quem ego recordor saepe atque hilare nostris coetibus interfuisse et ipsum et eum, qui paulo ante est mortuus, summa indole ingenii et spe maximae virtutis Ioannem Franciscum Furnium, civem meum. Namque hos qui modo secutus supremam in Gallia obiit diem, pari cum illis virtute et nobilitate praestans Andreas Navagerius, tametsi nostris coetibus minus saepe interfuerat, propter excellentem tamen in litteris et scientiam et gloriam a nobis est perhibendus. Lazarum autem, qui nunc abest a nobis, cuius in Graecis et Latinis singularis est eruditio quique philosophiae et sapientiae studia non solum scientia, quod faciunt permulti, in quibus tamen excellit, sed vita et moribus et vera virtute complexus est, credo equidem vobis in desiderio esse itemque Marium Volaterranum, hominem gravem iam et dignitate et annis sed cuius admirabile ingenium summamque optimarum litterarum cognitionem, nisi urbs et urbanae curae praepedivissent, plurimum lucis allaturum nostro saeculo non dubito fuisse, a quo potissimum exhilarabantur cenae nostrae, cum et in lacessendo acute et in respondendo omnes ex eius verbis atque vultu effluerent lepores. * * * *

Atque haec tempora et has vitae iucundae ac beatae suavitates insecuta clades et acerba fortuna reipublicae disiecit. In quibus detrimentis etsi maximum cepi ex urbis gravi casu et vestrum omnium iacturis, quos illa calamitas oppressit, dolorem, tamen id mihi accidit non incommode, quod consilio et voluntate reliqui res Romanas, antequam illa me istinc tempestas extruderet. Direptae meae quidem omnes dissipataeque fortunae, idque non semel sed bis aut etiam tertio, quodque durius visum, libri una erepti. At nihil tamen indignitatis, nihil foeditatis in corpore passus sum. Nudus in has oras tamquam ex naufragio sum compulsus ac liber animi et placatus tamen, utpote cui iam non in his rebus externis, non in honore et gratia populari, non in divitiis atque opibus sed in alia quadam certa ratione vivendi animi sit quies et vitae beatitudo reposita. Itaque facile patior meum constitutum procul ab urbe manendi vinculis iam ineluctabilibus constrictum esse, non solum voluntatis meae verum etiam necessitatis, cuius numini non repugnare ne deos quidem ipso vetere proverbio iactatum semper est. Etenim cum consilium cepi Roma exeundi, noli putare non multa exstitisse quae me dehortarentur et quae animum meum quodam dolore flecterent, amor, consuetudo, spes honorum, amicorum et necessariorum lacrimae, ornatissimorum nominum familiaritates, quibus ego (quod liceat sine arrogantia dicere) egregie praeter ceteros florebam atque illi ut me ipsum, non ut fortunam meam appeterent.

Dices, "Quid ergo? Quae te ad discedendum causa compulit?" Illa, mi Coloti, quod magna mihi vitae parte in alienis rebus iam acta ad ea, quae me attingunt propius et in quibus mea salus et· vera vita consistit, mihi aliquando tandem revertendum intellegebam. Dederam satis principibus, dederam satis amicis, dederam reipublicae. Mihi quando darem, si iam quinquagesimum attingens annum non ex illis fluctibus in portum et ab terrenis ad caelestia et curam et animum meum revocarem? His ego de causis urbi salutem dixi, non amorem et caritatem Christianam deponens sed contactum rerum turbulentarum reformidans Sed quod dicebam modo, me ut absim ab urbe non solum voluntatis verum etiam necessitatis vinculis constrictum esse, id eiusmodi est. Nulli umquam sua patria solumque illud, in quo quisque natus et alitus gratam incunabulorum memoriam secum perpetuo fert, tam carum fuit tamque amabile quam mihi urbs Roma et sancti illi penates tot clarissimorum fortissimorumque hominum, quorum paene in passus singulos, cum per vicos et plateas urbis vadebamus, aliquod in monumentum aliquamque in historiam pedem ponebamus. Cur autem tantum amarem et vetustatis admiratio faciebat et praesens civitatis maiestas et mehercule! etiam magis quod, quicquid est in me humanitatis atque ingenii (si modo est aliquid), omne hoc illi referebam acceptum. Hanc igitur urbem mihi dilectam et caram usque eo, ut nihil in amore fieri possit ardentius, deformatam ruinis, exinanitam frequentia, plurimis claris viris illustribusque orbatam, quorum in suavitate et benevolentia mei quos pro republica capiebam labores requiescebant, ut videre velim, animum inducere non possum, iactatam praeterea etiam nunc procellis, obiectam tempestatibus. Ita quod prius amore repugnante iudicio tantum adductus faciebam, nunc eodem amore auctore firmius facio, ut sedem mihi in his locis perpetuo domicilio constituerim: si quidem amantis est non solum appetere congressum eorum quos amat sed, si quid illis accidat miseriae et calamitatis, cui ferre opem ipse non possit, non modo aspectum tanti doloris, sed mentionem quoque ipsam devitare. Quam ob rem immota haec quidem et in omnem partem stabilis est animi mei sententia, tempus reliquum vitae quod superest non in urbe Roma sed Carpentoracti neque ad hominis ullius arbitrium sed ad summi Dei honorem atque cultum mihi impendendum et consumendum esse, ita ut optimis artibus et litteris suam partem sim daturus. Qua spe et quo eventu, quoniam nihil magnum de me polliceri possum, totum in aliorum opinionibus relinquo.

Quod autem mihi vehementer cordi est et de quo plurimum laboro, ut salvum maneat mihi et praecipuum ornamentum praeteritae vitae et futurae solacium, hoc est, ut vestra erga me voluntas incolumis permaneat, quando ex vestro amore erga me vestroque iudicio omnis prope mei animi laetitia pendet, id vos vehementer oratos et rogatos esse volo, ut mei absentis memoriam retineatis quaque ego fide quaque constantia fidem verae amicitiae conservans vos in oculis atque in animo assidue gero, eandem vos mihi fidem benevolentiamque praestetis. Quod non ut diffidens postulo sed ut amans et quod omnium rerum mihi est optatissimum me ab illis diligi, quos cunctorum amore dignissimos ipsorum virtus et doctrina et summa humanitas facit. Valete. Carpent. MDXXIX. —*Ep V. 18.*

IACOBUS SADOLETUS EPISC. CARPENT. HIERONYMO NIGRO S. P. D.

His diebus, cum minus commoda valetudine uterer, dedi negotium Paulo, ut scriberet ad te de eis rebus, quarum et mea et tua interest te fieri certiorem. Quod ab illo factum diligenter fuisse non dubito. Nunc nova re oblata, in qua tua opera mihi expetenda esset, statui has ad te rursus scribere peterque pro mutua nostra benevolentia, ut, quod in primis cupio optoque, quod tamen ipsum non ad meum illum privatum commodum sed ad officii nostri dumtaxat et muneris functionem pertinet, in eo adsequendo et operam mihi tuam et studium praebere velles.

Res porro ipsa sic se habet. Quo tempore veni, mi Niger, in hanc provinciam, non ut peregrinaturus in ea sed ut domicilium vitae constituturus, hominum quidem horum virtutem, mansuetudinem, comitatem probavi statim ex initio amareque occepi animumque induxi ut, quod mihi necessario per leges et religionem faciendum esset, id etiam a me prolixe libenterque fieret, hoc est ut his essem quam maxime studio benevolentiaque coniunctus. Sed inter multa, quae mihi erant voluptati et delectationi, illud unum aegro animo ferebam, quod nullam in his nationibus bonarum litterarum cognitionem, nullum inesse studium optimarum artium videbam. Nec vero id facile ego pati poteram, ut, cum a me mei ratio postularet officii, ut, quacumque re possem, populis meis commodarem, earum adeo rerum, quae ad bene ac beate vivendum pertinerent, hanc unam rem sic abire sinerem, in qua (ut mihi quidem videtur) vel beata praecipue vita continetur. Itaque quoad potui hortando, rogando, commonefaciendo aliquos tandem induxi, ut suos cupiant liberos erudiri his litteris quas nos appellamus optimas. Nam antea nulli erat hic arti neque scientiae quicquam loci, nisi iuris civilis peritiae, quae expetebatur ab omnibus, non ut discerent homines vivere liberaliter sed ut lucro et arcae consulerent. Nunc videntur in animis aliquorum eiusmodi semina esse iacta, ut, si sit doctoris copia et facultas, ingenuas illas artes et disciplinas, quas nos eo vehementius probare soliti sumus, quod animos illae docent ac instituunt non deservire pecuniis sed ab omni illiusmodi cupiditate vel labe potius solutos esse, in honorem adduci posse confidamus.

Quamquam rei eventus in nostra potestate non est. Exemplum certe introducere et ordiri principium aliquod rebusque bonis nec opera nec studio nec auctoritate deesse hominis est non sibi uni sed et patriae, civibus, et communi cunctorum utilitati servientis, quam nos in primis rationem vitae voluntatemque instituimus sequi. Est autem in civitate hac conventus quidam monachorum, quorum rector maxime cupiditate hac incensus est Graecasque et Latinas litteras cupit in familia sua propagari. Idemque universae provinciae Narbonensis praeest reliquis ordinis sui conventibus, ut videatur huius praeclari amoris stimulos in plures coetus hominum esse disseminaturus. Sed, ut dixi, magister nobis deest et auctor et iuvenum quasi quidam moderator huic idoneus muneri, quem si nancisceremur, spes foret, aspirante nostris conatibus Deo, aliqua hic quoque excitatum iri ingenia, quae ad nobilissimarum artium adipiscendam laudem egregie apta exsisterent. Hunc nos magistrum et doctorem a vobis quaerimus. Habetis enim istic, ut ego arbitror, talium virorum copiam. Sed eum esse huiusmodi oporteret, qui mediocribus rebus posset esse contentus. Nam ne nos quidem in optando admodum insanimus. Si Graecas noverit probe litteras, Latinas autem mediocriter, ita tamen ut vitia orationis prompte discernat habeatque docendi et instituendi planam ac facilem rationem, poterimus eo nos esse contenti. Merces sane illi a nobis persolvetur, aurei nummi quotannis sexaginta, victumque et tectum commode ut habeat curabitur, ad eandem videlicet modestiam et mediocritatem.

Nunc, cum videas, mi Níger, quantae haec mihi curae res sit
et quam sit recta et honesta ratio huius consilii mei, peto a te pro
nostra summa coniunctione, ut curam et cogitationem aliquam
suscipias, quo huic rectissimo studio nostro satisfiat; aliquem
nobis invenire studeas, qui sustineat partes hac in re amoris et
pietatis erga hosce populos nostrae meamque optimam in meos
voluntatem ipse re expleat. Quod si umquam videro fieri, ut hi,
quos caritate nimirum Christiana in filiorum loco diligo, sectentur
eas artes, quae liberales sunt avocantque ab omni sordida et
inquinata cupiditate habendi, nae ego illi, crede mihi, cuiuscumque
opera hoc assequar, plane me obstrictum et in perpetuum obli-
gatum esse profitebor omnique studio diligentiaque curabo, ut
suum is huiusmodi officium non male a se positum sit iudicaturus.
Hac eadem de re ut Lazarum nostrum appelles cum eoque accurate colloquare, vehementer a te peto mihique ut primo quoque
tempore rescribas. Vale, mi Niger, et Bembo meo, summo viro,
plurimam salutem verbis meis dic. Carpentor. IV Nonas Maii,
MDXXXIII.—*Ep. VIII. 9.*

IACOBUS SADOLETUS S. R. E. CARD. FREDERICO NAUSEAE S. P. D.

Titubans infirma manu contra valetudinis commodum haec ad
te, mi Nausea, scribo, ut succensere mihi desinas. Etenim scito
biduo post aut triduo quam accepi tuas litteras et illam eruditis-
simam orationem, qua me nihil umquam delectare potuit magis,
me in gravem morbum incidisse febribusque vexatum et adductum
fuisse, ut aliquando de mea vita desperatum sit. Quo tamen
periculo Dei clementia liberatus in ipsa remissione morbi nondum
nec mente nec corpore satis consisto. Quod si tu humanos casus
considerare voluisses, omnia prius cogitare debebas quam me
neglecti officii accusare, etsi gratum id quidem mihi accidit. Video
enim et benevolentiam erga me tuam et desiderium litterarum
mearum.

Ad hominem illum scripsi bono, ut mihi visus sum, consilio,
sancto quidem et pio certe. Neque enim aliud quaesivi, nisi
conciliare mihi eius voluntatem. Quod si ex sententia mihi successisset, crede mihi, aliquo praeclaro munere Christianam rempublicam affecissemus. Cur autem eae litterae tantopere repre-
hendantur, causa certe non est; nihil enim est in illis nisi privata

familiaritate praescriptum. Fortasse aliquanto humilius quam nostra dignitas ferat, sed ego inter homines gravitatem meam conservo, in causa Dei depono, siquidem et David ante arcam Dei pietatis memor fuit non dignitatis. Nam quod ego ad Lutheranos desciscam, quis suspicari ex illa epistula potest, cum testificer in ea me opinionibus ab eo dissentire? Amo ingenium hominis, doctrinam laudo, sententias certe non probo. Ex quo mirum mihi valde accidit id quod tu scribis, videri me iis litteris et summum virum Symonetam et totum collegium nostrum quasi perstringere. Hoc tu quaeso quibus ex verbis epistulae meae colligere potuisti? Ego collegis meis omnem ubique honorem defero et in catholica veritate constantissimus sum eroque, quoad vivam, potiusque de vita quam de sententia decedam.

Cupiebam plura sed languor animi corporisque prohibet. Cum valetudinem recuperaro, crebritate litterarum tibi satisfaciam. Interea, quando in imprimenda epistula mea id agere coepisti, de quo ago tibi gratias, famam et existimationem meam tibi commendo. Vale, mi Nausea, vale et perpetuo dilige. Romae, X Kal. Decembris, MDXXXVII.—*Ep. XI. 17.*

IACOBUS SADOLETUS CARDINALIS ALEXANDRO FARNESIO
S. R. E. CARD. S. P. D.

* * * Est autem hoc loco, quod vobis a me aperte indicandum sit; de quo tecum habui, si recordaris, mentionem, cum tu in Hispaniam iter haberes, deque eadem re tecum postea me absente amplissimus Polus collocutus est, cui tu et mihi benignissime es pollicitus, de Iudaeorum negotio videlicet; quibus aliquando frenum aliquod imponi profecto est necesse, si non illorum avaritiae infamiam, qua gens illa praeter ceteras laborat, transferre ad nos totam volumus. Agam fortiter utarque libertate, quam tribuit mihi Deus, neque eum principem, cui omnia debeo, cuius eximiam laudem virtutis, probitatis, sapientiae ullis hominum sermonibus infringi aut imminui iniquissimo animo patior, falsis adsentationibus in errorem inducam. Sed dicam aperte, ut se res habet.

Qui potest videri amore religionis in suis provinciis Lutheranos persequi, qui in eisdem provinciis tantopere sustinet Iudaeos? Sustinet autem? Immo vero auget, condecorat, honestat! Nulli enim umquam ullo a pontifice Christiano tot gratiis, privilegiis, confessionibusque donati sunt, quot per hosce annos Paulo Tertio pontifice honoribus, praerogativis, beneficiis non aucti solum sed armati sunt Iudaei. Ac ceteris quidem fidelibus et optime meritis nova iuris beneficia ad propulsandam, si qua illa sit, iniuriam conceduntur, Iudaeis solum ad inferendam. Quamquam non est ista pontificis optimi culpa sed eorum, qui ad suum ex Iudaeis quaestum pontificis nomine abutuntur, de quibus honestius est vos existimare quam me scribere. Iudaei quidem opibus referti, fautoribus insolentes, inter has plebes tamquam inter pecudes lupi grassantur. Oppida iamdudum pleraque vastata sunt; familiae plurimae exturbatae laribus suis et extorres factae, dispersae inter finitimas nationes, queruntur horum condicionem temporum et miseras fortunas suas, cum tamen cotidie Iudaei istinc ex urbe a praefectis aerarii nova ad nos privilegia deferant et in his nuper duo, quae maxime valentia sunt ad evertendos Christianos. Scilicet nutu ibi quod volunt consequuntur nec est quicquam iam sanctius et ad reconciliandam ecclesiasticam dignitatem, quae prope omnis iam pridem amissa est, utilius quam fovere Iudaeos, quibus (quod omnibus saeculis inauditum est) licitum sit solis tanta frui apud magistratus auctoritate et gratia, ut ad impetrandum omnia, quae poscunt, eorum accusatio audiatur sine reo, causa cognoscatur sine teste, sententia feratur sine iudicio.

Et haec vos tandem quo modo ab his trans Alpes nationibus accipi existimatis, quarum in oculis et in conspectu posita sunt? Quae nationes carent omnes hac Iudaeorum peste nec abominantur peius quicquam quam Iudaeorum nomen, quos tantopere vident istic in deliciis esse. In tantane defectione animorum omnium iam a nobis gentium (plane enim dico omnium, quod ego ita esse intellego, vos haud ita sentitis propterea quod auribus vestris vulgo homines blandiuntur), in tantane, inquam, defectione omnium et prope exsecratione auctoritatis ecclesiasticae magno reipublicae praesidio futurum putatis, si sic alueritis, sic extuleritis Iudaeos, fideles autem et pauperes populos vestros sic lacerari ab illis et diripi neglexeritis? Porro in haec loca, quod tu transiens nosse potuisti, provinciae maxime concurrunt, Italia, Hispania,

Gallia, atque Anglia, e quibus qui hac iter faciunt homines, conscios eos esse huius modi querelarum easque domum ad suos referre sane existimationi vestrae et communi saluti non expedit.

Sed ego haec ad te vere quidem et libere, forsitan autem dolentius quam necesse erat, scripsi. In quo ignosce mihi, optime Farnesi. Pastor sum populorum horum, non mercenarius. Moveor, si quisquam alius, in improbos stomacho, erga pauperes misericordia. Fungor officio meo et fungar. Si potero opem ferre et consulere meis, habebo Deo omnipotenti gratiam; sin minus, totum hoc onus reiciam in vos, qui principes pastorum estis. Vos et meam vicem et vestram eidem summo Deo rationem reddetis, quando vestra, non mea, omnium rerum est potestas. Unum, quod ad te ipsum proprie pertinet (dat enim mihi aetas mea, non auctoritas quidem neque prudentia, apud te loquendi veniam), unum, inquam, te admonebo; cum tu istis initiis nobilitatis, fortunae, honoris, ingenii ad summam omnium hominum commendationem et spem praestantissimae virtutis productus sis, si tales causas et huius modi patrocinia susceperis ostenderisque tibi curae esse (id quod tamen facis, in quo nos admodum laetamur) aequitatem, iustitiam, pacem populorum et erga Deum religionem, quae quidem res sanctissimae ac praclarissimae nulla re alia magis quam cupiditate lucri avaritiaque foedantur, quam isti palam prae se ferunt, qui Iudaeis tantopere studere se non dissimulant, stabile, mihi crede, et firmum fundamentum in omnem posteritatem tibi subieceris ad dignitatem et gloriam nominis tui cotidie magis augendam altiusque exstruendam. Quam nunc et magnam admodum amplamque esse vehementer laetor et maiorem in dies futuram esse confido. Carpentor. IV Kalendas Augusti, MDXXXIX.—*Ep. XII. 5.*

CLEMENTIS VII EPISTULAE PER SADOLETUM SCRIPTAE

CAESARI

Carissime in Christo fili noster etc. Cum a primis temporibus pontificatus nostri, intellegentes in quam curam et laborem et in quae tempora Christianae reipublicae nos ad tantae onus sollicitudinis Deus omnipotens vocavisset, institissemus procurare et suadere pacem, sine qua Christianitatem tot et externis et do-

mesticis malis, damnis, incommodisque attritam proximam esse
exitio videbamus, recordamur nos ex officii potius nostri debito
quam quod spe ulla teneremur ad eam actionem tunc adductos
fuisse. Etsi enim Deum sciebamus omnipotentem mutare saepe
repente consilia hominum in melius et, quae difficillima videbantur,
ea cum omni facilitate conficere, tamen in tantis armorum contentionibus et diversis principum Christianorum sententiis non cerne-
batur paci locus, quam cum suadebamus et ad eam hortabamur
proponebamusque ea quae nobis videbantur ad pacem propiora
esse, studio magis et desiderio conscientiae nostrae satisfaciebamus
quam spe proficiendi aliqua sustentabamur. At vero nunc, postquam eiusdem Dei omnia gubernantis iudicio, quod tunc commune
tibi cum aliis principibus fuit, id totum videtur esse ad tuae
serenitatis arbitrium potestatemque delatum, ut penes te unum
ius belli pacisque sit, eadem quidem sumus cupiditate et sententia,
ut conficiatur pax, sed spe et fide ducimur multo maiore. Satis
enim aspirare coeptis optatisque nostris Deum cernimus, cum, quod
ab eo supplices precabamur, eius nobis concedendi ad optimum
et christianissimum principem dignissimumque Caesarem videmus
delatam esse potestatem. Nos vero, qui tanto studio curabamus
pacem tunc, cum pacis paene omnis ratio desperata erat, nunc
in tanta spe nostra, tanta exspectatione iustissimae et clementis-
simae tuae mentis ac voluntatis, si ab illa pacis actione desistere-
mus, faceremus iniuriam profecto et ipsi Deo et honori nostro
neque tunc pacem voluisse, sed aliud quiddam spectasse videremur.
Sed si quippiam habemus vel habuimus umquam desideriis nostris
magis propositum quam pacem, digni sumus quos non exaudiat
Deus; si vero nostra consilia ipsius Dei honorem, communem
Christianitatis salutem, et bonum optatae pacis spectaverunt,
eundem Deum oramus ut serenitatem tuam, in cuius manu pacem
esse voluit, pacis iubeat esse effectricem, hoc est ut, quod sanctissimam mentem tuam desiderare cernimus (nihil enim clarius est
quam te velle pacem et appetere), eius conficiendi et transigendi,
remotis impedimentis omnibus, tibi a summo Deo tribuatur
facilitas.

Sed cur pax maxime necessaria sit, aliqua dicenda sunt, non
tam illa quidem nova genere quam gravia diuturnitate, quibus

nisi citum remedium adhibeatur, ut in affecto mortali corpore
longior morbus exitium et mortem affert, sic in Christianitate iam
defatigata et attrita proximus est interitus exspectandus. Urgent
enim et opprimunt duo gravissima mala atque incommoda
Christianitatem, quorum alterum est a Turcis, qui continuis
successibus elati et nostra ignavia ac neglegentia in spem maximam
erecti Christianae reipublicae penitus opprimendae ineunt rationem. An tu trecentarum navium paratam iam classem et
terrestres exercitus in armis adesse iussos alio consilio aliaque
mente coactos esse putas, nisi ut septentrionales Christianorum
provinciae ab ipso litore Illyrici usque ad Poloniam impiis illis armis
et signis obruantur? An nos haec soli intellegimus tuaque serenitas
harum rerum ignara est? Deferuntur quidem ad nos primum ex
omni parte querelae nec quicquam iam crebrius aures nostrae
percipiunt quam oppidorum Christianorum direptiones, hominum
praedas, excidia agrorum, cum cotidie fere miserorum sanguinem
effundi, viros et virgines in taeterrimam servitutem abstrahi,
urbes et oppida capi audiamus. Sed in his malis illud longe
gravissimum malum est, quod qui periculo proximi sunt, quorum
est periculum cum nostro coniunctum, ii tamquam letali somno
oppressi nullam videntur ducere sui propinqui exitii rationem.
Atque hoc malum externum est. Quid illud intestinum ac
domesticum, quo nullum maius neque perniciosius ulla umquam
adspexit aetas? Quod tua Germania tantis iam cladibus et seditionibus involuta est, ut nemo in ea iam sit, qui habeat exploratam
rationem non solum dignitatis, sed etiam salutis suae. Increbuit
enim in animis imperitarum plebium furor immissus illis a Dei
hoste et eius hostis ministris, impiarum heresum auctoribus, per
quem coniurationibus nefariis popularium omnis nobilitas et
omnis ordo ecclesiasticus in exitium vocatur; qui furor quorsum
irrupturus sit graviter pertimescendum est; non enim cernimus
finem nec modum. Sed per Deum immortalem, si tantis calami-
tatibus afflictae et perditae Christianae reipublicae celeri pacis
remedio non subveniatur, quid tandem spei aut salutis reliquum
nobis esse potest? Quis vero alius pacis et auxilii praeter te
idoneus futurus est auctor, qui eiusdem Dei omnipotentis beneficio
tantis e caelo muneribus es illustratus, ut facile appareat quaesi-

visse sibi Deum secundum cor suum regem unum tamquam alterum Davidem, qui Dei hostes conterat, populis fidelibus parcat. Cuius tu Dei et propter virtutem ac religionem amplissima beneficia meruisti et eius beneficentiae propter pietatem gratus esse vis ad pacisque consilia aspiras ac pro tua singulari sapientia optime cernis remedia et auxilia tot perniciosis Christianitatis cladibus quamprimum esse necessaria.

Sed ut voluntati tuae locus sit, ut, quod religiosissime et christianissime designasti, opere et facto compleas, idcirco haec est a nobis tecum suscepta adhortatio. Confidimus maxime bonitati tuae, deferimus virtuti, prudentiam quoque et magnitudinem animi cognoscimus. Sed si honori et gloriae tuae satisfactum a Deo est, si, quae pristini belli et controversiae causa fuit, ea est et tua insigni victoria et ipsorum confessione hostium terminata, si nihil est maius aut amplius, quod moderatis et prudentibus animis posci ab immortali Deo possit quam quantum tibi caelesti illius beneficio est tributum, oramus precamurque serenitatem tuam, ut in condicionibus pacis tractandis des te ad eam partem, ut magis propter desiderium pacis faciles et benignas condiciones tulisse quam propter difficultatem condicionum paci locum non reliquisse videare. Hoc petimus, hoc hortamur, neque dubii sumus te ad omnia liberalia et humana promptum esse. Sed ut tua praeclara mens in sua bonitate et sententia permaneat deprecamur. Nemo umquam princeps fuit, qui maiora senserit erga se Dei omnipotentis promerita quam experta est serenitas tua, sed nemo etiam exstitit umquam, qui illustriorem occasionem habuerit referendae illi gratiae. Scimus nos et testamur et vades et sponsores inter te et Deum esse volumus, si tua auctoritate et clementia his luctuosis temporibus constituetur pax, nullum umquam principem et regem nullum aut maius obsequium Deo praestitisse aut ullo tempore esse praestaturum. Carpimur paulatim, concludimur, in angustia redigimur, atque ex orbe terrarum universo, qui fere totus aliquando regi regum Christo Iesu salvatori nostro paruit, in tres vel quattuor Christianitatis provincias repulsi et coarctati sumus, quae solae restant integrae. Aliae aut penitus Deo rebellarunt aut impiis actis et heresibus ad rebellandum sunt propinquae aut in tanto periculo constitutae

sunt, ut quasi pro desperatis et perditis habeantur. Quaenam, quae-
simus, tanta nos agit praecipites Dei ira, ut pestem et interitum
nostrum ipsimet approperemus? Convertamur ad ipsum Dominum et, cum illi iras et iniurias nostras condonaverimus, speremus
ab eo consequi misericordiam, quae certe non deerit, si pie et
humiliter fuerit petita. Et haec tamen omnia in manu tua
potissimum, fili carissime, sunt. Qui si te, ut confidimus, ad
constans pacis consilium converteris, erunt tuo ductu et imperio
non salvae solum Christianitatis res, verum etiam florentes. Non
minor est gloria parcere hostibus devictis quam eos vincere.
Pietas autem et virtus et sapientia multo maior pro caelesti imperio ferre signa in Dei hostes quam pro terrenis rebus depugnare.
Nos certe ardentes benevolentia erga te et studio laudis tuae ea
consulimus tibi, quae arbitramur utilitati, dignitati, amplitudini
tuae accommodata. Quid Dominus Deus appetat perspicuum
est; nullum quidem illi est pace gratius et placabilius sacrificium.
Tua mens iam plurima et clarissima signa dedit virtutis et religionis in summum Deum maxime. Nemo est qui non ita existi-
met, et personae et dignitatis tuae ipsum esse patronum et
protectorem Deum. Quantum illi debeas, cogitare tuum est,
nostrum admonere quid nobis videatur tantae conservandae De
gratiae esse expediens.

Illud quidem extremum, quod nostri erga te amoris est, adiungi-
mus, cupere nos, quicquid egeris et consulueris, id Deum ipsum
immortalem et omnipotentem bene et feliciter tuae serenitati evenire iubere, quemadmodum de his et si qua reliqua sunt mandavimus dilecto filio Baldassari Castilioneo notario et nuntio nostro,
ut cum serenitate tua ageret; cui illa fidem summam praebebit.
Datum Romae etc. die VII Maii MDXXV. Anno secundo.
—*Ep. 102.*

Carissimo In Christo Filio Nostro Carolo Romanorum Et Hispaniarum Regi In Imperatorem Electo

Carissime in Christo fili noster salutem!

Cum sciamus maiestatem tuam propter celsissimum gradum in
quo a Deo est collocata propterque illustrissimae familiae tuae
amplitudinem, quando uxorem ducere voluerit, cuius rei iam

tempus adesse videtur, non multas tanto coniugio dignas inventuram cumque ex eo ipso numero fieri possit, ut illa, quam tu delegeris, tecum consanguinitate seu affinitate coniuncta sit, quod illustrissimum genus tuum latissime pateat et omnes fere principes aliqua cognatione complexum sit, ne forte haec res tam pium tam salutare Christianis omnibus consilium impediat, motu proprio et ex certa nostra scientia ac de apostolicae potestatis plenitudine tecum, ut quocumque consanguinitatis ac etiam affinitatis gradu, excepto tamen primo, matrimonium libere et licite contrahere possis, etiam si pluries sis in dictis gradibus cum illa, cum qua contraxeris, coniunctus, seu etiam in uno quoque graduum praedictorum pluries coniungaris, tenore praesentium de specialis dono gratiae dispensamus, non obstantibus quibusvis constitutionibus et ordinationibus apostolicis ceterisque contrariis quibuscumque. Datum Romae die XIII. Novembris MDXXV. Anno secundo.
—*Ep. 137.*

Helvetiis

Dilecti filii salutem etc. In memoria habemus, pluribus iam mensibus elapsis cum huius novae et impiae heresis furor in ista vestra fortissima et nobis summe dilecta natione inter aliquos virus suum spargere coepisset, rogatos nos a plerisque vestrum fuisse, quibus Dei omnipotentis honor et fidei catholicae cura animo insidebat, ut hominem istuc mittere et auctoritatem nostram interponere vellemus, quominus hereticis, qui vexillum Sathanae adversus crucem Christi erigere conabantur, agere praedas animarum, et invictam istam nationem dedecore detrimentoque afficere, quo tempore nos, cum et postulatorum vestrorum aequitas et noster erga vos singularis amor omnem curam de vobis et de salute vestra suscipere nos cogeret, misimus venerabilem fratrem Ennium, episcopum Verulanum, nuntium nostrum bene instructum consiliis nostris omnibus, quem sperabamus hoc etiam fore vobis gratiorem acceptioremque, quod is, diu antea inter vos Sedis Apostolicae nomine versatus et vobis cognitus, summum studium erga res vestras et summam benevolentiam retinebat, qua spe et opinione nostra quam fuerimus frustrati vos optime nostis. Nam neque illi liber aditus tutaque facultas inter vos versandi data ab eis omnibus, quos decebat, fuit et certe,

cum eum vestro potissimum rogatu ad vos misissemus, digni
fuimus quod in nuntio et homine benigne excipiendo honoris
ratio haberetur.

Et tamen non ob hanc causam a vetere et perpetuo nostro
amore erga vos destitimus, sed cupientes semper eam coniunctionem, quam vobiscum habet sancta Sedes Apostolica, in dies
fieri arctiorem et, si quae intercedebant querelae pecuniariae, eas
in tanta Sedis Apostolicae inopia ut potuimus placavimus vobis-
que in re omni, quoad datum fuit, curavimus satisfacere. Et
nunc quoque, cum dilecti filii Turricenses, homine suo ad nos misso,
quandam veterem summam pecuniae a nobis peterent, quam
dicerent sibi fuisse debitam, non tam summo iure, cum multa
obicere possemus, agere cum illis voluimus quam benigne et
liberaliter illis indulgere. Itaque pecuniam quam petierunt ita
illis solvere parati erimus, si tamen ipsi, reiectis et repudiatis pravis
heresum suasoribus, ad fidei catholicae gremium et ad pristinam
reverentiam Sedis Apostolicae reversi fuerint, cum a fide sancta
et ab hac sede alienis non liceat cuiquam minimeque omnium
Romano pontifici aut benevolentia aut liberalitate ulla suffragari.
Quod etiam quo facilius et melius agere et resipiscere ad veritatis
notionem possint, offerimus nos hominem in aliquem illis propin-
quum, tutum, opportunumque locum mittere paratos esse, puta
Gebennam aut Losannam, qui locus eis fuerit gratus, qui sanctae
fidei iusta cognitione eruditus illos salutaribus monitis revocare
ad respectum et cultum omnipotentis Dei possit, necnon impios
suggestores falsarum opinionum, quibus a recta via sint seducti,
auctore Spiritu Sancto victos sacris litteris repellat et corrigat.
Magno enim cum dolore illorum a fide catholica dissidium et
perniciosos errores ferimus, quae nos vestris devotionibus nota
esse volumus, primum ut intellegeretis quo optimo animo erga
istam nationem universam essemus praediti, deinde vos hortare-
mur, ut pari erga nos et hanc Sedem Sanctam vos essetis voluntate
ipsosque Turricenses, qui ex nomine et societate vestra sunt, hor-
taremini et, quantum in vobis esset, studio omni impelleretis,
prout vos hactenus non semel fecisse intelleximus et eis quoque
scripsimus, ut a semitis damnatarum perniciosarumque heresum
ad viam revecti veritatis fidemque patrum suorum, per quam

solam aditus est ad vitam aeternam, amplecti et recuperare vosque
et vestram virtutem, constantiam, pietatem imitari vellent.
Quod ut faciatis vestraque pristina studia erga hanc Sanctam
Sedem solito amore tueamini et renovetis, devotiones vestras in
Domino plurimum adhortamur.   Datum Romae etc. die XI.
Decembris MDXXV.   Pontificatus nostri anno tertio.—*Ep. 149.*

MARCHIONISSAE PISCARIAE

Solatur eam pontifex de obitu Ferdinandi viri eius ac ut divinam
voluntatem in bonam partem accipiat eique acquiescat pluribus
adhortatur.   Improbans autem subitum eius moniales vestes
assumendi propositum, utpote potius doloris vi quam iudicio et
deliberatione conceptum, praecipit eidem ut nonnisi vidualem
habitum in memoriam viri assumat, unum illud concedens, ut in
monasterio S. Silvestri urbis Romae cum tribus innuptis comitibus
incolere valeat.   Die X. Decembris MDXXV.   Anno tertio.

DILECTO FILIO NOBILI VIRO IANO LASCARI PATRICIO CONSTANTINOPOLITANO FAMILIARI NOSTRO

Dilecte fili: Memores adhuc eorum consiliorum ac laborum,
quos tu pro rei litterariae incremento gratae memoriae patruo
nostro Laurentio tribuisti, cum et incitasti eum monitis tuis ad
instituendam Graecam bibliothecam et ipsemet libris Graecis
undique conquirendis operam ac diligentiam adhibuisti, eam
ipsam bibliothecam perficere nunc intendimus dedimusque
negotium dilecto filio Alexandro Paccio, affini nostro, homini, ut
tute scis, et prudenti imprimis et erudito, ut is investigandorum
librorum et instruendae ornandaeque sumptu nostro Florentiae
ad divi Laurentii bibliothecae curam cogitationemque susciperet,
eique mandavimus ut te potissimum adiutore et actore in eiusmodi re uteretur.   Qui quoniam ad te scripturus est et apertius
et copiosius mentem nostram declaraturus, hortamur devotionem
tuam, ut eius litteris fidem omnem habere dareque te in hanc
curam velis, ut nova bibliotheca tuo auxilio, studio, labore,
vigilantia possit esse ornatior.   Nos et iudicium tuum maximi
facimus; novimus enim quantum ad naturalem tuam prudentiam
et usus rerum omnium et doctrinae accedat.   In amore vero et

benevolentia erga nos valde acquiescimus; quam si in hoc nobis
optato atque exspectato officio totam exercueris, ad tua vetera
erga familiam nostram merita hunc non mediocrem cumulum
accessisse sumus existimaturi. Datum, Romae die XXIX.
Decembris MDXXV. Anno secundo.—*Ep. 161.*

Leo Papa X

Dilecto Filio Magistro Philippo Beroaldo Iuniori Academiae Romanae Praeposito Notario Et Familiari Nostro

Dilecte fili, salutem et apostolicam benedictionem. Inter
ceteras curas, quas divina largitate ad summum hunc dignitatis
locum evecti pro republica Christiana et gubernanda et, quantum
nobis cum Deo licet, propaganda sustinemus, ea videtur esse debere
non extrema, quae ad studia litterarum et bonarum artium
pertinet. Quo munere semper quidem vel ab ineunte aetate iudi-
cavimus nullum pulchrius, nullum utilius a Deo Optimo Maximo
post ipsius cognitionem et verum fidei cultum mortalibus dari
potuisse. Haec enim quemadmodum vitam nostram excolunt et
singularem in modum illustrant, ita etiam in omni genere abunde
praestant adiumenta, adeo in adversis salutaria, in secundis nostris rebus apta ac decora, ut sine iis rerum humanarum varietas
quasi fluctuare, vita vero civilis et lauta vix consistere posse ullo
modo videatur. Contineri autem et quodam modo propagari id
studium duabus potissimum rationibus videtur, quarum altera in
hominum eruditorum, altera in optimorum auctorum copia posita
est. Sed, quod ad homines spectat, divina nobis modo adsit
clementia, in dies nos clarius ostensuros speramus, quae sit nostra
in iis et sublevandis et ornandis animi propensio et voluntas.
Huic uni certe et voluntati et studio ab initio aetatis nostrae dediti
maxime fuimus. De libris vero gratias agimus omnipotenti Deo
offerri coeptam nobis facultatem in eo quoque genere hominum
vitam et studia iuvandi. Cum itaque hos quinque Corneli Taciti
libros, qui aliquot saeculis in occulto suppressi fuerunt, magno a
nobis pretio redemptos in manibus haberemus, et auctoris gravitas
et pulchritudo operis fecit ut, quanto citius possemus, eos a situ
et oblivione in lucem et memoriam hominum vindicaremus. Eius
enim auctoris lectio luculenta, varia, utilis, dignaque omni liberali
ingenio visa est. Te autem potissimum delegimus, quem horum

divulgandorum librorum muneri et curationi praeficeremus. Quod enim sciebamus te non solum valere ingenio, litteris, eruditione, sed etiam virtute et eximia in nos fide praeditum esse, facile nobis ipsis persuasimus maximae tibi curae futurum esse, ut quam emendatissimi et nostra digni auctoritate tuapue diligentia in manus hominum exirent.

Sed ne adeo honestus et utilis suscipiendus vel fortasse iam susceptus abs te labor a quoquam vel corrumpi vel perverti possit libris iis post editionem tuam aliis formis excudendis, quod vitiose inaccurateque saepissime fieri manifestum est, universis et singulis, ad quorum notitiam hae litterae pervenerint, sub excommunicationis latae sententia, iis autem, qui in nostris et S. R. E. civitatibus et locis degerint quique nobis et eidem Ecclesiae mediate seu immediate subiecti fuerint, praeterea sub ducentorum ducatorum camerae apostolicae quam primum applicandorum et item sub librorum, quos impresserint, amissionis poenis inhibemus, ne per decennium proxime futurum libros ipsos sine tua expressa licentia et consensu usque locorum imprimere ullo modo possint. Quibus poenis et mulctis et imprimentes et impressa volumina huius modi venundantes aeque obnoxios fore decernimus. Atque ne paratus et opportunus tibi favor desit, ad eorum, qui inhibitioni huic nostrae adversus ire et contra permissionem tuam quicquam in hoc genere conari auderent, audaciam temeritatemque cohibendam, universis et singulis nostris et apostolicae sedis Legatis, Patriarchis, Archiepiscopis, Episcopis, Abbatibus, et Praelatis Ecclesiasticis ac eorum Locumtenentibus, civitatum, provinciarum, et locorum Gubernatoribus, Praesidentibus, Commissariis, Copiarum Praefectis, et quodcumque munus et curationem nostro et apostolicae sedis nomine obeuntibus, in virtute sanctae obedientiae ac sub eiusdem excommunicationis incurrendae poena, praecipimus et mandamus, ut tibi, cum requisiti abs te fuerint, ne quid dicto decennio durante contra edictum nostrum et permissum tuum innovari contingat, omni ope, auxilio, defensione praesto sint. Tum si quis eo temeritatis processerit, ut has nostras litteras vel divulgantibus impedimento esse vel divulgatas ex locis vel sacris vel profanis, ubi propositae et affixae fuerint, amovere et lacerare seu amoveri et lacerari facere ausus fuerit, is poenarum, quas paulo ante promulgavimus, itidem reus esse censeatur; constitutionibus et ordinationibus apostolicis ceterisque contrariis quibuscumque non obstantibus.

Ceterum, quia nimis difficile esset perferri has nostras litteras ad omnes eas regiones et loca quo res posceret, volumus ut, postquam in plura similia exempla formis excussae fuerint et alicuius nostrae et apostolicae sedis legati seu personae in dignitate ecclesiastica constitutae signum accesserit, ea prorsus fides illis adhibeatur, quae iis, si productae et exhibitae ipsae essent, merito adhibenda esset.

Datum Romae apud sanctum Petrum sub anulo piscatoris die XIIII Novembris, MDXIIII, pontificatus nostri anno secundo.

Ia. Sadoletus.

GIANO VITALE (fl. 1515)

In Christophorum Columbum

Tu maris et terrae trans cognita claustra, Columbe,
  vectus nave cita penetrasti
ignotos populos atque abdita maxima regna
  antipodumque orbem extremorum.
Hic aliae ventorum animae tua lintea leni
  implerunt Aquilone nec alto
fulserunt Helices, clarissima lumina, caelo
  nec vertit mare tristis Orion.
Hic legem accipiunt mitem Zephyrique Notique,
  aequora nec tolluntur in altum.
Tu gentem incultam, quarum vel pomifera arbos
  numen erat vel purpureus flos
vel fons irriguus liquidis manantibus undis,
  formas vera religione.
Tu vitam humanam instituis, tu moenia et urbes
  stare doces opulentas
et parere gravidam non uno e semine terram
  et connubia iungere certa.
Unde etiam extremi laetis cum vocibus Indi
  te memorant patremque salutant.
Salve, non Ligurum modo, sed decus orbis honorque
  nostri saecli, magne Columbe,
cui merito Iovius heroas dedicat inter
  nominis aeterni monumentum.

In Obitum Flavii Blondi

Eruis e tenebris Romam dum, Blonde, sepultam,
  es novus ingenio Romulus atque Remus.
Illi urbem struxere rudem; celeberrima surgit
  haec eadem studiis, ingeniose, tuis.
Barbarus illam hostis ruituram evertit; at isti
  nulla umquam poterunt tempora obesse tuae.
Iure triumphalis tibi facta est Roma sepulcrum,
  illi ut tu vivas, vivat ut illa tibi.

Antonii Panhormitanae Tumulo

Has tibi dat violas immortalesque amaranthos
ingeniorum altrix et Martis alumna, Panhormos;
non quia torpenti Musas excire veterno
aut regum immensas potuisti adsumere curas,
verum quod Crassos inter ditesque Lucullos
integer, Antoni, voluisti vivere Codrus.

Tumulo Laurentii Medicis

Nil mortale umquam vita tibi contigit omni,
o patriae pater et decus immortale tuorum,
Laurenti, nisi cum te mors immitis ademit.
Illa quidem non te vitali lumine cassum
exstinxit, verum quicquid sanctique bonique
orbis habet tecum simul abstulit, aurea quando
saecula foedavit scabra rubigine ferri.
Non tamen ulla umquam viderunt tempora dignum
te magis et titulis et maiestate decoro,
cui magnus Cosmus avus et cui filius altum,
maximus ille Leo princeps Romanus, honorum
atque aeternarum laudum erexere theatrum.

Pro Thoma Moro

Dum Morus immeritae submittit colla securi
    et flent occasum pignora cara patris,
"Immo," ait, "infandi vitam deflete tyranni;
    non moritur, facinus qui grave morte fugit."

Pro Erasmo Roterodamo

Lubrica si tibi mens fuit et spinosior aequo,
    ingenium certe nobile, Erasme, fuit;
felix, si mixtas labruscas dulcibus uvis
    prodiga desiisset vinea ferre tua.
Barbarie e media praeclarum sidus haberent
    et te Varronem tempora nostra suum.
Hanc tamen inscriptam his titulis posuere columnam:
    Iactura hic laudum publica facta fuit.

Tumulus Gulielmi Budaei

Qui sanctum simul et simul disertum
exquiris sapientiae magistrum,
ultra quid petis? Hic iacet Budaeus.

BALDASSARE CASTIGLIONE (1478–1529)

HIPPOLYTE BALTHASARI CASTILIONI CONIUGI

Hippolyte mittit mandata haec Castilioni;
    addideram imprudens, hei mihi! paene suo.
Te tua Roma tenet, mihi quam narrare solebas
    unam delicias esse hominum atque deum.
Hoc quoque nunc maior, quod magno est aucta Leone,
    tam bene pacati qui imperium orbis habet.
Hic tibi nec desunt celeberrima turba sodales,
    apta oculos etiam multa tenere tuos.
Nam modo tot priscae spectas miracula gentis
    heroum et titulis clara tropaea suis;
nunc Vaticani surgentia marmore templa
    et quae porticibus aurea tecta nitent;
irriguos fontes hortosque et amoena vireta,
    plurima quae umbroso margine Tibris habet.
Utque ferunt, coetu convivia laeta frequenti
    et celebras lentis otia mixta iocis.
Aut cithara aestivum attenuas cantuque calorem.
    Hei mihi! quam dispar nunc mea vita tuae est!
Nec mihi displiceant, quae sunt tibi grata, sed ipsa est
    te sine lux oculis paene inimica meis.
Non auro aut gemma caput exornare nitenti
    me iuvat aut Arabo spargere odore comas;
non celebres ludos festis spectare diebus,
    cum populi complet densa corona forum
et ferus in media exsultat gladiator arena
    hasta concurrit vel cataphractus eques.
Sola tuos vultus referens Raphaelis imago
    picta manu curas allevat usque meas.
Huic ego delicias facio arrideoque iocorque,
    alloquor et tamquam reddere verba queat.
Assensu nutuque mihi saepe illa videtur
    dicere velle aliquid et tua verba loqui.
Agnoscit balboque patrem puer ore salutat;
    hoc solor longos decipioque dies.
At quicumque istinc ad nos accesserit hospes,
    hunc ego quid dicas quid faciasve rogo.

Cuncta mihi de te incutiunt audita timorem;
    vano etiam absentes saepe timore pavent.
Sed mihi nescio quis narravit saepe tumultus
    miscerique neces per fora perque vias,
cum populi pars haec Ursum, pars illa Columnam
    invocat et trepida corripit arma manu.
Ne tu, ne, quaeso, tantis te immitte periclis!
    Sat tibi sit tuto posse redire domum.
Romae etiam fama est cultas habitare puellas,
    sed quae lascivo turpiter igne calent.
Illis venalis forma est corpusque pudorque.
    His tu blanditiis ne capiare cave.
Sed nisi iam captum blanda haec te vincla tenerent,
    tam longas absens non paterere moras.
Nam memini cum te vivum iurare solebas
    non me, si cupias, posse carere diu.
Vivis, Castilion, vivasque beatius opto,
    nec tibi iam durum est me caruisse diu.
Cur tua mutata est igitur mens? Cur prior ille,
    ille tuo nostri corde refrixit amor?
Cur tibi nunc videor vilis, nec, ut ante solebam,
    digna tori sociam quam patiare tui?
Scilicet in ventos promissa abiere fidesque
    a nostris simulac vestri abiere oculi.
Et tibi nunc forsan subeunt fastidia nostri
    et grave iam Hippolytes nomen in aure tua est.
Verum, ut me fugias, patriam fugis, improbe? Nec te
    cara parens nati nec pia cura tenet?
Quid queror? En, tua scribenti mihi epistula venit,
    grata quidem dictis, si modo certa fides:
te nostri desiderio languere pedemque
    quam primum ad patrios velle referre lares
torquerique mora, sed magni iussa Leonis
    iamdudum reditus detinuisse tuos.
His ego perlectis sic ad tua verba revixi,
    surgere ut aestivis imbribus herba solet.
Quae licet ex toto non ausim vera fateri,
    qualiacumque tamen credulitate iuvant.

Credam ego, quod fieri cupio, votisque favebo
   ipsa meis. Vera haec quis vetet esse tamen?
Nec tibi sunt praecordia ferrea nec tibi dura
   ubera in Alpinis cautibus ursa dedit.
Nec culpanda tua est mora, nam praecepta deorum
   non fas nec tutum est spernere velle homini.
Esse tamen fertur clementia tanta Leonis,
   ut facili humanas audiat aure preces.
Tu modo et illius numen veneratus adora
   pronaque sacratis oscula da pedibus.
Cumque tua attuleris supplex vota, adice nostra
   atque meo largas nomine funde preces.
Aut iubeat te iam properare ad moenia Mantus
   aut me Romanas tecum habitare domos.
Namque ego sum sine te veluti spoliata magistro
   cymba, procellosi quam rapit unda maris,
et, data cum tibi sim utroque orba puella parente,
   solus tu mihi vir, solus uterque parens.
Nunc nimis ingrata est vita haec mihi, namque ego tantum
   tecum vivere amem, tecum obeamque libens.
Praestabit veniam mitis deus ille roganti:
   auspiciis bonis et bene dicet eas.
Ocius huc celeres mannos conscende viator
   atque moras omnes rumpe viamque vora.
Te laeta excipiet festisque ornata coronis
   et domini adventum sentiet ipsa domus.
Vota ego persolvam templo inscribamque tabellae:
   HIPPOLYTE SALVI CONIUGIS OB REDITUM.

AD PUELLAM IN LITORE AMBULANTEM

Ad mare ne accedas propius, mea vita; protervos
   nimirum et turpes continet unda deos.
Hi rapiunt, si quam incautam aspexere puellam
   securos bibulo litore ferre gradus.
Quin etiam in siccum exsiliunt saepe agmine facto
   atque abigunt captos ad sua regna homines.
Tum si qua est inter praedam formosa puella,
   tantum haec non subito piscibus esca datur,

sed miseram foedis male habent complexibus omnes
    invitamque iubent hispida monstra pati.
Os informe illis, rictus oculique minaces,
    asperaque anguino cortice membra rigent;
barba impexa, ingens, alga limoque virenti
    oblita, oletque gravi lurida odore coma.
Hos tu, seu pisces, seu monstra obscena vocare,
    sive deos mavis, si sapis ipsa, cave.
Nec tibi sit tanti pictos legisse lapillos,
    ut pereas magno, vita, dolore meo.
Quin potius diversi abeamus. Respice ut antrum
    ad dextram viridi protegit umbra solo.
Decurrit rivus gelidis argenteus undis
    pictaque odorato flore renidet humus.
Imminet et fonti multa nemus ilice densum
    et volucres liquido gutture dulce canunt.
Hic poteris tuto molli requiescere in herba
    propter aquam et niveos amne lavare pedes.
Tu mihi serta tuis contexta coloribus, ipse
    texta meis contra mox tibi serta legam.
Floribus et roseis crinem redimita corallis
    et compto incedes conspicienda sinu.
Poplite deinde tenus succincta imitabere Nymphas,
    obvia marmoreum deteget aura latus.
Silvicolas, mea vita, deos torquebis amore,
    ignibus urentur flumina et ipsa meis.
Inde domum formosa mage et mage culta redibis,
    rumpetur tacita tum Hippolyte invidia.
Sed sensim subsistas, ne te forte puellarum
    aequalis versam cernat abire chorus.
Nesciat hoc quisquam, nam, si nos turba sequatur,
    antra ingrata tibi, ingrata et erunt nemora.
Has fatuas rapiant pelagi sine monstra puellas;
    nos coeptum hac furtim dissimulemus iter.
Quod si qua interea audieris per litora murmur,
    lux mea, te in nostro protinus abde sinu.

De Morte Raphaelis Pictoris

Quod lacerum corpus medica sanaverit arte
  Hippolytum Stygiis et revocarit aquis,
ad Stygias ipse est raptus Epidaurius undas.
  Sic pretium vitae mors fuit artifici.
Tu quoque, dum toto laniatam corpore Romam
  componis miro, Raphael, ingenio
atque urbis lacerum ferro, igni, annisque cadaver
  ad vitam antiquum iam revocasque decus,
movisti superum invidiam indignataque mors est
  te dudum exstinctis reddere posse animam
et, quod longa dies paulatim aboleverat, hoc te
  mortali spreta lege parare iterum.
Sic, miser, heu! prima cadis intercepte iuventa
  deberi et morti nostraque nosque mones.

De Elisabetta Gonzaga Canente

"Dulces exuviae, dum fata deusque sinebant,"
  dum canit et querulum pollice tangit ebur,
formosa e caelo deducit Elisa Tonantem
  et trahit immites ad pia verba feras.
Auritae veniunt ad dulcia carmina silvae,
  decurrunt altis undique saxa iugis;
stant sine murmure aquae, taciti sine flamine venti
  et cohibent cursus sidera prona suos.
Atque aliquis tali captus dulcedine sentit
  elabi ex imo pectore sensim animam.
Flebile nescio quid tacite in praecordia serpit,
  cogit et invitos illacrimare oculos.

          *   *   *   *   *   *   *   *   *

Quod tamen haec moveant, quod sint tam dulcia verba,
  non faciunt verba haec, sed nova Elisa canens.
Et certe non est haec uxor Elisa Sychaei
  nec quemquam haec Phrygium novit Elisa virum.
Altera Elisa haec est superis gratissima, qualem
  nec tulit ulla umquam nec feret ulla dies.
Audiat Aeneas hanc si tam dulce querentem,

flens ultro ad litus vela dabit Libycum.
Quod si dura nimis blandisque immota querelis
    mens fera propositum non remoretur iter,
invitam ad litus portabunt aequora classem
    flaminaque ad fletus officiosa pios;
excidet atque animo regnum dotale nec umquam
    Dardanius Latium navita classe petet.
Nam nimium validas facies habet ista catenas
    et validum nimis haec lumina carcer habent.
Haec formosa deas superat forma heroine,
    pace tua, Venus, o! pace, Minerva, tua.
Quicquid agit, pariter certant componere furtim
    et Decor et Charites et Pudor ingenuus.
His laetos Natura oculis afflavit honores
    et quiddam maius condicione hominum.
Ambrosiam rosea spirant cervice capilli
    et patet egregio vera decore dea.
Quacumque ingreditur, laeta undique pabula vernant
    signaque dat tellus numen adesse aliquod.
Arrident silvae passim tangique beato
    certatim gestit quaelibet herba pede.
O centum aequoreae formosae Doride natae
    et quascumque maris contigit esse deas,
huic date quicquid habent gemmarum litora rubra
    oceani et quicquid dives arena vehit,
quosque habet alma Thetis, quos et Galatea lapillos
    Nerine in loculis candida nympha suis;
quicquid odoratae messis Panchaia tellus
    protulit, huic felix munera portet Arabs.
Huic uni Seres Tyrio satianda colore
    arboribus pectant vellera cara suis.
Haec una est nostri rarissima gloria saecli,
    digna suas cui det maximus orbis opes.
Vos quoque, caelicolae, hanc merito celebretis honore;
    non erit haec vobis dissimulanda dea.

ANDREA NAVAGERO (1483–1529)

Vota Cereri Pro Terrae Frugibus

Adspice, magña Ceres, tibi quos semente peracta
    ducimus agrestes rustica turba choros.
Tu face ne nimio semen putrescat ab imbre,
    neu sulcos rapido frigore rumpat hiems,
neu sterilis surgat silva infelicis avenae
    et quaecumque bonis frugibus herba nocet,
neu terrae prostrata animosi flatibus Euri
    decidat aut densa grandine laesa seges,
neu direpta avidae rapiant frumenta volucres
    monstrave, quae terrae plurima saepe ferunt.
Sed quae credidimus bene cultis semina campis
    uberius largo faenore reddat ager.
Sic erit. Interea nivei carchesia lactis
    fundite et annoso mella liquata mero.
Terque satas circum felix eat hostia fruges
    caesaque mox sanctos corruat ante focos.
Nunc satis haec. Post messem alii reddentur honores
    et sacras cingent spicea serta comas.

Vota Ad Auras

Aurae, quae levibus percurritis aera pennis
    et strepitis blando per nemora alta sono,
serta dat haec vobis, vobis haec rusticus Idmon
    spargit odorato plena canistra croco.
Vos lenite aestum et paleas seiungite inanes,
    dum medio fruges ventilat ille die.

Leucippem Amicam Spe Praemiorum Invitat

Cum primum clauso pecus emittetur ovili,
    urbs, mea Leucippe, cras adeunda mihi est.
Huc ego venalemque agnum centumque, Chariclo
    ipsa mihi mater quae dedit, ova fero.
Afferri tibi vis croceos niveosve cothurnos?
    Anne colum, qualem nata Lyconis habet?
Ipse feram, quae grata tibi. Tu basia iunge;
    gaudia, Leucippe, nec mihi grata nega.

Cras, ubi nox aderit, odiosae elabere matri
hasque inter corylos ad tua dona veni.

Vota Veneri Ut Amantibus Faveat

Illi in amore pares, vicini cultor agelli
Thyrsis cumque suo Thyrside fida Nape,
ponimus hos tibi, Cypri, immortales amaranthos
liliaque in sacras serta parata comas.
Scilicet exemplo hoc nullo delebilis aevo
floreat aeternum fac, dea, noster amor.
Sit purus talisque utriusque in pectore candor
in foliis qualem lilia cana ferunt.
Utque duo hi flores serto nectuntur in uno,
sic animos nectat una catena duos.

Vota Niconoes Ad Dianam

Candida Niconoe, viduae spes una Terillae,
montivagas iaculo figere certa feras,
hunc tibi, silvipotens, arcum, Latonia, ponit
atque haec in pharetra condita tela sua.
Illam cara parens tenero sociavit Icasto
ignotique iubet iura subire tori.
Tu, dea, si silvis aegre discedit ab altis,
si lacrimans coetus deserit illa tuos,
tu bona sis felixque illi; tu numine dextro
optata laetam fac, dea, prole domum.

Ad Noctem

Nox bona, quae tacitis terras amplexa tenebris
dulcia iucundae furta tegis Veneris,
dum propero in carae amplexus et mollia Hyellae
oscula, tu nostrae sis comes una viae.
Neve aliquis nostros possit deprehendere amores,
aera coge atras densius in nebulas.
Gaudia qui credit cuiquam sua, dignus ut umquam
dicier illius nulla puella velit.
Non sola occultanda cavis sunt orgia cistis
solave Eleusinae sacra silenda deae.

Ipse etiam sua celari vult furta Cupido
  saepius et poenas garrula lingua dedit.
Una meos, quos et miserata est, novit amores
  officiis nutrix cognita fida suis,
haec, quae me foribus vigilans exspectat in ipsis
  inque sinum dominae sedula ducit anus.
Hanc praeter, tu sancta, latent qua cuncta silentque,
  tu, dea, sis flammae conscia sola meae;
quaeque libens adstat nostrorum testis amorum
  nobiscum tota nocte lucerna vigil.

IOLAS

Pascite, oves, teneras herbas per pabula laeta,
pascite, nec plenis ignavae parcite campis.
Quantum vos tota minuetis luce, revectum
fecundo tantum per noctem rore resurget.
Hinc dulci distenta tumescent ubera lacte
sufficientque simul fiscellae et mollibus agnis.
Tu vero vigil atque canum fortissime, Teucon,
dum pascent illae late per prata, luporum
incursus subitos saevasque averte rapinas.
Interea hic ego muscoso prostratus in antro
ipse meos solus mecum meditabor amores
atque animi curas dulci solabor avena.
  O formosa Amarylli, nihil te absente videtur
dulce mihi. Nunc et nitido vere omnia rident
et vario resonant volucrum nemora avia cantu.
Exsultim virides ludunt armenta per herbas
lascivique agni infirmisque artubus haedi
cornigeras matres per florida prata sequuntur.
Non tamen ista magis sine te mihi laeta videntur
quam si tristis hiems nimbisque rigentibus horrens
agglomerat gelido canas Aquilone pruinas.
Dulce apibus flores, rivi sitientibus herbis,
gramen ovi, caprae cytisus, Amaryllis Iolae.
Non ego opes mihi, non cursu praevertere ventos
optarim magis aut pecoris quodcumque per orbem est

quam te, Amarylli, meis vinctam retinere lacertis
et tecum has inter vitam deducere silvas.
Est mihi praeruptis ingens sub rupibus antrum,
quod croceis hederae circum sparsere corymbis,
vestibulumque ipsum silvestris obumbrat oliva.
Hanc prope fons, lapide effusus qui desilit alto,
defertur rauco per levia saxa susurro.
Hinc late licet immensi vasta aequora ponti
despicere et longe venientes cernere fluctus.
Hoc mecum simul incoleres, Amaryllis, simulque
mecum ageres primo pecudes in pascua sole;
mecum, abeunte die, pecudes cava in antra vocares.
Saepe etiam denso in nemore aut convalle virenti,
dum tenue arguta modularer harundine carmen,
tu mecum ipsa esses simul adstaresque canenti.
Quin et nunc pariter caneres, nunc dulcia nostro
basiaque et Veneris misceres gaudia cantu.
O solum hoc, superi, misero concedite amanti!
Tum licet et rapiantur oves rapiantur et agni,
ipse tamen Croeso mihi ditior esse videbor.
Mollibus in pratis Lycidae post Daphnidis hortos
purpureos flores texenda in serta legebas,
cum te succincta tunica fusisque capillis
et vidi simul et totis simul ossibus arsi.
Pone sequebatur Gorge soror et tamen audax
accessi sumque ipse meos tibi fassus amores.
Risisti et sertum, nitida quod fronte gerebas,
tamquam ex se cecidisset humi, iecisti abiensque
liquisti. Advertens collegi protinus ipse
servavique et adhuc tamquam tua munera servo.
Et quamvis dudum foliis languentibus aret,
non tamen est serto quicquam mihi carius illo.
Ex illo semperque fui tibi deditus uni
pulchraque nulla meis oculis te praeter habetur.
Saepe mihi Alcippe vicina et munera misit
et dixit, "Formose puer, quae munera mittit,
mittit et ipsum animum. Tu et munera suscipe et illum."

Sed potius, Amarylli, alio quam tangar amore
sudabunt humiles flaventia mella genistae
et molles violae dura nascentur in orno
incultique ferent canentia lilia vepres
et maestis ululae cedet philomela querelis.
Quantum ver formosum hieme est iucundius atra,
quantum mite pirum sorbis est dulcius ipsis,
quantum hirsuta capella suo saetosior haedo,
quantum nocturnis obscuri vesperis umbris
puniceo exsurgens Aurora nitentior ortu est,
tantum, Amarylli, aliis mihi carior ipsa puellis.
Hae testes mihi sunt silvae vicinaque silvis
populus haec, cuius tale est in cortice carmen:
VELLERA CUM SAETIS ARIES MUTARIT ET HIRCUS
VELLERIBUS SAETAS, AMARYLLIDA LINQUET IOLAS.
 Sed nos dum longum canimus, iam roscida Luna
apparet caelo et rapidus deferbuit ardor,
demerso iam sole; tamen miser ardet Iolas.
Nimirum nostros nequeunt lenire calores
nec quaecumque rigent Riphaeo in monte pruinae
nec quaecumque simul gelido durantur in Hebro.
Fors tamen hos illa ipsa, potest quae sola, levabit.
Sperando interea duros solabimur ignes.
At vos, ne, sero dum nox insurgit Olympo,
praesidio umbrarum fretus malus ingruat hostis,
iam pasti secura greges in ovilia abite.

IN HYELLAE OCELLOS

Quamvis te peream aeque, Hyella, totam,
nec pars sit, mea lux, tui ulla, quae me
saevo non penitus perurat igne,
fulgentes tamen illi amabilesque
illi sideribus pares ocelli
nostri maxima causa sunt furoris.
O cari nimis, o benigni ocelli!
O dulci mihi melle dulciores!
Quando vos misero mihi licebit

usque ad milia milies trecenta
aut ultra haec etiam suaviari?
Dii, concedite mi hoc misello amanti!
Deinde nil grave perpeti recuso;
quin et, si peream, libens peribo.

In Auroram

Dia Tithoni senioris uxor,
quae diem vultu radiante pandis,
cum genas effers roseas rubenti
    praevia soli,

roscidos ut nunc per agros vagari
sub tuo adventu iuvat et recentes,
quae tuos semper comitantur axes,
    excipere auras.

Sicca iam saevus calor uret arva,
iam vagi aurarum levium silescent
spiritus, iam sol rapidus furentes
    exseret ignes.

Dum licet, laeti simul ite amantes,
dum licet, molles pariter puellae
ite, flaventes vario capillos
    nectite serto.

Nunc simul telis positis Amores
matris haerentes lateri et decentes
Gratiae plenos referunt resecto
    flore quasillos.

Per feros saltus, per iniqua lustra
undique occultas agitans latebras
fertur et silvas varia ferarum
    strage cruentat

clara Latonae suboles. Nitenti
huic comae in nodum religantur auro,
pendet aurata ex umeris pharetra,
    pendet et arcus.

Circum eunt Nymphae simul; illa cursu
gaudet effusos agitare cervos;
hanc iuvat certis iaculis fugaces
   figere lynças.

> Nunc ab umbroso simul aesculeto
> Daulias late queritur; querelas
> consonum circa nemus et iocosa
>   reddit imago.

De Hyella

Nil tecum mihi iam, Phoebe, est, nil, Nox, mihi tecum;
   a vobis non est noxve diesve mihi.
Quantum ad me, ut libet, auricomo Sol igneus axe
   exeat Eoae Tethyos e gremio;
ut libet, inducat tacitas Nox atra tenebras;
   fert mihi noctem oculis, fert mihi Hyella diem.
Nam quotiens a me nitidos avertit ocellos,
   ipsa in luce etiam nox tenebrosa premit.
At quotiens in me nitidos convertit ocellos,
   candida et in media fit mihi nocte dies.

Cum Ex Hispanica Legatione In Italiam Reverteretur

Salve, cura deum, mundi felicior ora,
formosae Veneris dulces salvete recessus!
Ut vos post tantos animi mentisque labores
adspicio lustroque libens! Ut munere vestro
sollicitas toto depello e pectore curas!
Non aliis Charites perfundunt candida lymphis
corpora; non alios contexunt serta per agros.

LILIO GREGORIO GIRALDI (1479–1552)

DE POETIS SUORUM TEMPORUM

Urania vero, Meteora, Hesperidum Horti, Eclogae, Epigrammata, Elegiae, et cetera Ioviani Pontani Umbri carmina et quae plurima pedestri oratione scripsit, faciunt, ut in his tabularum imaginibus illum inter proceres commemorem, quin et cum omni fere antiquitate conferam, tametsi non idem, ut quibusdam videtur, in omnibus praestat; nonnunquam enim nimis lascivire et vagari videtur, nec plane ubique se legibus adstringit; quod iis minus mirum videri poterit, qui illum sciverint in magnis regum et principum negotiis diu versatum et modo bellorum, modo pacis condiciones et foedera tractasse non minus quam Phoebum et Musas coluisse. Quis tamen eo plura? Quis doctius? Quis elegantius? Quis denique absolutius composuit, enucleatius, exquisitius? Et licet eius quidam hoc tempore gloriae parum aequi sint aestimatores, non illis tamen ipse concedam, ni meliora vel ipsi fecerint vel ab aliis facta attulerint, id quod ad hanc ipse diem non vidisse fateor; nisi si quis fratrem tuum, Iuli, Iacobum Sadoletum attulerit, cuius poemata Laocoon, Curtius, nec non otii et tranquillitatis carmen mirabilem illius gravitatem ac singularem modestiam declarant, quem in hac facultate auxerunt et reliqua bonarum artium et sapientiae studia, quae ab unguiculis ille pleno pectore hausit (neque enim in praesentia eius solutam orationem, in qua supra ceteros excellit, commemoro); vel cum fratre tuo Petrum Bembum attulerit, cuius mira illa fuit in semper imitandis optimis auctoribus tam Latinis quam vernaculis felicitas, ut non Bembum plerumque loquentem, sed quem ille sibi proposuerit, vel audire vel legere videamini. Sed utrumque, ut scitis, a litterarum studiis incredibilis quaedam in studiosos Leonis X benevolentia seduxit invitos, ambos enim sibi statim a principio sui regni ad secreta et arcana adscivit. Sunt ii quidem duo, si subtilius considerare velimus, uterque in suo canendi genere summi, ita ut queas eos sic conferre, quemadmodum M. Tullius duos illos summos oratores, L. Crassum et M. Antonium, qui in dispari dicendi genere parem gloriam et laudem adepti fuere, et quidem Bembus, ut Ennianum carmen usurpem,

tamquam flos delibatus populi suadaeque medulla.

Eius enim carmina vel Latina vel vernacula, dulcia, mollia et delicata; at Sadoletus, tamquam quidam et robustus et fortis, versus graves, cultos et opima quadam totius corporis habitudine et forma concinit. Quare eo magis mirum est quod adeo ille suos versus supprimere conetur et pessum dare. Memini, cum nos adulescentes essemus, illum clam ingeniosa valde epigrammata componere solitum, eaque sibi Roma Ferrariam ex ruinis eruta ab amicis missa fuisse affirmabat, idque cum aliis tum Panitiato et Cistarello persuadebat, quae nunc paene omnia abolevit et me saepe rogavit ut de iis quae penes me essent itidem facerem. Sed de iis iam satis.

A Pontano nonnulli profluxere tum in poetica, tum in arte dicendi celebres; unde et Pontani Academia nunc vulgo, ut Troianus equus, dicitur, in qua nunc senescit, ni potius floret, Actius Sincerus Sannazarius, cuius ingenii exquisita quaedam monumenta legi, et in primis piscatorias eclogas nonnullasque elegias et epigrammata, in quibus quaedam sunt omni laude digna. Alia eius praeter vernacula non vidi et quosdam Virginei Partus, ut ipse appellat, heroicos, in quibus, ut sic dicam, statarius poeta videri potest: non enim verborum volubilitate fertur, sed limatius quoddam scribendi genus consectatur et lima in dies atterit, ut de illo non ineleganter dictum illud Apellis de Protogene Pontanus usurpare solitus esset, eum manum de tabula tollere nescire. Praeter diligentiam curamque Actii acerrimum quoque eius iudicium et numerorum scientiam in poetica facultate cognoscimus, quare eius reliqua quae condidit summopere desideramus, quae longius ille iam aetate provectus supprimit. Quare non satis mirari possum virum quendam alioqui eruditum desiderare in Pontano et, si deis placet, in Sannazario Christianam elocutionem, hoc est, barbaram. Sed hic cum sua censura, qua homines Italos perstringit, non diutius permanebit.

Antonius vero Panhormita lascivioris quidem carminis conditor, dulcis tamen et facetus. Legi eius aetatis quorundam epistulas, quibus Hermaphroditus illius multis laudibus commendatur, sed quare, nescio. Dicam ego vobis sane quod sentio, nec is mihi poeta bonus nec bonus orator: quae enim soluto et pedestri sermone eius scripta legi, luxuriantis magis quam bonae frugis referta

videntur, ut impudicas et prostitutas eius Musas mittam. Panhormitam tamen quidam excellentes viri elegantiae parentem
appellaverunt. Hic, etsi Siculus, ex Bononia tamen originem
duxisse ex nobili familia praedicatur. Acer Laurentii Vallae
inimicus fuit, et contra Laurentius illius. Senex diem obiit, hocque sibi moriens epitaphium arrogantiae plenum condidisse legi,

> Quaerite, Pierides, alium qui ploret amores,
>   quaerite qui regum fortia facta canat.
> Me pater ille ingens hominum sator atque redemptor
>   evocat et sedes donat adire pias.

———————

"Numquid hic," ait Iulius, "Baptistam Mantuanum, qui unus
ex iis fuit, qui Carmelitae sodales dicuntur, in aliquo honorum
poetarum numero repones?"

"Et maxime," inquam. "Sed quae mea sit de homine audite
sententiam. Laudo institutum piumque propositum, verum
extemporalis magis quam poeta maturus. Exstant illius versus
paene innumerabiles, ex quibus apud vulgus et barbaros quosdam laudem tantam est adeptus, ut unus prope poeta et alter
paene Maro haberetur. At, bone Deus, quam dispar ingenium!
Nam, ut ubique Maro perfectus, ita hic immodica et paene temeraria ubique usus est licentia, quam et magis atque magis in
dies auxit. Est enim fere natura comparatum, ut, qui minus
iudicio valent et nimio plus sibi placent, eos in dies deflore-
scere et senes flaccescere videamus: nam et his in dies aliquid
semper ingenium deteret. Iuvenis ille quidem laudabilior poeta
fuit; cum vero ei desedit calor ipse et fervor iuvenilis, tamquam
amnis sine obice extra ripas sordide diffluens coerceri non potuit.
Vix enim ea legere possumus, quae longius ille aetate provectus
carmina scripsit. Non ideo hoc de Carmelita vobis dixerim, ut
quas ei statuas Mantuani erexerunt, deicerem, sed magis, ut vos
monerem, quo eum ordine habere debeatis.

Magis emunctae naris fuisse videtur Angelus Politianus Florentinus, qui transmarina, ut Ciceronis verbis utar, doctrina et
adventicia institutus cum esset, florere et quasi regnare visus est;
huic enim me puero a multis primae deferebantur. Mira eius
omnino eruditio, vehemens et paratum ingenium, iugis et fre-

quens lectio, sed calore potius quam arte versus scripsisse videtur,
iudicii utique parum cum in seligendo, tum in castigando habuisse
visus est: unde malevolis sui calumniandi ansam dedit. Si eius
tamen Silvas legatis, Rusticum, Nutriciam, Ambram, Manto, sic
afficiemini ut nihil in praesentia desiderare videamini; at si cum
Pontano heroicis conferatis, hunc Entellum, illum Dareta putetis,
et, ut Graece dicam, hunc μάχεσθαι, illum σκιαμαχεῖν, et his si
Carmelitam forte iunxeritis, ferentarius videbitur. Reliquit et
Politianus extra Latina Graeca epigrammata, quae laude digna
sunt; Graecos enim provocat, ut eius in praesentia vernacula mit-
tamus."—*Dialogus I.*

DE POETARUM HISTORIA

Recte tu quidem, inquam, nam nec ullius indiget praeconio
Maro, nam et illi pridem explosi, qui, si dis placet, quandam quasi
in eo, ut sic dicam, Mantuanitatem se deprehendisse iactabant,
ut illud sceleratum frigus. Ipse, inquam, Vergilius amplissimum
ubique sui praeconium facit, modo sano iudicio et non corrupto
legatur. Ubique enim ille sibi constat, idem ubique Vergilius,
hoc est, ut planius uno verbo dicam, poetarum deus. Atque,
inquam, o bone Deus, quid nunc nos quasi aliud agimus, aut
quid aliud optamus, si Vergilium habemus? Quo fit, ut vos identidem et quos amo ceteros admonitos velim, ut, quod mihi puero
non praestitere doctores mei, vos etiam atque etiam hortor huic
uni poetae tam diu incumbere, insudare, donec non tantum
animus imbutus ipse, sed eo tritae quoque aures videantur.
Nam pro facinus! quae quorundam est tanta perversitas, ut vi-
ventes pridem frugibus rudi adhuc glande vescantur, hoc est,
dum divina Vergilii lectione imbui possunt, nescio quos Archi-
threnios et Anticlaudianos, ne illos quidem poetarum umbras, ne
simiolos dicam, totos toto ore, totis animis hauriant et amplec-
tantur?

De Lucano, inquam, sic statuatis velim, ut eum non modo cum
Vergilio non conferatis, ut Statius fecit et Martialis, sed eum
neque secundum neque tertium dicatis, vel si dixeritis,

longo proximus intervallo.

Cum neque in quadrigis eum secundum numeremus aut tertium,
qui vix e carceribus exierit, cum palmam iam primus acceperit,
ita nec in poetis, qui tantum absit a primo, vix ut in eodem curriculo esse videatur. Sunt tamen quaedam in Lucano, quae qui
sine Vergilii comparatione spectavit, satis magna dicat, quae si
cum iudicio atque delectu legantur, non indigna sint imitatione,
id tamen caute et diligenter, ne vitia specie virtutis irrepant.
Si quid vero, Pice et tu Piso, mihi tribuistis, vos non modo non
nimium studiosos eius lectionis velim sed vos etiam ita gloriari
cupio, id quod amicum meum, virum doctissimum, aliquando
gloriantem audivi, qui Musis caelestibus gratias agebat, quod
numquam totum Lucani carmen semel perlegisset.   Nisi enim
temerarium sit, quod nihil tamen mihi, vobiscum praecipue, esse
potest, illud ausim de Lucano affirmare, quod M. Tullius de
Cordubensibus suorum temporum poetis, qui eos nescio quid
pingue et peregrinum sonare putabat. Quare Lucanum quidem,
sane ingeniosus, indomito similem equo esse dicebat, qui in medio
prato aut campi spatio cursitet et acriter quidem et animose
saliat, sed inconcinne et incomposite. Alii illum expedito quidem
militi similem dicunt, qui amentatas quasdam velitum hastas
iaciat, potenti ac valido interdum bracchio, sed parum plerumque
considerate ac prudenter. Nam tametsi ipsum ardentem con-
citatumque ac sententiis clarissimum scribat Fabius, oratoribus
tamen quam poetis magis ascribit, quod et Martialis et Servius
sentiunt.—*Dialogus IV*.

AD VENEREM

O caeli decus inclitum,
supremi suboles Iovis,
quae Cypron colis et Paphon,
    blandi mater Amoris,

nunc te, nunc canimus, Venus,
divis tu dea pulchrior,
et tu maxima caelitum
    orbis deliciaeque.

Nostris tu, dea, perditis
dextro numine amoribus
faves. En, cupido in sinu
    ludit pulchra Lycora.

Nunc quae sacra tuis damus,
sume haec tura, Venus, focis;
sume et lilia candida
    mixtos iisque amaranthos.

Serva tu mea gaudia,
serva dulcia basia.
Ob quae certa memor tibi
    solvam vota quotannis.

Tumulo Caelii Calcagnini

Adsta, viator; non morae est dispendium.
Mortalitatis hoc memor nuperrime
sibi sepulcrum Caelius construxerat,
quo doctiorem neminem sol lampade,
quacumque spargit lumen orbi, viderat.
Eheu! repente raptus hic est conditus,
cui sunt parem visura nulla saecula.
Hic gloriae, dum vixit, invidit suae
celans opes tantas avarus ingeni,
tot splendida eruditionis lumina,
quae, maximo Alcida iubente principe,
vulgata densas different caligines,
quae passim oberrant sensibus legentium.
Iam abi, viator, et memento sedulo
praeclara tantum facta fata vincere.

Ad Musas Caelestes

Musae, quae vario mulcetis sidera cantu
    et Iovis ad solium dulce movetis ebur,
adspicite has famulas, vestro quae numine fretae
    evolitant. Placidum carpere detis iter.
Non hae Pieridum temeraria fata secutae
    vos cantu sperant aequiparare suo.
Degener, a! tantum ne vobis turba putetur;
    hoc sat erit; placidum carpere detis iter.

Epitaphium Quod Sibi Condidit

Quid hospes adstas? Tumbion
vides Giraldi Lilii,
fortunae utramque paginam
qui pertulit sed pessima
est usus altera, nihil
opis ferente Apolline.
Nil scire refert amplius
tua aut sua. In tuam rem abi.

Ad Auras

Aurae, quae miseri mei furoris
tot suspiria, tot gravesque questus
hinc inde accipitis fugaciores,
gratum et quae legitis meae puellae
quod spirat melos ore dulciore
Sirenum modulis, suaviores
cycni cui merito invidere possunt,
vos suspiria haec gravesque questus
ad surdas dominae adferatis aures.
Mitem his reddite iam mihi Lycoram,
dulces illius aut modos amanti
portetis requiem mei doloris.

Ad Lycoram

Hoc, quod habes, fragile est totum, mea pulchra Lycora,
    forma licet caeli vincat et ista deas.
Iucunda haec facies, coma flava, haec lumina tantum
    quae possunt, tota et denique quod Venus est
labentur nimium paucos victura per annos,
    ni formam hanc vitae carmina nostra dabunt.
Donabunt vitae formam hanc mea carmina longae,
    vitam si mihi tu, pulchra Lycora, dabis.

PAOLO GIOVIO (1483–1552)

Angeli Politiani Elogium

Politianus a prima statim iuventa admirabilis ingenii nomen adeptus est, cum novo illustrique poemate Iuliani Medicis equestres ludos celebrasset, Luca Pulcio nobili poeta omnium concessione superato, qui Laurentii fratris ludicrum equestris pugnae spectaculum iisdem modis et numeris decantarat. In id enim e Graecis atque Latinis delectos flores populo stupendos contulisse censebatur. Nec multo post Iuliano a Pactiis in templo immaniter interfecto, eius vindicatae coniurationis historiam Latine ornatissimeque perscripsit; professusque demum in gymnasio Graecas pariter Latinasque litteras tantos de se excitavit clamores favente iuventute, ut Demetrius Chalcondyles, vir Graecus praestantique doctrina, uti aridus atque ieiunus a discipulis desereretur. Exinde Herodianum Romane loquentem publicavit, cunctis haud dubie erepta laude, qui id generis munus ante susceperant, quamquam aemuli eam translationem, uti nos a Leone pontifice accepimus, Gregorii Tiphernatis fuisse dicerent, quod passim inducto fuco et falsis naevorum coloribus interlita alieni stili habitum mentiretur. Sed eundem praecellenti studiorum omnium ubertate florentem post editam Miscellaneorum centuriam publicataque Latina poemata immatura mors oppressit.

Erat distortis saepe moribus, uti facie nequaquam ingenua et liberali ab enormi praesertim naso subluscoque oculo perabsurda, ingenio autem astuto, aculeato, occulteque livido, cum aliena semper irrideret nec sua vel non iniquo iudicio expungi pateretur. Ferunt eum ingenui adulescentis insano amore percitum facile in letalem morbum incidisse. Correpta enim cithara, cum eo incendio et rapida febre torreretur, supremi furoris carmina decantavit ita, ut mox delirantem vox ipsa et digitorum nervi et vitalis denique spiritus inverecunda urgente morte desererent, cum maturando iudicio integrae stataeque aetatis anni non sine gravi Musarum iniuria doloreque saeculi festinante fato eriperentur. Vix enim quadragesimum quartum aetatis annum attigerat. Sed eo praepropero vitae exitu profecto felix fuit, quod imminentem convulsae Medicae domus ruinam effugerit. Tumulo autem hoc carmen Crinitus discipulus affixit.

Hic, hic, viator, paululum gradum siste.
Vatem potentis spiritus vides clarum,
qui mente promptus acri et arduum spirans
ac summa quaeque et alta consequi suetus.
Is ille ego Angelus Politianus sum.
Fovit benigno me sinu Flora et illic
in fata cessi, Parthenopaeos reges
cum Gallica arma irruerent minabunda.
Tu vale et hoc sis meriti memor nostri.

ANDREAE NAUGERII ELOGIUM

Andreas Naugerius, patricii ordinis, Sabellico Venetiis profitente Latinas litteras, Graecas autem a Marco Musuro Cretensi
Patavii hausit. Sed in Latinis delectu ac observatione praeceptore
diligentior illum, quem superior aetas insalubri atque aspera stili
novitate delectata contempserat, candorem antiquae puritatis
assecutus est, ut funeribus Liviani ducis et principis Lauredani
laudationibus apparet, proposito quidem Cicerone ad imitandum,
quem Politianus et Hermolaus fastidisse videbantur, utpote qui
omnis eruditionis exundante copia instructi aliquid in stilo
proprium, quod peculiarem ex certa nota mentis effigiem referret,
ex naturae genio effinxisse nobilius putarint quam servili imitatione enata ad novam frugem ingenia distorsisse. Magno tum
quidem probro erat doctis ridendis pares simiis videri. Eodem
quoque praestanti iudicio cum epigrammata lepidissime scriberet,
non falsis aculeatisque finibus sed tenera illa et praedulci prisca
suavitate claudebat, adeo Martialis severus hostis, ut quotannis
stato die Musis dicato multa eius volumina tamquam impura
cum exsecratione Vulcano dicarentur.

Nec minor felicitate Etruscos numeros attigit, sed in Liviani
contubernio castra secutus studiorum diligentiam remisit et
salubri quidem remedio, cum ingenium bilis atra veterum lucubrationum vigiliis accersita haud leviter afflixisset. Propterea
scribendae Venetae Historiae munus a senatu demandatum
acceptoque liberali stipendio susceptum praestare non potuit,
quamquam non desunt qui eum in ipso statim limine feliciter
exordientem religiosi operis gravitate deterritum existiment,
cum infinita curiositate summoque labore et pertinaci memoria

tantarum rerum notitia paranda videretur. Verum in ea cogitatione, ut reipublicae operam praestaret, a senatu ad Carolum Caesarem in Hispaniam missus infaustam legationem suscepit, cum in id tempus incidisset, quo Italiae principes servitutis metu ad arma consternati affectanti dominatum Italiae Caesari restitissent. Secunda autem suscepta legatione, cum exitiali festinatione mutatis ad celeritatem iumentis in Galliam percurrisset, vixdum salutato rege, Blesio in oppido ad Ligerim febre correptus interiit quadragesimo septimo aetatis anno omnique eum funeris honore rex Musarum amicissimus nec sine luctu prosecutus est.

Pomponi Laeti Elogium

Iulium Pontanum Laetum Sanseverina illustri familia in Picentinis natum ferunt adeoque insigni cura educatum, ut ex adultera matre alioque pudica, illudente ei Salernitano principe, genitus putaretur. Sed vigente demum bello et labante fortuna principalis domus animum ad litterarum studia convertit, tanta antiqui moris aemulatione et naturae temperantia optimas litteras complexus, ut Romae inter praeclara eius saeculi ingenia conspicuus monstraretur. Nam Vallae praeceptoris aequata eruditionis opinione locum exceperat, sed eum mox Pauli Secundi iniuria percelebrem fecit, cum litteratos quosdam et in his Platinam atque Callimachum tamquam impios atque maleficos tormentis excruciasset. Nam e Venetiis Romam pertractus ad dicendam causam perpetua vitae innocentia tutus nihil terreri potuit, ut integro constantique animo indigna fateretur. Veterum enim ingeniorum illustria nomina sibi ipsis indiderant, cum in coetu sodalium laureati Musas colerent. Ea nominum novitate pontifex elegantiae litterarum imperitus suspiciosusque vehementer offendebatur, quasi id esset occulta coniurantium tessera ad obeundum insigne facinus.

Sisto demum Innocentioque faventibus in gymnasio docuit incredibili nominis auctoritate auditorumque frequentia, adeo ut ante auroram profitentem Romana iuventus a media statim nocte praeoccupandis subselliis praeveniret. Descendebat e Quirinali saepe solus Diogenis more praeferens lanternam, cum opes contemneret et iucunda frugalitate venerabilis haberetur. Simplici namque et paene subagresti convictu usque adeo gaudebat, ut, cum frequenti semper limine coleretur, improvisi nobiles convivae, non sufficiente eius puero, per iocum admoniti, coquinae manus admoverent, unde perurbani sales multaeque facetiae sererentur.

Scripsit grammaticae compendium adultis pueris utile et graviore demum stilo seriatim Romanos Caesares gratissimoque libello in antiquae urbis ruinis vera loca atque vocabula demonstravit. Sed in suggestu summam laudem promeruit, quod eo magis mirum videtur, cum in familari sermone haestitante lingua balbutire esset solitus; nec orantem demum aut clara voce lectitantem ulla omnino oris titubantia deformaret.

Septuagenarius excessit e vita, cum gelidissimo vini potu ventriculi calorem oppressisset. Elatus est auditorum insignium piis umeris, honestante funus familia purpurata Alexandri pontificis et laudante Marso oratore. Cum variis autem elegiis tumulus ornaretur, epigramma Pontani consensu publico locum obtinuit.

> Pomponi, tibi pro tumulo sit laurea silva,
>> ossa maris rores myrteaque umbra tegant
> teque tegant artusque tuos violaeque rosaeque,
>> ver habeat, Zephyros spiret et ipse cinis.
> Stillet et ipse cinis quas et Parnassus et antra
>> Thespia, et ipsa suas Ascra ministret aquas.

SUB EFFIGIE FEDERICI FELTRI DUCIS URBINI

Hic est ille Federicus Feltrius Urbinatium princeps, qui in spectaculis equestribus ab ictu lanceae dextro orbatus oculo iniquam honestissimo ore deformitatem praefert. Is ab adulescentia datus in contubernium Francisco Sfortiae totam Sfortianae militiae disciplinam ita hausit, ut, cum in eo certissima magni futuri ducis indoles excelleret, ab invicto imperatore ex fratris filia gener adscisceretur. Hunc militari et demum imperatoria florentem laude usque adeo patrum nostrorum aetas admirata est, ut eum priscis illis ducibus, qui ab eodem orbitatis incommodo summae virtutis opinionem et famam sunt consecuti, non temere compararent, quod singulorum peculiares quasdam virtutes aemulari argutissimoque ingenio decerpere videretur. Nam quae propria Philippi Macedonis laus fuit, multo consilio bella suscipere

multoque maxima celeritatis vehementia conficere, oborientes
rerum casus ad rationem flectere, novas semper occasiones ad
alendum bellum aperire, frustrari longa mora hostes eorumque
praefectos pecunia saepe tentare et commenticiis litteris suspectos
et inutiles reddere, probe didicerat. Astutiis porro planeque
Punicis artibus Hannibalem aequabat, quo nemo umquam
callidius insidias tetendisse, nemo peritius instruxisse aciem,
nemo arma promptius atque ferocius expedisse traditur, quando
etiam in toto rei bellicae negotio subitae inexspectataeque prudentiae mira laus effulgeret, ei profecto persimilis, quae in Romano
Sertorio viguisset. Nam praeoccupare imminentium hostium
consilia, munitiora loca castris antecapere, hostes imagine com-
mittendae pugnae distinere, diuque ludificari ac fatigatos demum
longi laboris atque vigiliae mora ideoque vinci paratos peracri
repentinoque impetu invadere consueverat, sic ut non omnino sit
mirum si, qui octiens collatis signis conflixisse traditur, bis tantum
aequo Marte pugnaverit, cum sexiens victor profligato atque
exuto castris hoste triumphalem lauream rettulerit.

Ceterum bello et pace enitebat in eo ingenium grave admodum,
sed sine ulla severitate, quando in omnes lene miteque esset, sine
mollitie et nusquam ad contumeliam iracundum. Facundia
valuit efficaci atque apprime temperata, qua neminem offendens
cunctos modestiae et probitatis admonebat potius quam acerba
increpatione castigabat, utpote qui milites ingenuosque praesertim
pudore certius quam poenae metu in officio contineri praedicaret.
Eum porro militiae morem tenebat, ut tirones equites, quos ex
nobilissima iuventute instituebat, ad parandum decus semper
accenderet. Ab his autem, quos alacres et gloriae avidos fore
providebat, hoc sibi unum praestari postulare erat solitus, ut,
cum in conspectum hostium devenirent, non prius eorum aciem
reformidarent quam in eam audacter et fortiter primas hastas
confringerent, quo impigre facto, si ita videretur ut secunda pericula vitarent, tum demum equos reflecterent. Nihil enim ipsos ex eo
receptu vel pudoris vel ignominiae subituros. Dux namque
proeliorum et eius saeculi morum eximie peritus existimabat ad
primos impetus plerumque parari victoriam, qui longe vehemen-
tissimi ab effreni et aetatis vigore concitato milite, cum a veterano

decurione inducitur, provenire consuessent. Multis siquidem militiae exemplis compertum habebat tirones, uti nondum duri Martis pericula expertos, ab inconsulta ineundi proelii cupiditate, quod hostem elatis animis facile contemnunt, vehementem et plerumque insuperabilem vim afferre, sic ut eam, perturbata primo impetu adversariorum acie, quae non facile reparari atque restitui queat, coeptae semel victoriae secundissimus eventus continuo subsequatur.

Hanc in eo perpetuam bellicae laudis existimationem splendidissime cumulabant litterarum honos et magnificentiae studium. Nam qui praetorium laxitate et structurae elegantia Urbini aedificarat, in eo etiam bibliothecam condidit codicibus disciplinarum omnium refertissimam, existimabatque nihil esse alienius et turpius in bono principe quam nescire litteras, cuius incommodi socerum eundem atque nutricium maxime paenitere memoria teneret.

Raptus est fato suo, cum Herculem Atestinum adversus Venetos formidulosa Ferrariensibus arma inferentes oppositis ad Stellatam oppidum copiis tueretur. Ex his enim locis a Padana aura insalubribus et palustri solo damnatis letalem concepit morbum, quem iam plane senex diu ferre non potuit, eo forte die moriens, quo Robertus Malatesta, post relatam ad Sistum pontificem de Alfonso Aragonio ad Velitras profligato triumphi lauream, in urbe vita excessit.

BENEDETTO ACCOLTI (1497–1549)

Ad Pacem

Restituis fessis quod te, Pax aurea, rebus
    cultaque compositis litibus arva nitent,
turba tibi haec merito sese laetissima fundit
    et premit agrestes fronde revincta comas
quaque oleae hospitiis soles felicibus arcent,
    sollemni celebrat sacra novanda die.
Tu bona sis facilisque tuis adlabere donis
    moxque tuo auspicio candidus annus eat.

Musis

Musae, quae virides saltus quaeque abdita Pindi
    humano colitis non adeunda pede,
ne vos, ne pigeat densis discedere ab umbris
    antraque muscoso linquere picta solo,
letifer immiti quamvis nunc sidere passim
    usta premat longa Sirius arva siti.
Molsa meus, vestros coluit qui semper honores
    cuique dedit sacros Phoebus inire choros,
iamdudum graciles morbo tenuatus in artus
    extremam in mortis limine poscit opem.
Ergo herbas succosque simul properate salubres
    et medicae quicquid Cynthius artis habet.
Non levis exiguis aderit nam gloria factis
    vos uno incolumi restituisse duos.

Somno

Nox ruit et caelum fuscis invecta quadrigis
    umbrosam molli frigore opacat humum
atque adeo curis hominum genus omne repulsis
    languida concepto membra sopore levat.
Nulla tamen fessam reparant oblivia mentem
    et refugis nostras tu quoque, Somne, preces.
Somne, animi requies, curarum, Somne, levamen,
    huc ades et sanctum fer, taciturne, pedem,
imbutumque gerent lethaeo gurgite ramum,
    fac rore immadeant tempora victa levi.

353

Curarum obstantes demum propelle catervas
  et mihi securo sit tua dona sequi,
ut neque me eversi tangant incommoda saecli
  nec renovent tristes tempora saeva metus.
Ipse tibi floresque feram casiamque recentem,
  dulce sonans facili qua fugit unda pede,
et tibi, purpurea insurgat cui vertice crista,
  ales dissecto gutture tinguet humum.
Nunc tua defessos tandem vis alliget artus,
  dum iuvat et caelo lucida signa cadunt.

GEROLAMO FRACASTORO (1483–1553)

Ad Ioannem Matthaeum Gibertum

Ille tuus, Giberte, sacras qui in montibus aras
Melsineis tibi constituit, qui teque tuumque
per nemus omne canit perque omnia litora nomen,
haec enata suis mittit tibi poma sub hortis
aurea, quae quondam Medorum e finibus Atlas
transtulit et magno servabat tuta dracone,
mox victor sacra exspolians pomaria Perseus,
dum levibus nostrum talaribus aera tranat,
donavit Charitae Benaci ad flumina nymphae.
Insuper hos, Giberte, tibi dat munera pisces,
qui quondam Etrusci nautae nostraque fuere
effigie, nunc Benaci sub gurgite nantes
caerula converrunt sinuatis aequora caudis.
Quod si forte iuvat tanti miracula facti
atque hominum quondam versas audire figuras,
ipse edam, Saloi quae quondam ad litora Battus,
Battus amor Dryadum, cecinit, mihi rettulit Aegon.

Forte senex Cretae patriis Saturnus ab oris
ab Iove depulsus regnum sedesque quietas
quaerebat Latio in magno fataliaque arva.
Iamque diem medio sol inclinabat ab axe,
cum fessus longaque via siccatus et aestu
ad vada Benaci viridi prospectat in herba
vescentes nautas et puri grandia Bacchi
pocula miscentes, placido quos ore salutans,
"Ecquis," ait, "vestrum, pueri, succurrit egenti
defessoque seni? Quis pocula parva ministrat
exstinguitque sitim?" Poscenti illudere nautae
et ridere senem. Quis enim praesentibus undis
possit habere sitim? "En, flumine largius illo
ebiberis gelidaque aestum solabere lympha."
Illusus deus immissis in flumina palmis
haurit aquas pronusque bibit, tum versus ad illos,
"Quo tamen e pretio, pueri, ducetis ad illas
remigio cautes, quae fluctibus undique circum

clauduntur mediisque iacet parva insula in undis?"
Ostenditque locum.   Pretium gens impia iniquum
postulat, at pactus senior tamen omnia firmat
adiuratque deos testes scanditque phasellum.
Illi autem, dum nave cita liquida aequora sulcant,
ignari quisnam sedeat deus, "Eia, age, nobis
fare, senex, quonam latebras pro crimine quaeris?
Anne fugam subrepto auro dominoque relicto
in loca tuta paras? Sed te tua fata sequuntur,
demens, quem nullae poterunt servare latebrae."
Nomine Carpus erat, qui tam temeraria verba
dixerat.   Ingeminant comites aurumque reposcunt,
proferri subreptum aurum; ni proferat, omne
vi rapiant pulsumque rate in media aequora turbent.
Quos placidus dictis senior demulcet amicis.
"Etrusci nautae, quae nunc mens impia suadet
nec servare fidem vos nec meminisse deorum?"
Dicenti iam vis, iam dextra infertur. At ille,
qui tandem agnosci posset deus, "Impia," dixit,
gens inimica deum, dabitur, quod poscitis, aurum,
Hoc imo sub fonte aurum pascetis avari."
    Dixerat, ast illis veniam poscentibus et vox
deficit et iam se cernunt mutescere et ora
in rictum late patulum producta dehiscunt.
In pinnas abiere manus vestisque rigescit
in squamas caudamque pedes sinuantur in imam.
Qui fuerat subita obductus formidine, mansit
pallidus ore color, quamquam livoris iniqui
indicium suffusa nigris sint corpora guttis.
Carpus aquas, primus numen qui laesit, in amplas
se primus dedit et fundo sub condidit imo.
Inde alii celeri sese in media aequora saltu
praecipitant vacuamque ratem et sine remige linquunt.
Iamque deus super unus erat, subit ipse magistri
munus et adductis pelagi petit ultima ripis.
Expositus ripa, placidus conversus ad undas,
"Ecquid, io, Nymphae Benacides, ista supersit

navis et hunc amnem sacrum male fausta carina
et vestras sulcabit aquas? En, certe ita! Et huius
criminis hoc scopulo semper monumenta manebunt."
Dixit et in partem rupis conversa pependit
cum remis ratis ipsa suis, ubi cernere conchas
nunc etiam licet, externo quas litore nautae
collectas miseri media imposuere carina.

    Ex illo nunc Benaci per litora nantes
atque auri venas fundo pascuntur in imo
nunc etiam a primo retinentes nomina Carpo.

AD FRANCISCUM TURRIANUM VERONENSEM

Turri, si aut mihi villa et lar sit laetior aut tu
ferre domum tenuem possis parvosque penates
urbe procul ruri sese abscondentis amici,
quantum ego te his mecum Caphiis in montibus optem,
montibus his, ubi, si querulae nemora alta cicadae
non rumpant, equidem vix norim aestatis adesse
tempora, tam leni mitescit Iulius aura.
Sed quid, si est angusta domus, dum pulvere et omni
munda situ, dum sit nullo turbata tumultu,
nescia curarum, nullius conscia culpae,
alta ubi per totum sit pax et amica Camenis
otia et integri per magna silentia somni?
Quid refert, alius minio laquearia rubra
si inspicere, ipse velim fuligine nigra videre?
Si non deiectum caelo Iovis igne Typhoea
terrigenasque alios spirantia signa videbis
admirans opus aeterni memorabile Iuli,
at bona libertas aderit, quae rura beata
praecipue insequitur simplexque incedit et exlex.
Hic tibi, si paulo digitus sit inunctior aut si
potanti insonuit cyathus vel si pede utroque
non steteris, nemo obiciet nemoque sedentem
arguet, hoc illi si fors super incubuit crus.
Stare, sedere, esse ex libito et potare licebit.

    Forsitan et mihi quid vitae, quid sit studiorum
nosse optas, quo vel damnes vel singula laudes.

Mane venit, iuvat Auroram solemque videre
nascentem, qui non alio consurgit eoö
pulchrior, unde nova laetantur singula luce
et silvae scopulique et pictis nubibus aer.
Parte alia Benacum alto de colle saluto,
centum cui virides invergunt flumina nymphae,
ipse sinu magno genitor magno excipit amne.
Tum iuvat aut spectare boves mugitibus alta
complentes nemora aut pulsas in pascua capras.
Prae caper it, cui barba iubat, cui cornua pendent
intorta et grandes olido de corpore saetae.
Pone gregem reliquum compellit harundine virgo
upilio, multo armantur cui baltea fuso.
Interea natos discentes rustica amare
numina vicini nemoris gelidam voco in umbram,
qui libros, qui secum horae solacia portent.
Hic legitur viridique toro saxove sedetur
glandifera sub fago aut castanea hirsuta.
At variae circum silvis et frondibus altis
assuetae ludunt volucres atque aethera mulcent.
Tum densum nemus atque umbrae per gramina laeta
ieiunas nos invitant spatiarier horas.
At fessi haec inter pueri sitiuntque dolentque
plus aequo retineri et iam Musasque librosque
et Pana et gelidi pinus odere Lycaei.
Ergo praecurrere et aquas et vina pararunt
lucenti in vitro et flores sparsere nitentes.
Advenio. Primas atro lita mora cruore
aut grossi mensas ineunt, cors cetera et hortus
sufficit. Interea crebro sonat area pulsu,
increpitat seges et duri sub sole coloni
alternis terram feriunt et adorea flagris.
Fit clamor, resonat tellus rupesque propinquae
et paleae sursum strepitu iactantur inanes.
Laeta Ceres alto ridens despectat Olympo.
Umbra diem reliquum, somnus, librique viaeque
producunt, dum siccam aestu canis excoquit urbem.

Verum ubi caeruleis serus sese extulit undis
vesper et in caelum surgentia sidera vexit,
vicina e specula magni admirator Olympi
alta rupe sedens natis astra omnia monstro
accendoque animos patriae caelestis amore.
Illi admirari et cognoscere sidera discunt,
Cepheaque Arctonque et servantem plaustra Bootem.
   Haec ergo praeferre urbi et contemnere magna
si possis, quid te teneat, ne tu ocius ad nos
accurras? Etiam has sedes, haec limina magnus
Naugerus subiit nec dedignatus adire est
Battus, amor Musarum, ipsum quo tempore primus
Pana atque antiquos cecinit telluris amores.
Hic me etiam desueta deae medicumque senemque
carmina iusserunt canere et ridere beato
illudentem urbem et male sani murmura vulgi.
Verum haec Gibertus ne viderit ipse, caveto,
ni forsan Babulone animum curasque relaxans
propter aquam viridi laetus consederit herba,
qua placidus leni descendit Tartarus amne.
Scilicet hic numeros non aspernatur et audit
nos etiam et nostram, quamvis sit rustica, musam.
Verum, ubi se sibi restituit mentemque recepit
illam alto intentam caelo, seu sacra sacerdos
munera obit totum seu contemplatur Olympum,
tum supra et Musas et ruris numina supra est,
vitam agitans divum, diis se caelestibus aequans.

Ad Ioannem Baptistam Turrianum Veronensem

Iam veniet ver purpureum iuvenisque revertens
annus aget zephyros et caelo desuper alto
deducet pleno genitalia semina cornu;
unde hominum genus et pecudum vitaeque natantum
et pictae volucres et amantes roscida plantae
in Venerem caeco aeterni rapiuntur amore.
Gaudete, o quicumque bonum speratis agrestes,
quorum amor est subolis studiumque nepotibus arva
incolere et parvas ulmis attollere vites.

Annus, io! novus annus adest, mutatur et aetas
et meliora novo nascuntur saecula mundo.
Bella pater procul et diras Saturnus Erinyes
arcebit caro e Latio ac sub Tartara mittet.
Tum letum et caecus furor et vesana cupido
perpetuis extra terras religata catenis
persolvent poenas scelerum, at pax alta per omnem
Italiam magno populos sub Caesare viset.
Ille autem insignis spoliis et mille tropaeis
instituet festos alta ad Capitolia ludos.
Stabit onusta ingens Tarpei ad limina templi
quercus honore sacra et praenuntia temporis aurei.
Tum vescae glandes, tum, terra sponte ferente
omnia, comparibus disiunget colla iuvencis
agricola et rudibus mirabitur hordea sulcis
sponte adolere sua et nullo frumenta colono
undantem laetis segetem flavescere campis.
Noctibus in silvas et mollia prata serenis
aethereo dulcem commixtum nectare rorem
sudabit caelum, tenera qui lectus ab herba
mortales saturat mensa dapibusque deorum.
Salve, magne Tibri, et vos, natae Tibride nymphae,
tuque, senex pater Eridane, et qui flumine Tusco
Benace in nostro placidus perlaberis agro.
Tuque, Athesis, cunctique amnes salvete Latini,
diique omnes magnae Hesperiae, qui saecula soli
aurea Saturni primo meministis ab aevo,
cum saepes vel limes adhuc communibus agris
non foret aut ulli variarent iugera sulci,⌐
sponte sua sed terra ferax daret omnia et ipsa
praeberent dulci victum de robore glandes.

Ad Eundem

At nemora et liquidis manantia fontibus arva
et placidus myrteta inter laurosque virentes
vicinus nitido Benacus labitur amne.
At focus et circum pueri vernaeque canentes,

dum cena undanti coquitur silvestris aeno
grandiaque exurunt crepitantes robora flammae,
suspensae e summis pendent laquearibus uvae
malaque castaneaeque et passo fistula ventre.
Hiberna de nocte boum stabula alta petuntur.
Una omnes matresque virique omnisque iuventus
insomnem exercent noctem. Pars pensa fatigat;
pars texit teneros Amerino vimine qualos;
atque anus hic aliqua interea, dum vellera carpit
et teretem tremulo propellit pollice fusum,
languentis oculos fabella fallit inani.

Ad Ioannem Baptistam Turrianum Veronensem

Batte, animos quando tristes curasque levare
Musa potest, ego nunc sortem casusque supremos
ipse meos tristi solabor carmine tecum
et tecum dulcis natos, quos funus acerbum
abstulit aeterna et pariter caligine texit,
conquerar, ut saltem tenebris et nocte perenni,
quantum opis est nostrae, miserorum nomina demam.
Quae potui, dum vita illos auraeque fovebant,
exhibui genitorque gubernatorque duorum
infelix. Primas alter vix fingere voces,
alter adhuc teneris iam tum decerpere ab annis
prima rudimenta atque omen praebere parenti.
Quos ego (sed Zephyri spes portavere paternas)
censueram, si fata darent, cum posceret aetas
fortior, ad dulcis tecum traducere Musas
assiduos citharamque umeris suspendere eburnam.
Inde, ubi iam caelum ac solem fulgentiaque astra
terramque et liquidos ignes aequorque profundum
mirari inciperent latisque animalia campis,
te monstrante viam, te rerum arcana docente,
mens fuerat dulcis sophiae deducere ad hortos,
hortos, quos ver perpetuum, quos aura Favoni
semper alit, semper caelesti nectare pascit.
Hic tremulo et longa confecto aetate parenti

purpureos legerent flores seniique levamen
Threicia canerent cithara, quae plurima quondam
audissent, te populea meditante sub umbra,
divino mirantem Athesim dum carmine mulces
et rerum canis et teneri primordia mundi.

* * * * * * * *

O fortunatum nimium, si numina tantum
haec mihi servassent, si non casura dedissent!
Verum aliter Lachesi visum est, quo tempore primum
natorum coepit producere fila duorum.
Quippe auram miseris et dulcem noscere vitam
spemque sui dederat praebere; alia omnia ventis
tradita nocte atra et tenebris involverat Orci.
Non licuit firmos annis viridesque iuventa
inspicere et carae ad metam deducere vitae.
Nec potui votis nec ope adiuvisse paterna
clamantes frustraque patris suprema petentes
auxilia et nota nequiquam voce vocantes.
Heu! mortem invisam! Quis te mihi, Paule, deorum
arripit et miserum complexibus abstrahit istis?
Tu prior immiti correptus morte parentem
deseris et dulcis auras et lumina linquis.
Quod te si tali dederant sub lege futurum
fata mihi, non iam fuerat maeroris abunde,
non gemitus? Quid me e tam multis patribus unum,
caelicolae, lacrimisque novis et morte recenti
opprimitis caroque etiam spoliatis Iulo?
Heu! miserande puer! Quanto plena omnia luctu
liquisti abscedens! Quem non vesana deorum
incusavit inops, cum te complexa iacentem
aspiceret laniata comas et pectora mater?
A! misera! a! male fausta parens, quid numina fletu
sollicitas? Iacet ille, velut succisus aratro
flos tener et frustra non audit tanta gementem.
A! misera! a! quid sublatum complexa moraris?
Ille tuus non iam est. Vos illam in funere, matres,
collapsam accipite exanimemque reponite tectis.

At vos insontes animae, carissima nuper
pignora, quod misero superest optare parenti,
semper avete, mei, ut licuit, semperque valete.
Seu dulce Elysium functos umbraeque tenebunt
sanctorum nemorum, puro seu sidera caelo,
ipse ego vos semper lacrimis, vos carmine tristi
prosequar et vestris persolvam iusta sepulcris,
donec me vobis tenuem coniunxerit umbram
summa dies, natis aequat quae sola parentes.

Interea curas numeris musaque levemus,
Batte, animos, quando rerum mortalis origo est,
quando etiam vitae norunt vasta aequora finem.
Scilicet et quondam veniet labentibus annis
illa dies, cum iam curvo sub vomere taurus
desudet terramque gravis proscindat arator,
nunc ubi caeruleae rostris spumantibus undae
sulcantur verruntque citae freta longa carinae.
Nec vos, o liquidi fontes, aeterna manebunt
saecula, se tanto quamvis pater efferat amne
Eridanus tumidusque fluat tot cornibus Ister.
Quin etiam aerii montes, mirabile dictu,
Taygetus, Syphilusque iugo et Cymbotus opaco,
innumeras post aestates ac saecula longa
senserunt seniumque suum supremaque fata,
ex quo materies thalamos primosque hymenaeos
atque elementa novus sensit discordia mundus.

De Syphilide Sive Morbo Gallico

Ausonia infelix, en, quo discordia priscam
virtutem et mundi imperium perduxit avitum!
Angulus anne tui est aliquis, qui barbara non sit
servitia et praedas et tristia funera passus?
Dicite vos, nullos soliti sentire tumultus,
vitiferi colles, qua flumine pulcher amoeno
Erethenus fluit et plenis lapsurus in aequor
cornibus Euganeis properat se iungere lymphis.
O patria, o longum felix longumque quieta

ante alias patria, o divum sanctissima tellus,
dives opum, fecunda viris, laetissima campis
uberibus rapidoque Athesi et Benacide lympha,
aerumnas memorare tuas summamque malorum
quis queat et dictis nostros aequare dolores
et turpes ignominias et barbara iussa?
Abde caput, Benace, tuo et te conde sub amne
victrices nec iam deus interlabere lauros!

En etiam, ceu nos agerent crudelia nulla
nec lacrimae planctusve forent, en! dura tot inter
spes Latii, spes et studiorum et Palladis illa
occidit! Ereptum Musarum e dulcibus ulnis
te miserum ante diem crudeli funere, Marce
Antoni, aetatis primo sub flore cadentem
vidimus extrema positum Benacide ripa,
quam media inter saxa sonans sacra abluit unda.
Te ripae flevere Athesis, te voce vocare
auditae per noctem umbrae manesque Catulli
et patrios mulcere nova dulcedine lucos.

Tempestate illa Ausoniam rex Gallus opimam
vertebat bello et Ligurem ditione premebat.
Parte alia Caesar ferro superabat et igni
Euganeos placidumque Silim Carnumque rebellem
et totum luctus Latium maerorque tenebat.

—I. 437–469.

MARCO ANTONIO FLAMINIO (1498–1550)

Hymnus in Auroram

Ecce ab extremo veniens Eoo
roscidas Aurora refert quadrigas
et sinu lucem roseo nitentem
    candida portat.

Ite, pallentes tenebrae, sub Orcum,
ite, quae tota mihi nocte diros
manium vultus, mihi dira semper
    somnia fertis.

Da lyram vati, puer; ipse flores
sparge, dum canto. Bona diva, salve,
quae tuo furvas radiante terras
    lumine lustras.

En, tibi suaves violas crocumque,
en, odorati calathos amomi:
surgit et nostros tibi dulcis aura
    portat odores.

Deferat laudes utinam precesque,
quas tibi supplex mea Musa fundit,
iam pio sanctos bene docta divos
    tollere cantu.

Quis tuam digne celebrare lucem
possit, o almae genetrix diei?
Quis tuam formam, o dea ante divas
    pulchrior omnes?

Ut genas caelo roseas comamque
auream profers, tibi fulva cedunt
astra, decedit rutilante victa
    luna decore.

Te sine aeterna iaceant sepulti
nocte mortales, sine te nec ullus
sit color rebus neque vita doctas
    culta per artes.

Tu gravem pigris oculis soporem
excutis (leti sopor est imago);
evocans tectis sua quemque laetum ad
    munia mittis.

Exsilit stratis rapidus viator,
ad iugum fortes redeunt iuvenci,
laetus in silvas properat citato
    cum grege pastor.

Ast amans carae thalamum puellae
deserit flens et tibi verba dicit
aspera, amplexu tenerae cupito a-
    vulsus amicae.

Ipse amet noctis latebras dolosae,
me iuvet semper bona lux. Nitentem
da mihi lucem, dea magna, longos
    cernere in annos.—*I. 5.*

De Delia

Pulchris undique ramulis
    instar imbris in aureum
    manabant dominae sinum
    flores suave rubentes.
Talis Idalia Venus
    silva sub viridi iacet
    myrto puniceo hinc et hinc
    nimbo tecta rosarum.
Hic flos purpureas super
    vestes, hic super aureos
    crines, hic rosei super
    oris labra cadebat:
ille gramine roscido
    insterni, hic vitrea super
    lympha nare, alius cito in
    girum turbine verti.
Leni murmure candidum
    audisses Zephyrum tibi
    palam dicere, "Regnat hic
    blandi mater Amoris."—*I. 6, 45–64.*

AD AGELLUM SUUM

Venuste agelle, tuque pulchra villula,
   mei parentis optimi
olim voluptas et quies gratissima
   fuistis; at simul senex
terras reliquit et beatas caelitum
   petivit oras, incola
vos alter occupavit atque ferreus
   amabili vestro sinu
me lacrimantem eiecit et caris procul
   abire iussit finibus.
At nunc, amica rura, vos reddit mihi
   Farnesii benignitas.
Iam vos revisam, iam iuvabit arbores
   manu paterna consitas
videre, iam libebit in cubiculo
   molles inire somnulos,
ubi senex solebat artus languidos
   molli fovere lectulo.
Gaudete, fontes rivulique limpidi!
   Eri vetusti filius
iam iam propinquat vosque dulci fistula
   mulcebit, illa fistula,
quam vestro Iolae donat Alcon maximus,
   ut incliti Farnesii
laudes canentem Naidum pulcher chorus
   miretur et Pan capripes.—*I. 17.*

VINITORES

Praetor optime, vineas tueri
ab hoc Pygmalione iam nequimus.
Quo vorat magis, in dies et horas
augescit magis et magis vorandi
libido furiosa nec Charybdis
huius viscera quicquid est ubique
uvarum saturare possit. Ergo
rogamus miseri coloni, ut ista

tempestas barathrumque vinearum
pellatur procul hinc malas in oras,
dum vindemia pendet, aut bibemus
lympham pro mero et omnium labores
obscena ingluvie unius peribunt.—*I. 50.*

IANTHIS

Venisti tandem tandem, mea sola voluptas,
venisti et lucem miserae vitamque tulisti.
Quantum vere novo gaudet lasciva capella,
aestivis quantum sitientes imbribus horti,
tantum, Mopse, tuo reditu laetatur Ianthis.
Te sine, care puer, leto mihi tristior ipso
vita fuit tardoque dies mihi tardior anno.
Seu tenebras Vesper, seu lucem ferret Eous,
me flentem Vesper, flentem cernebat Eous.
Lugebant silvae, lugebant mollia prata
formosusque suo amiserat hortus honores
et desiderio domini pecus omne peribat.
Dulcia nunc tecum redierunt gaudia cunctis.
Adspice, te laeta pinus complectitur umbra;
arguto properans te murmure lympha salutat
albaque purpureum tibi ducunt poma colorem;
ipsa ego nunc dulci saturabo lumina vultu.
Discedet macies, discedet corpore pallor
et tecum longos peragam feliciter annos.
Seu teneras solito pasces in monte capellas,
seu patrios fines linques et pabula nota,
quicquid ages, formose puer, tua cara puella
tecum semper erit, terras comes ibit in omnes,
Iam didici, quid sit iuvenem exspectare morantem;
exspectans una vel nocte puella senescit.—*II. 2.*

AD NYMPHAS DE FONTE PHILALETHIS

Naiades pulchrae, pulchris e fontibus ortae,
hanc lympham vobis Philalethes dedicat. Illa
nec fons frigidior quisquam nec purior. At vos
arenti vestram lympham defendite ab aestu,

neu sitiant myrti neu desit floribus umor;
et domino ruris viridem servate senectam.—*II. 3.*

De Hieronymo Savonarola

Dum fera flamma tuos, Hieronyme, pascitur artus,
  Religio sanctas dilaniata comas
flevit et, "O," dixit, "crudeles parcite flammae,
  parcite; sunt isto viscera nostra rogo."—*II. 14.*

De Actio Sincero

Quantum Vergilio debebit silva Maroni
  et pastor, donec Musa Maronis erit,
tantum paene tibi debent piscator et acta,
  Acti, divino proxime Vergilio.—*II. 20.*

Intonsi colles et densae in collibus umbrae
  et qui vos placida fons rigat ortus aqua,
si teneros umquam Fauni celastis amores,
  si vos Nympharum dulcia furta iuvant,
este boni tutasque mihi praebete latebras,
  dum sedet in gremio cara Nigella meo.—*III. 4.*

Hos tibi purpureos in serta nitentia flores,
  dum sol exoritur, Thestyli cara, lego,
dumque lego, crebra ingeminans suspiria dico,
  "O utinam fieri vos, mea dona, queam!"—*III. 15.*

Thestyli cara, favis Hyblaeis dulcior, ecquid
  munera pulchra vides, quae tibi ab urbe fero?
Adspice flaventem pallam roseosque cothurnos
  et mitram et bullis cingula clara suis.
Haec ego dum porto, vidit pulcherrima Phyllis
  atque ait, "Haec dederis si mihi dona, puer,
et Venerem et Cereris sanctissima numina testor,
  te praeter nullus Phyllida habebit amans."
Ast ego per Phoebum et Musas, mea Thestyli, iuro
  (si fallo, semper sis inimica mihi!)
nulla puella meos te praeter habebit amores:
  dum vivam, semper tu meus ardor eris.—*III. 16.*

Irrigui fontes et fontibus addita vallis
   cinctaque piniferis silva cacuminibus,
Phyllis ubi formosa dedit mihi basia prima
   primaque cantando parta corona mihi,
vivite felices nec vobis aut gravis aestas
   aut noceat saevo frigore tristis hiems.
Nec lympham quadrupes nec silvam dura bipennis
   nec violet teneras hic lupus acer oves;
et Nymphae laetis celebrent loca sancta choreis
   et Pan Arcadiae praeferat illa suae.—*III. 20.*

Adspicis ut laeti surgunt per gramina flores,
   explicat ut virides arbor ubique comas?
Ut melius fulgent soles, ut nubila caelo
   diffugiunt terris diffugiuntque nives?
Haec facies, haec est Lygdae ridentis imago:
   tristitiam vultu sic fugat illa suo.—*III. 26.*

Caper, capellis ire dux ad pascua
suetus, quid aegros ultimus trahis pedes?
Tu primus alta montium cacumina,
cum sol quadrigis aureis portat diem,
primus reposta vallium cubilia,
quo fons loquaci limpidus lympha vocat,
primus petebas, nocte cum prima domum
magnis capellas antecedens passibus;
nunc maestus, aeger, ultimus prodis domo.
Caper miselle, num requiris candidam
Hyellam? Et illa absente nec thyma dulcia
nec umbra dulcis nec tibi est dulcis liquor?
Caper miselle, Hyella bella est mortua.
Luge, miselle; bella Hyella est mortua
aliumque valle pascit Elysia gregem
videtque puro lacte fontes currere
auraque longe dulciore vescitur
neque amplius redire, si velit, huc queat
neque, si queat, redire iam amplius velit.

At tu, morere dominamque vise trans Styga
aut vive posthac omnium miserrimus,
caper miselle, omnium miserrime.—*IV. 3.*

Quisquis es, upiliove bonus bona vel caprimulga,
   siste gregem et sacro munera fer cineri.
Da violas tumulo; fundat dulcissima vina
   cantharus et tepido lacte madescat humus.
Dehinc lacrimans sic fare, "Cinis carissime nobis,
   nunc cinis, ast olim candida Hyella, vale."—*IV. 9.*

Cum misera ante diem fida comitata capella
   iret ad infernas candida Hyella domos,
ille malus saevis redimitus colla colubris
   Cerberus, invisas qui cubat ante fores,
non pavidam horribili tremefecit voce puellam
   nec rabidis illam dentibus appetiit,
sed tremulo blandae gannitu vocis adulans
   et lingua lambens crura pedesque fera
aetherias voluisset eam remeare sub auras
   et tam formosae virginis ire comes:
quique tot heroum magnas latraverat umbras,
   optavit parvi nunc gregis esse canis.—*IV. 13.*

Farnesi, pater omnium leporum,
hos tibi lepidissimos poetas
dono, tempora quos tulere nostra,
fortunata nimis, nimis beata
nostra tempora, quae suos Catullos,
Tibullos, et Horatios, suosque
Marones genuere. Quis putasset,
post tot saecula tam tenebricosa
et tot Ausoniae graves ruinas,
tanta lumina tempore uno in una
tam brevi regione Transpadana
oriri potuisse? Quae vel ipsa
sola barbarie queant fugata

suum reddere litteris Latinis
splendorem veteremque dignitatem.
Salvete, o decus, o perennis aevi
nostri gloria, candidi poetae,
quos novem in tenero suo sorores
nutrivere sinu suoque digna
choro Castalio loqui dedere.
Vos et carmina vestra sempiterno
urbes Italiae colent honore.
Vos et Gallus Iberque bellicosus
et Germania docta Sarmataeque
mirabuntur et ultimi Britanni,
erit dum Latiis honor Camenis.
Quin ultra Oceanum alteroque in orbe
vos discent populi, quibus redit lux
Aurora exoriente, cum nigrescit
aer iam tenebris sub axe nostro.
Nam (mirabile dictu!) in iis quoque oris
nunc linguae studium viget Latinae.
At tu, floscule Romuli nepotum,
quem Phoebus pater et Minerva doctis
certatim artibus expolire gaudent,
Alexander, habe tibi hunc libellum
venustum, lepidum, tuasque laudes,
istis quae celebrantur a poetis,
aeternas fore scito; nam manebit
aeterno aureolus libellus aevo.—*V. 1.*

AD HIERONYMUM TURRIANUM DE MORTE VICTORIAE COLUMNAE

Cur desiderio modum et dolori
me vis ponere, Turriane? Acerbo
cui Victoria fato adempta, quae me
non minus quam oculos suos amabat,
qua nihil veniens ab ultimo Indo
clarius meliusve sol videbat,
cui mens candida candidique mores,

virtus vivida, comitasque sancta,
caeleste ingenium, eruditioque
rara, nectare dulciora verba,
summa nobilitas, decora vultus
maiestas; opulenta, sed bonorum
et res et domus usque aperta ad usus.
Illa carminibus suis poetas,
quotquot saecula multa protulerunt,
longe vicerat; illa vincit omnes,
sive flebilibus modis maritum
exstinctum decorans sepulcro ab imo
summa ducit in astra, sive regi
caelitum unigenaeve regis hymnos
filio canit. Illa vel canendo
ventos sistere, fluminum morari
impetus poteratque leniores
tigres reddere mitibus columbis.
At tu, surdior Hadriae procellis,
immitissima Mors, manum rapacem
illi es inicere ausa. Mors acerba,
tu solem Italiae suum abstulisti.
Sed nil proficis. En, meae Columnae
fama sidere clarior refulget!
En, Victoria caelitum beata
vita nunc potitur vagique solis
sub se lumina cernit, ipsa sole
multo splendidiorque pulchriorque.
Ergo flebilibus modum querelis
iam iam, candide Turriane, pono,
ne plorem mihi inique amicus illam,
quae laeto celebranda versu et ipsi
addenda est numero beata divum.—*V. 4.*

AD LUDOVICUM STROZZAM

Strozzam Flaminius suum salutat
Benaci liquidam iacens ad undam
sub myrto beneolente, dum superba
terit limina principum misellus

Strozza. Tune molesta in urbe semper
inclusus variis agri beati
numquam deliciis fruere? Numquam
ruris gaudia noveris? Miselle,
rumpe obstantia claustra, rumpe lentas
moras, si sapis, optimumque amicum
vise. Hic Vergilium tuum meumque
Catullum vacui legemus. Hic tu
cultis versiculis canes amoenos
hortos et vitrei lacus decentes
nymphas; me cithara bonum Gibertum
iuvat dicere, cuius hic agellus
mihi munere partus. Hunc agellum
ille donat habere, quo nec alter
Baccho et Palladi gratior nec alter
Musis otia et abditos recessus
praebet commodius. Modo haec benigni
faxint propria dona di, talenta
Croesi despicio Midaeque acervos.—*V. 20.*

AD FRANCISCUM TURRIANUM

Per tui Ciceronis et Terenti
scripta te rogo, Turriane docte,
ut postridie adhuc rubente mane,
cum fecundat humum decorus almo
rore Lucifer, exiens Giberti
domo ad me venias equo citato,
ne tibi igneus antevertat aestus.
Hic fontem prope vitreum sub umbra
formosi nemoris tibi parabo
prandium Iove dignum. Habebis et lac
dulce et caseolum recentem et ova
et suaves pepones novaque cera
magis lutea pruna. Delicatos
addam pisciculos, nitens salubri
quos alit mihi rivulus sub unda.
Ad mensam vetulus canet colonus

iocosissima carmina et coloni
quinque filiolae simul choreas
plaudent virgineo pede.   Inde ocellos
ut primum sopor incubans gravabit,
iucundissime amice, te sub antrum
ducam, quod croceis tegunt corymbis
serpentes hederae imminensque laurus
suaviter foliis susurrat.   At tu
ne febrim metuas gravedinemve;
est enim locus innocens.   Ubi ergo
hic satis requieveris, legentur
lusus Vergilii et Syracusani
vatis, quo nihil est magis venustum,
nihil dulcius, ut mihi videtur.
Cum se fregerit aestus, in virenti
convalle spatiabimur.   Sequetur
brevis cena.   Redibis inde ad urbem.—*V. 25.*

Ad Petrum Victorium

Victori, tibi plurimum fatemur
nos debere, quibus tuo labore
hic Aristotelis libellus artem
et mysteria rhetorum recludens
explanatur ita apte et eleganter,
ut, quem aegre unus et alter eruditus
intellexerat ante, inerudrti
te docente queant labore nullo
nunc intellegere.   Ergo iure cuncti
indocti simul atque docti amamus
te de hoc munere maximasque semper
labori tuo et eruditioni,
rhetor maxime, gratias agemus.—*V. 21.*

Ad Hieronymum Pontanum

Quod, Hieronyme, patriis ab oris
Cornelique Foro procul remotus
nunc urbem maris incolo Hadriani
reginam, modo Romuli superbas

arces praefero vel venusta rura
Casertae, nihil est profecto cur me
amantem patriae parum arbitrere.
Ante urbes alias et ante me ipsum
illam semper amavi et usque amabo,
dum sensum mihi caelites amandi
concedent. Itaque ipsa magnitudo
amoris facit, ut carere malim
optata genetrice quam videre
illam armis odiisque saevientum
natorum laniatam. Acerba fata
cives praecipites agunt nec ulla
tangit cura parentis efferatas
mentes. Cur igitur colam paternos
lares? Num ut videam meis ocellis
vias sanguine civium meorum
manantes et ubique tecta saevo
igne ardentia? Quin meas ad aures
nefanda haec scelera impiaeque caedes
quando perveniunt, abire ad Indos
et ultra Oceanum opto, quo nec ipsum
nomen dulce mihi simulque amarum
Corneli penetret Fori, nec ulla
ruentis patriae venire possit
fama, quae mihi sic acerba, sic est
taetra atque horribilis, deos ut hercle
noctes atque dies rogare pergam
vel servent patriam meam vel ipsi
dent mihi subita perire morte.—*V. 47.*

De Saxis Romae Nuper Repertis

Haec saxa publicis notata litteris,
quibus triumphi consulesque origine
ab ultima indicantur ad novissimam
Octaviani Caesaris diem, tibi
Farnesius Alexander e fori eruta
altis ruinis, magna Roma, dedicat,
ut sint decusque civiumque acerrima
ad aemulandam gloriam incitatio.—*VI. 4.*

AD LUDOVICUM BECCATELLUM

Ne vivam, bone Ludovice, ni me
et mei miseret tuique. Nam quis
deus vel mala sors utrumque semper
captivum tenet urbis in tumultu?
Si nos ambitio pecuniaeve
augendae premeret sitis, tacerem;
sed cum divitiis honoribusque
magnis otia praeferamus, a! cur
Romam praeferimus meo Lavino
Albinoque tuo? O venusti agelli,
Musarum domus et quies laborum,
tam longe mihi vita num manebit,
ut meos satiare possim ocellos
vestro dulci et amabili decore?
O tandem placida et beata rura,
nos carum accipite in sinum nec ulla
vis avellere possit. Hic et haedo
et pomis oleaque pensilique
uva nos alite et, simul supremum
tempus venerit, ossa sub virenti
lauru condite, qua fugit per herbas
suavem rivulus excitans susurrum.—*VI. 17.*

PRAEDĬCAT SE SINE TUTELA CHRISTI IN MALA
OMNIA PRAECIPITEM RUERE

Te, sancte Iesu, supplici
adoro corde; cor tibi
meamque mentem dedico.
Ut bimulus puer, sua
custode si caret, sibi
magna creat pericula,
sic ipse, si desit tui
tutela praesens spiritus,
in cuncta praecipitem mala.
Dulcis, benigne spiritus,
me, quaeso, totum posside
tuaque flamma incendito
amore cor. Illumina

mentis tenebras. Excoque
quodcumque inhaeret noxii.
Fac semper in te gaudeam.
Opes, honores sordeant
summique patris gloria
sit luce clarior mihi.
Seu pascit hortus lumina
florum colore gemmeo,
seu fons susurrans vitreis
delectat undis, ilico
vox surgat in laudes Dei.
Sol, Luna, fulgor siderum,
lapsus perennes amnium,
formosa silva, frugibus
ager redundans, omnia
quaecumque cerno, maximam
sancti beati numinis
benignitatem cernere
manuque tractare faciant.
Hinc ipse discam comiter
omnes iuvare, nemini
nocere. Purus, integer
Deoque carus exigam
quod restat aevi. Transvolans
dein summa caeli sidera
fruar perenni gaudio.—*VIII. 19.*

COMMENDAT ANIMUM SUUM DEO
Rector beate caelitum,
qui sic amas mortalium
salutem, ut almi filii
cruore sancto laveris
peccata eorum, suscipe
servi precantis spiritum,
qui fretus unica tua
benignitate languidos
artus libenter deserit,
ut alta caeli sidera
petens fruatur, optime
Pater, tua praesentia
et sempiterno gaudio.—*VIII. 21.*

BASILIO ZANCHI (1501-1558)

In Elisam

Tempore quo primum facies se lucida caeli
    exserit et vario prata colore nitent,
errabat mea vita vagi prope Tibridis undam,
    qua circum viridi flore renidet humus.
Hinc atque hinc pictae resonant pia turba volucres
    Daulias et densis obstrepit arboribus.
Aligeri exsultant pueri plaudentibus alis;
    pro Venere hanc matrem iam sibi quisque cupit.
Hic demum herboso caput inclinata cubili
    molliter exsertum pressit Elisa latus.
Mox surgit strophioque sinus et lactea colla
    pingit et ornatam versicolore comam
dumque comam Zephyris circum spirantibus auream
    sol videt, obducto palluit ore deus.
Hinc auro fulsere aurae, fulsere repente
    prataque et aurato fulsit ab amne pater.
Caelestes dumque illa oculos circum omnia volvit,
    pro spinis violas terra beata tulit.
Quid tunc optarim tacitus mihi, dicat Apollo;
    dicat, qui nostro pectore regnat, Amor.

Tumulo Actii Sinceri Sannazarii

Has nassas, haec lina tibi, Sincere, sepulto
    piscator tenui dedicat arte Mycon.
Hos calamos myrtumque tibi viridemque coronam
    Arcadiae pastor ponit ab arte Lycon.
Has lacrimas vulsamque a vertice Mergillina
    caesariem et violas spargit et ammineum.
Parthenope patria ipsa tibi de marmore bustum
    condit et extentis funera temporibus.
Quid moror? Aeterni te suscipit umbra Maronis
    et tibi vicinum donat habere locum.

In Obitum Andreae Naugerii

Naugeri, tibi Nereides statuere sepulcrum,
    aequoris Adriaci qua levis unda silet,

qua solitae in numerum, numeros dum pectine ducis,
concinere et virides ducere saepe choros.
Et Doris tumulo conchas et lucida texit
coralia et placidis marmora lambit aquis.
Ipse etiam circum adfusis pater Adria lymphis
ingemit et maestum litora murmur habent.
Parva loquor; te, te amisso dolet Itala virtus
maeret et infractis Faunus harundinibus.

GIOVANNI PIERO VALERIANO (1477–1558)

De Litteratorum Infelicitate

Hic Contarenus profundissimo suspirio ducto, "Nullum, mehercule," inquit, "tempus fuit, ex quo litterarum studiis delectari coepi, ut non hoc unum maxime concupierim, occasionem aliquando mihi dari Romam invisendi, ut, quae hic florere ingenia omnium praedicatione acceperam, praesens inspicerem et optatissima eorum fruerer consuetudine. Accidit autem superiore anno, ut vix ad senatum meum rettulerim de iis, quae in Hispana legatione apud Carolum Caesarem gesseram, cum me patres civesque mei legatum ad Pontificem Summum destinarunt. Quod quidem munus etsi alienissimo tempore mihi demandatum intellegebam, turbantibus non totius modo Italiae, sed orbis universi rebus, et pontifice ipso, qui ex arce Aelia profugerat, propemodem extorre, in eam tamen erectus spem, ut vel sua ipse providentia motus vel meo et aliorum consilio persuasus ad sedem suam sedatis aliquando Romae rebus reverteretur atque ita Romam videndi causa et opportunitas mihi concederetur, aliquanto hilarius provinciam suscepi. Pontificem itaque, cum Romam revisere constituisset, subsecuti sumus. Sed is statim gravissimo quo affectus est morbo magna nos identidem sollicitudine affecit, quam ut quoquomodo lenire conaremur, quondam principe tam male affecto nullus erat negotiis neque publicis neque privatis locus, eo me converteram, ut vestrorum ingeniorum cognitione consuetudineque me oblectarem. Sed, bone Deus! cum primum coepi philosophos, oratores, poetas, Graecarum Latinarumque litterarum professores, quos in Commentario conscriptos habebam, perquirere, quanta quamque crudelis tragoedia mihi oblata est, qui litteratos viros, quos me visurum sperabam, tanto numero comperiebam miserabiliter occubuisse atrocissimaque fati acerbitate sublatos indignissimisque affectos infortuniis, alios peste interceptos, alios in exsilio et inopia oppressos, hos ferro trucidatos, illos diuturnis cruciatibus absumptos, alios, quod aerumnarum omnium atrocissimum arbitror, ultro sibi mortem conscivisse! Quae quidem tot excellentium hominum calamitates primo eo impetu quanto me dolore affecerint, vix umquam fando explicare possem. Quod nisi vos saltem et pau-

cissimos alios comperissem, meae me istuc profectionis meique
huius invisendi Romam studii paenitere iam occeperat."

Hic Pollio Contareni secutus argumentum, "Miserum," inquit,
"et lamentatione dignum est, non infiteor, tot claros litteratura
viros Romae tam brevi temporis curriculo et, quod infelicius est,
miserabili fere omnes mortis genere defecisse. Sed huiusmodi
clades, quo maiore numero editae sunt, eo sunt detestabiliores.
Longe igitur miserius atque flebilius est per universam etiam
Europam aetate nostra bonas litteras ita fatorum inclementia
vexatas, ut nulla iam provincia sit, civitas nulla, nullum oppidum,
in quo quadragesimo abhinc anno non aliqua insignis calamitas
in hoc hominum genus incubuerit. Ita nostro saeculo tempestas
haec in optimos quosque effusa est atque adeo non nostras tantum
regiones sed et universum terrarum orbem omnifariae doctrinae
luminibus orbavit. Videtis enim auditisque passim bonos omnes
indignissimis aerumnarum omnium casibus afflictos paucissimos-
que admodum enumerare possumus, qui felici usi vel vita vel
senio leniore mortis genere occubuerint, et, ut vera vobis fatear,
quoniam haec iniquioris fortunae tela litteratos praecipue conficere videntur, quamvis ego horum hominum industriam et
virtutes unice amem observemque, eorum tamen offensus damnis
aerumnosissimum rerum omnium arbitror scire litteras. Aetate
autem nostra boni omnes perpetua quadam calamitate exagitati
aut vitam aut mortem sortiti sunt infelicissimam. Nam eos
tantum ante oculos mihi propono, quorum, dum viverent, virtus
nobis in conspectu clara celebrisque fuit, quorum si vitam aut
exitum memoria repetamus, omnes fere vel insuaviter vixisse
aut vita miserabiliter decessisse comperiemus.

Et, ut optimis incipiam, Hermolaus Barbarus, orator senatorque
vester optimus, Contarene, vir, quod omnes fatentur, aetate sua
litteratissimus, eo ipso tempore, quo aliquam studiis suis quietem
se adsecutum arbitrabatur, dum Romae apud Alexandrum
Sextum Pontificem Maximum Venetae nobilitatis nomine oratorem agit summisque vigiliis intermortuam bonarum litterarum
neque non et disciplinarum gloriam suscitat, ob susceptum
inconsulto senatu suo Aquilegiense sacerdotium˙ exsul factus et
de possessione eiectus vitam inopem aliquamdiu traxit, Alexandri

Pontificis Summi sportula quodam modo sustentatus, paucis vero post mensibus pestilentia contactus, desertus ob omnibus infelicissimo mortis genere oppressus est, quique laudatione et eloquentia sua innumeros aetatis suae homines illustraverat, et funere et honore sepulcri ita defraudatus est, ut ubi sepultus quove hominis cadaver coniectum fuerit ignoretur. * * *

At non minus crudeliter occubuit Augustus Valdus, Patavinus civis, qui Romae per tot annos bonas litteras tantis ab eo vigiliis, sudoribus, et peregrinationibus acquisitas professus erat, qui non solum voce verum etiam scriptis eruditionem omnifariam ab interitu vindicabat, quam autem miserabili mortis genere vitam finiit. Incidit enim in Romanam cladem, Hispanorum illam et Germanorum praedonum saevitiam acerbissimam, cuius ante oculos direpta domo ipse in vinculis habitus pretiosissimam librorum supellectilem laboresque illos suos, quos praesertim in Plinium elucubrabat, coram dilacerari et in usum culinae incendi conspexit; et in eo maerore omnibus aliis incommodis conflictatus propter arrogantem eorum crudelitatem, quibus nihil umquam fuit improbius, dum modicae fortunae vir insatiabilem barbarorum sitim tributis explere nequit, qui omne senectutis suae viaticum iam excusserant e loculis, post cruciatus varios fame demum consumptus perhibetur. * * *

Sua quoque infelicitate oppressus est Franciscus Palmerius, Romanus civis, vir optime litteratus et philosophiae studiis clarus, utpote qui et Pisis et Romae ea publice professus erat ambiguumque faciebat, utrum magis eruditione an eloquentia praestaret. Is, cum apud clarissimum cardinalem Nicolaum Rodulphum in honore haberetur, triduo antequam Hispani Germanique Romam insidiis occupassent, urbe excesserat aerumnosissimamque illam calamitatem casu evitaverat beneque secum actum arbitrabatur, quod, licet fortunas suas omnes dissipatas intellegeret, illarum tamen miseriarum spectator non adfuisset et in atrocissima captivitatis incommoda non incidisset. Vix tamen anno elapso, cum ad urbem veterem, pontifice maximo iam ex Hispanorum captivitate elapso, ad officia rediisset, missus ab eo ad Ioannem Baptistam Sabellum, ut discordias inter eum et Caesarinos Romae proceres olim obortas componeret, re confecta commeatuque ab eo accepto principe, medio in itinere ita evanuit, ut neque eius neque comitum fama nuntiusve ullus umquam amplius apparuerit. * * *

Simili mortis genere sublatus est Marullus Tarchaniota, qui quantae fuerit eruditionis hymni et epigrammata eius, quae magna cum laude omnium in manibus versantur, facile indicant; tum incohatus liber de Principe eorum omnium iudicio, qui opus inspexere, antiquitatem in certamen provocare iudicatur. Hic tamen tam sublimi ingenio tantaque doctrina vir, quam diu vixit militari stipendio sese alere coactus, in assiduo semper labore vitam traxit infelicissimam, nullius umquam principis liberalitate ita adiutus, ut in litterarum otium se conferre posset. Demum, dum Siclam, qui olim Caecina dicebatur, fluvium vel exigua tunc aqua fluentem ingressus, sive equum potaturus sive alia de causa tantillum immoratus, sensit equum anterioribus pedibus ita in arenas alvei semper infidi voraginosas absorberi, ut emergere inde non posset, dumque indignatus cum calcaribus adurget, una cum eo in caenum provolutus est impactoque crure sub cantherii ventrem, cum neque surgere neque se inde exsolvere posset, modica admodum eius profluentis aqua suffocatus interiit. * * *

Pomponium Laetum aiunt, illum, inquam, tanti nominis professorem et emunctae vindicem Latinitatis, post navatam per tot annos Romanae cathedrae operam totque per universum terrarum orbem discipulos ad eloquentiae Romanae puritatem propagandam dimissos, inopem ad extremum vitam traduxisse oppressumque morbo, unde se aleret et curaret, non habuisse et in xenodochio susceptum extrema in egestate laborantem vita excessisse periculumque adiisse, ut insepultus iaceret, nisi amicorum impensis elatus esset. * * *

Neque singuli tantum suos quisque manes passi sed universa interdum Academia Romana in miserrimas incidit calamitates. Nam cum eorum plerique principum abiectis curis assidue dicerent, "Habeant sibi sua regna reges," sodaliciumque Romae ex bene litteratis hominibus instituissent statisque diebus ad eruditissimas cenas convenirent, ecce, nescio qua de causa delati una omnes, Pomponius, Callimachus, Poggius, Platina, et plerique alii, coniecti in carcerem, quaestione de omnibus per cruciatus habita, pars diuturno carcere damnata, pars in exsilium acta, pars aere gravi redempta litteratorum cladibus insignem eum annum effecit. Fuit et sub Hadriano VI par bonarum omnium litterarum infortunium. Nam cum is Leoni decimo suffectus esset, ad quem utpote litteratum principem magnus litteratorum numerus confluxerat, dum non minora de Hadriano sibi quisque pollicetur, ecce, adest Musarum et eloquentiae totiusque nitoris hostis acerrimus, qui litteratis omnibus inimicitias minitaretur, quoniam, ut ipse dictitabat, Terentiani essent. Quos cum odisse atque etiam persequi coepisset, voluntarium alii exsilium, alias alii latebras quaerentes tam diu latuere, quoad Dei beneficio altero imperii anno decessit, qui si aliquanto diutius vixisset, Gothica illa tempora adversus bonas litteras videbatur suscitaturus. * * *

GABRIELE FAERNA (d. 1561)

TURDI

Ex maximo cum forte turdorum globo,
ad praecoces vindemias qui Galliae
Togatae Etruscis devolarant montibus,
exigua sane pars revertissent domum,
sed hi sagina crassi, obesi, praegraves,
hos conspicati, qui domi remanserant,
livore tacti se suamque pessimam
coepere sortem conqueri, quod cum iis simul
ad tam beatas non profecti essent dapes.
Quibus unus ex iis qui reversi erant ait:
"O inscientes atque rerum improvidi!
An non videtis ex tot ante milibus,
qui exiveramus spe saginae et crapulae,
ad quam redacti paucitatem nunc sumus;
foedo exitu desideratis ceteris,
captis, necatis, sub corona venditis?
Quod si miserias, si pericla, si metus,
si cuncta quae nos, qui supersumus, mala
pertulimus aestimetis et casus graves,
ne haec stulta vobis iam libido fugerit
externa conquisitum eundi pabula."

Paucos beavit aula, plures perdidit;
sed hos quoque ipsos, quos beavit, perdidit.—*Fab. 8.*

RUSTICUS ET EQUES

Venalem tergo leporem cum ferret ad urbem
rusticus inserto vincta inter crura bacillo,
obvius huic eques empturi sub imagine sumpsit
libravitque manu leporem quantique rogavit.
Protinus et vafram referens per rura rapinam
admisso discessit equo, cui rusticus, "Heus tu!"
inquit, "eum dono leporem tibi: vescere gratis,
vescere laeto animo et memori donantis amici."

Ridicule haec homines, nequeunt quae vendere, donant.—
Fab. 15.

Corvus Et Vulpes

Insedit altae corvus olim quercui
rostro rapaci casei frustum tenens,
quem vafra blando adgressa sic vulpes dolo est:
"Quam pulchram avem, quam splendide cultam intuor,
pennis decoris atque versicoloribus!
Salve," inquit, "o generosa! Quod si praedita
cantu fuisses, summi eras aves Iovis."
His ille magnae inductus in spem gloriae,
cantu indecoro rauca solvit guttura.
Tum versipellis decidente caseo
vulpes potita, "Corve, tu," inquit, "omnia
habes abunde; mente dumtaxat cares."

Qui coram in os te laudat, insidias struit;
qui laude ficta ducitur, cor non habet.—*Fab. 20.*

Canis Et Lupus

Canem ante stabuli dormientem ianuam
lupus irruens cum devoraturus foret,
ille eiulans vocesque flebiles ciens,
ne se comesset deprecabatur lupum.
"Aut certe," ait "(nam et tenuis alioqui, ut vides,
macerque sum) da mi, obsecro, brevem moram.
Domi enim meae cras sunt futurae nuptiae,
ubi ad adfluentes pinguis effectus dapes
opimior tibi esca ero ac iucundior."
Persuasus his, dimisit incolumem canem
lupus. Revertens inde post aliquot dies,
eum cubantem parte in excelsa domus
cum inferne clamans excitavisset, datae
fidei admonebat atque pacti foederis.
Ibi tum ille ridens subdole, "Si me, o lupe,
umquam ante stabulum dormientem inveneris,
ne nuptias dehinc," inquit, "exspectaveris."

Quae quis pericla est passus, hoc lucri hinc habet,
in posterum vitare ut illa noverit.—*Fab. 28.*

Mercurius Et Statuarius

Visurus olim quanti apud homines foret,
Mercurius ora versus in mortalia
sese in tabernam contulit statuarii,
inspecta ubi Tonantis effigie Iovis,
"Quanti?" rogavit. Utque drachma comperit,
clam vilitatem patris irrisit sui.
Inspecta item Iunonis, aliquanto amplius
pretium eius esse quam prioris audiit.
Postremo contemplatus et statuam suam
aestimansque se esse longe maximi,
quod lucra praestet, quod sit interpres deum,
pretium indicari petiit et sui sibi.
Statuarius tum dicere, "Has si emeris,
et hanc tibi, hospes, additamentum dabo."

Plerumque nihili est qui ipse se magni aestimat.—*Fab. 34.*

Musca Et Quadriga

Starent quadrigae cum paratae cursui,
musca advolans temoni eorum insederat.
Misso ergo signo illisque procurrentibus
pulsu rotarum et quadrupedantis ungulae
pulverea nubes mota opacavit diem.
Tum in se ipsa musca gestiens, "Dii magni!" ait,
"Quantam profundi vim excitavi pulveris!"

Ridiculus est qui laudis alienae decus
sibi vindicare gloriando nititur.—*Fab. 45.*

Lignator Et Mercurius

Propter amnem ligna caedens cum securim rusticus
forte lapsam perdidisset in profundo gurgite,
lacrimans suum dolere coepit infortunium.
Cui benignam opem misertus obtulit Cyllenius
et statim urinatus imo ab usque fundo fluminis
auream efferens securim, num eius esset quaesiit.
Ille enimvero negavit; proinde rursus quaereret.
Tum deus reversus alti stagna in amnis infima

alteramque emersus inde protulit argenteam.
Id quod ante sciscitatus, id quod antea audiit.
Ferream demum securim sedulo expiscatus est,
quam recepit ille laetus atque gratias agens.
At deus, viri probata integritate simplicis,
auream huic argenteamque muneri ultro tradidit.
Quae suis cum deinde amicis rettulisset rusticus,
unus ex iis cogitavit per dolum ditare se
atque, eundemmet profectus in locum, quod fecerat
fortuito homo ille simplex, ut securim amitteret,
id suapte sponte fecit ipse per fallaciam.
Huic item deus querenti de securi perdita
atque flenti et eiulanti se repertorem offerens,
cum securim in amne mersus extulisset auream,
"Haecine est tua, amice?" dixit. Tum ille totus gestiens,
"Haec mea ipsa," ait, "profecto est; haec mea ipsa ipsissima."
Hanc deus tantam perosus hominis impudentiam,
tradere auream securim non recusavit modo,
ferream sed reddere illi propriam eius noluit.

Qui bonum colunt et aequum, saepe ditat hos deus;
fraudulentos improbosque saepe contra pauperat.—*Fab. 62.*

JACOPO BONFADIO (d. 1559)

Gazanum Vicum Describit

Moenia cum Saloi et Benaci litora linquo,
dextra iter ingressum per opaca et florida rura
me brevis et facile acclivis via ducit apricum
in collem Cereri placitum patrique Lyaeo
et placitum altrici semper frondentis olivae.
Planities iacet in summo cultissima: primo
huius in ingressu oppidulum est. Salaminius olim
Fadius, egressus patria Patavique secutus
fundatorem urbis, posuisse in litore sedem
dicitur atque plagae mox acri incensus amore
hunc optasse locum gazae, quam dives avito
thesauro secum extulerat; tum nomine ab illo
Gazanum dixisse. Propinquis collibus arces
claraque magnanimum stabant monumenta virorum.
Sed rerum absumptrix retroque abstrusa vetustas
obruta in obscuris secum omnia condidit umbris.
Hinc aciem procul in campos terrasque iacentes
lataque Benaci protendere in aequora possum.
Vicini montes Boreae de parte, reducit
et qua sol radios quaque altas abdit in undas,
circumstant. Facies spectanti celsa theatri
formam offert. Saepe indigenae videre sedentem
Pana deum Arcadiae, calamos cum inflaret, in altis
rupibus et nymphas per sibila laeta vocaret,
nymphas, quae plexis redimitae tempora sertis
pastorum loca sola petunt silvasque pererrant,
omnia complentes lusu dulcique cachinno,
Naiades quibus assultant de rupibus imis,
solem ubi ad Hesperium praepingui e valle volutus
flectit iter rapido atque sonanti flumine Clisis,
quem dulces aurarum animae comitantur et alis
per placidum levibus volitantes aera circum
omnem divinis miscent afflatibus oram.
Dilecta ora mihi, Italiae ridentis ocelle,
naturae laetantis opus, sancta ora deorum,
quam laetus gelidos fontes flexusque tuarum

lympharum Tempeque soli caelumque reviso!
Quamque libens vix ipse mihi credo aequoris undam
Tyrrheni et Calabrum saltus liquisse nivales
inque tuo incolumis gremio residere virenti!
Salve, altrix antiqua, boni salvete recessus,
et gaudete; Genique loci tu candide fidi,
vosque Lares, placidi vestro cum numine amico
este mihi et nostrum tandem lenite laborem.
Te vero et moneo et quantum me diligis, Alcon,
oro, care Alcon, quamquam tua rura reliqui
invitus partemque sui mens aegra requirit,
ne mihi commemores Athesim neu tecta venustae
alta Coloniolae. Iuvat hic consumere totum
sextilem et dulces invisere saepe sodales,
qui lateri nostro sese agglomerare solebant,
olim cum primis colludebamus in annis.
Horum in complexu vis prisci emergit amoris,
ut satis aequo animo non me divellere possim,
Sed, cum se primum decrescens fregerit aestas,
ridebit placido cum Villia Doris in antro,
me feret aurifluo vaga gurgite cymba repostas
Flaminii ad sedes ripae ulterioris in arvis.
Huc occurre mihi; simul ad tibi grata vireta
Formelli et laetos Amathuntidis ibimus agros.
Rudolpho interea, qui se caelestibus aequans
divis purpureo atque ardenti in murice fulget
quemque viam monstrantem aequi magnum inclita patrem
Roma colit, statuam patriis in montibus aras.

PAOLO MANUZIO (1512–1574)

Marco Antonio Mureto Patavium

Unam tragoediam duobus ipsis diebus, cum assidue scripserim, absolvere non potui. Meorum oculorum, ut videor, res non est ac ne digitorum quidem. Quid? Ego habeo tuos articulos? Hui! quantum interest! Reliqua igitur ad te reicio. Vinces me facile celeritate, aequabis in diligentia, si volueris. Finge operam te dare, cum describes, homini litterarum et prorsus ignaro et prorsus cupido. Finge amico singulari, quem explere officiis, si liceat, optabile sit. Quamquam hoc non finges. Nam, cum a domesticis discessi, nihil habeo te carius. Verum tamen, haec si tibi proposueris, de quo rogandus non es (monere tantum volui), nihil quicquam omittes in describendo. Habes quam ego in me desidero mentis constantiam, pectoris firmitatem. Haec mihi morbi diuturnitas eripuit, quae video esse in te utinamque diu videam ἐν τῇ ἀκμῇ. Habes oculos in legendo, manum in scribendo exercitatam, vacui vero temporis quantumvis,—et vis in rebus meis plurimum, qui te saepe dixeris professusque sis ad meum arbitrium tua studia conferre. Nam, quod ad gymnasii curam attinet, nec dies instat publici muneris et, si instaret, opera haec bidui tota est, bidui, inquam, tibi, nihilo longior; mea vero et diuturni temporis et laboris esset non ferendi. Ad haec si accesserit voluntas, quae mihi non venit in dubium, et inductio illa animi, quae magnas res facile conficit, negotium habeo absolutum. Serva, mi Murete, quod in te est, amicum tuum integellum; parce valetudini; nostram imbecillitatem tuorum officiorum ope sustenta. Scis ἐμοῦ βλέποντος quo amore, quo consilio, quo etiam praesidio fortunae tuae nitantur. οὔ τις ἐμεῦ ζῶντος —nosti reliqua.

Haec aliena manu scripsi, cum paulum languerem. Tota enim fere nocte nescio quo casu somnum oculis non vidi meis [aut vidi tristium imaginum turba permixtum. Tuum Euripidem remitto unaque meum, quem cupio similem esse tui. Ex aedibus nostris.—*Ep. III. 4.*

Marco Antonio Nattae Mantuam

Adeone erravi et lapsus sum in subducenda ratione, ut de foliis quinquaginta coniecerim, quae nunc octuaginta fore video? Pudet indiligentiae meae. Verum, ut ut est, commodo meo rem suscipere non possum nec audeo recusare, ne mea fides in dubium apud te veniat. Itaque peto a te, ut cum tua ratione meam quoque ducas nec exigas a me plus quam res et fortunae meae patiantur. Nam quod ais redituram ad me pecuniam cum faenore libro vendito, videlicet communi quadam non propria me regula metiris. Non enim ego ut alii, qui libros imprimunt, habebo statim certos homines, qui eos divendant et longinquas in urbes regionesque disseminent. Venduntur hic statim a meis omnes ita parvo pretio, ut lucri quidem minimum sed minimo simul labore, minima molestia fiat. "Meum ergo librum itidem," inquis, "vendes." De doctrina libri tui, de elegantia possum ego facile iudicare; de venditione quis praestat? An nescis libros Latinos optimos veteres ita nunc iacere, ut paene sordium in genere putentur? Vix iam Ciceronem ipsum, Caesarem, Sallustium legi a multis, etiam ne legi quidem planeque contemni? Quare noli mirari me tam esse diligentem in iis rebus, quas me docuit usus paene cotidianus et in quibus non licet esse sine magna mercede neglegenti.

De tempore quod urges, facultatem imprimendi non concedunt libro non inspecto. Atque utinam inspecto concedant! Quod si dixi eos me faciles habere, non significavi posse me libris non lectis impetrare ius imprimendi sed consequi statim ut legantur, quod ita multis non contigit. Saepe enim vidi nonnullorum scripta apud eos, quorum potestatis haec tota ratio est, per multos menses custodita neque legi neque reddi. Mittas igitur librum oportet universum; mecum autem amice agas pro ea, quam tu doces cotidie praeclaris exemplis, aequitate. Ita, si erravi, non luam gravius quam debeo; sin error a me non est, a te vero aucti libri magnitudo tota pendet, ius tuebere pro tuo instituto et amico simul consules. Vale.—*Ep. III. 31.*

IOANNI SAMBUCO PATAVIUM

Ego vero accepto nuntio de obitu filioli mei ita sum perturbatus, ut me tamen hominem esse meminerim et illum in hanc vitam tamquam in hospitium ita esse ingressum, ut accitu summi Dei aeternum illud caeleste domicilium petiturus aliquando discederet. Quod si me casus iste nec opinatus ita perculisset, ut omnino iacerem, excitarer tamen prudentia litterarum tuarum, in quibus de luctu minuendo disputas egregie tuamque declaras tum homine Christiano dignam bonitatem tum erga me benevolentiam singularem. Verum ego, optime Sambuce, multis iam infortuniis hoc sum assecutus, ut fortunam ipsam didicerim contemnere, quae mihi, ut eripiat reliqua, numquam adimet ea, quae nec ipsa dedit nec dare cuiquam potest, rectam mentem, optima studia, pietatem in Deum. Praeclare actum opinor cum filio meo. Fruitur conspectu et consuetudine caelestium animorum, non angitur curis, non spe ducitur, nihil timet adversum. At nos, qui dicimur vivere, quibus hac falsae lucis usura nihil est carius, quam multa exercent! Quid laboramus, quid cupimus! Quod etiam si contingat, animus acquiescat? Itaque vere sapientes homines, non ut diu sed ut recte et cum virtute viverent, optare soliti sunt. Quod equidem conor et, ut spero, consequar. Nihil enim magis cogito, nihil specto quam ut serviam studiis meis et ita vivam, ut vitae rationem Deo simul et hominibus aliquando possim reddere.

Quare, cum me vocas ad scribendum, confirmantur consilia mea iudicio tuo. Ac tu quidem in hoc officio cohortandi facis idem quod multi, quibus facile possem satisfacere, si per domestica negotia liceret. Sed obsecro nolite ex otio vestro meum spectare. Vobis enim certa et expedita sunt omnia, mihi unicum est vectigal industria mea, qua liberos alere, tueri familiam cogor. Et, si neglegam, deseretur humanitas; sin, ut debeo, diligenter curem, iacere studia necesse sit, quae solutum curis animum postulant. "At," inquies, "ipsa tibi studia fructum ferent." Cane aliis cantilenam istam mores ac tempora ignorantibus; mihi non persuadebis experto. Vetus illa principum virorum benignitas exaruit. Inania plerique sequuntur, nihil solidum amant, nihil magnificum, nihil illustre. Vides alios, quasi perdendis tantum frugibus nati sint, immanibus epularum sumptibus opes exhaurire, alios, quasi etiam homines ipsos non modo fruges perdere pulchrum sit, thesauros effundere collectos acerbissime in ea bella, quae vastitatem agris, urbibus incendia, humano generi aliena stultitia miserrimo cladem et exitium important. Musae interim ubique locorum algent neglectae ab iis, qui favere eis, ut maxime poterant, ita maxime debebant. Etiam illud indignum, quod exsistunt, qui specie liberalitatis gloriam aucupentur et eam virtutem, a qua longissime absunt, quasi familiarem suam sic in ore habeant, ut amare videantur.

Verum haec satis, ut etiam nimium fortasse multa. Vale. Venetiis.—*Ep. IV. 36.*

DIONYSIO LAMBINO

Noli existimare, mi Lambine, cum fructu consuetudinis tuae caream, quicquam mihi tuis epistulis esse iucundius. Facit hoc sane qui mutuus inter nos amor est, ortus a meo de tuis virtutibus iudicio, tua vero de meis ad eandem laudem conatibus opinione fortasse nonnulla; sed scriptorum etiam tuorum subtilitate et elegantia mirifice delector. Vel haec, quam accepi Idibus Iunii, raptim a te, ut video, exarata epistula quam loquitur pure, quam nullis illustrata pigmentis, nullo, ut tu scribis, fuco tamen nitet! Itaque nihil umquam legi libentius. Quaesieram autem per litteras a sororis meae filio, Iulio Catone, ecquid parturiret ingenium tuum: non tam, ut meae, quae summa est, quam ut eorum, qui ad me adeunt cotidie, cupiditati satisfacerem. Scito enim admirabilem hic esse quandam de studiis tuis opinionem, cum e sermonibus meis eximia saepe tua cum laude habitis tum vero ex illa praestanti industria, quam in convertendis Aristotelis de morali philosophia libris ita collocasti, non modo ut eorum, de quibus diu bona hominum existimatio fuit, errata patefaceres sed ut ipse maximam et iudicii et mihi quidem ut videtur, qui ea cum Graecis diligentissime contuli, eloquentiae laudem ferres. Quod a te institutum retineri et eandem operam ad reliqua conferri, si quis es, qui valde cupiat ac te etiam tacita saepe cogitatione hortetur, is ego sum. Publica, fateor, me movet utilitas, cui te video Graecae ac Latinae linguae peritissimum, praeterea instructum iis artibus, a quibus perfecta intellegendi ac iudicandi ratio manat, unum in primis posse consulere, sed, mehercule, etiam gloriae tuae pro amicitia nostra vehementer faveo. Vides enim profecto (quid enim, quod ego videam, tu non perspicis?) paucos omnino ex iis, qui populari fama celebrantur, sine exceptione posse laudari et hac tanta cotidie exeuntium librorum copia impediri potius quam adiuvarı studia nostra. Quare suscipe onus pro tua parte. Nervos novimus industriae tuae, quos si contendere volueris, nihil est quod sustinere ac perferre non possis. Nam de Lucretio suadeo equidem ut absolvas: poeta est egregius vel Ciceronis nostri testimonio et in eo maximam a multis nec a me ipso minimam gratiam inibis. Sed voco te libentius ad illa praestantıora nec tu meum consilium atque etiam studium, si modo tibi aut sapere aliquid aut velle tua causa videor, debes in tua laude contemnere.

Si navigatis in Galliam, quod a te scriptum confirmant multi, opto vobis facilem cursum et secunda omina teque rogo, nisi me ineptum esse censes et nimis impudenter petere, ut cardinali Turnonio, principi sapientissimo, optimarum artium patrono, me in gratiam ponas; quem hic honoris gratia salutare, cum maxime vellem, per invaletudinem numquam licuit. Sigonius, plane, ut ais, vir doctissimus, addas licet humanissimus, cui tu in transverso litterarum tuarum versiculo salutem adscripsisti, valde gaudet amari se ac laudari a te, de quo ipse honorifice in primis loquitur et sentit. Is te resalutat amantissime euntique in Galliam incolumitatem et reditum precatur. Vale. Venetiis.—*Ep. V. 8.*

Ioanni Baptistae Titio Florentiam

Cum quid ageres ignorarem nec iam, ut ingenue fatear, tui desiderium satis ferrem, (quippe tua me suavitas, tuum ingenium, tuae litterae saepe occurrunt), amore sum impulsus, ut haec in magnis occupationibus ad te scriberem. Et, ut ordiar a rebus Romanis, id primum cognosce: tranquilla hic esse omnia, nihil turbulenti, nihil adversi; civitas cotidie magis hoc pontifice reviviscit. Ita non modo ipse excellit iustitia, pietate, beneficentia, verum etiam suos omnes, egregiae illos quidem ad virtutem indolis, verum tamen suo etiam exemplo, quales esse debent, tales praestat, quod in magna potestate rerumque copia quam non facile contingat, utinam veteribus tantum, non etiam recentibus exemplis cognitum haberemus. Multis locis aedificatur strenue. Nam pontifex, ut praestanti animo est, antiquae illius Romae speciem eximiam et formam cogitatione ac mente complexus excitari praeclara monumenta, vias restitui veteres, novas muniri, aquas etiam a longinquis fontibus impensa maxima in urbem duci iubet. Quae cum erunt absoluta, nihil adspectu pulchrius, nihil magnificentius aut etiam commodius esse poterit.

Ego, quamquam tum aliis rebus tum officio salutandi molestissimo cotidie fere distineor, iucunde tamen satis vivo, si modo homini scientiae cupido sine librorum usu, quo careo perinvitus, iucundi quicquam esse potest. Prela nostra comparatis iam fere omnibus rebus, quae ad imprimendum pertinent, propediem in officio erunt et a Cypriani epistulis, quod felix faustumque sit, initium fiet.

De tuo statu exspectabam omnino aliquid ex litteris tuis idque postulare videbatur amicitia nostra, sed, cum ea spes me fefellerit, nolui committere, ut vicissim ipse officium meum desiderare posses. Vale et salve a filio meo, cui raptim haec mane dictavi, cum in Vaticanum negotii causa properarem. Romae, Nonis Decembris, MDLXI.—*Ep. VI. 8.*

Mario Corrado Neapolim

Etsi nec magis quam soleo vacabam et ad cotidianas occupationes accesserat cura sane gravis ex interitu suscepta domestici hominis ad mea negotia vehementer apti, feci tamen amore impulsus, quo te propter ingenii doctrinaeque praestantiam mirifice sum complexus, ut epistulae tuae responderem, quae mihi voluptatem eo maiorem attulerat, quod te Neapolim venisse nec statim discessurum cognovi. Saepius enim et commodius ultro citroque cursantibus publicis tabellariis tu de meo, ego de tuo statu audiam. Videre mihi videor te totum in litteris esse. Cupio non inanem esse coniecturam; ut ut est, hoc equidem spectro delector et mirabiles industriae tuae fructus exspecto.

Ad Latinam vero linguam quod attinet, mihi crede, sine causa laboramus. An illa tibi tot veterum illustrata monumentis, tot etiam recentiorum probata testimoniis vel nostro vel cuiusquam egere patrocinio videtur? Praesidii satis atque opum in ipsa positum est ad repellendas istorum iniurias, quae tamen in ipsos recidunt. Nam ei nemo maledicit, qui se ipsum inscitiae non condemnet. Quod si Latinae linguae species et pulchritudo, quae vulgi oculis non patet, cognosci ab omnibus posset, amores incredibiles, ut ille ait, excitaret sui. Me quidem sic affecit,

cum tamen integram eius formam nondum noverim, extrema
quidem lineamenta vix adspexerim, ut reliquas voluptates con-
temnam, cum hac et in hac libenter et iucunde vivam. Qui vero
aliter sentiunt et errare nos existimant, sexcentis eos argumentis
refellas licet, parum proficies. Quod ego cum iampridem intellex-
erim, pauca quaedam scripsi ad indicandam sententiam meam;
nervos esse intendendos, ut in arcem huius causae invaderem,
non putavi. Stomachari, mi Corrade, iam desinamus in aliena
culpa et gratulemur potius ipsi nobis, quod amemus ea, quae
praeclara sunt, quae si parantur laboribus maximis, id quod a
studio multos deterret, molestum tamen esse non debet, quod
gloria compensat immortalis.

Fragmenta patris mei quod requiris apud me, nulla sunt.
Furto ablata, quo ille tempore vita excessit, creditum est. In
Sexto Empirico, Palaemone, Aspro, et reliquis mea tibi diligentia
non deerit. Odorabor sicubi latent, nam in tabernis non exstant;
inventos noli dubitare quin eruam. Quam vellem filius adesset,
qui Venetias profectus est; praestaret aliquid, opinor. Haec
enim studia tractat naviter et grammaticos, De Orthographia
cum scriberet, evolvit omnes. Vale. IV Idus Novemb. MDLXV.
—*Ep. VII. 7.*

Ioanni Cratoni Viennam

Nunc demum exoriri mihi videor et quasi post multam noctem
lucem adipisci, reversus post annos decem in patriam ab urbe
Roma, unde me laborem nullum pro publica re communique
commodo recusantem gravis morbus ac diuturnus extrusit.
Gratulantur amici, amplexantur, laetitiam oculis, vultu, sermone
declarant. Hoc mihi iucundissimum est, sed in hac iucunditate
angor saepe intimis sensibus, dum recordor quid iacturae, quamdiu
Romae vixi, studia mea fecerint, de quibus, quamquam intellego
non eum esse me, qui magna praestare possim, verum tamen
minima fortasse non erat exspectatio. "Ire," inquies, "non
oportuit." Certe, si divinare licuisset; verum, si res adhuc
integra ponatur, eundi consilium qui reprehendat fortasse nemo
sit. Laborabam domesticis incommodis fratrum meorum culpa
nec spes erat emergendi, nisi nova consilia caperentur. Vocabar
a pontifice maximo, quo nihil videri poterat honorificentius,

fructum autem quis non exspectaret? Cohortabantur amplissimi viri, quorum erga me singularem benevolentiam multis rebus antea perspexeram. Laeta denique, copisoa, ampla ab omnibus omnia promittebantur. Quid agerem? Credidi et speravi, ut fere sumus omnes homines hoc ingenio, ut, ea, quae cupimus, libenter quoque speremus. Quamquam hoc levius, quod spem fefellerit eventus. Non tam enim abundare quam non egere gratum est; illud perquam grave, quod perpeti saepe multa sum coactus indecora prorsus indignaque studiis nostris, aetate nostra, existimatione anteparta. In quo tamen occurrit ea consolatio, quod in illo vitae durissimo genere multa ferendo multa simul didici, quae profecto me numquam neque libri neque ulla doctrina neque dies ipsa docere potuisset. Nunc singulari divino munere patriam adepti redibimus ad illa praclara studia, unde discedere non oportuit, omnique prorsus cura vacui nulli cuiusquam imperio, exclusis etiam, si licebit, interpellatoribus, si non licebit, rure abditi salubri aliquo et amoeno loco fruemur liberrimo otio litterulis nostris operamque dabimus, quantum in nobis erit, ut, quod amissum est antea temporis, non id quidem totum (qui enim fieri potest?), nonnulla tamen ex parte sarciatur et aliquem adhuc ex industria nostra fructum posteritas capiat, valetudine modo utamur commoda, qua nunc omnino caremus erepta laboribus illis animique curis, quae nimium omnino graves, nimium diuturnae fuerunt. * * * Vale. Venetiis, X Kal. Novemb. MDLXX.—*Ep. IX. 5.*

CAMILLO PALAEOTTO BONONIAM

Valde accidit, non sane contra voluntatem sed certe praeter opinionem meam, ut Mediolani consisterem. Sic sunt humana. Consilia nostra plerumque ratio, casus interdum et fortuna moderatur. Ego Genuam ea potissimum causa petebam, ut villulis pulcherrimis iucundo placidi maris adspectu et, quod in primis valetudo mea requirit, verno caelo hieme summa fruerer. Nam Venetiis hieme superiore, cum et cubiculo clauderer angusto et camino assidue uterer luculento, parum tamen afuit quin me vis frigoris absumpserit. Scis quae mea tenuitas, quae sit imbecillitas. Nec aetatem, ut arbitror, ignoras. Cotidie labuntur vires et eo magis, quod ea, quae mihi ab adulescentia rerum omnium antiquissima fuerunt et a quibus ne nunc quidem aetate ingravescente divelli possum, studia calorem illum. quo alimur, exhauriunt.

Haec de frigore. Audi nunc quae supersunt incommoda. Exercitationibus dum utor, confirmari me sentio, at iis uti Venetiis praesertim sub dio vel ob angustias viarum vel ob infinitam prope civium peregrinorumque frequentiam non licet. Huc illuc impellimur; saepius alieno motu quam nostro movemur, vix ut interdum, ac ne vix quidem, si lubrica via est, consistendi facultas detur. De vinis quid loquar? Diuturna me consuetudo Romanis omnium facile primis assuefecerat. Similia non quaerebam sed quae prorsus dissimilia non essent; periit omnis industria. Carnis mira penuria; vitulinam quidem, quae differat a bubula, reperire felicitatis est. Excellunt viri nobiles benignitate, virtute, sapientia neque ego eorum amicitia et consuetudine exclusus umquam sum, appetitus etiam a multis, quod in iis rebus numero, quarum memoria non mediocriter oblector, sed nescio quo modo fit, aetatis fortasse vitio, ut quaedam res, quibus olim pascebar, cotidie magis ex animo dilabantur. Mihi uni, mi Camille, iam cupio vivere, dum vivo, sic tamen ut me ceteris etiam vixisse aliquando intellegatur.

Habes cur Venetiis non sim. Quo spectem et ubi esse velim ac reliquae vitae domicilium collocare, sane nondum constat. Amoenitatem et salubritatem sequor. Utraque Genuae est, utraque, ut audio, Regii, quo peramanter invitor et suburbanum mihi suum magnifice exstructum, eleganter ornatum vir primarius integritate doctrinaque excellens, Horatius Malagutius, summi pontificis cubicularius, semel et iterum detulit. Mihi tamen ocellus Italiae, Benacensis ora, Asulano meo, unde multa suppetent, satis propinqua vehementer arridet. Eo me convertit animus, eo referunt pedes, ibi denique cum rusticis malim rustico paene more quam alibi cum perurbanis in magna non modo lautitia verum etiam copia vitam agere. Interea sum in hac urbe et, ut video, diutius ero quam putabam, non tam quia propter anni tempus discedere vix iam licet, cum et imbres assidui vias corruperint et ego is sim qui vel levissimis frangar incommodis, quam quia duorum virorum omni laude ac virtute circumfluentium,

Bartolomaei Caprae, hospitis mei, et Octaviani Ferrarii, veterrima mihi necessitudine coniunctissimi, singulari doctrina, humanitate, benevolentia perfruor. Otii quidem habeo, quod tu fortasse vix credas, in urbe amplissima omniumque celeberrima non minus quam optabam, plus profecto quam sperare ausus essem. Itaque studia calent. Quod cum dico, simul illud dico, Mediolani me perlibenter esse. Nam cum studiis et litteris nullum vitae genus, ne si Croesi quidem addantur divitiae, permutaverim.

De valetudine si quaeris, ea sum qua soleo, id est, non admodum firma; me tamen cum domestica quiete tum definita quadam victus ratione aliqua etiam animi tranquillitate tueor atque sustento. Vale. Mediolani, Kalend. Novemb. MDLXXI.—*Ep. XI. 3.*

GIOVANNI BATTISTA AMALTEO (1525-1572)

AD LYGDAMUM

Tune igitur multa defessus membra palaestra
    non parces vastis, Lygdame, fluminibus?
Nec te caeruleo latitantes gurgite nymphae
    nec terrent dubiae mille pericla viae?
A! quotiens, amni in medio dum bracchia iactas,
    extimui, ne cui grata rapina fores,
aut, cum perspicuis miraris membra sub undis,
    arderes formae captus amore tuae;
talis, ubi Mysorum agros celsa attigit Argo,
    Theodamantaeum luserat error Hylan.
Fons erat et circum surgebat myrtea silva,
    quam saliens liquidis rivus alebat aquis.
Quin etiam aeterni pingebant gramina flores
    fragrabatque Arabo semper odore nemus.
Huc puer ad gelidos properabat forte liquores
    et teneram implebat fictilis urna manum,
urna manum implebat variis distincta figuris,
    quam quondam Alcidae fecerat Eurytion.
Illic Geryonen triplici caelaverat auro
    et monstrum Nemees et Diomedis equos;
stabant Lernaei linguis vibrantibus angues
    et terror siluae sus, Erymanthe, tuae.
Ille autem vario texens e flore corollas
    incustoditum saepe moratur iter.
Nunc nova formosa decerpit lilia dextra,
    nunc teneris ornat serta papaveribus.
Nunc etiam placidos invitat carmine ventos,
    ut levis aestivum temperet aura diem.
Interdum auditis avium concentibus haeret
    tentat et argutos voce referre modos.
Ille tamen prope fontis aquas incautus et amens
    constitit et vanis arsit imaginibus.
Miratur nigros oculos, miratur et ora,
    et desiderio deperit ipse sui.

"Quae te," inquit, "formose puer, iam fata retardant
  complexuque meo saepius eripiunt?
Quid prohibet socio coniungere corpora lusu
  mutuaque alternis oscula ferre genis?
Intueor dum pronus aquas et bracchia tendo,
  surgis et haec eadem tu quoque signa refers
et, tamquam nostri solitus miserescere luctus,
  confundis maestis lumina lacrimulis."
Audierant miseras liquido sub fonte querelas
  Naiades atque imis exsiluere vadis.
Tum puerum magni clamantem nomen amici
  certatim cupidis corripiunt manibus.
Sed quid iam Alcides prosit, contraria quando
  fata obstant, tanti conscia fata mali?
Illum nymphae arctis retinent complexibus omnes
  et cohibent fusis undique fluminibus.
Fulgebant nitidis argentea membra sub undis,
  ut micat e magno Lucifer Oceano.
Solantur lacrimantem atque oscula dulcia figunt;
  ille tamen nescit cedere blanditiis.
Interea iratusque sibi plenusque timoris
  implorat crebris vocibus auxilium.
Parte alia quaerebat Hylan Tirynthius heros
  et planctu implebat concava saxa suo.
Vallis Hylan resonabat, Hylan nemora avia circum
  et consors gemitus ripa iterabat Hylan.
Tunc urgere deos quaestu, tunc omnia passim
  lustrare et cari quaerere signa pedis.
At puer, ut notas conatur reddere voces,
  saxorum vastis clauditur obicibus
nec potis est vox ulla leves erumpere in auras
  nec petere absentis praesidium domini.
His tua nunc primum metire pericula damnis,
  Lygdame, et exemplo cautior esse velis
et, seu luctantes sudore rigaveris artus
  seu longam in silvis iuverit ire viam,
effuge nympharum accessus neu crede repostis

te fluviis, quotiens occupat ossa calor;
et potius non ulla habeant hae flumina ripae
    quam tu umquam Herculei fata sequaris Hylae.

ACON

O qui Dictaei statuat me in vertice montis
aut fortunatos Erymanthi sistat ad amnes,
ut saturis panacem calathis, ut molle cyperum
dictamumque legam et fragrantia germina myrrhae
et relevem infirmos artus languentis Hyellae.
Illa quidem vix aegram animam sustentat anhelo
pectore et indignis singultibus interrumpit,
nec vis ulla potest saevum lenire dolorem.
Illam etiam lacrimantem, etiam sua fata querentem
stellarum vigiles ignes et primus Eous
et sol Hesperias vidit devexus ad undas.
Sol pater, aeterno caelum qui lumine lustras
et quaecumque parit tellus vegetasque fovesque,
adfer opem et maestam auxilio solare puellam.
Iam tibi Acon teneras vicina ad flumina lauros
inferet atque, ut nil umquam surgentibus obstet,
frondibus avertet glaciem et defendet ab aestu.
Has tibi Acon, at si macies, si pallor Hyellam
liquerit et niveos decorarit purpura vultus,
ipsa feret, cum ver nitidis se floribus ornat,
ipsa feret mites cum stringit vinitor uvas,
scilicet et viridi in ripa, qua se hospita densis
extendit ramis arbos, altaria ponet
semper flore novo, semper quae vestiat herbis.
Illic agrestum chorus et vicinia ruris
sacra feret supplexque tuos cantabit honores:
straveris ut quondam iratis Pythona sagittis
tinxeris et foedo victricia tela cruore.
Mille tibi aeria pendebunt spicula quercu,
mille arcus atque apta suo venabula ferro.
At vos, quae nemora et rorantia fontibus antra
incolitis, Nymphae, vestras si saepius aras

verbena primisque rosis donavit Hyella
et dedit aureolis insignia serta corymbis,
vos ferte eoos ditantia cinnama lucos
felicemque Arabum messem Assyriosque liquores.
Vos aegram refovete et tristes pellite morbos.
En virgo, examinis virgo tabescit et ille,
ille decor roseo iam iam defloruit ore.
Qualis purpureus secreta in valle hyacinthus
quem mater tellus aluit gremioque receptum
eduxit largo rore et felicibus auris,
si caeli invasit vitium aut immanior Auster,
paulatim laeto formae spoliatus honore
deficit et moriens arentibus incubat herbis.
Nunc etiam insuetos testantur rura dolores
et desolatis squalescunt pabula campis:
pro viola mediis horret paliurus in agris
candidaque inflexo ceciderunt lilia thyrso
et nulla irriguas pingunt vaccinia ripas
et desunt nemori frondes et gramina pratis.
Fons quoque desiliens praerupti tramite clivi
contraxit liquidas nunc terrae in viscera venas
et desiderio formosae accensus Hyellae
vix fertur tenui per levia saxa susurro.
Abde caput, miserande, et fracta turbidus urna
muscoso occultare situ caecisque latebris.
Non est quae vitreis tecum colludat in undis.
Abde caput, miserande, cavoque inclusus in antro
et lucem indignare et aperti lumina caeli.
Non est quae blando currentem carmine sistat:
non est quae dulces latices dulci hauriat ore.
Crudeles morbi, vestro de semine labes
insedit roseisque genis roseisque labellis
deiecitque decorem oculis et saevior, eheu!
ingruit et miseram silvis avertit Hyellam.
A! ne dira lues contagia proferat ultra!
A! ne artus ultra pallentiaque occupet ora!
Parcite iam tenerisque genis tenerisque labellis

et color et pulchrae redeat sua gratia formae.
Tu vero, mea Hyella, meae pars altera vitae,
pone metum. En, tibi Paeonios fert munera succos
ipsa Pales alacresque ferunt sua dona Napaeae
costumque Illyricamque irim vescumque papaver,
quorum ope et effeto fugiant e corpore morbi
et placidus fessis obrepat somnus ocellis.
Iampue pedem in silvas referes notosque recessus
adventuque tuo fonti cursum uberis undae
et nemori frondes et pratis gramina reddes
et fecunda novis ridebunt frugibus arva
et tibi odoratos summittet terra colores.

DAPHNIS

Beate fons, ocelle fontium omnium,
qui picta multis prata floribus rigas
tuoque suavem rivulo halitum accipis,
unde ipse odoratis quoque affluis aquis,
has lacrimas saevi doloris nuntias
Daphnis secundo amore iam diis proximus,
nunc omnium miserrimus, libat tibi,
ut bella Erilla, dum calore languida
tuis refrigerat papillas undulis
tuoque fessa conquiescit in sinu,
quem mi peperit, identidem luctum hauriat;
identidem illa, illa hauriat, seu lucido
fovet liquore membra sive candidas
manus et aureas simul lavit comas.
Sic dura forsan molliet praecordia
roburque tandem pectoris flectet sui.
Formosa Erilla vosque muscosi specus
et vos comantibus decorae ramulis
valete lauri, quae meis laboribus
saepe adfuistis et doloris consciae
impressa levi signa fertis cortice.
Vestris in umbris, vestro in amplexu miser
non amplius meos amores concinam,

nec sibilantium licebit arborum
captare frigus in tenaci gramine
gregesve blanda detinere fistula.
Hunc ego diem hauriam supremo lumine,
hoc intuebor ultimum solis iubar.
Iam iam emoritur animus mihi et pallentia
iam iam ora dirae imago mortis occupat.
Quare meo donate fletu et lacrimis,
vale, beate fons, ocelle fontium.

BERNARDINO PARTHENIO (d. 1589)

ZEPHYRIS

Luteolam hanc caltham hosque immortales amaranthos
  collapsos pleno Chloridos e gremio
servat Acon vobis, Zephyri, texitque coronam.
  Conveniunt vestris mollia serta comis.
Vos modo Leucotheam, nymphis dum immixta Dianae
  et cingit saltus persequiturque feras,
incolumem servate aestu neu mollia laedat
  oraque neu redeat sole perusta domum.

PASTORIBUS

Custodes ovium, dum per iuga summa capellas
  balantumque agitis per nemora alta greges,
parva meo, sed grata abeunti dona sepulcro
  ferte. Quis extremo parva neget cineri?
Exsultent mihi lascivi cum matribus haedi
  ad tumulum; errantes dux canat inter oves.
Vere novo nova serta ferat mihi rustica pubes
  et cumulet vernis funus inane rosis.
Atque aliquis matrum distento ex ubere sinum
  impleat et manes donet habere meos.
Est etiam invisas Lethaei ad fluminis undas
  atque aliqua ad Stygias gratia vivit aquas.

MARCO ANTONIO MURETO (1526-1585)

M. ANTONIUS MURETUS IULIO ROSCIO S.

In hac commutatione consilii de instituenda ratione studiorum tui, nihil me magis sollicitum habet quam quod nescio, quos progressus in Graecis litteris feceris. Quarum sine mediocri saltem cognitione cave putes ad ullam doctrinae praestantiam perveniri. Eis si ita imbutus es, ut possis Aristotelem suapte lingua loquentem intellegere eiusque etiam interpretes Graecos sine cuiusquam interpretatione Latina consulere, non invitus patiar te ad studia philosophiae gradum facere; etsi, ut verum fatear, Demostheni, Thucydidi, Herodoto, Xenophonti, et huius generis scriptoribus praetereaque poetis Graecis annum adhuc unum dari maluissem. Volo equidem, quicquid ages, prospere tibi ac feliciter evenire, sed tamen non committam ut, si absque illo instrumento te ad philosophiam contuleris, dicere umquam possis, Muretum tibi eius consilii auctorem fuisse. Neque haec a me ita disputantur, quasi tibi in iis litteris, quae humaniores dicuntur, consenescendum arbitrer; longe semper ab ea sententia meus abfuit animus, sed tu et ea aetate es, ut properare non debeas, et eo ingenio, ut, si firma ac solida doctrinae fundamenta ieceris, ad summa omnia facile perventurus esse videaris. Nam quod ais sine eloquentia multos ad summam amplitudinem pervenisse, sine sapientia neminem, verius dixisses et sine sapientia et sine eloquentia et sine ullo vero bono multos ea, quae vulgo habentur amplissima, et olim consecutos esse et cotidie consequi. De quibus constitueram hoc loco pluribus disserere, sed avocor. Tres enim hic habemus cardinales, Augustanum, Varmiensem, Alciatum; qui mihi omne prope tempus eripiunt. Mi Rosci, ignosce occupationibus meis et vale. Tibure, III Non. Octobr. MDLXX.—*Ep. I. 94.*

M. ANTONIUS MURETUS PAULO SACRATO SUO S. D.

Volo te, mi Sacrate, miseriarum mearum participem facere: ita enim leviores videntur fore, si eas in amicissimi hominis sinum deposuero. Accidit mihi his diebus quiddam, quod me prope ad insaniam adegit; certe quidem ita conturbavit, ut numquam in

vita commotiorem fuisse me meminerim. Nosti, opinor, facilitatem meam et ut omnes, qui notam modo aliquam humanitatis
prae se ferre videantur, in bibliothecam meam admittere eisque
mea omnia aperire ac patefacere soleam. Eorum quidam (quis
fuerit suspicari possum, pro certo affirmare non possum) nuper
data occasione Plauti librum, in quo emendando viginti quinque
annos et eo amplius insudaveram, furto subripuit; et una cum
eo alios aliquot libros, quorum iactura minus me movet, quia
similes alios pecunia parare possum. Plautus me conficit, Plautus
me angit et exanimat, Plautus quiescere me non sinit! Perierunt
tot annorum sudores ac vigiliae; adempta est voluptas, quam
maximam ex illius lectione capiebam; praecisa spes gloriolae, quae
ex toto locis emendatis sperari poterat, quam etsi non aucupor,
facere tamen non possum, quin doleam eam mihi mea stultitia,
aliena improbitate subreptam. Idem ille plagiarius, quisquis est,
septem folia libelli mei, quae tu ad me miseras, abstulit, in quo
magis etiam improbitatem suam declaravit, qui id quoque suffurari
voluerit, ex quo ad se quidem nihil commodi, ad me autem
aliquid incommodi perventurum esset. Peto igitur a te, primum
ut meo dolore doleas, deinde ut ad me quam primum septem illa
prima folia mittas; octavum enim habeo. Ego autem missurus
ad te statim sum interpretationem Graecorum et indicem eorum,
quae a librariis peccata sunt. Vale et me ama. Romae. III Idus
Ianuar. MDLXXXI.—*Ep. III. 28.*

M. Antonius Muretus Paulo Sacrato Suo S. D.

Otiosus sum. Non saepe usurpare mihi hoc verbum licet. Ut
igitur, si una essemus, quicquid daretur otii, tecum libentissime
consumerem, ita nunc tecum absens per litteras colloquar. Sed
ut inter praesentes, cum sermonis argumentum deest, quaerere
alter ex altero solet, ecquid novi audierit, ut inde nascatur sermonis
occasio, ita fingam te ex me nunc quaesiisse, num quid novi
Romae acciderit. Utrum autem respondeam incertus sum:
novane multa cotidie et accidisse et accidere, an nihil omnino
novi. Nam et multa nova, insperata, inopinata cotidie eveniunt
et alia quadam ratione vetera, vulgata, usitata omnia. Hic,
quem nuper nemo adspectu, nemo sermone dignabatur, repente

dives effectus colitur ab iis, qui eum haud ita pridem ne resalutandum quidem esse duxissent; fastidit eos ipsos, quos nuper horrebat; aditur per epistulam ab iis, qui nudius tertius eum, si quid peteret, postridie redire iussissent. Quis non hoc miretur ut novum? Fit ille ex gregario milite episcopus, alius mulos stringere ac defricare solitus, tamquam ex fonte aliquo biberit, qui prudentes et rerum multarum experientes efficiat (ut olim Pirene pota faciebat poetas), in consilium de maximis rebus adhibetur, supercilii ac capitis motu de maximi momenti negotiis, nemine ridente, decernit. Alius, cuius mane exituri atrium cohortes clientium obsedebant, cuius aures precibus obtundebantur, manus osculis conterebantur, ab iis, quos nuper adspectu beabat, insalutatus praeteritur. Cui non haec nova et admiranda videantur? Sed haec qui mirantur, numquam eis quod mirentur defuturum est. Vetera sunt, cotidiana sunt, obsoleta sunt. Non tam mirandum est, quod eveniant, quam mirandum esset, si non evenirent. Quam multos, qui diu iacuerant, in altum repente sublatos, quam multos, cum diu in sublimi stetissent, momento deiectos vidimus? Qui talia mirantur, solem vesperi occidere eundemque mane redire mirentur. Ego si in quempiam virum antiquae fidei ao probitatis inciderem, qui et aliis honesta praeciperet et ipse ad regulam suam viveret, qui sine ambitione, sine simulatione, sine malis artibus ad virtutem et ad honestatem tota mente ferretur, clamarem, "Porro, Quirites!" Id mihi novum, inusitatum, admirabile videtur. Aegrotare hunc, illum mortuum esse, alii natos liberos, alii mortuam uxorem, illum iter ingredi, hunc in urbem redire: haec ita communia et tralaticia sunt, ut mirer esse qui talia mirentur.

Sed nonne divinaveram fore, ut non diu otiosus essem? Ecce, tibi nescio quis fores cubiculi pultat! Quicumque est, exspectabit tamen, dum has litteras obsignavero. Multum illi debes, quisquis est. Onerassem te hodie tam multis nugis, ut petiturus fueris a me, ut potius nihil omnino scriberem quam talia scriberem. Sed iterum ac tertio iam verberatae sunt fores. Valebis igitur et ineptias meas aequo animo feres. Romae. XVI Kal. April. MDLXXXII.—*Ep. III. 32.*

ORATIO MANDATU S. P. Q. R. HABITA IN AEDE SACRA B. MARIAE
VIRGINIS QUAE EST IN CAPITOLIO IN REDITU AD URBEM M.
ANTONII COLUMNAE POST TURCAS NAVALI PROELIO VICTOS
IDIB. DECEMBR. ANNO MDLXXI

Si ulla post hominum memoriam parta victoria est, in qua et
admirabilis se divini numinis potentia ostenderit et quid fortium
virorum virtus, quid singularis ductorum prudentia valeat cognitum ac declaratum sit, in hac certe, quam superioribus diebus
imperatores ac milites nostri ex immanissimo ac taeterrimo
Christiani nominis hoste rettulerunt, ita haec omnia patefacta
sunt, ut numquam maioribus aut illustrioribus argumentis aut
illustrata esse aut in posterum illustrari posse videantur. Quare
et immortali ac praepotenti Deo, huius tanti boni, ut aliorum
omnium auctori, gratiae quantas maximas animus noster capit
agendae sunt; et fortissimis ac clarissimis viris, qui periculum a
nobis omnibus vitae suae periculo depulerunt, qui barbaris in
nos irruentibus iter corporibus suis occluserunt, qui pestem ac
perniciem, quam illi nobis machinabantur, in ipsorum capita
converterunt, qui illorum temeritatem consilio, furorem fortitudi-
ne, audaciam virtute superarunt, novi atque inusitati honores
pro nova ipsorum atque inusitata virtute tribuendi. Quod enim
tantum ac tam singulare honoris genus reperiri aut excogitari
potest, quod non et aliis, qui egregiam in hoc bello reipublicae
Christianae operam navarunt, et tuae imprimis, M. Antoni
Columna, virtuti rebusque gestis et ab aliis Christianis populis
et praecipue a populo Romano debeatur? Cuius universi quod
sit erga te studium, quae voluntas, neque tibi umquam aut
dubium aut obscurum fuit; et tamen nuper apertissime cognoscere
potuisti, cum tuo in urbem ingressu tantus ad te omnium aetatum
atque ordinum concursus factus est, tanta effusa omnis generis
multitudo, ut ipsi septem colles, ipsa urbis moenia, si natura
pateretur, sedibus suis relictis obviam tibi prodire cupere viderentur. Quacumque incesseras, faustis acclamationibus omnia per-
sonabant, omnes redundantem et foras erumpere gestientem
laetitiam ore, oculis, manibus indicabant, omnium in te uno fige-
batur obtutus, omnes te, non ut unum ex principibus civitatis,
sed ut firmissimam ac solidissimam Romani nominis ac dignitatis

columnam, intuebantur. Caelum ipsum manifesto favit honori tuo, cum, quod aliquot dies antea triste ac nubilum fuerat, ingressuro te ita derepente nitere coepit, ut illa subita serenitas facile omnibus indicarit honores, qui tibi haberentur, etiam caelestium iudicio comprobari. Nunc quoque quanta hoc augustissimum templum frequentia hominum compleverit vides; qui omnes eo animo huc convenerunt, ut Christo Iesu victori et victoriarum datori, ut beatissimae virgini, ut ceteris caelitibus, quorum auxilio hanc victoriam sine ulla dubitatione acceptam ferre debemus, tum propter fusos ac fugatos hostes, tum propter te salvum ac sospitem in patriam reductum, rite ac pie, ut debent, gratias agant.

Beatum te, M. Antoni, propter cuius et abeuntis periculum et redeuntis salutem templa complentur! Meminimus omnes, superioribus mensibus te ad bellum profecto, quae tota urbe fuerit trepidatio, quae sollicitudo, qui pavor. Quamvis enim et duces delecti erant fortissimi ac sapientissimi et ex toto propemodum orbe Christiano flos ipse nobilitatis convenerat et praecipua Italiae atque huius urbis ornamenta ac columina in exercitu versabantur, tamen eo magis metuebantur varii bellorum et ancipites casus, quod, si quid aut propter vim tempestatum aut propter hostilium copiarum magnitudinem aut quo alio eventu gravius accidisset, nulla reliqua spes erat ullum amplius aetate nostra talem exercitum posse denuo comparari. Vagabatur autem toto mari infinita quaedam latronum multitudo nostro sanguine cruenta, nostris spoliis onusta, qui et semper alias suopte ingenio feroces et tum maxime propter recentes victorias spe atque animis inflati tantos sibi spiritus, tantam arrogantiam sumpserant, ut classem quidem nostram a se spiritu ipso difflatum iri, ea vero disiecta quasi ianua quadam effracta ac revulsa, omnes sibi Christianorum portus, omnes insulas, omnem oram maritimam apertam fore arbitrarentur. Augebat timorem nostrum quod anno superiore eas Deus alienatae a nobis propter peccata nostra voluntatis suae significationes dederat, ut non iniuria trepidaremus, ne ille, merito nobis iratus, per hostes nominis sui a populo suo poenas repetere decrevisset. Sed o caeca hominum iudicia! o abstrusa et recondita Dei consilia! o bonitatem ac clementiam ipsius perpetuo praedicandam! * * *

O Nonae Octobres, quam faustam ac felicem nobis posterisque nostris vestri memoriam reliquistis! Quis non eorum, qui proelio non interfuerunt, ut sibi liceret spectasse quae illo die gesta sunt, annum unum de consequentis vitae suae spatio, si fieri posset, ademptum velit? Solem, ego ipsum ita vivam, in tam pulchro spectaculo, ut Iosue olim adversus Amorraeos pugnante, substiturum fuisse arbitror, nisi tanto fuisset vincendi celeritas ut, qui nihil metuebant, id unum metuere viderentur, ne prius advesperasceret quam omnes hostes aut caesi aut capti aut fugati essent. Quaenam igitur statuae, qui arcus, quae columnae, quae tropaea vobis excitari poterunt, viri fortissimi, quae non dico paria esse meritis vestris, sed eorum partem adumbrare aliquam possint? Qui futuri sunt usque eo diserti ac copiosi historiarum scriptores, qui, cum ad Naupacteam victoriam ventum erit, non potius metuant, ne quid de illius magnitudine deterant quam eam se verbis exaequare posse confidant? Semper enim iustum minuendi metum faciunt ea, quae amplificandi spem sua magnitudine sustulerunt. Vos exsultantem barbarorum audaciam compressistis, vos maria illis clausistis, nostris aperuistis, vos flammam atque ferrum, vos caedem, incendia, rapinas, libidinem a Christianorum vita, tectis, fortunis, corporibus arcuistis, vos a templis sacrilegia, ab oppidis direptionem, ab agris vastitatem depulistis; per vos cruentata ac tepefacta maria illorum sanguine redundarunt, per vos vicina litora illorum aut sauciorum aut morientium inconditis ululatibus personarunt; vobis magistris didicit noster miles vincere, barbarus vinci, vobis Christianorum alii vitam debent, alii libertatem, omnes securitatem.

Durum, fateor, fuerat audire tam multa oppida a nefariis latronibus capta, tam multa incensa, tam multas regiones vastatas, abducta in servitutem tam multa hominum milia, sed, si Christi potentia, si Christianorum fortitudo aliter apud barbaras gentes illustrari quam post tot acceptas calamitates non poterat, prope est ut exclamem tanti fuisse. Certe quidem, ut verni temporis clementia et amoenitas minus hilararet animos nostros, nisi eam hiemis rigor et asperitas antecessisset, ita minus omnes huius victoriae iucunditatem ac dulcedinem sentiremus, nisi eam cum superiorum temporum tristitia et acerbitate compararemus.

Neque vero eos tantum, qui ex illo vobis omnibus salutari proelio, re bene gesta, incolumes reverterunt, omnibus maximis honoribus debemus afficere, sed eorum quoque memoriam grato animo amplissimisque laudibus prosequi, quos in illo conflictu fortiter dimicantes non tam vis hostium perculit quam ille ipse, pro quo pugnabant, sibi pigneratus est Christus. Qui si, ut credibile est, prius Christiano ritu expiati ac culpis omnibus soluti, tunc vero in Deum tantum intuentes et in eo mente ac cogitatione defixi vitam pro illius gloria proiecerunt, eodem illo temporis puncto angelorum legionibus stipati, triumphantes in caelum evolarunt. O vos beatissimos, qui sanguinem vestrum pro eo, fudistis, qui prior ipse pro vobis sanguinem fuderat! Qui mortem naturae debitam pro vitae auctore potissimum reddidistis! Illi impii, quos tum concidebatis, cum concidistis, et mortem oppetierunt cum ignominia et mortui poenas nunc ad inferos luunt; vos vero et extremum spiritum victores cum gloria effudistis et, mortali condicione vitae in immortalitatem commutata, piorum estis aeternam sedem et locum consecuti. Beata, vita, quae tali morte conclusa est! Beata mors, quae tali vitae principium dedit!

Sed ut ad te, M. Antoni, mea iam revertatur oratio, neque populus Romanus ignorat neque umquam ulla ignoratura est aut gens aut aetas huius immortalis gloriae multo tibi plus quam pro virili parte deberi. Tu, iam inde a principio, cum a sanctissimo pontifice Pio Quinto huius saluberrimae principum Christianorum coniunctionis fundamenta iaceretur, ad eam rem ex ipsius sententia conficiendam plurimum laboris, operae, auctoritatis contulisti. Tu cum classi pontificiae summo cum imperio praefectus esses, in Siciliam profectus, interea, dum Ioannes Austrius, non mea tantum sed omnium praedicatione maior adulescens, cuius in totam Christianorum classem summa erat auctoritas ac potestas, eodem perveniret, et milites et classiarios studiosissime exercuisti et, ut omnium rerum ad maritimum bellum necessariarum copia suppeteret, perfecisti. Tu, quotiens de summa re deliberatum est, eas sententias dixisti, quae summam prudentiam cum summa animi excelsitate coniunctam indicarent. Tu, cum offensiones quaedam intervenirent, quae rem in summum periculum adduxerant, iratorum animis sapientissime capto consilio et gravi atque accommodata ad tempus oratione mitigatis ac compositis, nascentis mali occasionem sustulisti. Tua cohortatione inflammati milites ad pugnam exarserunt, tuum in ipsa pugna exemplum secuti omnia pro Christo pericula contempserunt. Pervenit ac perlatus est usque huc tuarum immortalitate dignarum vocum sonus: Optimis auspiciis geri quaecumque pro Christiana religione gererentur; barbaricam audaciam cedentibus instare, instantibus cedere; nostrorum et victoriae et morti immortalem gloriam propositam esse; illo duce atque auspice, cuius bracchia in cruce pendentis effigies e summo regiae triremis eminens nostros animaret, terreret hostes, de secundo proelii exitu nemini esse dubitandum. Audivi, audivi ipse de fortissimo viro, cuius eximia virtus et saepe alias et in hoc bello vel maxime spectata est, quique tuorum in hac expeditione consiliorum ac laborum particeps fuit, quam praeclarum tibi quamque honorificum testimonium tribuerit divinus adulescens, Ioannes Austrius, postridie eius diei quo debellatum est, cum aperte praedicaret tuum in hac sancta belli societate conflanda praeter ceteros laborem ac studium, in deliberando prudentiam et altitudinem animi, in re gerenda fortitudinem et alacritatem exstitisse, te et committendi proelii consuasorem et comparandae victoriae adiutorem sibi praecipuum fuisse.

Quae cum omnia magna et praeclara sint, multo tamen a te maiora et praeclariora populus Romanus exspectat. Properant, M. Antoni nostra omnium vota, quique animis praesentis gaudii magnitudin,em capere vix possumus, rerum a te gestarum praestantia, quasi quibusdam alis, sublati, cogitatione et spe multo iam ulterius provolamus. Non satis est impulisse hostem; prosternendus et opprimendus est, antequam se novis opibus copiisque renovarit. Extorquenda sunt vobis ex illius beluae faucibus impioque dominatu ampla illa et opima regna, in quae a Romano imperio distracta atque divulsa nullo iure iniustissimus possessor invasit. Tendit vobis Iudaea supplices manus et palmas, quarum feracissima est, vestris victoriis triumphisque despondet obtestaturque vos per eum, quem ex purissimae matris utero mirabiliter exeuntem excepit, cuius vestigiis impressa, cuius admirandis operibus nobilitata, cuius sparso pro nobis omnibus sanguine irrigata est, ne se diutius patiamini indigna Christi hostium ser-

vitute oppressam teneri. Duce olim columna Iudaei ex dura
ac diuturna servitute extracti sunt. Utinam nostris quoque
temporibus Iudaea ipsa duce Columna ex multo duriore multoque
diuturniore servitute extrahatur! Proditum est litterarum
monumentis, imperante Constantio, Constantini Magni filio,
visam esse in caelo sub specie crucis ingentem columnam corona-
tam, quae longe lateque collucens a monte olivarum usque ad eum
montem, ubi Christus pro nobis omnibus morte affectus est,
pertineret. Declarandum est tibi, M. Antoni, rebus ac factis tam
insigne prodigium ad te et ad gentem tuam pertinere.

An vero gentes quaedam antiquis temporibus propter violata
maiorum suorum sepulcra gravissima bella susceperunt; nos Iesu
Christi, Domini ac Dei nostri, sepulcrum, monumentum salutis
nostrae, pignus resurrectionis nostrae, ab immundis canibus tam
diu teneri eisque ludibrio esse patiemur? Ite potius optimis omini-
bus, generosae ac fortes animae, ite accensa divinae gloriae
studio pectora, continuate victorias, connectite triumphos, in-
videte posteris vestris gloriam eius terrae, ex qua salus nostra
prodiit, ab immanibus beluis receptae ac recuperatae. Ubi
melius sanguis spargi potest? Ubi melius vita deponi? Ubi
verior ac solidior gloria comparari? O Christe, te appello! In
tua manu bellum et pax, in tua manu victoriae, in tua manu
regum ac populorum corda sunt. Inspira nostris ardorem pug-
nandi, da eisdem vim facultatemque vincendi, immitte eam mentem principibus ac populis, qui nondum in hanc sanctam societatem nomina dederunt, ut id primo quoque tempore facere
maturent, non quod tu, qui omnia potes, aut eorum opera aut
nostra ad hostes tuos obterendos egeas, sed ut omnes, qui tuo
nomine gloriantur, in partem aliquam veniant eius gloriae, quae
ex nominis ac cultus tui propagatione capietur. Et quando urbem
Romam imperii sedem ac domicilium, Ecclesiam Romanam religionis firmamentum esse voluisti, da Pio Quinto pontifici, da populo
Romano hoc munus, ut in hanc potissimum urbem et ad hunc
potissimum pontificem partae tam nobilis victoriae aliquando
nuntius afferatur. Dixi.—*Or. I. 19.*

REPETITURUS LIBROS ARISTOTELIS DE MORIBUS; ORATIO HABITA
ROMAE PRIDIE NON. NOVEMBR. MDLXXXIII

Primum quidem Deum immortalem veneror, auditores, ut, si
hos viginti annos, quibus huic muneri praefui, pro singulari erga
me populi Romani caritate ac benevolentia proque maximis in
me cum aliorum pontificum tum praecipue Gregorii XIII,
principis immortalitate dignissimi, beneficiis, eo semper animo fui
ut de utilitate vestra non minus saepe quam de mea cogitaverim,
ut numquam rationes meas vestris anteposuerim, ut semper eam
docendi rationem tenere studuerim, non quae aut minus laboris
aut plus ostentationis habitura, sed quae vobis plus verae ac
solidae eruditionis paritura videretur, ita me, quod reliquum est
aetatis, in eiusdem muneris procuratione placide ac tranquille
exigere patiatur; deinde autem, ut vobis omnibus inspiret amorem
erga honesta studia et cupiditatem ea in isto aetatis flore discendi,
quae vobis aliquando, tum privatim, tum publice, et utilitatis et
dignitatis plurimum allatura sint. Quod cum peto, non tantum
vestra, sed etiam mea causa peto. Nam cum quietis ac tranquillitatis meae, cuius et semper natura amans fui et hac ingravescente
aetate cotidie magis indigeo, magna pars in eo posita sit, ut a
vobis attente ac libenter audiar, non dubito quin id facile im-
petraturus sim ab iis omnibus, qui ipsi prius a se, ut se ament
neque umquam per ludibrium et pervicaciam animi et suis et
alienis commodis obstare cupiant, impetrarint. Quam spem cum
de vobis huius annui curriculi nostri principio, ut si umquam alias
aut potius maiorem quam umquam alias, animo perceperim,
obsecro obtestorque vos, auditores, ut vel mea causa vel vestra
vel etiam tot virorum dignitate praestantium, quos hodierno die
huc convenisse et industriae meae iudices atque arbitros et modestiae vestrae testes ac spectatores futuros videtis, eam unius horae
attentione ac silentio comprobetis. Etenim qui pulcherrimos et
a me semper in prima commendatione habitos libros Aristotelis
de Moribus ad Nicomachum, quos vicesimo abhinc anno ex hoc
ipso loco interpretari coepi, nunc denuo (quod Deo volente ac
propitio fiat) interpretari constituerim, cum sciam hoc consilium
meum non prius quam hesterno die plerisque vestrum notum
esse potuisse ideoque multos esse, qui non modo meditati ac

parati, ut par est, huc venire, sed vix libros sibi prospicere potu-
erint, decrevi hodie, quae illorum librorum propria sunt, non
attingere, sed universe ac communiter de tota studiorum nostrorum
ratione disserere et quaerere verane an falsa sint ea, quae plerique
putant de causis, cur hodie neque tam docti neque tam diserti
homines quam olim fuerunt reperiantur.

Saepe enim interfui querelis eruditorum et ingeniosorum hominum, qui de temporum nostrorum infelicitate quererentur, quod,
cum et ingenia nihilo quam antiquitus deteriora sint et aliis maioribus et magis arduo ac difficiliore in loco positis virtutibus aetas
nostra facile vetustatis gloriam aequaverit (si quidem et rei militaris
ductandorumque exercituum et reipublicae in pace atque otio trac-
tandae scientia satis multi memoria nostra, qui nulli veterum cede-
rent, exstiterunt), hac molliore, ut videtur, et parabiliore eloquentiae
et eruditionis laude nemo prorsus exoriatur, qui antiquitati contro-
versiam facere audeat; sed praeclare secum actum esse ducant,
si qui hoc tempore multo sudore multisque vigiliis hoc consecuti
sunt, ut a veterum praestantia non longissime abesse videantur.
Atque illud quidem facile conveniebat inter omnes, non eandem
esse diligentiam in hominibus nostris, quae in veteribus illis, quos
admiraremur, fuisset; merito abesse nos ab illorum gloria, quorum
non imitaremur industriam; labore venalia esse praeclara omnia;
inique facere qui industriorum praemia peterent otiosi; neque esse
quod quisquam nostrum sibi blandiretur aut cuiusquam e nostris
studium et diligentiam cum illa veterum pertinaci et indomita
discendi cupiditate contenderet. Illos incensos et inflammatos
amore doctrinae omnibus sibi aliis voluptatibus interdixisse, rei
familiaris curam abiecisse, cibo, potu, somno saepissime abstinuisse,
omne sibi tempus perire ratos, quod non in studio poneretur, non
modo valetudinis dispendio, sed ipsius vitae periculo bene emi
putantes, quod tam ferventer adamassent. Nos, quod somno,
quod voluptatibus, quod avaritiae, quod ambitioni temporis
superest, collocamus in litteris et, cum quidvis potius agamus,
miramur impares esse nos iis, qui hoc unum agebant. Memoriae
proditum est, cum populus Atheniensis decreto cavisset, ut capite
lueret, si quis Megarensis pedem in astu intulisset, Euclidem, qui
indidem erat Socratemque ante id decretum audire coeperat,

cum sermonibus illius carere nollet, cotidie, cum advesperasceret, tunica longa muliebri indutum et versicolore pallio amictum, capite atque ore velato, Megaris Athenas ad Socratem commeare et sub lucem eodem ornatu ad suos redire solitum. Tanti putabat studiosissimus adulescens aliqua saltem noctis parte Socratem audire, ut ea de causa et singulis noctibus amplius quadraginta milia passuum conficere et vitam suam in apertum discrimen exponere non vereretur. Mirum non est tanto nos eis inferiores esse doctrina, quanto doctrinae amore inferiores sumus.

Sed de neglectu bonarum artium et de illo quasi torpore ac veterno, qui iam pridem iuvenum nostrorum animos occupavit, et dixi saepe alias et dicturus sum, si forte dicendo eum excutere et aliquos eorum qui me audient excitare ad vigilantiam possim. Alteram causam esse dicebant, quae profectus nostros impediret, quod multo durior ac difficilior esset nostra quam veterum condicio. Illi enim eum sermonem, quo in discendis tractandisque bonis artibus usuri essent, a nutricibus cum lacte bibebant, a populo condiscebant, neque aut Atheniensibus ut Attice, aut Romanis ut Romane loquerentur, sudandum neque aut consulendi magistri aut libri pervolutandi erant; a poetis, quorum lectione puerilis aetas oblectari et ad humanitatem informari solebat et in quibus interpretandis nullum fere aliud grammaticorum munus erat quam ut fabulas explicarent et aliquas, si forte, peregrinas voces, quas illi glossas vocabant, et interdum genera quaedam dicendi abstrusiora et a vulgari loquendi consuetudine remotiora indicarent, ab eis igitur, prout cuiusque ingenium aut voluntas ferebat, aut ad politicos sive rhetores deducebantur aut imbuti prius mathematicis disciplinis ad dialecticos et ad physicos sese applicabant et, verborum cura liberi ac soluti, ad res modo ipsas intellegendas ac pervidendas omnem industriam ac diligentiam conferebant. Qui eloquentiam adamarant, iis theatra, iis forum, iis curia pro schola; qui causas diserte agebant, qui ad populum verba faciebant, qui sententiam de publicis negotiis dicebant, pro magistris erant; unum aliquem ex eis deligebant, quem colerent, quem sectarentur, cuius ad exemplum se conformarent, cuius consuetudine et disertiores fierent et sapientiores. Nos non unam, sed duas peregrinas linguas discere cogimur neque peregrinas modo,

sed iam pridem exstinctas quodammodo ac sepultas. Nam si
aliqua urbs aut aliqua gens esset, in qua vulgo homines Graece
Latineve loquerentur, mitteremus eo pueros nostros, ut, cum a
teneris unguiculis sermonis usum combibissent, grandiusculi de
rebus modo ipsis cogitarent. Nunc nobis diutius luctandum ac
sudandum est circa principia et in ipsis, ut ita dicam, carceribus,
quam priscis illis, ut a carceribus ad metam pervenirent. Nobis,
antequam Latine aut Graece balbutire possimus, multa cura,
multis vigiliis, multis magistris opus est, et iis plerumque magistris
meliorum inopia utendum, qui ad id, quod se docere profitentur,
aliis ipsi magistris indigerent. Ita quam illi facultatem ac copiam
sine ullo labore a matribus et a nutricibus et a populo hauriebant,
eius nos ut umbram aliquam consequamur, meliorem aetatis
partem in eo consumere cogimur. Itaque gravis illa conquestio,
qua nobilis olim poeta usus est in deploranda bellorum civilium
calamitate:

Heu! quantum terrae potuit pelagique parari
hoc quem civiles habuerunt sanguine dextrae!

ad nostra quoque studia non inconcinne accommodari potest.
Sic enim et nos dicamus licet: Heu! quantum rerum ac sapientiae
parari potuit eo labore, qui necessario nobis ad intellegentiam
usumque linguarum capiendus fuit.

Haec una ratio tantum apud nonnullos potuit, ut publice persuadere conati sint, inutile esse totum illud studium, quod in
Graecis et Latinis litteris poneretur; sua cuique lingua philosophandum, ut et illi fecissent. Non enim Democritum, Platonem,
Aristotelem aut Hebraeorum aut Aegyptiorum sermone in disputando aut in scribendo usos esse, sed eo, qui popularibus suis
notus esset; neque Demosthenem Persica aut Macedonica, sed
Attica lingua habitum eloquentem; meram insaniam esse tantum
operae ac temporis perdere, ut eum sermonem intellegamus eoque
utamur, quo uti homines multis abhinc saeculis desierunt. Ne
Demosthenem quidem aut Ciceronem curasse, illum, quomodo
Cecropis aut Thesei, hunc, quomodo Euandri aut Romuli temporibus cives sui locuti essent; suae quemque, non gentis modo, sed
et aetatis sermone contentum esse oportere. Addebant id eo facilius factu esse hominibus Italis, quod praeclara illa Graecorum

Latinorumque monumenta iam pleraque omnia in eam linguam,
qua vulgo utimur, conversa essent, ut, illo peregrinitatis quasi
cortice ac putamine detracto, nucleis vesci et ut osse confracto
sucum ac medullam ipsam exsugere liceret.

A qua opinione quoniam ita dissentio, ut avocandis a Graecae
ac Latinae linguae studio adulescentibus ipsa fundamenta disciplinarum convelli ac labefactari putem neque ullam pestem
praesentiorem aut ullum certius exitium omnibus ingenuis artibus
afferri posse arbitrer quam si linguae illae, quae quasi sacraria
quaedam earum sunt, neglegantur, exponam hoc loco breviter
causas iudicii mei efficiamque, si potero, ut linguas quidem illas
omni studio dignissimas esse, sed multa hoc tempore in earum
tractatione peccari, liquido intellegatis.

Duae praecipue mihi quidem causae esse videntur, adulescentes,
cur et Graecam et Latinam linguam amare et in earum utraque
praecipuum studium ponere debeamus. Una, quod Graece et
Latine, Graece quidem et plures et praestantiores, sed tamen
Latine quoque sat multi, eiusmodi viri scripserunt, ut propter
admirabilem quandam sapientiam, qua illi tanto supra ceteros
mortales floruerunt, ut aliarum gentium homines cum eis collati
idiotae quidam et agrestes fuisse videantur, dignissimi sint, ad
quos intellegendos omnis ab omnibus elegantioris ingenii hominibus
opera conferatur. Nam si Platones, Xenophontes, Aristoteles,
Theophrastos, addo huc etiam Plutarchos, Galenos (sed quo
plures nomino, eo plures occurrunt digni qui nominentur); si
tales etiam viros Italia extulisset, qui cogitationes suas perscrip-
sissent eo sermone, quo vulgo Italia utitur, non ego quidem propterea ne sic quidem veteres illos sapientes patres ac duces negle-
gendos dicerem, sed tamen aequiore animo ferrem, si quis Graeco
sermone accuratius discendo supersedere vellet. Nunc cum domi
nata et vernacula omnia tanto iaceant infra illorum dignitatem,
quanto imae maximeque depressae convalles infra editissimorum
caeloque, ut poetae loquuntur, minantium montium cacumina,
quis iste tam mollis ac delicatus, quis tam ab omni vera pulchritudine aversus est, qui laborem non maximum, neque fortasse
tantum quantus vulgo putatur, ad illos maximos viros intellegendos capiendum neget? Quod et ipsum de vetere Latina

lingua dictum accipi volo. Nam ita me ille amet omnium prae-
potens Deus, auditores, ut ego vobis de meo sensu libere atque
ingenue loquar. Si ex Latinis scriptoribus neminem haberemus
praeter Ciceronem, Vergilium, Senecam, Livium, Plinium,
Tacitum, (et constat multos esse alios qui in diem album referri
queant), sed si eos solos haberemus, iusta tamen mihi causa videretur cur ad eos intellegendos linguam Latinam avide disceremus.

Nunc accedit alia longe gravissima, quae nos incendere utriusque
studio debeat. Nam cum earum linguarum, quarum usus eruditis
cum vulgo communis est, unaquaeque et certis et angustis limiti-
bus circumscripta teneatur, harum, de quibus agimus, usus toto
propemodum terrarum orbe diffusus est. Italice loquentem soli
Itali intellegent; qui tantum Hispanice loquatur inter Germanos
pro muto habebitur; Germanus inter Italos nutu ac manibus pro
lingua uti cogetur; qui Gallico sermone peritissime ac scientissime
utatur, ubi e Gallia exierit, saepe ultro irridebitur; qui Graece
Latineque sciat, is, quocumque terrarum venerit, non intellegetur
tantum, sed apud plerosque admirationi erit. Atque haec causa
vel maxima est cur Graece aut Latine potius quam Italice aut
Gallice scribere quicumque id egregie praestare possunt debeant.
Nam qui scribunt, aut utilitatem publicam aut gloriam suam
sequuntur. Si utilitatem publicam, certe multo pluribus pro-
derunt, si ea lingua scribant quae apud omnes gentes, quibuscum
modo aliquid nobis usus aut commercii est, intellegatur. Gloriam
quoque suam longius latiusque diffundent, si ea scribant, quorum
pulchritudo ab omnibus populis ac gentibus percipi queat. Ut
igitur peregrinantibus optabile esset, reperire genus aliquod
nummorum, cuius eadem apud omnes aestimatio esset, multoque
libentius uterentur iis quam illis, qui tertio aut quarto quoque
die cum detrimento et cum molestia mutandi sunt, cum ibi
tantum utiles sint, ubi imperat is princeps, cuius in dicione ducun-
tur, ita nemo non videt, quanto commodius sit uti ea lingua, quae
in omni gente ac natione reperit aliquos, et quidem non ex faece
vulgi, sed ex quaque honoratissimos quosque, a quibus sine
interprete intellegatur, quam iis, quae, simul atque pedem ex hac
aut illa provincia extuleris, alios atque alios interpretes requirunt.
Quomodo ex hac florentissima et nobilissima urbe in omnes

terrarum partes, quomodo ex omnibus terrarum partibus in hanc
urbem legationes mitterentur, si aliam linguam quam eam, cuius
apud suos publicus usus est, nemo didicisset? Quomodo in illo
augusto ac sacrosancto cardinalium collegio de gravissimis rebus
et quas saepe iis solis notas esse expedit, qui sententiae dicendae
ius habent, deliberaretur, si quot ex nationibus consessus ille
constat, totidem interpretes adhibendi forent? Qua in re maiorem
Latinae quam Graecae linguae utilitatem esse fateor; intellegitur
enim a pluribus. Itaque ad usum Latina potior est, ad doctrinae
copiam Graeca.

Argumenta, quibus nituntur qui contrariam sententiam tuentur,
infirma prorsus et imbecilla sunt. Aiunt veteres illos, qui tanta
in admiratione sunt, sua quemque lingua philosophatos. Ego autem ita respondeo: si illis quoque temporibus lingua aliqua fuisset
communis omnium, qui ubicumque essent, eruditorum, ignota
ceteris, quales hoc tempore Graecam et Latinam esse constat,
non est dubium quin ea potius cogitationes suas explicaturi
fuerint quam ea, quae vulgo quoque communis esset. Nam ut
poetae vulgus sibi invisum esse profitentur, ita ipsi quoque ad
mysteria philosophiae turbam admittendam non putabant, ideoque
obscurabant ea de industria, alii numeris, alii allegoriis, alii
tenebroso quodam dicendi genere, ut ostenderent se sapientiae
tantum studiosis scribere: quae causa fuit Aristoteli, cur libros
quosdam suos et editos esse et non editos diceret.

Aiunt Graecam Latinamque linguam iam pridem mortuas
esse. Ego vero eas nunc demum non tantum vivere et vigere
contendo, sed, si in tralatione perstandum est, firma valetudine
uti, postquam esse in potestate plebis desierunt. Quam diu enim
populari imperio regebantur, id est, quam diu penes populum
erat, ut ait Horatius, arbitrium et ius et norma loquendi, assidue
agitabantur, fluctuabant, nihil habebant certum, nihil stabile,
unum saeculum eodem vultu durare non poterant; nunc ex quo
ad optimates, ut ita dicam, redactae sunt et certis a scriptoribus
petuntur, certis regulis ac praeceptionibus continentur, multis
iam saeculis fixae atque immutabiles permanent. Si in vulgi
potestate mansissent, hodie Ciceronem non intellegeremus, quemadmodum ne Ciceronis quidem temporibus intellegebantur ea,

quae regnante Romulo aut Numa scripta erant; immo vero ipsas XII tabularum leges pauci qui intellegerent reperiebantur. Et videmus, quae vulgari lingua abhinc quadringentos annos scripta sunt, hodie non intellegi.

Ut silvae foliis (ait Horatius) pronos mutantur in annos,
prima cadunt, ita verborum vetus interit aetas,
et iuvenum ritu florent modo nata vigentque.

Illae igitur linguae cotidie moriuntur, cotidie nascuntur, quae pendent ex libidine imperitae multitudinis; quas autem ex populi servitute eruditorum usus vindicavit, illae non vivunt tantum sed immortalitatem quodammodo et immutabilitatem adeptae sunt.

At quod temporis in linguis discendis consumitur, melius rebus ipsis cognoscendis impenderetur. Hoc argumentum ita demum aliquid valeret, si ab aliis scriptoribus verborum elegantia, ab aliis rerum cognitio peteretur. Nunc ita nobis a Deo consultum ac prospectum est, ut, qui Graece Latineque politissime scripserunt, iidem etiam sapientissime scripserint, ut non ab aliis verba, ab aliis rerum cognitionem petere oporteat, sed utraque ex iisdem fontibus eodem tempore haurire liceat.

At omnia aut e Graeco sermone in Latinum aut etiam ex utroque in eum, qui laniis quoque et salsamentariis notus est, conversa sunt: ita ut aut neutro illorum opus sit aut certe altero tantum. Heu, me miserum! Cur non huius loci consuetudo fert ut possim, quantum cuperem, arbitratu meo dicere? Quomodo ego istos acciperem, qui interpretibus fidunt? Sed quando id facere temporis angustiae prohibent, polliceor vobis me, quae dabitur dicendi occasio, in hoc argumento versaturum esse et ostensurum quam necesse sit in crassissima rerum ignoratione perpetuo versari eos, qui, praesidio interpretum freti, Graecae ac Latinae linguae studia neglegunt; simulque indicaturum quibus in rebus a plerisque in studiorum causa peccetur; quaeque verae causae sint, cur aetas nostra tantopere veteribus cedat. Vos, auditores, efficite, ne vobis prior illa causa, quam dixi, torporis ac neglegentiae noceat. Afferte huc amorem doctrinae, afferte diligentiam et attentionem; ego, ut cotidie vobis res attentione dignae affatim suppetant, providebo. Idque eo magis, quod in his Ethicorum libris tantum usque a puero studii posui, ut, nisi aliquid exspectatione vestra dignum praestitero, recusare non debeam, quin huius loci amplitudine parum dignus habear. Vos vero, ornatissimi viri, ignoscite, si, quod a vobis tam benigne auditus sim, ne gratias quidem vobis agendas putem. Nam sive oratio mea vobis molesta fuit, eo molestior erit, quo eam longius protraxero; sive, quod magis cupio quam spero, iucunda, videor iam vobis gratiam aliqua ex parte rettulisse.—*Or. II. 17.*

DE VIA AC RATIONE TRADENDARUM DISCIPLINARUM

* * * Exponam breviter ac perspicue, a carceribus, ut dicitur, ad calcem, ei, qui semel imbiberit in litteris et in bonarum artium scientia excellere, quam studiorum viam ac rationem tenendam putem. Quod dum facio, quidam ex vobis decursum iam a se et confectum curriculum agnoscent, alii quod iter ad veram gloriam ferat, me monstrante, cognoscent. Attente ut me audiatis ne orandos quidem esse vos puto. Frustra id postulem, nisi attentionem mihi res, ipsa, de qua dicere ingredior, conciliaverit.

Principio igitur positum sit Graecae Latinaeque linguae cognitionem instrumentum esse ad parandam doctrinae copiam hoc quidem tempore plane necessarium. Id qui negant aut quid verum sit non vident aut contendendi studio in oppugnando eo quod verum est ostentare ingenii acumen volunt. Quare puer is, quem informare ac describere ordimur, honesto loco natus, modicis opibus instructus, ea corporis firmitate ut studiorum laborem perferre possit, ingenio neque agresti et hispido nec molli et effeminato, sed eleganti et ad honestatem propenso praeditus, sextum aetatis ingressus annum Graecarum Latinarumque litterarum formas, nomina, potestatem per ludum iocumque condiscat et, ut id libentius faciat, non metu ac verberibus sed praemiolis, quibus aetas illa capi solet, identidem excitetur. Ubi annum in eo posuerit, ut et Graece et Latine satis facile atque expedite legat, iam septimo primis illis maximeque grammaticorum utriusque linguae praeceptis imbuatur, nomina et verba flectere ac variare et inter se sine vitio coniungere ac copulare discat. Huic uni rei annum septimum velim. Octavo incipiat iam aliquid audire, aliquid legere, idque eiusmodi ut et ad formandos mores nonnihil conferat et voluptatem potius afferat quam magnam ullam animi contentionem requirat. In hoc genere apud Graecos excellunt Aesopi fabulae et Phocyllidis carmina; Latini talium scriptorum inopia laborant, nisi quis easdem illas fabulas ab optimo et eruditissimo viro, Gabriele Faerno, Latinis versibus elegantissime expressas illi aetati proponendas putet, et addendum si quod exiguum poema puris verbis vitae praecepta continens reperiatur. Biennium consequens, id est nonum ac decimum annum, ita libentissime posuerim, ut puer matutinis quidem horis libros Xenophontis de Institutione Cyri, quibus nihil purius aut suavius reperiri potest, pomeridianis autem Caesaris potissimum Commentarios legat, qui mihi unus ex omnibus Latinis ad illam nitidissimam Xenophontis simplicitatem proxime videtur accedere. Undecimus annus comoediis detur, ita tamen ut ex Terentio Plautoque et multo magis ex Aristophane quidquid inquinare pueriles animos potest aut resecetur aut omittatur. Quod idem de omni scriptorum genere semel a me dictum accipi volo. Duodecimo Theocriti, Moschi, Bionis Idyllia cum Vergilii Bucolicis, Hesiodus cum Georgicis, cum Aeneide utrumque Homeri poema copuletur. Neque hos libros totos a praeceptoribus exponi arbitror debere. Cum tantum cuiusque a praeceptore audierit, ut sine cortice, quod aiunt, nare possit, quod reliquum est suo ipse privato studio persequatur. Huic rei biennium suffecturum puto.

Illud interea ad magistri curam et sollicitudinem pertinet, ut puer loquendo quidem cotidie, scribendo autem alternis saltem diebus exerceatur. In ipso pubertatis ingressu primum exercebo eum in eis, quae Graeci vocant progymnasmata, id est, praeludia quasi quaedam et praecursiones ad eloquentiam, de quibus exstat aureolus libellus Theonis sophistae, qui, si quid ego auctoritate possem, quotannis exponeretur in scholis et ad praecepta quae illic traduntur iuvenes perpetuo exercerentur. Sed et hoc genus exercitationis et omnis propemodum recta et antiqua instituendae iuventutis ratio non tantum intermissa iam pridem sed oblivione obruta ac sepulta est; quae si revocaretur, paucis annis exsisterent homines vere copiosi et eloquentes; isti autem clamatores, qui nomen eloquentum gesticulatione pantomimica et volubilitate linguae et impudentia sibi pepererunt, ita iacerent ut eos audire nemo posset.

Ita igitur exercitatus adulescens totum se Ciceroni dedat

ingurgitetque se in illum uberrimum et abundantissimum eloquentiae fontem, retinens perpetuo illam quam a principio instituimus consuetudinem, ut Graeca cum Latinis, similia cum similibus conferat. Ciceronis epistulas cum leget, evolvat eodem studio Platonis, Isocratis, Demosthenis aliorumque Graecorum epistulas, quae in duo volumina congestae reperiuntur. Ad libros de rhetorica scriptos adiungat Aristotelis libros eiusdem argumenti quaeque eadem de re Dionysius Halicarnasseus, Demetrius Alexandrinus, Hermogenes, Longinus aliique Graeci litteris prodiderunt. Ciceronis orationes cum Demosthenis, Aeschinis, Lysiae aliorumque veterum orationibus comparet: dialogos de philosophia cum dialogis Xenophontis et quibusdam Platonis. Interea oblectamentum sibi ex alio genere poetarum petat. Pindarum cum Horatio; Euripidem, Sophoclem, Aeschylum cum Seneca; Apollonium cum Valerio Flacco; epigrammata Graeca cum Catullo et Martiale committat. Idem faciat in historicis, Herodotum, Thucydidem, Xenophontem, Polybium cum Livio, Sallustio, Tacito conferens. Et quoniam neque historia, nisi cognito orbis terrarum situ, neque hic sine aliqua mathematicarum artium cognitione percipi potest, his quoque utrisque temporis aliquid impertiat. Cum ad plenam, ut iuris auctores loquuntur, pubertatem, id est, ad annos octodecim pervenerit, graviora meditetur ac primum quidem analytices et dialectices praecepta, non ex barbarorum lacunis, sed ex Aristotele ipso et Graecis Aristotelis interpretibus hauriat, in eisque vere ac serio biennium exerceatur.

Hoc modo praecultus ac praeparatus adulescens, si totam aetatem exigere in otio litterario volet, abunde habet quod agat; numquam deerit, quo pascat animum, etiamsi ei ad multa saecula vivendi spatium prorogetur. Sin aut ad medicinam aut ad iuris scientiam aut ad theologiam applicare ingenium cogitat, medicus quidem futurus in physicis, iurisconsultus in ethicis ac politicis, theologus in utrisque sese prius diligenter exerceat. Hic tertius Hebraicas praeterea litteras discat. Tum eorum quisque ad ea quae dixi studia accedat. Quocumque enim se naturae suae ductum secutus contulerit, dubitandum non est, quin ut longissime antequam annorum illum numerum expleat, quem

Lycurgus adamasse dicitur quique solus post senarium intra centum perfectus est, talis in suo genere futurus sit qualem in suo fuisse Roscium Cicero praedicat, qualem apud inferos esse Tiresian ait Homericus Ulysses, quem solum sapere dicit, ceteros umbrarum in morem vagari.

Exposui vobis, adulescentes, iter non ad inanem scientiae opinionem, sed ad veram et solidam eruditionem; arduum illud quidem et difficile, sed cogitate nullo modo fieri posse ut ad excelsa et sublimia per plana veniatur; et alioqui credite hoc mihi, summum in studiis laborem summa voluptate condiri. Quod si quis ea quae dixi praestare omnia non potest, praestet certe quisque quod potest. * * *—*Or. II. 18.*

ADAMO FUMANI (d. 1587)

Iam cana rugis asperat
frontem senecta, corporis
iam membra facta languida.
Sensim recedens in dies
vitalis ignis deficit.
Sed hoc quid ad me, fervida
patris supremi caritas
si continenter me suis
fovere pergit ignibus?
Ergo, o beata, vivida
caelestis ignis flammula,
magis magis me tu in dies
fovere perge singulos.
Perge, o beata, perge dum,
mihi usque perge amburere,
mihi usque perge absumere
cor, ossa, nervos, viscera,
venas, medullas, sanguinem,
ipsamque mentem ac spiritum,
ut totus ardeam tibi,
ut, atra cum mors frigidas
adferre mihi volet manus,
sim flamma totus flammeisque
alis amoris lucidi
hinc expeditus aetheris
altas ad oras subvolem,
cognata ubi inter sidera
non iam amplius memor mei
unum te amem ac tua omnia,
immo ardeam perenniter
factus tui, ter maximi
scintilla parva incendii.

INDEX[1]

A

Acciaoli, Donato, 174
Acciaoli, Pietro, 174
Aeschines, 428
Aeschylus, 428
Aesop, 36, 427
Alamanni, Archbishop, 91f.
Alberti, Leo Battista, 142, 144, 174, 177, 183
Albertus Magnus, 132
Alcidus, 96
Aldus, 267f.
Alexander VI, 250, 350, 382
Alfonso of Naples, 199ff., 238ff., 283, 352
Alighieri, Dante, 4, 45, 99f., 102ff., 110
Altili, Gabriele, 277
Alviano, Bartolommeo d' (Livianus), 348
Ambrogini, see Poliziano
Anaxagoras, 184
Angeli, Jacopo, di Scarperia, 70
Antiquari, Jacopo, 192f., 195
Anyte, 191
Apicius, 10, 170
Apollonius Rhodius, 428
Apthonius, 266
Aretino, Carlo, 72ff., 156
Aretino, Leonardo, see Bruni
Aristophanes, 266, 427
Aristotle, 84, 88, 132, 201, 254, 266, 293, 375, 395, 409, 418, 421f., 424, 428
Arrighi, Ottone, 104ff.
Asconius, 93, 139
Asper, 398
Augustine, 38, 254
Aurelius, Marcus, 72
Aurispa, Giovanni, 156f.

B

Barbaro, Francesco, 127, 145
Barbaro, Hermolao, 348, 382
Barbato, Marco, 38
Battefolle, Roberto di, 62f.
Beccadelli, see Panhormitana
Beccatelli, Ludovico, 377
Bembo, Bernardo, 290f.

Bembo, Pietro, 276, 301, 303, 305, 310, 340
Benedict, 89
Bernardino of Siena, 170f.
Beroaldo, Filippo, 305, 321
Bessarion, 158ff.
Bildestino, Archdeacon, 136
Bion, 427
Biondo, Flavio, 324
Boccaccio, Giovanni, 22, 30, 59, 99, 101f., 104, 121
Boethius, 153, 248
Bondelmonte, 104ff.
Bonfadio, Jacopo, 296
Borgia, Cesare, 278f.
Borgia, Lucrezia, 297f.
Bracciolini, see Poggio
Bruni, Francesco, 58, 61
Bruni, Leonardo, 88, 139, 156f.
Budé, Guillaume, 326

C

Caesar, Julius, 15, 28, 59, 133, 238, 246, 393, 427
Calcagnini, Celio, 345
Caldora, Antonio, 240
Caldora, Jacopo, 241
Callixtus III, 159, 172, 239
Cane, Facino, 109
Capelli, Pasquino dei, 67f.
Caracciolo, Marino, 278f.
Carmento, Cesare, 196
Casanova, Marcantonio, 305
Cassiodorus, 96
Castanea, Pietro, 164f.
Castiglione, Baldassare, 305, 317, 327f.
Castiglione, Hippolyta, 327f., 330
Cato, 15f., 26
Catullus, 29, 207, 226, 279, 364, 371, 374, 428
Chalcondyles, Demetrius, 347
Charles IV, 23 f., 59
Charles V, 313f., 317f., 349, 364, 381
Chrysoloras, Manuele, 70ff., 88, 168, 219
Chrysoloras, Theodora, 157, 167f.
Cicero, 15f., 20ff., 27f., 29, 34, 36ff., 46, 49, 67ff., 77, 87f., 91, 94, 96ff., 101, 117, 130ff., 138f., 164, 198f., 239, 262,

---

[1]The index contains names of authors and of other persons who receive more than passing mention.